Der neue große

Freizeitführer

für

Deutschland

Verlag
Unterwegs

Impressum:

Dies ist eine Original-Ausgabe des

Verlag
Unterwegs

Werner-von-Siemens-Str. 22
D-78224 Singen
Telefon: 07731/838-0
Telefax: 07731/838-19
info@unterwegs.de
www.unterwegs.de

ISBN 978-3-86112-362-0
Satz: Unterwegs Verlag GmbH

Die Texte der 1. Ausgabe von 1995 stammen von Andreas Beerlage. Sie wurden inzwischen mehrfach überarbeitet und völlig aktualisiert. Letzte Aktualisierung: Mai 2022.
Redaktionelle Überarbeitung: Regine Keller
Grafik: Cedric Gruber

Titelbild: Das Titelbild zeigt Eindrücke vom Europapark in Rust. Weitere Highlights und Infos über den einzigartigen Freizeitpark finden Sie auf den Seiten 16, 17 und 364.

Alle Angaben sind nach bestem Wissen und Gewissen recherchiert. Der Verlag kann keine Verantwortung für eventuelle Änderungen oder Fehler übernehmen. Wir sind aber jederzeit für Hinweise und Korrekturen durch die Nutzer des Buches dankbar.

Wir danken allen Fremdenverkehrsämtern und Freizeitanbietern für ihre freundliche Mitarbeit und die Bereitstellung von Bildmaterial.

Zeit für die Familie – Spaß für alle

Endlich Freizeit! Und jetzt nichts wie weg. Auf starken 384 Seiten bietet dieser Freizeitführer Informationen über die schönsten Freizeitparks, interessantesten Museen, Spaß- und Wellnessbäder, Zoos, Schlösser und vieles mehr in ganz Deutschland. Alle Freizeitangebote sind nach Bundesländern unterteilt. Mit Gebietsplänen, Anfahrtsbeschreibungen, unverbindlichen Preisinformationen, Öffnungszeiten, Verpflegungsmöglichkeiten und je nach Ort auch Hinweise, was man in der Region außerdem noch unternehmen könnte. Und man wird erstaunt sein, schon beim Lesen und dann – noch viel mehr – vor Ort, dass Deutschland ein Land voll erlebbarer Freizeit ist – prickelnd, entspannend, aufregend und zum Genießen –, sei es nun in der Ferne oder auch ganz in Ihrer Nähe. Grundsätzlich haben wir bei allen Tipps darauf geachtet, dass es sich um Ziele handelt, die für die ganze Familie geeignet sind. Im Info-Kasten bei jedem Ausflugsziel sind die wichtigsten Daten zusammengefasst.

Bitte beachten Sie:
Natürlich können sich auch Änderungen (z. B. Preise, Öffnungszeiten etc.) ergeben. In vielen Fällen gibt es noch weitere Öffnungszeiten für bestimmte Zeiten oder Tage, die hier aus Platzgründen nicht dargestellt werden können. Dasselbe gilt auch für Eintritts- oder Fahrpreise. Deshalb ist es empfehlenswert, sich vor Antritt der Reise nochmals beim Ausflugsziel zu erkundigen. Insbesondere, wenn man mit einer Gruppe anreist.
Dann kann die Planung also losgehen. Wir wünschen Ihnen viel Spaß beim Aussuchen, Planen und natürlich beim Erleben.

Ihr Unterwegs-Verlag-Team

Der Wild- und Freizeitpark Allensbach, inmitten der schönsten Naturlandschaft am Bodensee Bodanrück, bietet vergnügliche Freizeiterlebnisse.

Inhalt

FLIPPED FUN PARK
Robert-Bosch Straße 5 | 78224 Singen
www.flipped-funpark.de
DER VERRÜCKTESTE
FREIZEITPARK

egapark
Erfurt
Danakil – Ein Haus, zwei Welten.
Natürlich egapark!

Technik Museen
Sinsheim Speyer
365
Tage
days
Zwei ideale Ausflugsziele!
Technik
von Unterwasser
bis ins Weltall
technik-museum.de

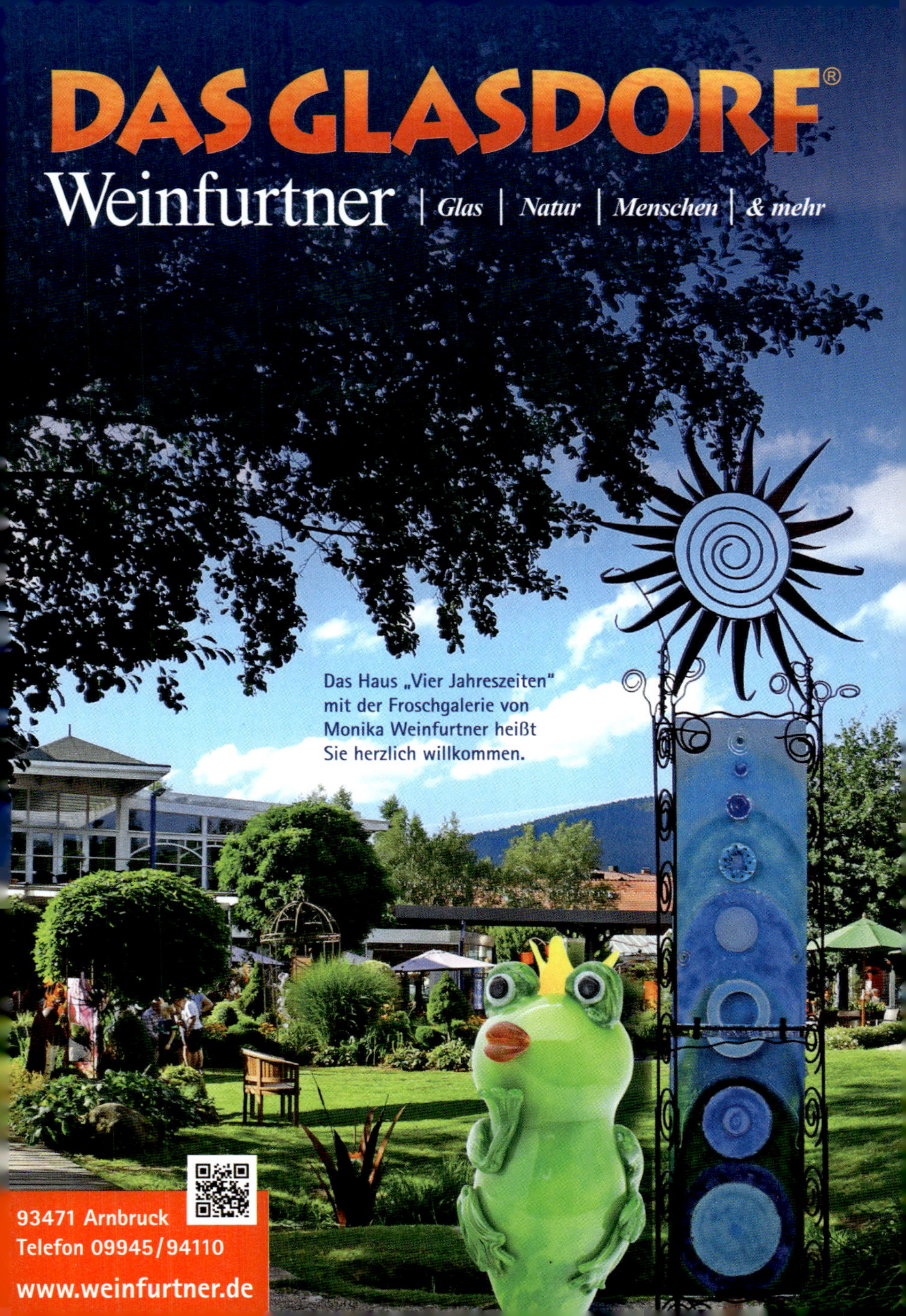
DAS GLASDORF®
Weinfurtner | Glas | Natur | Menschen | & mehr
Das Haus „Vier Jahreszeiten" mit der Froschgalerie von Monika Weinfurtner heißt Sie herzlich willkommen.
93471 Arnbruck
Telefon 09945/94110
www.weinfurtner.de

Ihre Nr. 1

für Baden, Sauna & Wellness

Lassen Sie sich von einem Freizeitangebot verzaubern, dass keine Wünsche offen lässt: Freizeitbad, Saunaparadies, Wellness, Beauty und vieles „meer“.

monte mare Sauna- & WellnessResorts und Freizeitbäder finden Sie in:

50181 Bedburg:	siehe Seite 181
52372 Kreuzau:	siehe Seite 182
53359 Rheinbach:	siehe Seite 184
Indoor-Tauchzentrum:	siehe Seite 185
51580 Reichshof-Eckenhagen:	siehe Seite 186
63179 Obertshausen:	siehe Seite 228
56626 Andernach:	siehe Seite 270
67657 Kaiserslautern:	siehe Seite 284
83684 Tegernsee:	siehe Seite 311
83727 Schliersee:	siehe Seite 311

monte mare

Wir freuen uns auf Ihren Besuch!

monte mare Sauna- & Wellnessparadies – 9x in Ihrer Nähe und auf ... www.monte-mare.de

EUROPA PARK®
EINE REISE.
VIELE ZIELE.
2 PARKS
1 ERLEBNISRESORT
JETZT URLAUB
BUCHEN!
RULANTICA
tickets.europapark.de
Tickets mit Übernachtung unter
europapark.de/reservierung
© Mack INTERNATIONAL

Per Click in die Freizeit

Archäologische Museen SH
Albersdorf: www.aoeza.de
www.museum-albersdorf.de
Bad Oldesloe:
www.badoldesloe.de/heimatmuseum
Fehmarn: www.galileo-fehmarn.de
Kiel: www.antikensammlung-kiel.de
Preetz: www.museum-preetz.de
Schleswig: www.schloss-gottorf.de

Diverse Museen SH
Alkersum: www.mkdw.de
(Museum Kunst der Westküste)
Bad Oldesloe: www.mennokate.de
Bad-Schwartau:
www.bad-schwartau.de (Stadtmuseum)
Bad-Segeberg: www.otto-flath.de
Barkelsby: www.gut-hohenstein.de
Flensburg:
www.schifffahrtsmuseum-flensburg.de
Lütau: www.zugpferdemuseum.de

Zoos/Wildparks Schleswig-Holstein
Aumühle-Friedrichsruh:
www.garten-der-schmetterlinge.de
Bad Segeberg:
www.noctalis.de (Fledermauszentrum)
Daldorf:
www.erlebniswald-trappenkamp.de
Grömitz: www.zoo-arche-noah.de
Kiel: www.aquarium-kiel.de
Lübeck: www.tierpark-luebeck.de
Neumünster:
www.tierparkneumuenster.de
Plön:
www.naturpark-holsteinische-schweiz.de
Warder: www.arche-warder.de

Diverse Freizeitparks SH
Dötlingen:
www.freizeitpark-ostrittrum.de
Husum: www.funcenter-husum.de
Jadeberg: www.jaderpark.de
List/Sylt: www.naturgewalten.de
Lübeck: www.kart-house.de
Weissenhäuser Strand/Columbus Park:
www.weissenhaeuserstrand.com
St. Peter-Ording:
www.westkuestenpark.de

Burgen/Schlösser SH
Ahrensburg: www.schloss-ahrensburg.de
Basthorst: www.gutbasthorst.de
Bleckede: www.elbschloss-bleckede.de
Eutin: www.schloss-eutin.de
Glücksburg: www.schloss-gluecksburg.de
Pinneberg: www.landdrostei.de
Plöner Schlossgebiet:
www.touristinfo-ploen.de
Reinbek: www.schloss-reinbek.org
Sierhagen: www.gut-sierhagen.de

Diverse Museen Hamburg
www.deichtorhallen.de
www.hamburger-kunsthalle.de
www.museum-der-arbeit.de
www.panoptikum.de
www.spicys.de
www.voelkerkundemuseum-hamburg.de

Diverse Freizeitparks Hamburg
www.kibaho.com
www.lasertag-deutschland.com
www.prototyp-hamburg.de
www.rabatzz.de

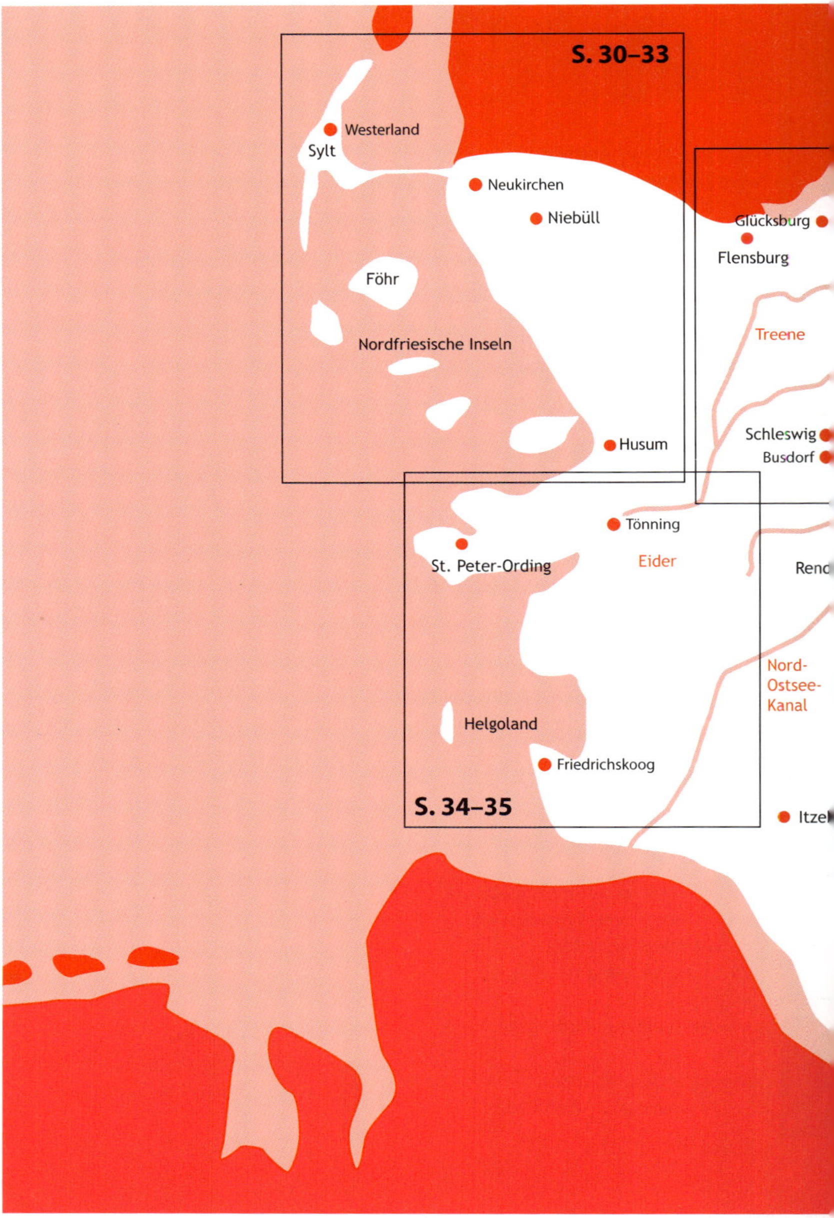
S. 30–33
Westerland
Sylt
Neukirchen
Niebüll
Föhr
Nordfriesische Inseln
Husum
Glücksburg
Flensburg
Treene
Schleswig
Busdorf
Tönning
St. Peter-Ording
Eider
Nord-
Ostsee-
Kanal
Helgoland
Friedrichskoog
S. 34–35

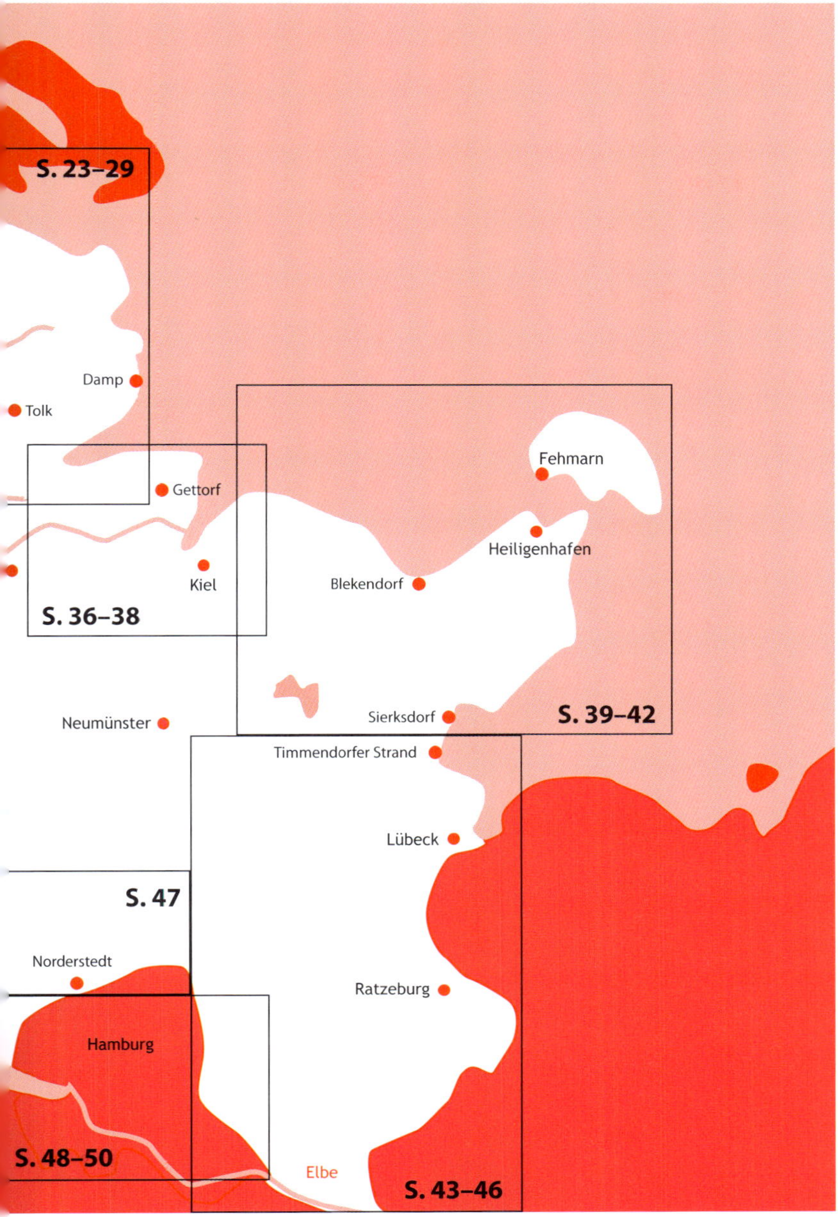
S. 23–29
Damp
Tolk
Fehmarn
Gettorf
Heiligenhafen
Kiel
Blekendorf
S. 36–38
Neumünster
Sierksdorf
S. 39–42
Timmendorfer Strand
Lübeck
S. 47
Norderstedt
Ratzeburg
Hamburg
S. 48–50
Elbe
S. 43–46

Die Freizeit-Reise beginnt

Einmal quer durch Deutschland vom Bodensee bis Flensburg, von Baden-Württemberg im Süden bis Schleswig-Holstein hoch im Norden. Dazwischen liegen rund 1000 Kilometer – und jede Menge Freizeitmöglichkeiten. Unsere Freizeitreise beginnt im Norden – in der schönen Fördestadt Flensburg.

Flensburg

Ein Urlaub, zwei Länder! Lust auf Baden und Bummeln, Höfe und Hafenflair, auf Schlemmen und Schippern, auf Land und Leute? Hier, in und um Flensburg, vor den Toren Dänemarks, bieten sich viele Möglichkeiten dazu!
Hier entdeckt man historische Kapitänshäuser und Kaufmannshöfe, wunderbare Fassaden, belebte Märkte, gemütliche Cafés, vielfältige Restaurants und Galerien. Flensburg ist das Shoppingerlebnis zwischen Hamburg und Kopenhagen.
Es ist viel los am Hafen! Bunte Hafenfeste, wie die Rumregatta und das Dampf Rundum, Förde-Rundfahrten und vieles mehr.
Es gibt stets Neues zu erleben – ob Brauerei-Besichtigung, Phänomenta-Science-Center, Rumhäuser (Flensburger Seefahrer brachten den Rum mit) oder das landschaftlich reizvolle Umland.
Die Region Flensburger Förde ist mehr als ein Besuch wert – für Groß & Klein!

Wichtig!

Weitere Informationen:
www.flensburger-foerde.de

Schleswig-Holstein

Phänomenta in Flensburg

Fotos: Anja Menzel

Eine Ausstellung zum Staunen, Machen, Denken

Beim entdecken aller Räume findet man schnell heraus, welche Experimentier-Stationen einen magisch anziehen und besonders staunen lassen. Hier vergisst man die Zeit und kann alles nach Lust und Laune ausprobieren: Kurbeln zum Drehen, Seile zum ziehen, Pedale zum Treten. Überall ist Bewegung, es wird gelacht, gemeinsam überlegt und erkundet. Die Sinne stehen auf Empfang, Gehirn und Körper sind voller Aktion.

Neben der Dauerausstellung gibt es das ganze Jahr über immer wieder Kurse im Phänomenta Space, spannende Workshops und Aktionen.

Themen und Termine findet man auf der Homepage.

Wichtig!

Adresse:
Phänomenta e.V.
Norderstr. 157–163
24939 Flensburg
Tel. 0461/14449-0
www.phaenomenta-flensburg.de
info@phaenomenta.com
facebook.com/phaenomenta
instagram.com/phaenomenta

Anfahrt:
Von der A 7, Ausfahrt Flensburg, auf die B 200 abfahren, über die Harrisleer Straße in Richtung Nordertor. Anreise mit der Buslinie 1 oder 7 bis Nordertor.

Öffnungszeiten/Preise:
Siehe www.phaenomenta-flensburg.de

Verpflegung:
Cafeteria

artefact Klimapark Glücksburg

Energie begreifen! Dieses Motto ist durchaus wörtlich zu nehmen: Wie läuft Wasser bergauf oder kommt die Sonne in die Steckdose? In Glücksburg/Ostsee wird in Deutschlands erstem Energieerlebnispark an 40 Stationen Energie spielerisch begreifbar. Doch der Klimapark zeigt auch, wie jeder das Klima und den Geldbeutel durch erneuerbare Energien schonen kann. Das Zentrum, das im eigenen Gästehaus für Urlauber und Gruppen auch schicke Ferienwohnungen und Zimmer in Lehmbauweise hat, versorgt sich selbst mit Wärme und Strom aus Sonne und Wind. Ob beim Wettlauf mit der Sonne oder dem Besuch von Angler-Sattelschweinen im eigenen Naturerlebnisraum – bei artefact bekommt die ganze Familie Lust auf Zukunft!

Wichtig!

Adresse:
artefact –
Zentrum für nachhaltige Entwicklung
Bremsbergallee 35
24960 Glücksburg/Ostsee
Tel. 04631/6116-0
Fax 04631/6116-28
www.artefact.de
info@artefact.de
Öffnungszeiten:
1. April bis 30. September
wochentags 9 bis 18 Uhr,
Sa, So und Oktober täglich 10–18 Uhr
Eintritt:
6–16 Jahre € 4,–
Erwachsene € 6,–
Familienkarte € 14,–

Ostsee Resort Damp

Spaß, Sport und Erholung für die ganze Familie. Für einen Aufenthalt im Ostsee Resort Damp gibt es viele gute Gründe. Das Meer, die reizvolle Landschaft, moderne Freizeit-, Sport- und Wellnessangebote, Unterbringung ganz nach Wunsch – vom Hotelzimmer bis zum Premium-Ferienhaus, der kilometerlange Sandstrand und nicht zu vergessen: der imposante Yachthafen. Ein besonderes Highlight für alle, die sich mal so richtig verwöhnen lassen möchten, ist das Mare Mara. Hier erwartet die Gäste eine einzigartige Wellness-Wohlfühlwelt auf 4.000 m^2. Auch wer seinen Urlaub lieber aktiv gestaltet, ist in Damp genau richtig. Segeln, Surfen, Reiten, Wasserski, Golfen oder Wandern sind nur einige Beispiele.

Und die Kinder? Die bekommen das volle Programm im Indoorspaßpark „Funhalla". Wettrennen auf der Inline-Skating Bahn, Action mit dem Skateboard auf Rampen, Quarterpipes und im Pool. Dazu Freeclimbing,

Badminton und Tennis. Für die Kleinsten gibt es ein gigantisches Kletterparadies. Badespaß für Groß und Klein bieten die Ostsee und der sanft abfallende Strand. Und sollte Petrus einmal nicht mitspielen, wartet bereits das Entdeckerbad. Wie schon gesagt, es sprechen viele Gründe für einen Urlaub im Ostsee Resort Damp – aber nicht einer dagegen.

Wichtig!

Adresse:
Ostsee Resort Damp
Seeuferweg 10, 24351 Damp
Tel. 04352/80666
Fax 04352/808921
www.ostsee-resort-damp.de
ostsee-resort@damp.de

Anfahrt:
Autobahn A 7, Abfahrt Rendsburg/Büdelsdorf, weiter auf der B 203 Richtung Eckernförde, 14 km nördlich von Eckernförde folgt die Abfahrt Ostseebad Damp.

Saison: Ganzjährig

Familien-Freizeitpark Tolk-Schau

Der Freizeitpark für die ganze Familie!

Eingebettet in malerisch-schöner Landschaft, liegt – ganz oben im Norden – der Freizeitpark für die ganze Familie: die Tolk-Schau.

Für ein abwechslungsreiches Tagesprogramm voller Spaß sorgen viele Fahr- und Spielgeräte auf dem 300.000 m2 großen Naturgelände – wie Autoscooter, Trampolin, Pferdchenbahn, Berg- und Talbahn, Superbootsrutsche ... Mit der Sommerrodelbahn kann man ins einzigartige „Tal der Dinosaurier" sausen und über 100 Urzeitwesen in Originalgröße entdecken.

Tolle Angebote im Park auch zum selbst ausprobieren! Und viel Wissenswertes zu unterschiedlichen Themen in liebevoll aufbereiteten Ausstellungshallen. Alle Aktionen sowie die Parkplätze sind im Eintrittspreis enthalten.

Also: „Rein in's Vergnügen – das Abenteuer wartet!"

Wichtig!

Adresse:
TOLK-SCHAU Familien-Freizeitpark GmbH & Co. KG
Tolk-Schau 1, 24894 Tolk
Info-Tel. 04622/922, Fax 04622/189952
www.tolk-schau.de, info@tolk-schau.de

Anfahrt:
Von Flensburg, Hamburg oder Kiel fährt man auf der A7 bis Abfahrt Schuby (Nr. 5), weiter auf der B 201 Richtung Kappeln, ab dort ausgeschildert. Von Schleswig auch auf der B 201 in Richtung Kappeln.

Öffnungszeiten:
Öffnungszeiten und Ruhetage siehe bitte www.tolk-schau.de

Eintritt:
Alle Aktionen im Preis enthalten – siehe www.tolk-schau.de,
Kinder unter 90 cm Eintritt frei

Verpflegung:
Verpflegungsmöglichkeiten im Park vorhanden, die eigene Verpflegung darf auch gern mitgebracht werden! 50 unterschiedlich große Grillhütten online gegen geringe Gebühr buchbar.

Angeln und Schwansen

Auf der Fahrt durch das hügelige, fruchtbare Land bekommt man den Eindruck, dass hier schon immer Bauern lebten. Kleinere, selbstständige Bauernhöfe mit traditionellen jütischen Geesthardenhäusern oder Dreiseithöfen und Felder, die durch gehölzbewachsene Einfriedungen voneinander getrennt sind, bestimmen das Landschaftsbild. Daran wird sich auch so schnell nichts ändern. Doch ein Besuch im Wikinger-Museum von Haithabu belehrt eines Besseren: Der traumhaft verschlafene Landstrich war im Mittelalter Nordeuropas größtes Handelszentrum. Dorfnamen wie Husby, Twedtgrumby, Thumby, Sörup und Waabs verraten vieles über die Verbindung zu Dänemark. Über Jahrhunderte war das Herzogtum Schleswig eng mit den Kopenhagener Monarchen verbunden. Die Schätze der Vergangenheit – alte romanische Dorfkirchen, Burgen und Schlösser – ziehen heute Touristen ins Land.

Doch das Schönste an Angeln und Schwansen ist die himmlische Landruhe. Die Gegend zwischen Flensburger Förde und Schlei lädt ein zu Ruhe, Gelassenheit, langen Wanderungen und purer Entspannung. Die Städte Schleswig und Flensburg und besonders auch Glücksburg direkt an der Förde bieten viele Möglichkeiten zu Kultur, Musik und gemütlichem Bummel.

Fjordarium Schleswig Sportbad & Sauna

Wasserbegeisterten stehen im Fjordarium Sportbad ein Schwimmer-, Nichtschwimmer- und ein Kleinkindbecken zur Verfügung.

Neu: zwei finnische Saunen, eine davon mit Himalaya Salzkristallen, ein Sanarium und ein Dampfbad mit harmonischem Farblichtspiel lassen keine Sauna-Wünsche offen. Die Infrarotkabine ist eine echte Alternative zur klassischen Sauna. Schöne Ruhebereiche und das lichtdurchflutete Atrium laden zum Entspannen zwischen den Saunagängen ein.

Wichtig!

Adresse:
Fjordarium Sportbad & Sauna Schleswig
Friedrich-Ebert-Straße 1, 24837 Schleswig
Tel. 04621/801-180, Fax 04621/801-182
www.fjordarium.de
fjordarium@stadtwerke-sh.de
Öffnungszeiten und Eintritt:
Unter www.fjordarium.de

Das Wikinger Museum Haithabu

Foto: © SHLM, Schleswig

Zu Zeiten der Wikinger war Haithabu einer der bedeutendsten Siedlungsplätze und Handelszentren Nordeuropas. Hier kreuzten sich die wichtigsten Fernhandelswege und führten Menschen und Waren aus aller Welt zusammen. Zum Schutze der Stadt wurde ein befestigter Halbkreiswall errichtet. Dass die Wikinger nicht nur kühne Eroberer und Entdecker, sondern auch geschickte Händler und Handwerker waren, zeigt sich besonders in Haithabu. Die Vielfalt und Exklusivität der von den Archäologen geborgenen Funde unterstreichen die herausragende Rolle des Ortes als frühmittelalterliche Handelsmetropole.

Das Wikinger Museum Haithabu gehört zu den bedeutendsten archäologischen Museen Deutschlands. In seiner modernen Ausstellung präsentiert es einzigartige Originalfunde. Das in der Schiffshalle ausgestellte königliche Schiff war einst das schnellste Schiff auf der Ostsee. Kinder wie Erwachsene können sich mit einem Audioguide auf Entdeckertour begeben. Seit Sommer 2018 gehört Haithabu und das Dannewerk zum Welterbe. Von April bis Oktober laden sieben auf der Grundlage archäologischer Befunde rekonstruierte Häuser dazu ein, das Leben der Wikinger mit allen Sinnen zu erkunden. Ein abwechslungsreiches Veranstaltungsprogramm gibt Einblicke in Alltag und Handwerk und lockt mit zahlreichen Aktionen zum Zuschauen und Mitmachen. Auf den Märkten im Frühjahr, Sommer und Herbst bieten Händler und Handwerker von nah und fern ihre Waren feil und zeigen ihre Fertigkeiten. An Bord des Wikingerschiffs „Erik Styrimathr" lässt sich Haithabu vom Wasser aus betrachten, so wie es auch die heimkehrenden Wikinger nach ihren Seefahrten sahen.

Wichtig!

Adresse und Anfahrt:
Wikinger Museum Haithabu
Am Haddebyer Noor 3, 24866 Busdorf
Tel. 04621/813-122
www.haithabu.de, service@landesmuseen.sh

Öffnungszeiten:
Apr.–Okt. tägl. 9–17 Uhr,
Nov. bis März Di.–So. 10–16 Uhr, Wikinger Häuser: April bis Oktober täglich 9-17 Uhr

Eintritt:
Einzelkarte € 10, ermäßigte Einzelkarte € 8, Familienkarte (2 Erw., Kinder bis 16 J.) € 19, Gruppe ab 20 Pers. € 7 pro Pers., Gruppe ab 30 Pers. € 6 pro Pers, Schulklassen € 2 pro P.

Verpflegung:
Gastronomie bei den Wikinger Häusern, Picknick in der näheren Umgebung möglich

Nordfriesland

Nordfriesland wurde erstmals im Jahr 1424 urkundlich erwähnt. Die ganze Region umfasst den Küstenstreifen zwischen den Flüssen Eider und Vida an der dänischen Grenze und erstreckt sich über die Nordfriesischen Inseln, Halligen sowie das angrenzende Wattenmeer.
Zu Nordfriesland gehören die Windmühlen, die Reet gedeckten Häuser aus roten Klinkersteinen und natürlich auch die sturmumbrausten Strände und hohen Wellen. Ebbe und Flut sind der Pulsschlag dieser Region. Der bei Niedrigwasser blank liegende, blauschwarz glänzende Wattboden ist ein quicklebendiger Lebensraum, in dem es von Kleintieren nur so wimmelt. Eine Wattwanderung ist ein faszinierendes Erlebnis – und ein Muss, wenn man an nordfriesischen Stränden freie Tage verbringt. Vom Meer und der Schifffahrt geprägt sind auch viele der Sehenswürdigkeiten der Region.

Nordfriesische Inseln

Der Hafen Dagebüll verbindet die Inseln Föhr, Amrum, Pellworm sowie die Halligen mit dem Festland. Ebenso setzen natürlich Schiffe nach Sylt oder Helgoland über. Auf den Inseln kann man Ausflüge mit dem Bus oder Fahrrad machen, spazieren gehen, Wattwandern und vieles mehr. Jede der Inseln hat ein ganz besoners Flair zu bieten. Wer es Grün und naturreich liebt, den zieht es zu den Inseln Föhr und Pellworm. Herrlich faule Tage im Strandkorb oder unterwegs an endlos langen Stränden kann man auf Amrum und Sylt verbringen. Beeindruckend mit ihrer roten Felsnase präsentiert sich die Insel Helgoland. Ein ganz besonderes Erlebnis sind die Halligen, die „Mini-Inseln", auf denen nur wenige Menschen hauptsächlich von Tourismus, Küstenschutz und Landwirtschaft leben. Letztere umfasst vor allem Viehzucht auf den fruchtbaren, häufig überfluteten Salzwiesen.

Wichtig!

Weitere Informationen über die Fremdenverkehrsämter der Inseln:
www.foehr.de
www.sylt.de
www.amrum.de
www.pellworm.de
www.halligen.de
www.schleswig-holstein-urlaub.de

Halligen – Mini-Inseln in der Nordsee

Schwimmende Träume! So bezeichnete der nordfriesische Schriftsteller und Dichter Theodor Storm die Halligen. Dies sind kleine, nicht eingedeichte Mini-Inseln. Die zehn Halligen im nordfriesischen Wattenmeer sind ein weltweit einzigartiges Phänomen. Von den zehn Halligen sind sechs bewohnt und werden bewirtschaftet. Mit dem Schiff kann man einen Ausflug auf die Halligen machen, dort an Land gehen und einen ebenso interessanten wie entspannten Nachmittag oder sogar einen längeren Urlaubsaufenthalt verbringen.

Langeneß ist die größte und längste Hallig. Sie ist 1000 Hektar groß und an ihrer schmalsten Stelle nur 600 Meter breit. Auf Langeneß leben zur Zeit 109 Menschen auf insgesamt 18 bewohnten Warften. Zu den Hauptattraktionen der Hallig zählen z. B. das Infozentrum der Schutzstation Wattenmeer und das Kapitän Tadsen Museum.

Auf der Hallig Hooge leben insgesamt 107 Menschen und es gibt 240 Gästebetten hier. Hooge ist das „Tourismuszentrum" der Biosphäre. Hier warten Sehenswürdigkeiten wie zum Beispiel der Königspesel, ein Kapitänshaus, in dem schon der dänische König Friedrich VI. übernachtete. Zudem bietet Hooge regelmäßige Kulturveranstaltungen wie Theater oder Konzerte.

Wer einmal einen Reet gedeckten Leuchtturm (Deutschlands einziger) sehen möchte, kann dies übrigens auf der Hallig Oland. Prima zum Wattwandern eignet sich die Hallig Nordstrandischmoor. Im Frühling werden auf Nordstrandischmoor die Lammtage gefeiert, die jedes Mal ein Spektakel für Gäste mit Kindern sind. Deutschlands kleinste Gemeinde ist die Hallig Gröde. Dort kann man gut baden – und wer Glück hat, findet im Watt vor der Hallig sogar Bernstein.

Wichtig!

Weitere Informationen über die Halligen:
www.halligen.de
www.hooge.de
www.langeness.de

Bauernhof-Barfussgarten

Im 2007 angelegten Bauernhof-Barfußgarten in Neukirchen kann man die Natur mit allen Sinnen genießen. Verschiedene Bodenbeläge wie Steine, Sand oder Rasen aktivieren die Durchblutung und wirken sich auch auf andere Weise positiv auf die Gesundheit aus.

Heilpraktiker stehen hinter ihrer Aussage, dass viele Fehlstellungen und Fußkrankheiten früher praktisch gar nicht auftraten, da sich große Teile der Bevölkerung gar keine Schuhe leisten konnten, immer barfuß über Stock und Stein liefen. So entstehen heutzutage viele Beschwerden, weil die Fußsohlen gar nicht angeregt werden, die Beweglichkeit wird total eingeschränkt, die Muskulatur, Sehnen und Bänder werden nicht gefordert. Inzwischen ist bekannt, dass barfuß gehen über möglichst unebene Naturböden helfen kann, z.B. Rückenleiden zu lindern.

Alle Wege werden barfuß erforscht, sie führen immer wieder an Tiergehegen und Gartenbereichen vorbei.

Zum Bauernhof-Barfußgarten gehören neben den verschiedenen Barfußpfaden aber auch Tiergehege, in denen unter anderem Hühner, Schildkröten, Meerschweinchen, Pferde und Gänse zu sehen und (im Streichelgehege) natürlich auch zu tasten sind; ein Japangarten und Kräutergarten mit einer bunten Schmetterlingsecke runden Flora und Fauna ab.

Tipps: Barfuß Anfänger nehmen sich am besten Sandaletten mit, in die sie rein schlüpfen können wenn es mal unangenehm wird.

Wichtig!

Adresse:
Bauernhof-Barfussgarten Neukirchen
25927 Neukirchen – Südfrersbüll
Mobil: 0174/4158838

Anfahrt: Von Niebüll Richtung Klanxbüll, rechts ab nach Neukirchen. Neukirchen wird ganz durchfahren, hinter dem Ortsausgangsschild geht es nach links in die Str. Südfrersbüll. An deren Ende findet sich der Bauernhof-Barfußgarten.

Öffnungszeiten: Dienstags hat der Park zu und Telefonservice ab 16.30 Uhr. Es können für Kindergärten, Schulen und Gruppen auch außerhalb der Öffnungszeiten gebucht werden (Mobil: 0174/4158838). Bei schlechter Witterung hat der Park geschlossen. Bei so einem Wetter wollen die Tiere auch keinen Kontakt, und das tun wir Ihnen auch nicht an.

Eintritt:
Erwachsene ab € 5,–
Kinder unter 16 Jahre € 3,–

Sylt Aquarium

Heimische und tropische Meereswelten! Das Sylt Aquarium präsentiert seinen Besuchern die eindrucksvolle Unterwasserwelt der heimischen Nordsee und des tropischen Meeres. Man lernt die Geheimnisse und Gegensätze zweier außergewöhnlicher Lebensräume kennen: Die faszinierende und harte Lebenswelt der Nordseebewohner und die fast verspielt wirkende Tropenwelt des Indischen Ozeans. Auf der Reise durch die Meereswelt erwarten den Besucher nahezu 5.000 Meeresbewohner – vom Krebs über das Seepferdchen bis zum Hai. Einer der zwei gläsernen Tunnel führt durch die 500.000 Liter Wasser fassende Korallenwelt hindurch. Hier gleiten die Fische direkt über die Köpfe hinweg und es bietet sich ein hautnaher Einblick in die bunte Unterwasserwelt mit vielen Großhaien. Ausschilderungen an den einzelnen Becken und Infoterminals sowie spannende Filme im kleinen Kinobereich präsentieren interessante Informationen rund um die Tiere und ihre Umwelt. Ganz nahe kommt man den Tieren bei den Schaufütterungen sowie bei Fachführungen, die einen Blick hinter die Kulissen des Aquariums erlauben.

Wichtig!

Adresse:
Sylt Aquarium Westerland
Gaadt 33, 25980 Westerland
Tel. 04651/8362522
Fax 04651/8362523
info@syltaquarium.de
www.syltaquarium.de
Anfahrt: Sie finden das Sylt Aquarium in Westerland direkt an den Dünen des Zentralstrandes, nur wenige Minuten Fußweg vom Zentrum entfernt.
Öffnungszeiten:
Ganzjährig täglich von 10–18 Uhr
Eintritt: Erwachsene € 13,50
Kinder und Jugendliche 3–18 Jahre € 10,–
Familien (2 Erwachsene/2 Kinder) € 35,50
Familien groß (2 Erw./3 Kinder) € 42,50
Übersicht über diverse Gruppentarife für Erwachsene und Jugendliche im Internet.
Verpflegung: Täglich haben das Bistro „aqua" und der Aquariums-Shop mit vielen Souvenirs geöffnet.

Dithmarschen und Eiderstedt

Fährt man mit offenen Augen durchs Dithmarscher Land, dann fällt schon nach kurzer Zeit auf, dass es hier zwei Dinge im Überfluss gibt: Deiche und Schafe. Die lebendigen Mähmaschinen bevölkern zu Hunderten die langgezogenen Vorrichtungen aus Erde, die aufgeschüttet wurden, um die Menschen vor der tückischen See zu schützen. Auf und hinter den Deichen kann man herrliche Spaziergänge unternehmen, umweht von gesunder Meeresluft. Die Wälder der Geest runden das idyllische Bild dieser Landschaft ab.

Nationalpark-Zentrum Multimar Wattforum

Die Erlebnisausstellung entführt in die faszinierende Unterwasserwelt des Nationalparks Wattenmeer. Sie zeigt in großen Aquarien über 280 Arten von Fischen, Krebsen, Muscheln und Schnecken. Neben den großen Aquarien ist das „Miniatur-Wunderland" mit 17 Kleinaquarien ein Anziehungspunkt. Hier zeigen kleine Kostbarkeiten wie Gespensterkrabben, Geigenkasten-Seespinnen und Becherkorallen ihre ganze Schönheit. Besonders attraktiv sind auch die Seepferdchen. Magisch wirkt der Blick des Pottwals, der vor einigen Jahren im Wattenmeer gestrandet ist und im Nationalpark-Zentrum Multimar Wattforum zu sehen ist. 28 Jahre alt, 48 t schwer, 18 m lang und 41 kräftige Zähne – der sanfte Gigant beeindruckt durch seine Ausmaße. Rund um den Pottwal sind zehn Kammern angeordnet, in denen über das Leben der Wale informiert und für ihren Schutz geworben wird. Natürlich geht es dabei auch um Schweinswale, die einzigen Wale, die dauerhaft im Nationalpark Wattenmeer leben. Sie werden im Walschutzgebiet westlich der Inseln Sylt und Amrum besonders geschützt, weil sie dort im Frühjahr und Sommer ihre Jungen aufziehen. Im Großaquarium mit mehr als 250.000 Litern Wasser drehen Dorsche und Seelachse ihre Runden und Taucher sprechen zweimal pro Woche aus dem Aquarium heraus mit den Gästen.

Wichtig!

Adresse:
Nationalpark-Zentrum Multimar Wattforum
Dithmarscher Straße 6a, 25832 Tönning
Tel. 04861/96200
www.multimar-wattforum.de
info@multimar-wattforum.de
www.nationalpark-wattenmeer.de
Öffnungszeiten:
01.11.–31.03.: 10–17 Uhr;
01.04.–31.10.: 9–18 Uhr
Saison: Ganzjährig geöffnet (außer 24.12.)
Eintritt: Erwachsene € 9,–
Kinder 4–15 Jahre € 6,–, Familienkarte mit allen eigenen Kindern 4–15 J. € 25,–
Verpflegung: Multimar Wattforum Restaurant

Foto: © Birresborn

Seehundstation Friedrichskoog

Foto: Seehundstation Friedrichskoog gGmbH

Ganzjährig können in der Seehundstation Friedrichskoog die zwei heimischen Robbenarten des deutschen Wattenmeers – Seehunde und Kegelrobben – beobachtet werden. Die gemeinsame Haltung von Seehunden und Kegelrobben ist einmalig in Deutschland. Die Besucher erfahren in der Station viel über die Biologie der Robben und die verschiedenen Aufgaben der Seehundstation. Die Seehundstation Friedrichskoog ist die einzig autorisierte Annahmestelle für verlassen, geschwächt oder erkrankt aufgefundene Robben in Schleswig-Holstein. Die Aufzucht junger Seehunde, die während der Säugezeit dauerhaft den Kontakt zur Mutter verloren haben, der sogenannten „Heuler", ist ein wesentlicher Bestandteil der Arbeit der Station im Sommer. Der gesamte Aufzuchtbereich ist für die Besucher nicht zugänglich, kann aber von dem Beobachtungsdeck sowie im neuen Ausstellungsgebäude aus dem „Robbenblick" gut eingesehen werden.
Die dauerhaft in der Station lebenden Seehunde und Kegelrobben können in den natürlich gestalteten Becken an Land und unter Wasser beobachtet werden. An den Unterwasserfenstern ist ein Eintauchen in ihre Welt möglich und die Erlebnisausstellung „Robben der Welt" rundet das Angebot ab.
Im Dezember 2019 erfolgte der Spatenstich zum Aus- und Umbau der 1985 gegründeten Seehundstation. Die Gäste sollen zukünftig ein noch abwechslungsreicheres Angebot erhalten. Auch in diesem Jahr ist aufgrund von Sanierungsarbeiten mit erheblichen Einschränkungen im Besucherbereich und der Wegführung zu rechnen, die sich bis in den Herbst 2022 ziehen werden. Vorübergehend ist nur ein Dauerhaltungsbecken sichtbar. Unter www.seehundstation-friedrichskoog.de erhalten Sie Informationen über die aktuellen Neuerungen der Seehundstation. Bereits jetzt laden die Tribünen, das Beobachtungsdeck und der Bereich „Robbenblick" zum Beobachten der Robben ein.
Die Seehundstation freut sich über Ihren Besuch und Ihre damit verbundene Unterstützung.

Wichtig!

Adresse:
Seehundstation Friedrichskoog gGmbH
Information, Aufzucht, Forschung
An der Seeschleuse 4, 25718 Friedrichskoog
Tel. 04854/1372, Fax 04854/9231
info@seehundstation-friedrichskoog.de
www.seehundstation-friedrichskoog.de
Öffnungszeiten:
www.seehundstation-friedrichskoog.de

Kiel und Umgebung

Von den Kieler Wochen hat wohl jeder schon einmal gehört: Jeden Sommer zieht es Tausende Segler in die Hafenstadt. Und auch die zweite Berühmtheit Kiels hat mit Wasser zu tun, denn hier beginnt der Nord-Ostsee-Kanal, die weltweit meistbefahrene künstliche Wasserstraße. Von Kiel aus ist man in jeder Richtung schnell im landschaftlich reizvollen Hinterland. Das Meer ist nah, für spontane Ausflüge muss man also nicht lang überlegen. Im Stadtbereich finden sich fünf Tiergehege, die ebenfalls für eine Stippvisite gut sind.

Eine Bootsfahrt auf der Schwentine

Natur pur! Die einfache Fahrstrecke flussaufwärts durchs Landschaftsschutzgebiet ist ca. 6 Kilometer lang und dauert 30 Minuten.

Von der Endstation „Oppendorfer Mühle" führt ein halbstündiger Waldweg zum Freizeitgelände Schwentinepark in Raisdorf mit Abenteuerspielplatz, beheiztem Freibad und Wildpark.

Die Ausflugsschiffe sind offen, aber zu zwei Dritteln überplant. Man kann entweder mit dem Boot zurückfahren oder den ca. 2-stündigen Fußmarsch zurück wählen.

Wer den herrlich naturbelassenen Flusslauf auf eigene Faust erkunden will, mietet sich ein Ruderboot (ca. € 10,– pro Std.), ein Kanu (ca. € 10,– pro Std.) oder ein Stand up paddle board (ca. € 10,– pro Std.)

Wichtig!

Adresse:
Schwentinetalfahrt
An der Holsatiamühle
24149 Kiel
Tel. 0431/722428
Fax 04348/7852
info@schwentinetalfahrt.de

Anfahrt:
Aus Richtung Kiel-Zentrum (Autobahn, B 4, B 404) über Westring, Theodor-Heuss-Ring, Ostring. Direkt an der gelben Jet-Tankstelle vom Ostring rechts ab, dann den braunen Schildern „Schwentinetal" folgen. Aus Richtung Laboe/Schönberg (B 502) direkt nach Überqueren der großen Schwentinebrücke rechts ab, den braunen Schildern „Schwentinetal" folgen.

Fahrzeiten und Preise unter:
www.schwentinetalfahrt.de

Sonstiges:
Mehrere Gaststätten in nächster Umgebung. Viel Natur, ein Paradies für Kinder.

Der Tierpark Gettorf

Im Tierpark Gettorf können Sie 800 Tiere hautnah erleben: Fast 15 Affenarten leben im Tierpark, aber auch andere Exoten finden hier ein Zuhause. Publikumslieblinge sind sicherlich die Schimpansen und die Erdmännchen, aber auch Lemuren und Tapire haben ihre begeisterten Fans. **Ganz neu sind eine Gruppe Grüne Leguane und Kaiserschnurrbarttamarine im Tierpark zu entdecken.**

Kinder können sich hoffentlich bald wieder über den Streichelzoo freuen, schon jetzt sind die abwechslungsreichen Spielmöglichkeiten mit der großen Spielwiese, dem Wasserspielplatz, Niedrigseilgarten und der phantasievollen Kletterlandschaft am neuen Zooshop wieder geöffnet.

Restaurant und Imbiss sorgen für das leibliche Wohl, für Selbstversorger stehen zwei Grillplätze sowie zahlreiche Picknickmöglichkeiten zur Verfügung.

Aufgrund der Corona-bedingten Einschränkungen sind derzeit leider noch keine größeren Sonderveranstaltungen möglich. Sobald der Tierpark wieder sein gewohnt buntes und vielfältiges Programm anbieten darf, finden Sie alle entsprechenden Informationen auf der Internetseite des Parks. Hier finden Sie auch immer alle tagesaktuellen Hinweise zu Ihrem Tierparkbesuch, auch und gerade in Corona-Zeiten.

Wichtig!

Adresse: Tierpark Gettorf
Süderstraße 33, 24214 Gettorf
Tel. 04346/41600, www.tierparkgettorf.de
Anfahrt: Gettorf liegt auf halber Strecke zwischen Kiel und Eckernförde. Erreichbar auch mit dem Bus, Linie 4810 von Kiel oder Eckernförde, Linie 3290 von Rendsburg
Öffnungszeiten:
März bis Oktober täglich von 9-18 Uhr,
November- Februar 10-16 Uhr.
Kostenlose Parkplätze sind vorhanden.
Hunde sind aufgrund der Nähe zu den Tieren nicht erlaubt.
Eintritt:
Erwachsene € 12,–
Kinder und Jugendliche (bis 17 Jahre) € 9,–
Behinderte, Senioren ab 65 und Betreuer pro Person € 9,–
Verrücktes Haus: Pro Person: 4,50 €
Gruppen ab 10 Personen: 4,00 €
Weitere Preise auf Anfrage.

Schleswig-Holsteinisches Freilichtmuseum

Insgesamt 40 ha Wiesen, Felder und Bauerngärten laden Groß und Klein im Freilichtareal zum Erkunden ein. Auf dem Gelände verteilen sich 60 historische Gebäude, Hofanlagen und Mühlen, die aus den verschiedenen Landschaften Schleswig-Holsteins stammen. Ausgestattet mit Mobiliar, Hausrat, Arbeits-geräten, und Tieren zum Anfassen, lässt sich hier das Leben und Handwerk des Schmiedes, Korbmachers, der Töpferinnen und vieles mehr erleben. Café und Kiosk sorgen für das leibliche Wohl.

Workshops und Veranstaltungen rund ums Jahr. Im Frühjahr lockt der Gärtnermarkt mit Händlern von Blumen, Kräutern, Pflanzen und Gartenaccessoires und kompetenten Fachleuten auf der Beratungsmeile. Auf dem Herbstmarkt sind Aussteller aus dem gesamten Bundesgebiet vertreten mit Kunst, Handwerk und Accessoires. 2022 ist ein historischer Einschnitt in der Geschichte des Museums. Ein großes neues Ausstellungs- und Eingangsgebäude wird eröffnet: das Jahr100Haus.

Für Spaß bei Klein und Groß sorgt zusätzlich der große Spielplatz auf dem historischen Jahrmarkt, ausgestattet mit Karussell, Schiffschaukel und Orgel. Auf der Website findet man eine Übersicht aller Sonderausstellungen,

Wichtig!

Adresse: Freilichtmuseum Molfsee –Landesmuseum für Volkskunde
Hamburger Landstraße 97, 24113 Molfsee/Kiel, Tel. 0431-6596622
www.freilichtmuseum-sh.de, service@landesmuseen.sh
Anfahrt mit dem Auto: Das Museum liegt 6 Kilometer von Kiel entfernt, an der Landesstraße L 318 und 5 Kilometer von der Autobahn A 215 (Abfahrt Blumenthal). Direkt am Museum befindet sich ein großer, kostenloser Parkplatz.
Mit Bus und Bahn: Mit der Bahn bis Hauptbahnhof Kiel und weiter am ZOB mit den Bussen der Kieler Verkehrs Gesellschaft mbH (KVAG) u.a. über die Linie 501 bis Haltestelle Freilichtmuseum.
Öffnungszeiten: April–Oktober: Di. - So. 9 - 18 Uhr, montags geschlossen, November–März: Di. - Fr. 10 - 16 Uhr, Sa. - So. 10 - 17 Uhr, montags geschlossen
Eintritt: Erwachsene € 10,–, Kinder bis 6 Jahre frei, Ermäßigte (Studenten, Azubis etc.) € 8,–, Familienkarte €19,–, Gruppen ab 20 Personen € 7,–, Gruppen ab 30 Personen € 6,–
Verpflegung: Überblick über Verpflegungsmöglichkeiten: freilichtmuseum.sh/de/verpflegung
Direkt neben dem Museum befindet sich das Restaurant Drahtenhof (www.drahtenhof.de)

Holsteinische Schweiz und Fehmarn

Alle Süddeutschen reißen sich jetzt bitte zusammen und verkneifen sich jeden Spott: Der höchste Berg Schleswig-Holsteins misst stattliche 168 Meter ü. NN und heißt Bungsberg. Wie die meisten Erhöhungen der Holsteinischen Schweiz ist er ein eiszeitliches Überbleibsel, eine Endmoräne. Ein Gletscher schob in den Frostperioden des Erdalters große Mengen Geröll mit sich. Der Gletscher taute, der Berg blieb. Auch die großen runden Findlinge, die oft mit Sagen aus der Welt der Riesen verbunden sind, sind „Gletscherkinder". Es gibt so viele Seen, dass man drei Wochen lang jeden Tag in einem anderen baden könnte – wenn das Meer nicht auch noch locken würde.

Die Fähre Puttgarden-Rødby

Der Ausweis ist notwendig, denn es geht nach Dänemark.
In den Bauch der modernen Doppelendfähre rollen ganze Eisenbahnzüge, Sattelschlepper, Reisebusse und bis zu 300 PKW. Wer ohne Auto nach Dänemark will, kann an den Ticketautomaten auf der Gangway günstige Fußgängertickets lösen.
Parkmöglichkeiten sind im Hafen am schwimmenden Kaufhaus „Border-Shop" reichlich vorhanden. Während der 45-minütigen Überfahrt nach Dänemark können die An- und Ablegmanöver und die Fähren auf einer der meist befahrenen Schifffahrtsrouten der Welt beobachtet werden. Der Fährhafen Rødby-Faerge kann bequem zu Fuß entdeckt werden. Der Strand und das Badeparadies „Lalandia" sind schnell zu erreichen. Zurück an Bord, bieten Restaurants, Bordshops und Kinderkino Abwechslung für Eltern und Kinder.

Wichtig!

Adresse:
Scandlines Deutschland GmbH
Puttgarden Fährhafen, 23769 Fehmarn
Tel. 0381/77887766
buchung@scandlines.com
Anfahrt: Der Fährhafen ist nicht zu verfehlen. Auf der E 47 nach/durch Fehmarn, am Ende warten die Fähren.
Fahrpreise:
Tarifübersichten im Internet unter:
www.scandlines.de

Schleswig-Holstein

Esel- & Landspielhof Nessendorf

Nicht nur für Kinder ein unglaubliches Erlebnis: Der Esel- und Landspielhof Nessendorf (Wiesengrund 3, 24327 Blekendorf) ist einen Ausflug wert – In begehbaren Freigehegen lassen sich die Esel streicheln und striegeln, mutige Kinder kuscheln auch mit den kleinen Eselfohlen. Im Effekt-Kino verfolgen die kleinen Besucher die Abenteuer der Esel Mini & XXL. Ein Kindertraum geht in der Spielscheune mit dem original CLAAS Mähdrescher (Holzeigenbau) und der Super-Wellenrutsche in Erfüllung. Wer Lust hat, spielt auf einer großen Strohburg, probiert sich an der Kletterwand aus oder balancierst auf dem Gurtband. In einer Goldmine wartet das Edelmetall auf findige Schürfer. Und es gibt noch viel mehr zu entdecken und zu spielen: Auf dem neuen interaktiven Spielplatz „Helden des Alltags" sind Kinder bei einem Rettungs- und Feuerwehreinsatz aktiv dabei. Einen tollen Kindergeburtstag kann man im verwunschenen Geburtstagshaus mit seinen Gästen und zwei Eseln feiern. Im Kaffeegarten des Hof-Bistros „Vier Hufe" lassen es sich die Eltern währenddessen gut gehen. Mit einem Esel-Souvenir aus dem Shop nimmt man eine tolle Erinnerung oder ein witziges Geschenk mit nach Hause.

Wichtig!

Adresse:
Esel- & Landspielhof Nessendorf
Friedrich August, Wiesengrund 3
24327 Blekendorf OT Nessendorf
Tel. 04382/748, www.eselundlandspielhof.de
info@eselundlandspielhof.de

Anfahrt: Nessendorf erreicht man über die B 202. Zwischen Lütjenburg und Oldenburg fährt man in Kaköhl Richtung Nessendorf. Von der A 1 fährt man in Lensahn ab und folgt in Lensahn dem Wegweiser nach Kiel. Mit Navigation: Blekendorf, Wiesengrund.

Öffnungszeiten:
15.03.–31.10., täglich von 10–18 Uhr, Einlass bis 17 Uhr, Kein Ruhetag

Eintritt: Erwachsene € 10,–, Kinder ab zwei Jahre € 10,–, Familien-Jahreskarte € 90,–

HANSA-PARK

HANSA-PARK - Freizeitspaß am Meer

Es ist die einzigartige Kombination aus Themenpark und Ostseestrand, die den HANSA-PARK ausmacht. Die Hanse zum Thema und das Meer im Blick verleihen ihm Authentizität wie sie besser nicht sein könnte. Deutschlands einziger Erlebnispark am Meer liegt direkt an der Bucht der Königin der Hanse – dort, wo der Strand ganz feinen Sand hat und wo weiße Segel und blaues Wasser zusammen gehören. Er ist weitläufig und kompakt zugleich – sein Geheimnis: Alle Attraktionen sind eingebettet in den gepflegten Gartenanlagen des Parks, der so ausgerichtet ist, dass die gesamte Familie stets zusammenbleiben kann. In jedem Bereich des Parks finden die HANSA-PARK Besucher Unterhaltung von Thrill bis Chill. Auf insgesamt 46 ha Parkfläche begeistern 40 Fahrattraktionen – darunter 7 Achterbahnen – sowie zahlreiche Mitmachattraktionen und Shows. Die Nutzung des 10 m hohen Hochseilgartens mit 25 Übungen ist im Eintrittspreis inklusive.

Hanse und Hightech

Innovative Technik auf höchstem Niveau und das thematisch passende, liebevoll gestaltete Design der HANSA-PARK Achterbahnen und Fahrattraktionen halten ihr Versprechen: Von Jung bis Alt hat hier jeder Spaß. Tradition und Moderne schließen einander nicht aus, sondern werden auf wundervolle Weise und vor dem Hintergrund der in traditioneller Handwerkskunst entstandenen Fassaden vereint. Hanse in ihrer schönsten und bisweilen auch rasantesten Form.

Der Hyper-Coaster „Der Schwur des KÄRNAN" mit seinem knapp 80 Meter hohen Turm, einem First Drop aus 67 m Höhe und dem weltweit einzigartigen Rückwärtsfreifall erreicht bis zu 128 km/h. Der Launchcoaster „Flucht von Novgorod" beschleunigt innerhalb von 1,4 Sekunden auf knapp 100 km/h. Beide Highspeed-Achterbahnen erzählen eine historisch fundierte Backgroundstory.

Wichtig!

Adresse:
HANSA-PARK Freizeit- und Familienpark
Am Fahrenkrog 1, 23730 Sierksdorf/Ostsee
Tel. 04563/474-0, www.hansapark.de
info@hansapark.de

Öffnungszeiten:
siehe Öffnungszeitenkalender unter
www.hansapark.de/oeffnungszeiten

Eintritt:
Kinder unter 4 Jahren: Eintritt frei
Besucher 4 –11 Jahre: € 35,–
Besucher ab 12 Jahre: € 44,–
Besucher ab 70 Jahre: € 45,–

Meereszentrum Fehmarn & Ostsee-Erlebniswelt Heiligenhafen

Das Mega-Meeresabenteuer mit dem Kombi Ticket erleben!
Zwei einzigartige Meereserlebnisse bieten die beiden Meeresthemenhäuser Meereszentrum Fehmarn und die Ostsee Erlebniswelt Heiligenhafen.
Im Meereszentrum auf Fehmarn taucht man in die schillernde Unterwasserwelt der tropischen Meere ab. Hier erwarten den Meeresbegeisterten unzählige bunte Korallenfische. Der Unterwassertunnel mit Rochen sowie das Ozeanaquarium mit Haien ist mit seiner Artenvielfalt und Größe einzigartig.

Die Ostsee Erlebniswelt bei Heiligenhafen ist keine 20 Minuten mit dem Auto von der Korallenwelt entfernt. Hier tummeln sich Ostseetiere in den Aquarien. Ein Geocenter, eine Fischereiausstellung und das Kunst-Café mit Panoramaterrasse sowie der weithin sichtbare Aussichtsturm sind hier die Highlights. Über eine Freitreppe oder mit dem Aufzug kommt man in 80 Meter über dem Meeresspiegel. Der Rundumblick ist atemberaubend.

Das Meereszentrum Fehmarn und die Ostsee Erlebniswelt Heiligenhafen sind ein Mega-Meeresabenteuer das man nicht versäumen sollte!

Wichtig!

Adresse:
Meereszentrum Fehmarn
Gertrudenthaler Str. 12
23769 Burg auf Fehmarn
Tel. 04371/4416
www.mega-meereswelten.de

Adresse:
Ostsee-Erlebniswelt Heiligenhafen
Bäderstr. 6a
23775 Großenbrode, OT Klaustorf
Tel. 04371/4416
www.mega-meereswelten.de

Lübeck und Lauenburgische Seenplatte

Mitten im Naturpark Lauenburgische Seenplatte liegt die kleine Stadt Mölln. Ihr berühmtester Bürger war der Schelm Till Eulenspiegel. Vor der Vereinigung galt das Land im Osten Hamburgs als abgelegen und verschlafen – heute ist es mittendrin, die Schätze seiner reichen Natur sind beliebt. Im Norden schließt sich die Hansestadt Lübeck an, deren Wahrzeichen noch bis 2002 jeder in der Tasche trug, denn das Holstentor zierte den 50-Mark-Schein. Die Stadt ist kinderfreundlich, die Innenstadt eine einzige Fußgängerzone. Weltberühmt sind das Holstentor, die sieben Türme, die von der UNESCO zum Weltkulturerbe erklärte Altstadt und natürlich das Lübecker Marzipan. Mehr Infos unter: www.ostsee.de/luebeck

Schiffstour auf dem Ratzeburger See

Das Domstädtchen Ratzeburg bietet eine ganze Reihe von Möglichkeiten, mit Ausflugsschiffen die Umgebung zu erkunden. Es gibt Rundfahrten von 30 Minuten bis zu zwei Stunden. Es werden auch Schiffsausflüge für Vereine, Familien und besondere Festlichkeiten angeboten. Viel Spaß und viel Sehenswertes kann man bei einer kombinierten Radtour mit Schiffsanschluss erleben. Per Rad oder auf Schusters Rappen kommt man ab den Haltestellen rund um den See bequem zurück in die Stadt. Ab Buchholz zum Beispiel hat man eine Wanderung von knapp fünf Kilometern vor sich. Vom Endpunkt Rothenhusen aus geht es dann über die Wakenitz bis nach Lübeck und zurück. Die Radstrecke nach Ratzeburg ist von hier zehn Kilometer lang. Scheint die Sonne, kann man sich herrlich auf den Freiluft-Decks des Schiffes „Heinrich der Löwe" herumflegeln.

Wichtig!

Adresse:
Schifffahrt Ratzeburger See
Tel. 04541/7900
info@schifffahrt-ratzeburg.de
www.schifffahrt-ratzeburg.de
Parkplatz nahe beim Hauptanleger am Lüneburger Damm.

Anfahrt:
Ratzeburg liegt an den Bundesstraßen B 207 und B 208 südlich von Lübeck.

Schifffahrtsangebote:
Großer Ratzeburger See mit Domsee.
Ratzeburger See mit Wakenitz

Drumherum:
Ein Fernglas ist hilfreich, wenn man Rohrdommel, Fischadler und sogar Seeadler beobachten möchte.
Im Sommer: Badezeug nicht vergessen!

Vogelpark Niendorf und Eulengarten

Schilfumsäumte Wege führen an malerischen Teichen und an mit Reet gedeckten Tierhäusern vorbei. Auf einer Fläche von 70.000 Quadratmetern können die Besucher rund 1.000 Vögel aus etwa 250 verschiedene Arten in dem idyllisch mitten in einem Naturschutzgebiet gelegenen Park bewundern. Dazu gehört auch eine der weltweit größten Sammlungen lebendiger Eulen. Vom winzigen Sperlingskauz bis zum gigantischen Blassuhu ist alles dabei. 38 verschiedene Eulenarten wurden hier schon nachgezüchtet. Neben den gewaltigen Andenkondoren mit drei Metern Flügelspannweite besticht der Park durch seinen Artenreichtum an Störchen, Kranichen, Reihern, Geiern und Hornvögeln. Hinzu kommen viele farbenfrohe Papageienarten, Pelikane, Flamingos und zahlreiche Wasservogelarten. Ein zwei Kilometer langes Wegenetz führt teilweise durch ein meterhohes Schilfmeer, und lässt die Besucher in die Natur eintauchen.

Wichtig!

Adresse: Vogelpark Niendorf & Eulengarten, An der Aalbeek, 23669 Timmendorfer Strand/Niendorf Tel. 04503/4740, Fax 04503/87332, www.vogelpark-niendorf.de, info@vogelpark-niendorf.de
Anfahrt: Von der A 1 (E 47) Hamburg-Lübeck-Puttgarden, Ausfahrt Ratekau, über die Landstraße nach Timmendorfer Strand, dann B 76 nach Niendorf. Parkplätze für Busse und PKWs direkt am Vogelpark. Mit der Deutschen Bahn AG ist der Vogelpark Niendorf von den Bahnhöfen Timmendorfer Strand oder Travemünde erreichbar. Mit dem örtlichen Bus an der Haltestelle NiendorfHafen aussteigen.
Öffnungszeiten: Täglich von 9–20 Uhr, in der Nebensaison bis Einbruch der Dunkelheit
Saison: Ganzjährig
Eintritt: Erwachsene € 10,–, Kinder 3–15 J. € 5,–; Gruppen (ab 15 Pers.): Erwachsene € 8,50, Kinder € 4,–; Führung bei Anmeldung möglich ca. 1,5 Std., € 50,–
Verpflegung:
Café-Pavillon mit selbstgebackenem Kuchen und kleineren Gerichten, Picknickplätze im Park

TheaterFigurenMuseum Lübeck

Puppen aus aller Welt! Theaterfiguren aus drei Jahrhunderten! Der Rundgang durch dieses ungewöhnliche Museum führt durch 19 Räume in fünf Backsteinhäusern aus dem 16. Jahrhundert. Mit etwa tausend Exponaten aus der Sammlung Fritz Fey bietet das Museum einen einzigartigen Einblick in die Welt des Figurentheaters. Die Sammlung beinhaltet zahlreiche Objekte, die insbesondere aus völkerkundlicher Sicht bedeutsam sind. Hierzu zählen seltene Schattenfiguren aus Indien, Masken und Figuren aus Afrika, Marionetten aus Burma und China sowie Nachlässe ganzer Figurenspieler-Dynastien aus Deutschland. Dazu all das, was zum Figurentheater gehört: Plakate, Requisiten, Musikinstrumente und vollständige Theaterkulissen. Zum Museum gehört auch ein gut ausgestatteter Shop mit integriertem Café.

Das Museum befindet sich in direkter Nachbarschaft zum Figurentheater Lübeck, wo moderne Stücke für Kinder und Erwachsene inszeniert werden. Beide Einrichtungen sind seit Jahrzehnten feste Größen in der Lübecker Kulturlandschaft.

Wichtig!

Adresse und Anfahrt:
TheaterFigurenMuseum
Kolk 14, 23552 Lübeck
Tel. 0451/78626, Fax 0451/78436
www.theaterfigurenmuseum.de
info@theaterfigurenmuseum.de

Anfahrt:
Lübeck-Zentrum. Nahe gelegene Parkhäuser: an der Possehl-Straße beim Holstentor, Schmiedestraße. Parkplatz: An der Obertrave. Das Museum liegt in der Nähe des Holstentores.

Öffnungszeiten:
Nov.–März: Die.–So. 11–17 Uhr,
April–Okt.: täglich 10–18 Uhr.
Öffentl. Führung siehe Internetseite „Veranstaltungen". Für das Figurentheater Lübeck, Kolk 20–22, 23552 Lübeck, können Karten reserviert werden unter Tel./Fax 0451/70060 oder info@figurentheater-luebeck.de. Spielplan im Internet www.figurentheater-luebeck.de

Eintritt:
Erwachsene € 6,–
Kinder (6–12 Jahre) € 2,–
Schüler/Studenten € 5,–
Schüler im Klassenverband € 2,50

Verpflegung:
Im Museum Getränke und Kuchen (Kuchen nur nach Vorbestellung), im Figurentheater nur Getränke.

Museum Holstentor Lübeck

Das Holstentor ist das stolze Symbol der Geschichte Lübecks als reichsfreie Stadt und ihrer Vormachtstellung im Oststeeraum. Schon immer war es ein Inbegriff aller Vorstellungen von Hanse, Handel, Macht und Reichtum, mithin von allem, was die historische Bedeutung Lübecks ausmacht. Neben dem Brandenburger Tor, dem Kölner Dom und der Münchener Liebfrauenkirche gibt es wohl kaum ein anderes deutsches Bauwerk, das sich weltweit einer derartigen Popularität erfreut, wie das Lübecker Holstentor. Im Inneren des Baudenkmals, dem Museum Holstentor, treten die Themen rund um die hanseatische Macht in den Mittelpunkt. Hinter bis zu 3,50 Meter dicken Mauern befindet sich die Ausstellung „Die Macht des Handels", denn auf dem Handel, dem Erfolg des Lübecker Kaufmanns, gründete die Bedeutung der mittelalterlichen Stadt. Daneben kann man vieles entdecken, was mit dem Leben am Meer und der Seefahrt zu tun hat. Wer z. B. wissen will, wie eine „Kogge" genau aussieht – wie viele Masten und Segel sie hat und welche besondere Konstruktionsweise sie von allen anderen Schiffstypen unterscheidet, der findet die Antwort im Museum Holstentor. Es ist ein Museum zum Erleben und Anfassen. Überall können Geheimnisse in Schubladen und Fächern entdeckt und gelüftet werden.

Wichtig!

Adresse:
Museum Holstentor
Holstentorplatz, 23552 Lübeck
Tel. 0451/122-4129, Fax 0451/122-4183
www.museum-holstentor.de
mq@luebeck.de

Öffnungszeiten:
1.1.–31.3. Di.–So. 11–17 Uhr
1.4.–31.12. Mo.–So. 10–18 Uhr
Öffnungszeiten an Feiertagen bitte der Homepage entnehmen

Eintritt:
Erwachsene € 8,–
Kinder/Jugendliche bis 18 Jahren € 2,50
Ermäßigte (Auszubildende, Student/innen, Zivil- und Grundwehrdienstleistende, Inhaber/innen des Lübeck-Passes bzw. des Seniorenpasses) € 4,–
Schüler/Innen im Klassenverband € 1,50
Kinder unter 6 Jahren frei sowie zahlreiche Ermäßigungsformen, die Sie tel. oder im Internet abfragen können.

Erlebnisbad ARRIBA

Das **ARRIBA-Erlebnisbad und Saunadorf** ist immer eine Reise wert, denn auch bei Hamburger Schmuddelwetter scheint hier immer die Sonne. Entweder besuchen Sie uns mit Ihrem PKW und nutzen unsere kostenlosen Parkplätze oder Sie kommen mit den öffentlichen Verkehrsmitteln direkt zur Bushaltestelle ARRIBA-Bad.
Wasser satt und Freude pur! Erleben Sie im ARRIBA unvergessliche Stunden und genießen Sie Ihre Auszeit vom Alltag. Ob Sportler oder Saunafans, Familien oder Senioren, bei uns findet jeder seinen Lieblingsplatz. Unser Areal erstreckt sich auf 3.500 m^2 Wasserfläche mit einem vielfältigen Rutschenparadies, Themenbecken für Groß und Klein im Innen- und Außenbereich und einem vielfältigen Entspannungsangebot. Wer ein besonderes Highlight erleben möchte, kann bei uns einen Kindergeburtstag feiern oder an einem Aqua-Fitness-Kurs teilnehmen.
Unser Saunadorf überzeugt mit unterschiedlich temperierten Saunen im Innenbereich sowie im angrenzenden Saunagarten und beinhaltet alles, was Sie sich zur ganzheitlichen Entspannung für Körper, Geist und Seele wünschen. Eine besondere Abkühlung bietet unsere Kälte-Sauna „Gletscherhöhle". Das Komplettpaket wird abgerundet durch den im Eintrittspreis enthaltenen Zugang zum Erlebnisbad.
Für das leibliche Wohl sorgen das Bistro im Erlebnisbad, die gemütliche Kaminecke im Saunadorf oder das Restaurant „Siesta".
Kommen Sie vorbei, haben Sie Spaß, genießen Sie Ihren Aufenthalt und verbringen Sie einen Tag Urlaub bei uns.

Wichtig!

Adresse:
ARRIBA Erlebnisbad, Am Hallenbad 14,
22850 Norderstedt, Tel. 040/5219840
www.arriba-erlebnisbad.de
info@arriba-erlebnisbad.de
Öffnungszeiten und Eintritt:
alle Informationen finden Sie unter
www.arriba-erlebnisbad.de

Auf einen Blick:
680 kostenlose Parkplätze, Bushaltestelle fußläufig, 14 Becken inkl. Wellenbecken, Therme und Sole, 5 Rutschen und eine Fishpipe, große Sommerwiese, 6 Saunen und eine Gletscherhöhle, Massage, Infrarotkabine und Solarien, weitere Informationen finden Sie auf unserer Homepage

Hamburg

Pulsierendes Hamburg: Die Weltstadt an der Elbe lebt und will erlebt werden. Vom „Gipfeltreffen" der schönsten Kreuzfahrtschiffe bei den Cruise Days über weltbekannte Musicals bis hin zum weltgrößten Hafenfest – Hamburg bietet immer wieder aufs Neue spannende Erlebnisse. Die einzigartige maritime Atmosphäre der Hansestadt verzaubert Besucher aus aller Welt und lässt sie ins Schwärmen kommen. Da ist zum einen der beeindruckende Hafen – Hamburgs „Tor zur Welt". Zum anderen entwickelt sich die neu entstehende HafenCity zu einem weiteren Anziehungspunkt. Auf eindrucksvolle Weise trifft hier Vergangenheit auf Moderne, maritimes Flair auf großstädtische Prägung. Diesen Kontrast kann man am besten bei einem Bummel durch die Straßen oder bei einer Rundfahrt per Boot vom Wasser aus erleben und genießen. Für Shoppingfans bietet Hamburg feinste Flaniermeilen. Hier kann man in traditionell hanseatischen Geschäften ebenso einkaufen wie in den aktuellsten Boutiquen. Die zweitgrößte Stadt Deutschlands bietet internationales Flair und beste Lebensqualität – und 2011 war Hamburg sogar „Umwelthauptstadt Europas". Wer bisher noch keine Zeit für einen Ausflug in den hohen Norden Deutschlands hatte, sollte jetzt die Koffer packen.

Fotos: Hamburg Tourismus GmbH (HHT)

Wichtig!

Buchungen von Hotelzimmern und Veranstaltungstickets sowie weiterführende Informationen gibt es unter der Hotline 040/300 51 300 oder im Internet unter www.hamburg-tourismus.de.

Planten un Blomen

Grünes Herz! Planten un Blomen, das bedeutet „Pflanzen und Blumen", ist die grüne Oase mitten in der Stadt. Vom Jungfernstieg, der noblen Einkaufsmeile an der Binnenalster, ist der Park nur einen kurzen Fußmarsch entfernt. Spazierwege führen durch das 45 ha große Areal. Zwischendurch laden Cafés zum gemütlichen Plausch ein. Für Kinder gibt es den großen Spielplatz an der St. Petersburger Straße. Die „Bullerberge" und die vielen Wasserspielgeräte bieten ein erlebnisreiches Spielgelände. Für die Kleinen gibt es eine eigene ruhigere Spielecke. Das Kindertheater, die Töpferstube, die Riesenrutsche, der Wasserspielplatz in den großen Wallanlagen werden besonders die Kinder begeistern. Die jugendlichen Parkbesucher dürfte es eher zur Seilbahn, zur Minigolf- und Trampolinanlage und besonders zum Streetballfeld ziehen. Überall gibt es Ruhezonen, den Eltern stehen genügend „Beobachtungsbänke" zur Verfügung. In den Wallanlagen (Eingang Holstenwall) befindet sich eine Rollschuhbahn, die im Winter zur Kunsteisbahn umgemodelt wird. Aber der Park ist mehr. In der Sommersaison vom 01. Mai bis 30. September gibt es kostenlose Veranstaltungen, wie sonntägliche Konzerte im Musikpavillon von Swing, Jazz, Tango, Gospel, Flamenco bis hin zur landesspezifischer Folklore, den Veranstaltungen im japanischen Teehaus im japanischen Garten, dem Kindertheater und den Kinderfesten in den Wallanlagen und vieles mehr – nicht zu vergessen die in Deutschland einmalige Wasserlichtorgel im Parksee.

Wichtig!

Lage:
Der Park liegt mitten in der Stadt und zieht sich vom Stephansplatz Richtung Dammtorbahnhof zum Fernsehturm und weiter bis zum Millerntor.
www.plantenunblomen.hamburg.de
plantenunblomen@hamburg-mitte.hamburg.de

Anfahrt:
U1: Stephansplatz
U2: Messehallen
U3: St. Pauli
S11, S21, S31: Bahnhof Dammtor
Bus: Linie 112, Handwerkskammer

Auskünfte:
Bezirksamt Hamburg-Mitte
Tel. 040/428544723
Fax 040/427901732
Planten un Blomen: Telefon 040/427310545
Wallanlagen: Telefon 040/428232157

Verpflegung:
Picknick, Kioske, Cafés, Restaurants

Tierpark & Tropen-Aquarium Hagenbeck

Foto: © Andy Ertel

Hamburgs tierisches Original

Hamburg hat keinen Zoo, Hamburg hat Hagenbeck. Seit mehr als 111 Jahren steht der Name Hagenbeck für die einzigartige Mischung aus großzügiger Parkanlage, Tieren aus aller Welt und sehenswerten kulturellen Bauwerken. Im Tierpark beeindrucken Freisichtanlagen wie das berühmte Afrika-Panorama oder das innovative Orang-Utan-Haus. Auf 19 Hektar leben mehr 1.850 Tiere aller Kontinente aus mehr als 200 Arten. Etliche von der Ausrottung bedrohte Tierarten wie Asiatische Elefanten werden hier mit großem Erfolg gezüchtet. Der niedliche Nachwuchs der grauen Riesen ist stets ein Besuchermagnet und lädt zu ausgiebigen Beobachtungen ein. Auch das Eismeer verzaubert die Besucher. Der 750 m lange Rundweg führt durch Felslandschaften und Eisformationen, vorbei an Eisbären, Seevögeln, Pinguinen und Seebären. Hier lebt auch Deutschlands einzige Walrossgruppe, die in ihrem fast acht Meter tiefen Becken vorbeitaucht und die Besucher durch riesige Scheiben neugierig beäugt. Bereits vier Walross-Babys sind hier zur Welt gekommen. Neben dem Haupteingang steht das TropenAquarium. Unter einem sonnendurchlässigen Foliendach warten faszinierende Tiere und exotische Abenteuer. Auf über 8.000 Quadratmetern geht es auf Expedition rund um den Äquator. Schlangen, Echsen, Kattas, mächtige Krokodile und bunte Vögel begegnen den Besuchern. Eingetaucht in die Unterwasserwelt kreuzen Korallen, Muränen, Quallen und verschiedene Meeresbewohner den Weg. Das Highlight bildet das Große HaiAtoll in der Unterwasserwelt: Die 14 Meter lange und sechs Meter hohe Scheibe gibt den Blick frei auf verschiedene Hai- und Rochenarten und viele andere faszinierende Fische.

Foto: © Lutz Schnier

Foto: © Hagenbeck

Wichtig!

Adresse:
Tierpark & Tropen-Aquarium Hagenbeck,
Lokstedter Grenzstr. 2, 22527 Hamburg
Tel. 040/530033-0
www.hagenbeck.de, info@hagenbeck.de

Anfahrt: Hagenbeck liegt nordwestlich der Innenstadt. Sehr gut erreichbar ab Zentrum mit der U2, Haltestelle Hagenbecks Tierpark.

Öffnungszeiten:
siehe www.hagenbeck.de

Eintritt:
Tierpark: Erw. € 24,–, Ki. (4–16 J.) € 18,–
Tropen-Aquarium: Erw. € 18,–, Ki. € 13,–
Kombikarte Tierpark u. Tropen-Aquarium: Erw. € 36,–, Kinder (4–16 Jahre) € 26,–

Verpflegung: Imbisse, Cafés, Restaurants

Per Click in die Freizeit

Diverse Museen
verschiedene Museen:
www.info-mv.de/museen
www.mueritz-museum.de
www.museumstour.de
Alt Schwerin:
www.museum-alt-schwerin.de
Anklam: www.lilienthal-museum.de
Malchow:
www.orgelmuseum-malchow.de
Rostock: www.kulturhistorisches-museum-rostock.de
Tellow: www.thuenen-museum-tellow.m-vp.de
Tutow:
www.ddr-museum-tutow-mv.de

Diverse Freizeitparks
Born: www.kletterwald-darss.de
Burg Stargard:
www.rodelbahn-burgstargard.de
Gingst: www.ruegenpark.de
Greifswald/Neubrandenburg:
www.kunti-bunt.de
Malchow:
www.sommerrodelbahn-malchow.de
Putbus: www.pirateninsel-ruegen.de
Rövershagen: www.karls.de
Sassnitz: www.koenigsstuhl.com
Wismar: www.kindermotorland.de
Zarrendorf: www.technikpark-mv.de
Ziegendorf:
www.ferienpark-mecklenburg.de

Burgen/Schlösser
verschiedene Schlösser:
www.mv-schloesser.de
www.schloesser-gaerten-mv.de
Güstrow: www.schloss-guestrow.de
Hohen Schwarfs:
www.jagdschloss-gelbensande.de
Schwerin: www.schloss-schwerin.de

Archäologische Museen
verschiedene Archäologische Museen:
www.archaeologie-mv.de
Wittenförden: www.gross-raden.de
(Freilichtmuseum)
Schwerin:
www.landeshauptarchiv-schwerin.de
Neustrelitz:
www.slawendorf-neustrelitz.de

Zoos/Wildparks
Bansin: www.tropenhaus-bansin.de
Güstrow: www.wildpark-mv.de
Lelkendorf:
www.haustierpark-lelkendorf.de
Neustrelitz:
www.tiergarten-neustrelitz.de
Stralsund: www.ozeaneum.de
zoo.stralsund.de
Stuer: www.baerenwald-mueritz.de
Trassenheide:
www.schmetterlingsfarm.de
Ueckermünde:
www.tierpark-ueckermuende.de

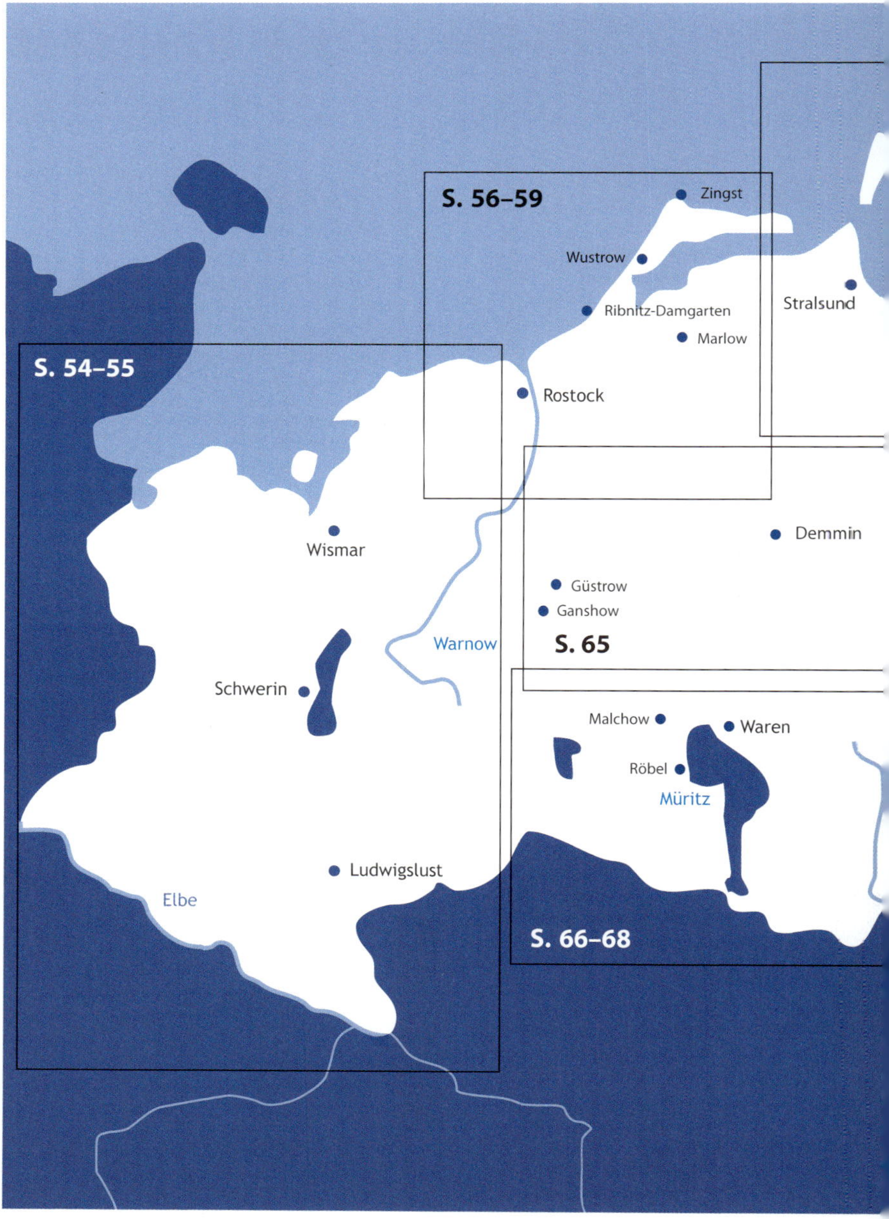
S. 56–59
Zingst
Wustrow
Ribnitz-Damgarten
Marlow
Stralsund
S. 54–55
Rostock
Wismar
Demmin
Güstrow
Ganshow
Warnow
S. 65
Schwerin
Malchow
Waren
Röbel
Müritz
Ludwigslust
Elbe
S. 66–68

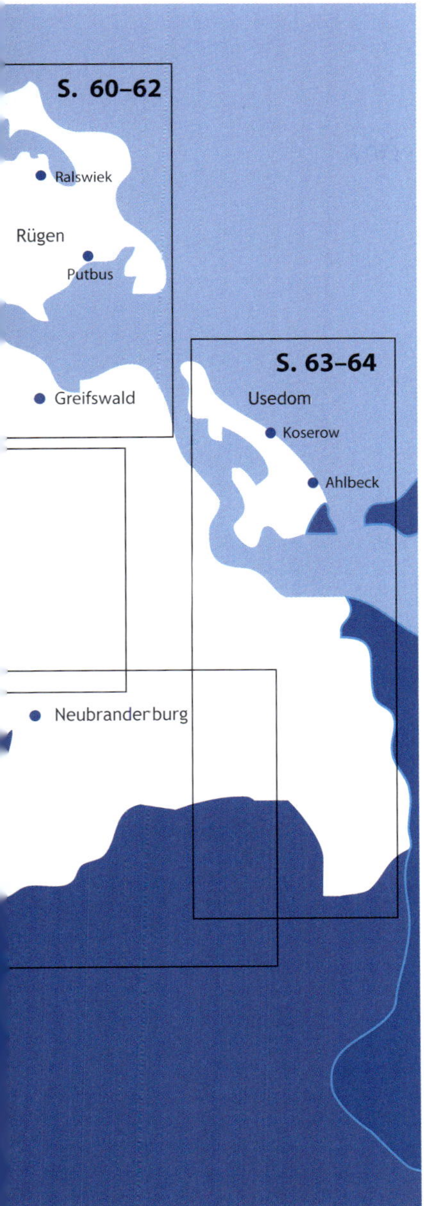
S. 60–62
Ralswiek
Rügen
Putbus
Greifswald
S. 63–64
Usedom
Koserow
Ahlbeck
Neubranderburg

Schweriner Land

Eine besondere Faszination geht oft von Städten aus, die ans Wasser gebaut sind – von Stockholm bis Venedig. Solch eine Stadt ist auch Schwerin, die Landeshauptstadt Mecklenburg-Vorpommerns. 30 Prozent ihrer Fläche sind von Seen bedeckt, hinzu kommen über 500 Hektar Wald und Parkanlagen, ganz natürlich im Herzen der mecklenburgischen Seen- und Hügellandschaft, die uns die letzte Eiszeit hinterlassen hat.

Schweriner Zoo

Im Zoo Schwerin lassen sich etwa 1.600 Tiere in 160 Arten erleben. Die großen Highlights sind Breitmaulnashörner, Tiger, Braunbären und Pinguine. Auf dem Zoobauernhof laden bedrohte Nutztierassen wie die Deutschen Sattelschweine Heidi und Hannelore sowie Thüringer Waldziegen und Pommersche Landschafe zum Streicheln ein. Im Humboldthaus leben wärmeliebende Tiere Südamerikas. Zum Beispiel Große Ameisenbären, Faultiere, Goldkopflöwenaffen und die ständig aufgedrehten Totenkopfaffen. Gleichsam exotisch geht's auf den dazugehörigen Freianlagen zu, denn hier tummeln sich Flachlandtapire, Kapuzineraffen und Wasserschweine. Aber Vorsicht, die benachbarten Kattas gehen gerne auf den Besucherwegen spazieren, statt auf ihrer Lemureninseln auszuharren. Geprägt wird der Zoo durch seine großen, natürlichen Teichanlagen mit Pelikanen, Marabus, Flamingos und allerlei Wasservögeln. Der Zoo ist eine ausgesprochene familienfreundliche Einrichtung, mit Angeboten für alle Alters- und Interessengruppen. Tierfütterungen sind an ausgewählten Gehegen mit dem im Zoo zu erwerbenden Tierfutter erlaubt. Hunde dürfen den Zoo ebenfalls besuchen.

Highlight:
Die 8.000 m^2 große Nashorn Savanne mit Abenteuerwegen und spannenden Einblicken in die Tieranlagen.

Wichtig!

Adresse: Schweriner Zoo
Waldschulweg 1, 19061 Schwerin
Besuchereingang: Crivitzer Chaussee 1
Tel. 0385/39551-0, Fax 0385/39551-30
www.zoo-schwerin.de, info@zoo-schwerin.de

Lage und Anfahrt: Das Zooareal erstreckt sich zwischen dem Südufer des Schweriner Sees, dem Faulen See und dem Wohngebiet Großer Dreesch auf einer Fläche von ca. 25 ha.

Öffnungszeiten:
HS April–Okt.: Mo.–Fr. 9–18 Uhr,
Sa./So./Feiertag 9–19 Uhr
NS Nov.–März:
tägl. 10 Uhr bis Einbruch der Dunkelheit

Eintritt NS/HS:
Erwachsene € 10,50/€ 12,50
Kinder (3–17 Jahre) € 5,–, € 6,–
Familientageskarte € 26,–/€ 31,–

Schlossfestspiele Schwerin 2022
des Mecklenburgischen Staatstheaters

Neue Vielfalt: Abendkleid trifft Picknickdecke

Mehr als 50 Vorstellungen und Konzerte verschiedener Genres an verschiedenen Orten: Die *Schlossfestspiele Schwerin* setzen ab diesem Sommer auf Vielfalt.

Denn unter der Leitung des Generalintendanten Hans-Georg Wegner sind erstmals sind alle sechs künstlerischen Abteilungen des Theaters am Programm beteiligt, dass vom 23. Juni bis zum 17. Juli 2022 an vier Spielstätten stattfindet. Das Schauspielensemble lädt auf bewährte Weise in den Innenhof des Schlosses ein, wo es Shakespeares Komödie *Wie es euch gefällt* aufführt. Ein neuer Spielort ist die Bühne auf der Schwimmenden Wiese. Vor dem Panorama aus Theater, Museum und Schloss finden dort unter anderem die beliebten *MeckProms* und eine Aufführung von Beethovens IX. Sinfonie mit der Mecklenburgischen Staatskapelle Schwerin statt. Auch das Highlight der Schlossfestspiele hat hier seinen Platz: Stewart Copeland, der Schlagzeuger von *The Police*, präsentiert mit *Police Deranged for Orchestra* Hits der Kultband in eigenen Arrangements. Schließlich bespielt das Junge Staatstheater Parchim die Schwimmende Wiese mit dem Familienmusical *Dogs!*.

Musikalisches Theater bietet ebenso die Fritz-Reuter-Bühne, die im Freilicht-Museum in Schwerin-Mueß Mozarts einaktige Oper *Bastian un Barbara* aufführt – in einer plattdeutschen Fassung.

Foto: Silke Winkler, Illustration: Karen

Im Großen Haus des Staatstheaters erlebt die zeitgenössische Oper *Wölfe* mit Musik von Helena Tulve ihre Uraufführung. Ebenfalls im großen Theatersaal empfängt das Ballett X Schwerin internationale Choreograf:innen zur Ballettgala *Connexion*.

Der Mecklenburgische Sommer wird dieses Jahr also noch ein Stückchen bunter und vielfältiger!

Wichtig!

Adresse:
Mecklenburgisches Staatstheater
Alter Garten 2
19055 Schwerin
www.schlossfestspiele-schwerin.de
Kartenservice:
Tel. 0385/5300-123
kasse@mecklenburgisches-staatstheater.de

Mecklenburger Bodden-Küste

An der Ostsee gibt es mehrere Boddengebiete. Die Bodden sind typisch für die Küste Vorpommerns, aber auch an der mecklenburgischen Küste sowie in Dänemark gibt es diese typischen flachen inneren Küstengewässer. Ein Bodden ist ein vom offenen Meer durch Landzungen abgetrenntes Küstengewässer. Das Boddengebiet kann wie eine große Lagune aussehen, die nur über schmale Meeresarme mit dem offenen Meer in Verbindung steht. Eine kleinere Bucht innerhalb dieser Bodden wird auch als Wiek bezeichnet. Entstanden sind die Landzungen der südlichen Ostseeküste und die dahinter liegenden Boddengewässer durch den so genannten Küstenausgleich seit der letzten Eiszeit. Geologisch betrachtet sind Boddengewässer junge geologische Bildungen. Boddengewässer haben einen geringeren Salzgehalt als die Ostsee, da einmündende Fließgewässer laufend Süßwasser liefern und der Wasseraustausch mit dem offenen Meer lediglich über die Flutrinnen erfolgt.
Für Natur- und Tierliebhaber sind Boddengewässer interessante Entdeckungsgebiete. Wichtige Bodden in Mecklenburg-Vorpommern sind beispielsweise die Darß-Zingster Boddenkette, die West- bzw. Nordrügener Boddenkette und der Greifswalder Bodden.

Boddenfahrten

Zu erlebnisreichen Schiffsfahrten durch die beeindruckende Boddenlandschaft kann man mit den Fahrgastschiffen MS „Ostseebad Wustrow“ und MS „Boddenkieker“ starten. Die Schiffe fahren ab den Häfen Ribnitz-Damgarten, Dierhagen, Wustrow und Born.
Während den etwa 2-stündigen Fahrten kann man dann über die Größe der Boddengewässer staunen oder auch über die aufregenden Kontraste, die sich auf der schmalen Durchfahrt in den Neuendorfer und Borner Bülten (kleine Schilfinseln) offenbaren. Mit etwas Glück kann man die Rohrweihe, Seeadler und natürlich auch die Kegelrobben beobachten.

Wichtig!

Adresse:
Fahrgastbetrieb Kruse und Voß GmbH
Hafenstraße 7, 18347 Wustrow
Tel. 038220/588, Fax 038220/81120
Funktelefon an Bord: 0172/3896090
www.boddenschifffahrt.de
abc-ostsee@t-online.de
Saison: Haupt- und Nebensaisonbetrieb, Abfahrten von allen Häfen mehrmals täglich. Detaillierte Fahrpläne für die einzelnen Ausflüge im Internet. Bei Sturmwarnung, Niedrigwasser und Nebel können die Fahrten ausfallen.
Fahrpreise: Je nach Tour und Fahrtzeit unterschiedliche Preise.
Verpflegung: Gastronomie an Bord

Vogelpark Marlow

Tiere. Ganz nah. Erleben.
Im Erlebnis Vogelpark Marlow kann man Tiere ganz nah erleben, denn nahezu jedes Tierreich darf betreten werden. So entführt zum Bespiel die 1600 m² große Pinguinanlage an die südamerikanische Westküste, wo man auf unterschiedlichen Ebenen Humboldtpinguine, Meerespelikane und Inkaseeschwalben beobachten kann. Einige Pinguine sind sehr neugierig und kreuzen des Öfteren die Besucherwege und schauen sich die Menschen aus nächster Nähe an. Neugierig sind auch die frechen Lemuren aus der 4900 m² großen begehbaren Madagaskaranlage.

Schaufütterungen
Über die Lemuren, Humboldtpinguine und noch einige andere tierische Be-wohner erfährt man in den täglich stattfindenden Schaufütterungen etliche wissenswerte Informationen.

Ganz viel Spielzeit
Im Vogelpark taucht man aber nicht nur in die verschiedensten Tierwelten ein, sondern der Park verzaubert kleine und große Gäste mit seinen originellen Spielwelten. Auf dem gesamten Parkgelände sind zehn Spiellandschaften eingebettet, welche zum Toben, Klettern, Rutschen, Schaukeln, Hüpfen und Entdecken einladen.

Beeindruckende Flugshows
Tägliche Tier- und Flugshows zeigen die vielfältige Vogelwelt. In der Tiershow „Papagei, Pelikan und Co." fliegen bunte Papageien über die Köpfe der Zuschauer hinweg. In der "Adler, Eulen und Co."-Show erlebt man die Könige der Lüfte hautnah.

Erlebnisübernachtungen
Die fünf fantasievollen Erlebnisherbergen laden zu unvergesslichen Erlebnisübernachtungen ein. Die tierische Atmosphäre und der originelle Baustil machen jedes der fünf Häuser zu einem unverwechselbaren Unikat.

Wichtig!

Adresse: Vogelpark Marlow
Kölzower Chaussee 01, 18337 Marlow
Tel. 038221/265, Fax 038221/42868
www.vogelpark-marlow.de
Öffnungszeiten: Hauptsaison: (März–Oktober) 10–19 Uhr (Kasse bis 17 Uhr), Nebensaison: (Nov.–Feb.) 10–15 Uhr.
Eintritt: Erwachsene € 14,90, Ermäßigt (Kinder, Schwerbehinderte, Studenten): € 11,90, Hund € 5,–
Verpflegung:
verschiedene gastronomische Einrichtungen

Zingster Experimentarium

Nur wenige Schritte vom Strand entfernt, ist das Experimentarium ein Ort für Veranstaltungen, Workshops, Kreatives, Theater und Spielplatz in einem. Über 70 interaktive Versuchsstationen warten im Experimentarium auf ihre Erprobung. Kleine und große Handwerker kommen hier auf ihre Kosten und können im Rahmen des vielseitigen Workshop-Programms die eigene Kreativität ausleben und eigene Kunstwerke erschaffen. Diese können als Andenken mit nach Hause genommen werden. Natürlich helfen die Kursleiter beim Werkeln und haben immer einen hilfreichen Tipp parat. Sonderausstellungen, Theateraufführungen, Piratenfeste und Kinderkonzerte sind spannend und bringen Spaß für Groß und Klein. Das gestrandete Schiff ist eine besondere Attraktion. Kleine Piraten und Entdecker können das Schiff entern, auf große Fahrt gehen und sogar vom Deck ins Sand-Meer rutschen.

Fotos: © Maik Gärtner

Wichtig!

Adresse: Experimentarium
Seestraße 76, 18374 Ostseeheilbad Zingst
Tel. 038232/172123
www.experimentarium-zingst.de
experimentarium@zingst.de
Anfahrt: A 19 Richtung Rostock
B 105 in Richtung Ribnitz-Damgarten bis Altheide, links abbiegen auf die L21 (Bäderstraße) Richtung Fischland–Darß–Zingst, dieser folgen bis Ostseeheilbad Zingst.
Saison: Ganzjährig geöffnet
Öffnungszeiten:
In der Hauptsaison 10:00 – 16:00 Uhr
Eintritt: Kinder (von 3 bis 4 Jahre) € 3,–
Kinder (ab 5 Jahre) € 5,–
Studenten, Schwerbehinderte € 5,–
Erwachsene € 5,–
Familie (2 Erwachsene, 2 Kinder) € 18,–
– jedes weitere Kind € 3,–
Bei Veranstaltungen € 8,–
Außerdem:
Interessanter Experimentarium-Shop

Zoo Rostock

Im Zoo Rostock geht man auf eine Expedition durch das Tierreich und begegnet 4.500 Tieren und 450 verschiedenen Arten aus aller Welt. Die naturnah gestalteten Anlagen sind eingebettet in eine weitläufige Parklandschaft. In unseren lebendigen Museen nehmen wir Sie mit auf eine Wissensreise. Im **Darwineum** wird das Abenteuer Evolution erlebbar. In der Tropenhalle leben Gorillas und Orang-Utans in friedlicher Gesellschaft mit Gibbons und Faultieren. Im Polarium geht es dann auf eine Entdeckungsreise von Pol zu Pol. Die Expedition beginnt bei den Humboldtpinguinen. Schließlich begegnet man dem größten Landraubtier der Welt. Der Eisbär und sein erstaunlich vielfältiger Lebensraum werden im **Polarium** näher beleuchtet.

In den Meereswelten taucht man zu Krake, Muränen und Quallen ab. Der Rostocker Zoo gehört zu den beliebtesten Urlaubszielen Norddeutschlands und wurde in seiner Kategorie (bis zu 1 Million Besucher) zum besten Zoo Europas gewählt. Im größten Zoo an der deutschen Ostseeküste verbringt man zu jeder Jahreszeit einen erlebnisreichen Tag.

Wichtig!

Adresse:
Zoo Rostock
Barnstofer Ring 1, 18059 Rostock
Tel. 0381/2082-0, www.zoo-rostock.de
www.facebook.com/zoorostock

Öffnungszeiten:
Täglich ab 9 Uhr
täglich kommentierte Schaufütterungen

Extras:
Besondere Erlebnisse wie Tierbegegnungen, Tierpflegertage, Führungen usw. buchbar.

Rügen

Wenn die Rügener vom „Rasenden Roland" sprechen, dann ist eine ganz besondere Attraktion gemeint: die museale Schmalspurbahn, die seit Jahrzehnten unverdrossen über Deutschlands größte Insel dampft. Die Kunstgeschichte verdankt Rügen sehr viel, denn hier ließ sich der Romantik-Maler Caspar David Friedrich auf drei längeren Wanderungen in den Jahren 1801, 1802 und 1806 zu zahlreichen seiner Gemälde inspirieren, so entstanden zum Beispiel die „Kreidefelsen auf Rügen".

Deutsches Meeresmuseum Stralsund

In den vier Museumsstandorten des Deutschen Meeresmuseums tauchen Besucher in faszinierende Erlebniswelten ein: Im OZEANEUM auf der Stralsunder Hafeninsel können Besucher die Vielfalt der nördlichen Meere erkunden. Besonders beeindruckend sind die Nachbildungen von Walen in Originalgröße, eine großzügige Pinguinanlage auf der Dachterrasse und 50 Aquarien, von denen das größte 2,6 Millionen Liter Wasser fasst. Auf der kleinen Insel Dänholm vor Stralsund liegt das NAUTINEUM. Es dient als Ausstellungszentrum und Depot für zahlreiche Originalexponate der Fischerei und Meeresforschung. Das MEERESMUSEUM im ehemaligen Kloster St. Katharinen in der Stralsunder Altstadt wird bis 2023 aufwendig modernisiert. Direkt am Leuchtturm Darßer Ort befindet sich das NATUREUM. Es beherbergt Ausstellungen zum Naturraum Darßer Ort, zur Ostseeküste und zu den Tieren der Region.

Foto: Anke Neumeister

Foto: Martin Harms

Wichtig!

Adresse:
OZEANEUM, Hafenstr. 11
18439 Stralsund, Tel. 03831 2650610
NAUTINEUM, Zum kleinen Dänholm,
18439 Stralsund, Tel. 03831 288013
NATUREUM, Darßer Ort,
18375 Born, Tel. 038233 304
Öffnungszeiten, Anreise und Preise:
www. deutsches-meeresmuseum.de

Mecklenburg-Vorpommern

Störtebeker Festspiele in Ralswiek

Ein neues, spannendes Abenteuer auf einer der größten Freilichtbühnen Europas erleben – mit über 150 Mitwirkenden, 30 Pferden, wilden Reitern, 4 Schiffen, spektakulären Stunts, beeindruckenden Spezialeffekten und vielem mehr. An jedem Abend sieht man ein Feuerwerk über den „Großen Jasmunder Bodden" in den Himmel steigen, das den Besuch auf der Insel Rügen zu einem unvergesslichen Erlebnis werden lässt.

Wichtig!

Adresse: Störtebeker Festspiele GmbH & Co. KG, Am Bodden 100, 18528 Ralswiek/Rügen
Tel. 03838/31100, Fax 03838/313192, www.stoertebeker.de, info@stoertebeker.de
Anfahrt: Die Bühne ist ab Bergen/Rügen ausgeschildert.
Saison: siehe Homepage
Eintritt: Platzgruppe I: Erw. € 36,–, Kinder € 27,–; Platzgruppe II: Erw. € 32,–, Kinder € 23,–; Platzgruppe III: Erw. € 28,–, Kinder € 19,–; Platzgruppe IV: Erw. € 24,–, Kinder € 15,–; Platzgruppe V: Erw. € 18,–, Kinder € 12,–; Platzgruppe VI: Erw. € 12,–, Kinder € 8,–;
Mit Vorprogramm "Könige der Lüfte": Erw. € 6,–, Kinder € 4,–;
zuzüglich einmalig pro Bestellung & Vorstellungstag Porto und Bearbeitungsgebühr € 4,–
Tickets und Auskunft: Tel. 03838/31100 oder im Internet
Verpflegung: Imbissdorf im Theater, Restaurant "Zum Störti"

Der „Rasende Roland"

Eisenbahnromantik! Einsteigen zu einer kleinen Zeitreise in die Vergangenheit und das Erlebnis einer nostalgischen Bahnfahrt genießen.
Laut schnaufend und mit viel Dampf präsentiert sich Rügens technisches Denkmal auch heute noch auf 750 mm schmaler Spur. Die täglich verkehrenden Züge erreichen eine Höchstgeschwindigkeit von 30 km/h und fahren auf der 24,2 km langen Strecke zwischen Putbus und Göhren. In den Sommermonaten wird darüber hinaus bis Lauterbach Mole gefahren. Der Fahrzeugpark besteht aus acht Dampflokomotiven und zwei Dieselloks sowie verschiedenen Reisezugwagen, Traditionswagen und Packwagen.

Wichtig!

Adresse:
Rügensche BäderBahn „Rasender Roland"
Bahnhofstraße 14, 18581 Putbus
Tel. 038301/884012, Fax 038301/884019
www.ruegensche-baederbahn.de
ruegen@pressnitztalbahn.com
Saison/Fahrzeiten: Ganzjährig
Fahrpreise: z. B. Putbus–Göhren, einfache Fahrt: Erw. € 11,–
Kinder (6–13 Jahre) € 5,50
Verpflegung: Gastronomie an einigen Bahnhöfen und in den Zügen (zeitweise)

Theater für Jung und Alt in Putbus

In diesem Kleinod klassizistischer Architektur, diesem ganz besonderen Theater, finden jedes Jahr über 200 Aufführungen statt. Mit spannendem Schauspiel, unterhaltsamen Komödien, hochkarätigen Ballettproduktionen, hinreißenden Operetten-, Opern- und Musicalaufführungen und oftmals furiosen Konzerten erfreut das Theater Putbus seine kleinen und großen Besucher. Den aktuellen Spielplan erfährt man unter Tel. 038301/808330, in den Tageszeitungen, im Veranstaltungsmagazin „Rügen aktuell" oder unter www.theater-vorpommern.de.

Wichtig!

Adresse:
Theater Vorpommern GmbH Theater Putbus
Markt 13, 18581 Putbus
Kartentelefon: 038301/808330
Ticketshop im Internet:
www.theater-vorpommern.de
service@theater-vorpommern.de
Zeiten: Di.–Fr. 10–13 Uhr und 16–18 Uhr
Saison: Mitte Februar bis 3. Januar
Verpflegung: Gastronomie im Theater

Insel Usedom

Rauschende Wellen, eine frische Brise und die grünen Weiten des Hinterlandes machen eine Reise auf die Insel Usedom zu einem besonderen Erlebnis.

Fotos: © Henry Böhm/Usedom Tourismus GmbH

Die Insel lockt mit 42 Km feinstem Sandstrand, wunderschöner Bäderarchitektur, endlosen Promenaden und idyllischer Ländlichkeit. Im Sommer regieren hier Strandleben, Kleckerburgen und ein bisschen dolce Vita. In der kühleren Jahreszeit erholt man sich bei einem langen Strandspaziergang, lässt sich auf einer Radtour von den Naturschönheiten des Achterlandes beeindrucken oder kuschelt sich in einer der Wellnessoasen in seinen Bademantel. Hier fühlt man, dass man angekommen ist, als Gast in den Sternehotels direkt am Meer oder in einer süßen Ferienwohnung oder Pension, in denen man sich direkt wie zu Hause fühlt. Ob herrschaftliche Villa, Bauernhof oder Hausboot, es lässt sich vielfältig Urlaub machen auf der Sonneninsel Usedom.

Fotos: © Usedom Tourismus GmbH

Fotos: © Usedom Tourismus GmbH

Wichtig!

Adresse:
Usedom Tourismus GmbH
Hauptstraße 42, 17459 Ostseebad Koserow
Infotelefon & Prospekte: 038375/244144
Zimmervermittlung: 038375/244244
www.usedom.de, info@usedom.de

Anreise:
Usedom erreichen Sie über die Ostseeautobahn A 20, per Flugzeug oder mit der Deutschen Bahn.

Usedomer Strandspaziergang

Wer früh genug aufsteht, der erlebt, wie am eigentlich piekfeinen Strand der Insel tuckernde Fischkutter mit brummigen Fischerleuten anlegen. Tagsüber tragen die auf das Trockene gezogenen Boote zum maritimen Ambiente bei. Ein sehr guter Ort, um eine Wanderung zu starten, ist das Seeheilbad Bansin, das rund acht Kilometer vor der polnischen Grenze liegt. Links den Strand entlang, geht es zum Ausblickspunkt „Langer Berg", den man nach 20 Minuten erreicht. Schön ist auch die Wanderung über Heringsdorf zum Seeheilbad Ahlbeck, die, an der längsten Strandpromenade Europas entlang, vorbei an entzückenden Bäderarchitektur-Villen der Kaiserbäder Ahlbeck • Heringsdorf • Bansin aus der Gründerzeit führt.

Wichtig!

Anfahrt: Über die Ostseeautobahn A 20 ist die Anreise mit dem Auto bis kurz vor die Insel möglich. Zwei Brücken verbinden die Insel mit dem Festland. Die Kaiserbäder Ahlbeck • Heringsdorf • Bansin erreichen Sie ab Anklam oder Wolgast über die B 110 bzw. die B 111. Sie erreichen die Kaiserbäder jedoch auch mit dem Flugzeug. Oder Sie reisen mit der Bahn oder dem Bus an.

Weitere Infos zu den Kaiserbädern:
Infos & Prospekte Tel. 038378/499350
Buchungszentrale Tel. 038378/24444
www.kaiserbaeder-auf-usedom.de

OstseeTherme Usedom

Dem Meer so nah – das ist die OstseeTherme Usedom in Seebad Ahlbeck. Nur 200 m vom Strand entfernt wartet Badespaß für die ganze Familie, unabhängig von Wetter und Alter. Die wohltuende Wirkung der Heringsdorfer Jodsole genießen, mit welcher das Wasser in drei Badebecken angereichert ist, oder einen erlebnisreichen Tag in der Saunawelt.

Am Ende lohnt der Blick vom Aussichtsturm mit herrlichem Ostseepanorama.

Wichtig!

Adresse und Anfahrt:
OstseeTherme Usedom
Lindenstr. 60, 17419 Seebad Ahlbeck
Tel. 038378/2730, Fax 038378/22370
www.ostseetherme-usedom.de
info@ostseetherme-usedom.de

Öffnungszeiten:
Mai–Okt.: Mo.–Sa. 10–22 Uhr, So. 10–20 Uhr.
Nov.–April: Mo.–Sa. 10–21 Uhr, So. 10–20 Uhr

Eintritt:
Sämtliche Eintrittspreise finden Sie unter:
www.ostseetherme-usedom.de

Mecklenburgische Schweiz

Im Herzen der Mecklenburgischen Schweiz stehen die sieben tausendjährigen Eichen von Ivenack. Das sind, so weiß es eine Sage, verzauberte Nonnen. Sie ließen sich, weil sie des Nonnendaseins überdrüssig waren, vom Teufel aus dem Kloster führen. Der stellte die Bedingung, dass sie sich auf dem Weg nicht umdrehen dürften. Sie taten es trotzdem, das quittierte der Leibhaftige mit einer Verwünschung. So stehen die Nonnen noch am heutigen Tage auf der Stelle und treiben Wurzeln in die Erde. Der Wald mit den tausendjährigen Eichen ist Zentrum eines sehenswerten Tierparks.

Reiten im Gestüt Ganschow

Ideal für Pferdenarren! Kleinen und großen Pferdeliebhabern schlägt hier das Herz höher: Etwa 8 km von Güstrow enfernt – Richtung Goldberg – liegt das Gestüt Ganschow. In malerischer Umgebung ist das Gestüt mit seinen etwa 250 Pferden die größte Zuchtstätte edler Pferde auf Mecklenburger/Hannoveraner Grundlage und reinster Trakehner Abstammung in Mecklenburg-Vorpommern. Ruhige Ferienwohnungen stehen für Gäste ganzjährig zur Verfügung. Sie bieten Platz für 2–5 Personen. Es ist schon etwas Besonderes, beim Erwachen die Huftritte und das Wiehern einer großen Pferdeherde zu hören, die vom Stall auf die großzügigen Weideflächen, umsäumt von herrlichen Mischwäldern, gebracht wird. Kinder, die Pferde lieben, können unvergessliche Ferientage im Gestüt verleben. Jedes Kind bekommt sein eigenes Pferd für diese Zeit zum Reiten, Pflegen, Verwöhnen und Schmusen. Und mit

viel Glück kann man zusehen, wie eine Stute ihr Fohlen zur Welt bringt. Angebote: Urlaub im Sattel, Tagesritte, Kutsch- und Kremser-fahrten, Gestütsbesichtigungen für Gruppen, Reit- und Fahrlehrgänge für Anfänger und Fortgeschrittene, Hochzeitskutschen, Organisation von Gruppenaufent-halten (inklusive Übernachtung). Besondere Höhepunkte sind die im Juli stattfindenden Stutenparaden.

Wichtig!

Adresse:
Gestüt Ganschow, 18276 Ganschow
Tel. 038458/20226, Fax 038458/20227
www.gestuet-ganschow.de
gestuet-ganschow@t-online.de
Anfahrt:
Das Gestüt liegt ca. 8 km südwestlich von Güstrow, in Richtung Goldberg
Ganschower Stutenparaden 2022:
So. 03. + 10. Juli, Sa. 16. Juli, Beginn 13 Uhr.

Mecklenburgische Seenplatte

Schreiadler und Schwarzstorch, Fischadler und Kranich – im Land der tausend Seen findet man noch ein Refugium. Dichte Wälder und weite Felder prägen das Bild, und hinter jeder Kurve wartet das nächste Gewässer. Diese Landschaft eignet sich ideal für ausgiebige Fahrrad- und Motorradtouren. Die Bewohner dieses Landstrichs gelten als dickfellig und ein wenig mürrisch. Wenn man einen Einheimischen aber ein zweites Mal trifft, merkt man, dass er von großer Herzlichkeit ist.

Weisse Flotte Müritz

Die Weisse Flotte Müritz befährt Häfen zwischen der Müritz, dem Plauer See und Rheinsberg. Dazu bietet sie täglich ab dem 20.04. bis 27.10. einen gut ausgebauten Linienverkehr auf der Müritz an und beheimatet das einzige Dampfschiff Mecklenburg-Vorpommerns – das Dampfschiff Europa, mit einer originalen Dampfmaschine aus den 1920er Jahren.

Über das Jahr werden eine Vielzahl von Veranstaltungen geboten: Nostalgische Dampfschifffahrten, eine Schifffahrt mit dem Fahrrad in den Müritz-Nationalpark, Naturerlebnisfahrten über die Oberen Seen bis hin zum Plauer See, Schleusenfahrten über die Kleinseenplatte nach Mirow und Rheinsberg und Adventsschifffahrten.

Für Naturliebhaber bietet sich die Expedition zu den Kranichen auf die Halbinsel Großer Schwerin an. Hier stellt ein ausgebildeter Natur- und Landschaftsführer das Naturschutzgebiet "Großer Schwerin" und "Steinhorn" von der Wasserseite aus vor. Highlight ist das Open Air-Event

Müritz in Flammen mit der größten Flottenparade auf der Müritz. Live-Konzerte begeistern jährlich tausende Schaulustige. Das Höhenfeuerwerk inkl. Lasershow und Synchronmusik beenden das Spektakel.

Wichtig!

Adresse:
Weisse Flotte Müritz GmbH
Strandstraße/Steinmole
17192 Waren (Müritz)
Tel. 03991/122668
www.weisse-flotte-mueritz.de
info@weisse-flotte-mueritz.de
Fahrzeiten, Preise, Tickets:
unter www.weisse-flotte-mueritz.de und
www.mueritz-ticket.de

Paddeln im Land der Tausend Seen

Die Mecklenburgische Seenplatte liegt zwischen Berlin und der Ostsee. Mit 600 Kilometern führerscheinfreier Wasserstraßen bildet sie das größte, vernetzte Wassersportrevier Mitteleuropas und ist die Top-Adresse für führerscheinfreien Hausbooturlaub und Rundtouren im Kanu. Die Müritz ist der größte Binnensee Deutschlands (117 km^2) und das Herzstück der Großen Seen. An die unverbauten Ufer grenzen Bruchwälder, Naturschutzgebiete und Feuchtwiesen. Südlich davon schließt die Kleinseenplatte an: Ein Labyrinth aus hunderten Seen, die über natürliche Flussläufe oder schmale Kanäle miteinander verbunden sind. Einsame Ankerbuchten, schilfbewachsene Ufer und Seerosenparadiese wechseln sich ab.

Mehr als 100 große und kleine Seen sind zum Beispiel im Müritz-Nationalpark ideale Ausgangspunkte, um sich frei wie ein Indianer zu fühlen. Durch den Nationalpark führen zwei Gewässerstrecken, die sich sehr gut für Wasserwander-Touren eignen. Beispielsweise kann man für eine Kanuwandertour die Strecke auf den Havelquellseen von Kratzeburg in Richtung Süden wählen. Man folgt dem Fluss durch mehrere Seen bis zum Ausgang am Useriner See. Ein Vorschlag für eine Tagestour beginnt in Kratzeburg, wo auch ein Bootsverleih anzutreffen ist. Die Strecke führt über den Pagelsee, den Zotzensee und Jäthensee. Von dort tritt man schließlich den Rückweg an. Eine beeindruckende Wassertour mit einer urwüchsigen Sumpf- und Schilfuferlandschaft!

Wichtig!

Interessante und sportliche Freizeit- und Urlaubsangebote kann man auch beim Tourismusverband Mecklenburgische Seenplatte e.V. erfragen.

Adresse:

Tourismusverband
Mecklenburgische Seenplatte e.V
Turnplatz 2, 17207 Röbel/Müritz
Tel. 039931/538-0, Fax 039931/538-29
info@mecklenburgische-seenplatte.de
www.mecklenburgische-seenplatte.de
www.mueritz-nationalpark-partner.de

Radeln im Land der Tausend Seen

Langgezogene Alleen, knorrige Bäume, goldgelbe Ähren im lauen Wind und immer wieder der Blick auf einen glitzernden See ... Radwandern in der Mecklenburgischen Seenplatte ist ein eindrucksvolles und vielfältiges Erlebnis. Mehr als 1000 tiefblaue Seen, ausgedehnte Wälder, Fischadlerhorste, Kormorankolonien, Storchennester und verschwiegene Strände im Schilf sind nur ein kleiner Einblick in die Erlebnisse, die einen hier erwarten.

Ob Tagestour, mehrtägige Tour oder organisierte Rundreise mit Hotelbuchung und Gepäcktransfer – als Radwanderer bestimmt man selbst Anfangs- und Endpunkt seiner Etappen. Unterwegs gibt es übrigens reichlich Ausflugslokale, Cafés und Restaurants, in denen man einheimische Köstlichkeiten, kleine Snacks und erfrischende Getränke genießen kann.

Eine beispielsweise Tagestour von 48 km führt durch ein erlebnisreiches Gebiet mit viel Geschichte, denn fünf Museen machen die Tour so interessant. So wartet z.B. die Stadt Penzlin mit einer Burg auf, in der sich ein Museum für Magie und Hexenverfolgung befindet. Gleich um die Ecke schon wieder ein Museum – das Slawendorf Passentin. Es ist ein rekonstruiertes Wehrdorf, welches die Geschichte der Slawen modern und anschaulich erzählt. Und weiter geht's nach Hohenzieritz. Im Schloss befindet sich die Königin-Luise-Gedenkstätte. Außerdem befindet sich hier eine Ausstellung über den sehenswerten englischen Landschaftspark, der sich dem Schloss anschließt. Übrigens ist er der älteste Landschaftspark Norddeutschlands!

In Pieversdorf lädt die Havelquelle zum Verweilen ein. Und zum Schluss noch ein Stopp in Ankershagen, im einzigen Heinrich-Schliemann-Museum der Welt. Hier erfahren die Gäste anschaulich alles über das Leben vom Troja-Entdecker Heinrich Schliemann.

Viele weitere Tipps findet man in der Broschüre „Radeln im Land der Tausend Seen" des Tourismusverbands. Interessant auch die Broschüre „Campen im Land der Tausend Seen".

Wichtig!

Weitere Infos:
Tourismusverband „Mecklenburgische Seenplatte" e. V.
Turnplatz 2, 17207 Röbel/Müritz
Telefon 039931/538-0
Telefax 039931/538-29
info@mecklenburgische-seenplatte.de
www.mecklenburgische-seenplatte.de

Per Click in die Freizeit

Arch. Museen Niedersachsen
Hildesheim: www.rpmuseum.de
Osterode am Harz:
www.hoehlen-erlebnis-zentrum.de
Uelsen: www.bronzezeithof.de
Verusschlacht:
www.kalkriese-varusschlacht.de

Diverse Museen Niedersachsen
Braunschweig:
www.landesmuseum-bs.de
Gifhorn: www.muehlenmuseum.de
Hannover:
www.landesmuseum-hannover.de
www.sprengel-museum.de
www.wehmingen.de
Oldenburg: www.landesmuseum-ol.de

Diverse Freizeitparks Niedersachsen
Bad Harzburg: www.krodoland.de
Bispingen: www.centerparcs.de
Butjadigen: www.spielscheune.com
Hannover: www.weltderluftfahrt.de
Holle: www.familienparksottrum.de
Jaderberg: www.jaderpark.de
Oldenburg:
www.lasertagarena-oldenburg.de
Uete: www.erse-park.de
Verden: www.magicpark-verden.de

Burgen/Schlösser Niedersachsen
Bückeburg: www.bueckeburg.de
Burg Bentheim: www.badbentheim.de
Holle, Schloss Söder: www.holle.de
(Pattensen: www.schloss-marienburg.de
Wolfenbüttel:
www.schlosswolfenbuettel.de

Zoos/Wildparks Niedersachsen
Braunschweig: www.zoo-bs.de
Hodenhagen: www.serengeti-park.de
Nordhorn: www.tierpark-nordhorn.de
Rosengarten:
www.wildpark-schwarze-berge.de
Springe: www.wisentgehege-springe.de
Thüle: www.tier-freizeitpark.de

Archäologische Museen Bremen
www.antikenmuseum.de

Diverse Museen Bremen
www.bremer-rundfunkmuseum.de
www.dommuseum-bremen.de
www.focke-museum.de
www.hafenmuseum-speicherelf.de
www.kulturambulanz.de
www.kunsthalle-bremen.de
www.museen-boettcherstrasse.de
www.overbeck-museum.de

Diverse Freizeitparks Bremen
www.dah-bremerhaven.de
www.klimahaus-bremerhaven.de
www.krabbenland.de
www.oase-weserpark.de

Burgen/Schlösser Bremen
www.museum-schloss-schoenebeck.de

Zoos / Wildparks Bremen
www.atlanticum.de
www.freizeitpark-ostrittrum.de
www.tierpark-bassum.de
www.vida-gartencenter.de/tier.htm
www.zoo-am-meer-bremerhaven.de

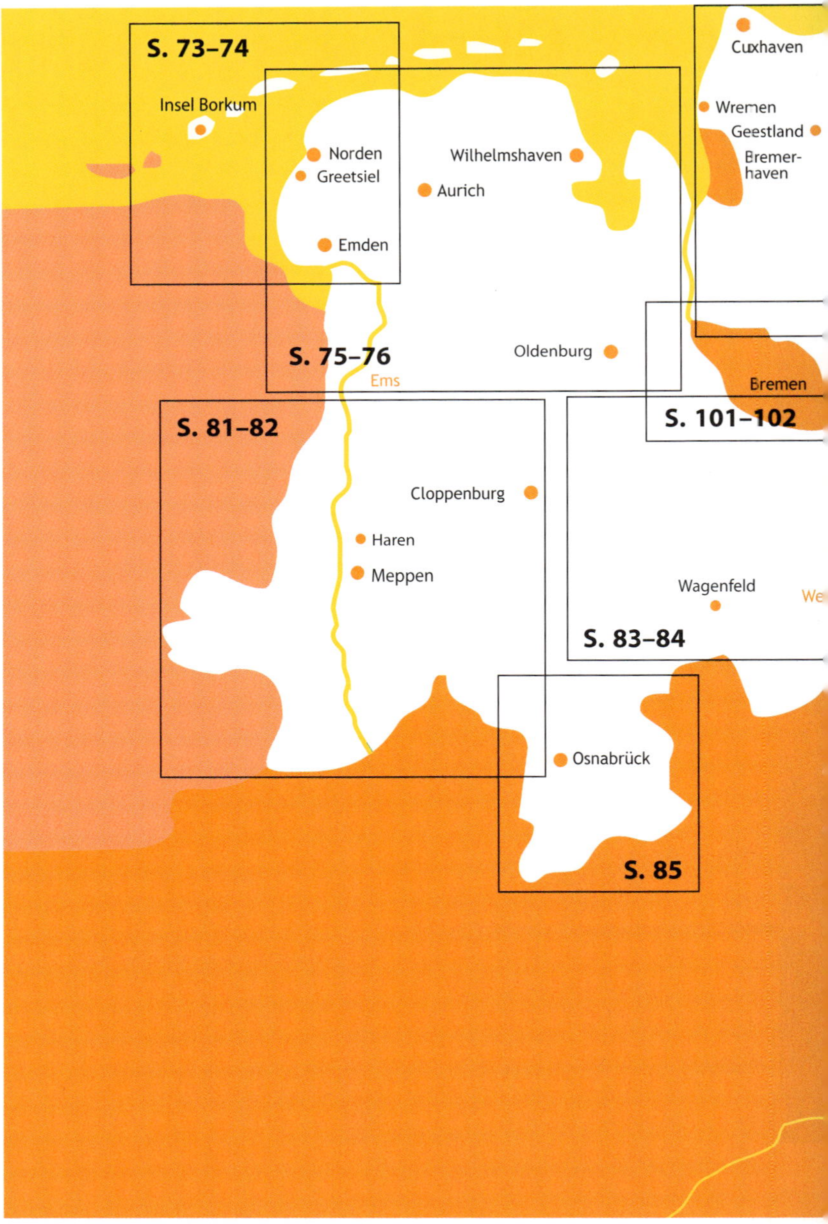
S. 73–74
Insel Borkum
Norden
Greetsiel
Emden
Wilhelmshaven
Aurich
Oldenburg
S. 75–76
Ems
Cuxhaven
Wremen
Geestland
Bremer-
haven
Bremen
S. 101–102
S. 81–82
Cloppenburg
Haren
Meppen
Wagenfeld
S. 83–84
Osnabrück
S. 85

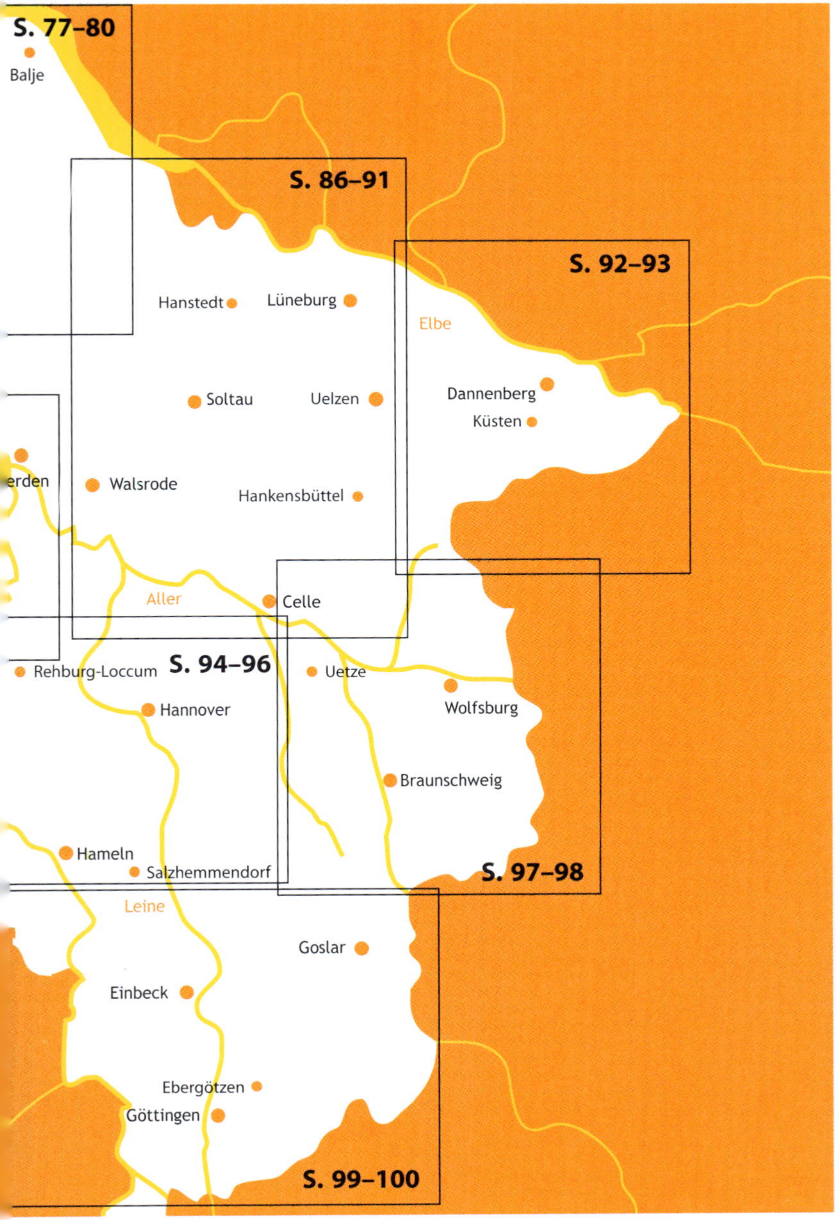
S. 77–80
Balje
S. 86–91
Hanstedt
Lüneburg
Elbe
S. 92–93
Dannenberg
Küsten
Soltau
Uelzen
erden
Walsrode
Hankensbüttel
Aller
Celle
Rehburg-Loccum
S. 94–96
Uetze
Wolfsburg
Hannover
Braunschweig
Hameln
Salzhemmendorf
S. 97–98
Leine
Goslar
Einbeck
Ebergötzen
Göttingen
S. 99–100

Gezeitenland Borkum

Baden auf drei Decks! Den gelben Leuchtturm sieht man schon von Weitem. Wer den direkten Kurs nimmt, landet bei Fitness, Spaß und Wellness – im Gezeitenland der Insel Borkum. Die Architektur des modernen Wellnessbades ähnelt der eines Schiffs. Dementsprechend ist das Bad in drei Decks unterteilt: Wellnessdeck im Untergeschoss, Freizeit- und Erlebnisdeck im Erdgeschoss und Saunadeck im Obergeschoss. Wasser spielt natürlich auf allen drei Decks des Gezeitenlandes die Hauptrolle. Eine tolle Wasserattraktion ist der Flowrider auf dem Erlebnisdeck. Mit hoher Geschwindigkeit schießt ein Wasserfilm über eine wellenförmige Fläche. Bereits nach einigen Versuchen gelingt es selbst Ungeübten, auf einem speziell entwickelten Bodyboard auf dem Bauch liegend die Balance zu halten. Die 75 m lange Riesenrutsche ist das Fun-Erlebnis für Kinder und Junggebliebene. Eine Vielfalt von Pools lädt auf dem Freizeitdeck zu Sport, Spiel, Spaß und Entspannung ein. Und nach dem Sport ist Entspannung angesagt, z. B. auf einer der Unterwasser-Whirlliegen oder im Whirlpool. Auch Saunafans kommen voll auf ihre Kosten. Zum Schwitzen laden die Panorama-, Aroma- und Aufgusssauna sowie ein Dampfbad ein. Wer sich einmal etwas ganz Besonderes gönnen

möchte, genießt das entspannende Massage- und Therapieprogramm auf dem Wellnessdeck.

Wichtig!

Adresse und Anfahrt:
Gezeitenland Borkum
Goethestr. 1
26757 Borkum
Tel. 04922/933-600, Fax 04922/933-610
www.gezeitenland.de, www.borkum.de
info@gezeitenland.de

Öffnungszeiten:
Erlebnis- und Saunadeck: Mo.–Fr. 10–21 Uhr, Sa./So./Feiertag: 10–20 Uhr
Wellnessdeck: Mo.–Fr. 7–19 Uhr, Sa./So./Feiertag 10–19 Uhr.

Eintritt: Mehrere Tarife, Vorabinformation im Internet empfehlenswert, Preisbeispiel für Erwachsene, 2 Std. mit Kurkarte € 7,–
Kinder (4–15) € 4,–
Tageskarte Erwachsene mit Kurkarte € 9,50
Kinder (4–15) € 6,50

Verpflegung: 3 Restaurantbereiche – die Bad-Gastronomie, das Bistro Seepferdchen und die Vita-Bar. Die Bad-Gastronomie und die Vita-Bar sind nur für Gäste des Erlebnis- bzw. Saunadeck zugänglich.

Inselerlebnis Borkum

Sommer, Sonne und Familienspaß auf Borkum! Eine Seefahrt ist genau das Richtige für die Ferien! Mit Kind und Kegel geht's morgens um 8 Uhr an Bord einer Fähre Richtung Borkum. Auf dem Sonnendeck schnuppert man Seeluft, spürt die wohltuende Wirkung von Wellenrauschen, Salz und Sonne und sieht faszinierende Schiffe vorbeifahren. Nach 2 ¼ Stunden erreicht die Fähre den Borkumer Hafen. Jetzt heißt es umsteigen, denn mit dem Borkumer Dünenexpress geht die Fahrt weiter in Richtung Stadt. Mit etwas Glück ist gerade Dampftag und die historische Lok „Borkum" schnauft über die 7 km lange Strecke.

Borkum ist ein Badeparadies: Der herrliche, 20 km lange Sandstrand lädt zum Baden in der Nordsee oder Sonnenbaden in einem der typischen Borkumer Strandzelte ein. Fun & Action erlebt man beim Surfen, Kiten, Kite-Surfen und im Gezeitenland – Wasser und Wellness, denn hier ist bei jedem Wetter Badesaison und der Flowrider, eine spektakuläre Indoor-Surfanlage, lockt Jung und Alt. Direkt am Strand servieren die Borkumer „Milchbuden" Milchreis und Pfannkuchen.

Vieles gibt es auf der Insel zu entdecken: der herrliche Blick vom Neuen Leuchtturm, das Walskelett oder der Sand aus aller Welt im Heimatmuseum „Dykhus", Flora und Fauna bei einer Wattwanderung oder einfach Inselimpressionen bei einer Radtour zum Ostland.

Ein schöner Tag neigt sich dem Ende, wenn es um 16.30 Uhr am Bahnhof heißt „Alles einsteigen..." Die Inselbahn bringt nun die Fahrgäste zurück zum Hafen, zur Weiterfahrt mit der Fähre Richtung Emden.

Die „fröhliche DiMiDo-Welle" rollt in den Sommerferien Niedersachsens und Nordrhein-Westfalens jeweils dienstags, mittwochs und donnerstags.

Wichtig!

Adresse:
Aktien-Gesellschaft „Ems"
Zum Borkumanleger 6, 26723 Emden
Tel. 01805/180182, Fax 04921/8907405
www.ag-ems.de, info@ag-ems.de

Anfahrt:
In Emden ist die Fähre ausgeschildert

Hauptsaison:
Von Ende Mai bis Ende Oktober

Fahrten:
Ganzjährig tägliche Fahrten zur Insel Borkum; außerdem Hafen- und Grachtenfahrten in der Seehafenstadt Emden.

Preise: Tagesticket: Erw. € 19,60
zzgl. € 3,– Kurbeitrag, DiMiDo-Familieticket: (Groß-/Eltern +3 Kinder 4–11 Jahre) € 48,50
Weitere Tarife auf www.ag-ems.de/tarife.

Ausflug nach Krummhörn-Greetsiel

Krummhörn-Greetsiel – urige Warfendörfer und idyllischer Hafen.
Die berühmten Greetsieler Zwillingsmühlen begrüßen ihre Gäste schon von weitem. Der über 600 Jahre alte Krabbenkutterhafen von Greetsiel mit seiner romantischen Häuserzeile aus dem 17. Jahrhundert sowie der urige Ortskern von Greetsiel sind immer einen Besuch wert. Da der Hafen tideunabhängig ist, hat der Gast immer die Chance, einem Krabbenkutter beim „Löschen" der Ladung zuzusehen.
Doch auch die anderen 18 Dörfer der Ferienregion Krummhörn bieten viel Sehenswertes. So z. B. der kleinste rotgelb geringelte Leuchtturm in Pilsum, bekannt aus den Kinofilmen von Otto Waalkes oder der höchste Leuchtturm Deutschlands in Campen, der von weitem viel Ähnlichkeit mit dem Eiffelturm durch die ähnliche Bauweise hat.
Die Murmelarena in Uttum, die Sarkophage in Jennelt, die Burgen in Pewsum und Groothusen und die vielen imposanten Backsteinkirchen mit den historischen Orgeln, wie die Orgel in Rysum von 1457 – eine der ältestbespielbaren Orgeln Europas sind nur einige von den vielen Ausflugszielen in der Krummhörn.
Beim alljährlichen Schlickschlittenrennen – einem riesigen Wattspektakel – werden im Sommer die Schlitten ins Watt gelassen. Jedes Jahr nehmen ca. 200 Watthleten und etliche Zuschauer teil. Auch die Radtour „Krummhörner Kirchturmtour" von Kirche zu Kirche zieht jährlich viele Besucher in die Krummhörn.

Wichtig!

Adresse:
Touristik-GmbH Krummhörn-Greetsiel
Zur Hauener Hooge 1, 26736 Greetsiel
Tel. 04926/9188-0, Fax 04926/2029
www.greetsiel.de

Ausflug auf dem Ems-Jade-Kanal

Romantische Schiffsausflüge! Ostfriesland ist das Land der Kanäle und Gräben. Was liegt da näher als ein Ausflug mit einem Kanal-Schiff? Die verschiedenen Touren über den Ems-Jade-Kanal mit der MS Stadt Aurich von Aurich nach Emden und Ihlow werden ab März bis Ende Oktober angeboten.

Die Fahrt ist kurzweilig, denn auf der Strecke passiert man Klappbrücken, die vom Brückenwärter geöffnet werden müssen. Ein nicht alltägliches Erlebnis ist für viele Ausflügler sicher das Passieren der Schleusen, wie die einzigartige Kesselschleuse oder die Schleuse Kukelorum. Der Kanal liegt höher als das ihn umgebende Land, deshalb genießt man vom Boot aus einen weiten Aus- und Überblick. Wer gerne selber Kapitän sein möchte, kann dies ebenfalls hier tun. Im Auricher Hafen stehen auch Tret- und Ruderboote (bis 4 Personen) sowie Kajaks (bis 3 Personen), Motorboote und Hydrobikes zur Verfügung. Die Motorboote sind übrigens führerscheinfrei!

Wichtig!

Adresse:
Verkehrsverein Aurich/Ostfriesland e.V.
Norderstraße 32
26603 Aurich
Tel. 04941/4464
Fax 04941/10655
verkehrsverein@aurich.de
www.aurich-tourismus.de

Anfahrt:
Der Ems-Jade-Kanal-Hafen liegt südlich des Schlossgeländes, fünf Gehminuten von der Innenstadt entfernt (Tannenbergstraße).

Ausflugsbeispiel:
Tour I – Aurich-Emden (und zurück). Die sechsstündige Fahrt plus zwei Stunden Aufenthalt in Emden ist die längste und natürlich auch die schönste Tagesfahrt, die mit diesem Schiff angeboten wird. Weitab von Siedlungen und Straßen streift der Blick die typische Weite Ostfrieslands. Wer weniger Zeit hat, kann auch nur ein Teilstück fahren.

Fahrzeiten:
Abfahrt für Tour I um 9.30 Uhr vom Auricher Hafen, Hin- und Rückfahrt dauern etwa 8 Std. inkl. 2 Std. Aufenthalt.

Preise:
Erwachsene € 19,–
Kinder (4–11 Jahre) € 9,–
Teilstrecke: Erwachsene € 15,–
Kinder € 7,–
Bus-/Schiff-Kombi-Ticket: € 17,–

Verpflegung:
Gastronomie an Bord.
Frühstück auf der MS Stadt Aurich ab € 7,90/p. P. (auf Vorbestellung),
Stück Kuchen & Kännchen Kaffee € 5,90.

Zwischen Nordsee, Weser und Elbe

Alles ist hier vom Wasser und vom Fluss der Gezeiten bestimmt: Mächtige Deiche schützen die Menschen vor der Kraft der Sturmflut. Dahinter ducken sich die alten Dörfer der Marsch- und Geestlandschaft im allgegenwärtigen Westwind. Drei große Städte prägen ebenso das Bild, denn „Cuxland" liegt im Dreieck Cuxhaven – Stade – Bremerhaven. Man muss nicht unbedingt Cuxhaven, Deutschlands größtes Seebad, besuchen. Unzählige kleine und romantische Hafenstädtchen laden ebenfalls zu einem Ausflug ein.

Moor-Therme Bad Bederkesa

Das tut gut! Im Feriengebiet Bederkesa! Hier, im Naturland zwischen Weser, Nordsee und Elbe, findet man eines der schönsten Kur- und Thermalbäder: die Moor-Therme Bad Bederkesa. Zwischen Kurpark, Wasserburg und See erschließen sich neue Dimensionen des Wohlfühlens.

Sich Zeit nehmen zum Schwimmen, Schwitzen, Schlemmen – hier kommt ganz sicher jeder auf seine Kosten. In der Moor-Therme warten nicht nur besondere Attraktionen, sondern auch eine behagliche Atmosphäre. Man lässt sich durchs Wildwasser treiben, genießt Natursole und Champagner-Sprudel oder zieht Bahnen im Sportbecken. Heiß her geht es im Saunaland mit Keltensauna, Waldsauna, Nebelgrotte, Suuri-Sauna, See-Sauna, offenem Kamin und Naturteich. Abenteuerlustige lernen die neue X-Tube Familien-Reifenrutsche kennen.

Wichtig!

Adresse:
Moor-Therme Bad Bederkesa
Berghorn 13, 27624 Geestland
Tel. 04745/9433-0
Fax 04745/9433-22
www.moor-therme.de
info@moor-therme.de
Anfahrt: Mit dem PKW BAB 27, Bremen–Cuxhaven, Abfahrt Debstedt, mit der Bahn bis Hauptbahnhof Bremerhaven, weiter mit der Buslinie KVG
Saison/Öffnungszeiten: Ganzjährig, Mo. bis Do. 10–21 Uhr, Fr. 10–24 Uhr, Sa.10–22 Uhr, So. und Feiertage 9–20 Uhr
Eintritt: Erwachsene 3 Std. € 8,50
Kinder bis 5 Jahre frei
Kinder (6–11 Jahre) 3 Std. € 3,50
Ermäßigte (12–17 Jahre) 3 Std. € 5,50
Familienkarte (Eltern plus 4 Kinder bis 17 Jahre) 3 Std. € 18,50
sowie einige weitere Tarife, therapeutische Anwendungen und Fitnessangebote.

Natureum Niederelbe

Küstenmuseum. KüstenZoo. Elbe-Küstenpark

Das Natureum Niederelbe liegt nur 15 Autominuten entfernt von der historischen Altstadt Otterndorf zwischen dem Nordseeheilbad Cuxhaven und der Hansestadt Stade. Es erstreckt sich auf einem über 100.000 m^2 großen Freigelände an der Ostemündung.

Vielseitige Ausstellungen in den Museumsgebäuden und im Park informieren über die faszinierende Tier- und Pflanzenwelt der Elbmündung. Im Mittelpunkt steht die große Bedeutung der Unterelbe für Zugvögel, Wanderfische und den globalen Handel. Die Bereiche „Bernstein – Gold der Küste" und „Urzeit" zeigen die geologische Vergangenheit des Nordens. Gezeiten und Sturmfluten, aber auch Maßnahmen zum Küstenschutz prägen die Region damals und heute. Gewaltige Walskelette erzählen die Geschichte von Strandungen der Meeressäuger in der Elbmündung. Im Sommerhalbjahr zeigt das Natureum jährlich wechselnde Sonderausstellungen sowie Foto- und Kunstausstellungen in der „Galerie im Turm". In den Freigehegen und im Vivarium sind viele Tiere, darunter bedrohte Haus- und Nutztierrassen wie die mächtigen Schleswiger Kaltblutpferde oder die flinken Skudden, zu sehen. Die Vogelbeobachtungsstationen ermöglichen einen einmaligen Blick in das Vogelschutzgebiet „Hullen" an der Ostemündung. Spannende Spiel- und Experimentierstationen, ein großer Spielplatz, eine Wasserspielanlage mit Goldschürfstation und vieles mehr bietet Spiel, Spaß und Abenteuer für die ganze Familie. Zu einer Pause lädt das Café-Bistro mit hausgemachten Kuchen und herzhaften Leckereien aus saisonalen und regionalen Zutaten ein.

Wichtig!

Adresse:
Natureum Niederelbe
Neuenhof 8, 21730 Balje
Tel. 04753/842110, Fax 04753/842184
www.natureum-niederelbe.de
info@natureum-niederelbe.de
Anfahrt: Über die B 73 Abfahrt Natureum
Öffnungszeiten:
Ostern bis Okt.: Di.–So./Feiertage 10–18 Uhr; Juli/August auch am Mo. geöffnet.
Abweichende Winteröffnungszeiten siehe unter www.natureum-niederelbe.de
Verpflegung:
Café-Bistro, Picknickzonen, Museumsshop
Sonstiges: Parkplätze, Fahrradstation, weitgehend rollstuhlgerecht, Wickeltisch, Hunde dürfen angeleint ins Außengelände

Deutsches Schifffahrtsmuseum

Das Deutsche Schifffahrtsmuseum in Bremerhaven ist ein Forschungsmuseum der Leibniz-Gemeinschaft. Herzstück der Sammlung ist die über 600 Jahre alte Bremer Kogge. Rund um das restaurierte Wrack erfahren Gäste, wie das Handelsschiff im 14. Jahrhundert gebaut wurde, Bergung und Restaurierung verliefen und der Handel im Zeitalter der Hanse funktionierte. Der UN-Dekade der Ozeanforschung widmet sich das Museum ab Februar 2022 mit der Sonderausstellung „CHANGE NOW! - Schiffe verändern die Welt". Die Schau beleuchtet in fünf Kapiteln unterschiedliche Facetten der Ozeanforschung. Die integrierte Fotoschau INTO THE ICE blickt mit beeindruckenden Motiven auf die MOSAiC-Expedition zurück. Unter anderem die Aufnahmen der preisgekrönten AWI-Fotografin Esther Horvath werden zu sehen sein. Rund um CHANGE NOW! bietet das DSM ein umfangreiches Veranstaltungsprogramm für die ganze Familie. Im Museumshafen laden historische Schiffe zur Besichtigung ein. Die Lichtinstallation FRAME taucht den Erweiterungsbau allabendlich in ozeanblaue Stimmung.

Foto: © DSM / Thomas Kleiner

Foto: © Niels Hollmeier, DSM

Foto: © DSM / Annica Müllenberg

Wichtig!

Adresse: Deutsches Schifffahrtsmuseum
Leibniz-Institut für Maritime Geschichte
Hans-Scharoun-Platz 1, 27568 Bremerhaven
Tel. 0471/482070, Fax 0471/4820755
www.dsm.museum, info@dsm.museum

Anfahrt:
Von der Abfahrt Bremerhaven-Mitte der A 27 führt ein Autobahnzubringer direkt an den Alten Hafen und zum Museumsgelände.

Öffnungszeiten & Eintritt:
unter www.dsm.museum

Kurioses Muschel Museum

Ganz in Schale! Ein ungewöhnliches Museum, nicht nur zum Informieren, sondern auch zum Schmunzeln. Es werden über 3.000 „Hinterlassenschaften" der Meeresbewohner von der Nordsee bis Übersee ausgestellt. In diesem amüsanten Museum kommen auch „Museumsmuffel" auf ihre Kosten. Kein Latein! Jedes der faszinierenden Ausstellungsstücke erhielt eine wortkünstlerische Fantasiebezeichnung, humorvoll oder manchmal auch nach-

denklich stimmend. Dadurch wird dem Laien-Besucher die Vielfalt der Natur näher gebracht, ohne ihn belehren zu wollen. Auch Kinder werden, soweit sie selbst lesen können, nicht überfordert. Trotzdem kommt die Information nicht zu kurz. Das Museum hat sich die Aufgabe gestellt, die Gehäuse der Muscheln und Schnecken als weltweit anfallendes Abfallprodukt ins Bewusstsein der Besucher zu bringen: In den reichen Ländern nur noch eine „Delikatesse", sind Muscheln und Schnecken das „Überlebensmittel" der ärmeren Küstenbevölkerung in den Drittweltländern. Die Fotografien und

Info-Texte zu dieser Thematik sind sehens- und lesenswert. Eine ungewöhnlich lange Verweildauer der zahlreichen Besucher sind das Ergebnis dieses Museumskonzeptes.

Wichtig!

Adresse und Anfahrt:
Kurioses Muschel Museum Wremen e.V.
Rolf Dircksen Weg 55
27638 Nordseebad Wremen
Tel. 04705/210
www.muschel-museum-wremen.de
vv@wremen.de

Öffnungszeiten:
Täglich außer montags von 10–12 Uhr
und 14–16.30 Uhr,
Sonn- und Feiertags geöffnet

Eintritt:
Erwachsene ab € 2,50
Kinder (6–14 Jahre) ab € 1,50
Kombikarte Muschel-Museum und Museum für Wattenfischerei: Erwachsene ab € 3,50
Kinder (6–14 Jahre) ab € 2,–
Kurkarten-Inhaber ermäßigt

Emsland

Über einen Mangel an Wasser können sich die Emsländer nicht beschweren. Zum einen gibt es die Ems mit ihren vielen Altarmen, dann die mäandernde Hase in ihrem romantischen Tal und schließlich so viele Abzugs- und Entwässerungsgräben, dass man sie nicht zählen mag. Früher war das Überleben in der moorigen Landschaft hart, es brauchte Jahrhunderte, um überall festen Boden unter die Füße zu bekommen. Heute ist das Leben dicht an der Grenze zu den Niederlanden eher beschaulich geworden.

Museumsdorf Cloppenburg

Wichtig!

Adresse:
Museumsdorf Cloppenburg - Niedersächsisches Freilichtmuseum
Bether Str. 6, 49661 Cloppenburg
Tel. 04471/94840, Fax 04471/948474
www.museumsdorf.de, info@museumsdorf.de
fuehrungen@museumsdorf.de
Öffnungszeiten:
März - Oktober 10.00 – 18.00 Uhr
November - Februar 10.00 - 16.30 Uhr
Eintritt:
Erwachsene 9,50 €
Studenten, Auszubild., Bufdis, Schwerbehinderte 6,– €
Schüler u. Jugendl. (6 - 18 J.) 3,50 €
Familientageskarte 20,– € (2 Erw. und Kinder)
Kl. Familientageskarte 11,– € (1 Erw. und Kinder)
Jahreskarten Familienjahreskarte 60,– €
Führungen*: Schulklassen 30,– €
Erwachsene 60,–
Erlebnisführung nach Absprache ab 90,– €
* Preise zuzüglich zum Eintrittspreis
Sonstige Angebote:
Kindergeburtstag im Museum: bis 12 Kinder 70,– € pauschal
Klönschnack am Herdfeuer: 90,– €

Das Museumsdorf lädt zu einem Bummel zwischen großbäuerlichen Anwesen, Landarbeiterhäusern, Mühlen und Werkstätten ein, die einen Einblick in das Leben und Arbeiten früherer Zeiten im Nordwesten geben.

2022 feiert das Museumsdorf seinen 100sten Geburtstag mit einer Sonderausstellung, einem Rahmenprogramm und der Jubiläumskirmes als Höhepunkt.

Außerdem erwarten den Besucher attraktive Sonderveranstaltungen wie das Gartenfest „Dorfpartie", Mühlen- und Erntetage oder der Nikolausmarkt. An den Sonntagen gibt es bei den DORFGESCHICHTE(N) und Haus- und Hofgeschichten Spannendes zum Zuschauen und Mitmachen.

Zum „Dorfsommer" ist in den Ferien jeden Tag was los: von handwerklichen Vorführungen über Klönschnacks am Gartenzaun bis zu Tierfütterungen! Programm und Termine tagesaktuell auf www.museumsdorf.de

Führungen zu den Sonderausstellungen oder zu Spezialthemen bieten interessante Einblicke. In der Diskothek kann man in die 80-er und 90-er Jahre eintauchen und ist Disco-Feeling pur erleben.

Schloss Dankern

Der Spielfreude werden in Schloss Dankern keine Grenzen gesetzt. Spielen, toben, klettern, hüpfen, rutschen – egal ob drinnen oder draußen. Groß und Klein, Jung und Alt erleben auf den naturbelassenen Spielplätzen im Wald, an den interaktiven Spielgeräten, wie dem weltweit längsten Laser-Labyrinth, auf den verschiedenen Sportplätzen, beim Autoscooter, im Freibad oder beim Ponyreiten einen abwechslungsreichen Tag. Das mittelalterliche Dorf mit den liebevoll gestalteten Spielbereichen und dem Highlight, der Achterbahn, begeistert Groß und Klein. Die rasante Fahrt beginnt in der 23 m hohen Burg, die wiederum eine Vielzahl von Spielebenen zum Thema „Erfindungen des Mittelalters" beherbergt. Für den Urlaub mit der ganzen Familie stehen verschiedene Ferienhäuser zur Verfügung, hier ist der Eintritt in den Freizeitpark bereits im Mietpreis enthalten!"

Wichtig!

Adresse:
Schloss Dankern, 49733 Haren/Ems
Tel. 05932/72230, Fax 05932/722333
www.schloss-dankern.de
urlaub@schloss-dankern.de
Anfahrt: Z.B. über die A 31, Ausfahrt Haren/Ems, das Zentrum ist ausgeschildert.
Saison Freizeitpark:
März bis Oktober. Für Tagesbesucher ist der Freizeitpark täglich von 10–18 Uhr geöffnet.
Eintritt: Erwachsene € 14,– ; Kinder € 12,– ; Senioren (ab 60 Jahren) € 12,– ;
ab 20 Personen: pro Pers. € 2,– Ermäßigung
Weitere Tarife im Internet.
Verpflegung:
Der spannende Tag beginnt mit einem ausgedehnten Frühstück beim reichhaltigen Buffet im Restaurant Deele. In der Sportsbar gibt es ein deftiges Mittagessen, für die Schleckermäulchen allerlei Naschereien aus dem Knusperhaus und ein leckeres Eis beim Blick über den Dankernsee.

Zwischen Hunte und Weser

Für viele ist das Land zwischen Minden und Bremen, zwischen den Flüssen Hunte und Weser nur Transitland mit langgezogenen, geraden Straßen ohne nennenswerte Steigungen. Die Bauernhöfe rechts und links sind oftmals eher „landwirtschaftliche Anwesen". Große, mit Backsteinen errichtete Niedersachsenhöfe, die von mächtigen Eichenhainen umgeben sind. Im Zentrum der Dörfer stehen kleine trutzige Wehrkirchen, umgeben von jahrhundertealten Fachwerkhäusern. Man könnte meinen, hier sei die Zeit stehengeblieben. Warum also nicht einen Spaziergang machen und die „Vergangenheit" genießen.

Deutsches Pferdemuseum

Ein besonderes Ausflugsziel für die ganze Familie ist das Deutsche Pferdemuseum in der niedersächsischen Reiterstadt Verden. Das bundesweit zentrale Museum zur Kulturgeschichte des Pferdes präsentiert informativ und erlebnisreich die spannende Entwicklung des Pferdes vom fuchsgroßen Urwaldbewohner zum heutigen Leistungssportler und zeigt, welche enorme Bedeutung das Pferd in der Menschheitsgeschichte einnimmt.

Zahlreiche Mitmachstationen machen den Rundgang durch die Dauerausstellung für Groß und Klein, für Reiter und Nicht-Reiter zu einem besonderen Erlebnis: Nehmen Sie auf dem Kutschbock die Leinen einmal selbst in die Hand, betrachten Sie die Umwelt mit Pferdeaugen oder unternehmen Sie einen virtuellen Spazierritt über die Verdener Rennbahn. Wir laden Sie ein zu einem Museumsbesuch, bei dem Ihnen nicht nur sprichwörtlich einiges vom Pferd erzählt wird ...

Wichtig!

Adresse: Deutsches Pferdemuseum e.V.
Holzmarkt 9, 27283 Verden/Aller
Tel. 04231/807140, www.dpm-verden.de
Anfahrt: Das Museum befindet sich direkt neben dem Verdener Bahnhof. Kostenfreie PKW-Parkplätze stehen zur Verfügung.
Öffnungszeiten:
Di.–So.: 10–17 Uhr, Führungen auf Anfrage
Eintritt: Erwachsene € 5,–; Kinder bis 4 J. frei; Kinder/Jugendliche bis 17 J. € 2,–; Gruppen (über 10 Personen) € 3,– p. P.; Schulklassen € 1,50 p. P.

Naturtierpark mit Araber-Gestüt

Abenteuer Tier und Natur ... diese faszinierende Mischung macht den Tierpark Ströhen zu einem beliebten Ausflugsziel für die ganze Familie.
Über 600 Säugetiere und Vögel aus fünf Kontinenten sind auf dem 350.000 m² großen Areal beheimatet. Während der Saison werden täglich zwei Vorführungen angeboten. Die Tierschule am Vormittag und das Showprogramm am Nachmittag begeistern täglich große und kleine Tierparkgäste. Und auf was man sich noch freuen kann: den Abenteuerspielplatz, die Streichelwiese, Europas größtes Arabergestüt und das Tierparkrestaurant mit Kaffee- und Biergarten laden zum Verweilen ein.

Wichtig!

Adresse: Tierpark Ströhen
Tierparkstr. 43, 49419 Wagenfeld-Ströhen
Tel. 05774/505, Fax 05774/1088
www.tierpark-stroehen.de
info@tierpark-stroehen.de
Anfahrt: Wagenfeld liegt auf halber Strecke südlich der B 214 von Diepholz nach Sulingen, ab den beiden Orten und auch ab Lübbecke ist der Tierpark ausgeschildert.
Öffnungszeiten:
Tierpark und Gestüt:
Ganzjährig (ohne Ruhetag), 9–18 Uhr.
Herbst + Winter: 9 Uhr bis zum Einbruch der Dunkelheit. Hunde an der Leine erlaubt!
Eintritt:
Erwachsene € 15,–
Kinder (3–15 Jahre) € 10,–
Familien (2 Erw. + 2 Ki.) € 45,–
Gruppen ab 15 Pers. + Vereine:
Erwachsene € 10,–, Kinder (3–15 Jahre) € 6,–
Behinderte und Senioren € 8,–
Verpflegung: Restaurant, Kaffee- und Biergarten, Hofcafe, Kiosk.

Osnabrücker Land

Das Osnabrücker Land hat den Ruf eines idealen Wandergebietes. Die Städter und Naturliebhaber schätzen die ausgedehnten Tiefebenen ebenso wie die kleinen Bachtäler, üppige Wälder wechseln mit den Wiesen und Feldern der landwirtschaftlich genutzten Flächen. Seltene Lebensräume wie Moore oder der Orchideenstandort Silberberg werden als Naturschutzgebiete bewahrt.

Zoo Osnabrück

Auf eine tierische Weltreise geht es im Zoo Osnabrück – knapp 2.700 Tiere aus 300 Arten leben in dem grünen Waldzoo: In den afrikanischen Tierwelten „Samburu", „Takamanda" und „Tal der grauen Riesen" entdecken die Safariteilnehmer Löwen, Giraffen, Schimpansen, Elefanten oder Tüpfelhyänen. Über Südamerika, wo auch Flachlandtapire und Faultiere zuhause sind, geht es weiter nach Asien: In der Tempelruine „Angkor Wat" herrschen Asiatische Schweinsaffen und Sumatra-Tiger schleichen durch das Dickicht. Im nordischen „Kajanaland" geht es hoch hinaus: Von Baumpfaden aus lassen sich Luchse, Wisente, Bären oder Rentiere besonders gut beobachten. Nicht fehlen darf ein Besuch im „Unterirdischen Zoo": Hier leben Nacktmulle, Präriehunde, Feldhamster oder Coruros in unterirdischen Gängen und Nestern. Freunde des nassen Elements kommen bei Seelöwen, Seehunden und im Tetra-Aquarium auf ihre Kosten. Kleine Tierfreunde können sich zusätzlich auf vier Abenteuerspielplätze mit Streichelzoo freuen.

Wichtig!

Adresse: Zoo Osnabrück
Klaus-Strick-Weg 12, 49082 Osnabrück
Tel. 0541/951050, www.zoo-osnabrueck.de
zoo@zoo-osnabrueck.de
Anfahrt: Leicht erreichbar, direkt an der Autobahnabfahrt Osnabrück-Nahne (A 30). Kostenlose Großparkplätze
Saison/Öffnungszeiten: Ganzjährig, im Sommer tägl. 8–18.30 Uhr, im Winter tägl. 9–17 Uhr (Kassenschluss jew. 1 Std. vorher).
Eintritt: Erw. € 19,–, Kinder (3–14 J.) € 12,–, Ermäßigte € 15,50
Verpflegung: Picknick, Gaststätte im Zoo

Weltvogelpark Walsrode

Der Weltvogelpark Walsrode in der Lüneburger Heide ist mit mehr als 4.000 Vögeln in 650 Arten der größte Vogelpark und einer der zehn artenreichsten Zoos der Welt. In der 24 ha großen Parklandschaft befinden sich spannende Themenhäuser, exotische Tropenhallen, Freiflughallen u.v.m.
Der Weltvogelpark Walsrode bietet tägliche Shows und Schaufütterungen sowie Führungen für Gruppen, Schulklassen und Einzelgäste. Weltvogelpark-Ranger unterstützen beim Entdecken der Vogel- und Parkwelt: Sie öffnen großen und kleinen Besuchern die Augen für die Besonderheiten der Vogelwelt und geben sachkundig und unterhaltsam Einblicke in das Leben der Parkbewohner. Außderdem kann der Blütenzauber hunderter Baum-, Strauch- und Blumenarten das ganze Jahr über bewundert werden. Heimische Pflanzen lassen sich hier wie die teilweise sehr seltenen Exoten bewundern. Über 3 Millionen Frühlingsblüher, 120 Arten im Rhododendrontal, 70 Rosensorten und unzählige Dahlienarten lassen erahnen, welche Vielfalt die Besucher erwartet. Zusätzlich bieten ein Baumhausdorf, ein Kletterweg, gemütliche Ei-Sitze entlang des Kranich-Sees und Erlebnisstationen Abwechslung und Spaß. Jung und Alt können in der verwunschenen Burgruine aus Naturstein europäische Eulenarten und andere Vögel bestaunen. Ein Abenteuerspielplatz mit Klettertürmen, Seilbahnen und Rutschen sowie der Wasserspielplatz laden die kleinen Gäste zum ausgiebigen Toben ein. Und wenn der Hunger kommt, bieten das Restaurant Rosencafé und mehrere Imbisse Speisen für jeden Geschmack.

Wichtig!

Adresse: Weltvogelpark Walsrode
Am Vogelpark, 29699 Walsrode
Tel. 05161/60440, Fax 05161/604440
www.weltvogelpark.de
info@weltvogelpark.de
Anfahrt: Über die A7 (aus Richtung Norden) – Abfahrt Bad Fallingbostel, über die A27: Abfahrt Walsrode-West. Dann ausgeschildert. Kostenlose Parkplätze. Anreise mit Navi: Ahrsener Str., 29699 Bomlitz
Öffnungszeiten: 20.03.–31.10.: tägl. ab 10 Uhr (Schließzeiten sind saison- und wetterbedingt und hängen tägl. im Park aus)
Eintritt: Erw. € 24,–, Kinder (3–12 J.) € 18,50, Familie € 77,– (2 Erwachsene und 2 eigene Kinder/Enkel 3–12 J.), jedes weitere Kind € 16,–, Familie € 55,– (1 Erwachsener und 2 eigene Kinder/Enkel 3–12 J.), jedes weitere Kind € 16,–
Verpflegung: Restaurant mit Sonnenterrasse, Biergarten, Imbisse, mobile Eisstände

Soltau Therme

Wohlfühl- und Badeinseln, mitten in Soltau. Im Herzen der Lüneburger Heide liegt die Soltau Therme, ein wunderbarer Ort für Sole- und Saunagenuss, Wellness, Schwimmspaß und Sport. Soltau Therme, das heißt pure Entspannung plus aktive Erholung für Gäste in jedem Alter, bei jedem Wetter. Sole, der natürliche Jungbrunnen, wird tief unter der Soltauer Therme aus der eigenen Quelle gefördert. Im Licht durchfluteten Solebad-Pavillon fließt bis zu 36 Grad warmes, salzhaltiges Heilwasser. Die großzügige Saunalandschaft umfasst Erdsauna, Kelosauna, Heidesauna, Salzkristallsauna, Meditationssauna und Dampfbad. Herrlich nach Wald duftet es im liebevoll angelegten Saunagarten mit Außenpool, Tauchbecken, Sonnendeck und Ruhepavillon mit Kamin. Einatmen, auftanken: Ein Besuch in der neuen Soleoase mit Salzgrotte hilft Atemwegen und Haut – und tut gut.

Im modernen Schwimmbad hat die ganze Familie Spaß – auf dem Sprungturm, im Sportschwimmbecken, im Kinder-Badeland und auf der Riesenrutsche. Viel kindgerechten Platz bietet das Lehrschwimmbecken. Und über allen Schwimmern schwebt ein Highlight: das Cabriodach. Bei schönem Wetter lässt es sich in nur acht Minuten öffnen, für echte Freibad-Atmosphäre! Wellness in allen Facetten ist im Vitadrom, dem Gesundheitszentrum der Soltau Therme angesagt, von der Ayurveda-Massage bis zur Rügener Kreidepackung. Im Therapiezentrum des Vitradroms engagieren sich erfahrene Therapeuten. Auch Fitness kommt nicht zu kurz: Hier kann man sich in Bestform bringen, individuell oder in der Gruppe. Das Vitadrom bietet Kurse im Wasser oder auf dem Trockenen. Bewegung macht Appetit. drei leckere Restaurants stehen zur Wahl. Die Soltau Therme eröffnet fast unbegrenzte Perspektiven rund ums Wasser. Für die Auszeit vom Alltag.

Wichtig!

Adresse: Soltau Therme
Mühlenweg 17, 29614 Soltau
Tel. 05191/84481, Fax 05191/84499
www.soltau-therme.de
info@soltau-therme.de
Öffungszeiten: Mo. 10–22 Uhr, Di.–So und Feiertag 9–22 Uhr, Sauna täglich 10–22 Uhr, Solebad/Sauna freitags bis 23 Uhr
Eintritt: Sole-/Schwimmbad (3 Std.):
Erw. € 14,50, Kinder € 11,–
Sauna/Schwimmbad (4 Std.):
Erw. € 21,–, Kinder € 14,50
Sauna/Sole/Schwimmbad(4 Std.):
Erw. € 22,50, Kinder € 18,– sowie Sondertarife wie Spartag und Feierabendtarif.
Kinder bis einer Körpergröße von 99 cm haben grundsätzlich freien Eintritt.
Verpflegung: 3 Restaurants

OTTER-ZENTRUM Hankensbüttel

Otter-Welten zum Staunen! Die Marder-Familie lädt ein, allen voran die putzigen Fischotter. Nach ihnen wurde schließlich das Naturschutzzentrum mit den naturnahen Gehegen am Isenhagener See benannt, auch wenn man hier Dachs, Steinmarder, Iltis, Hermelin und Baummarder ebenso zu sehen bekommt. Im OTTER-ZENTRUM ist man ganz besonders stolz auf die den Rundweg begleitenden Lernspiele. Am erlebnisreichsten sind aber immer noch die alle 15 Minuten stattfindenden Schaufütterungen, denn sie garantieren, die zum Teil versteckt lebenden Tiere wirklich zu sehen. Ein Familien-Rundgang in gemütlichem Tempo dauert rund drei Stunden.

Mit dem obligatorischen Picknick oder einem Besuch im Restaurant bringt man also ohne Probleme einen Nachmittag hinter sich, zumal sich vor dem OTTER-ZENTRUM ein origineller Wasserspielplatz und das Waldschwimmbad befinden. Im Otter-Shop gibt es jede Menge Souvenirs.
Achtung: Hunde sind nicht erlaubt.

Wichtig!

Adresse:
OTTER-ZENTRUM
Sudendorfallee 1
29386 Hankensbüttel
Tel. 05832/98080, Fax 05832/980851
www.otterzentrum.de
afs@otterzentrum.de
Anfahrt: Der Ort liegt an der B 244 zwischen Celle und Wittingen, das Zentrum außerhalb des Ortes an der Straße nach Wittingen
Öffnungszeiten/Saison:
Winterzeit: 9.30–17 Uhr
Sommerzeit: 9.30–18 Uhr
Dez., Jan. geschlossen
Eintritt: Erwachsene € 11,–
Erwachsenen-Gruppen € 10,–
Kinder (4–17 Jahre) € 7,–
Kinder-Gruppen € 6,–
Familienkarte (2 Erw. + bis zu 3 K.) € 33,–
Verpflegung: Restaurant OTTER-ZENTRUM

SaLü-Salztherme Lüneburg

Wohlig Entspannen – Im SaLü!
Dass Salz nicht nur Speisen schmackhaft macht, sondern auch gut für den Körper ist, kann man in der Salztherme Lüneburg erleben. Direkt an der historischen Altstadt, die wortwörtlich auf dem Salz gebaut ist, sprudelt im SaLü die berühmte Lüneburger Starksole aus der eigenen Quelle und wird sowohl für Badespaß als auch für die Gesundheit genutzt.

In der großen Saunawelt bieten verschiedene Saunen, Heide-Dampfbad und Rosentepidarium, zum monatlich wechselndes Erholungs- und Entspannungsprogramm, ein.

Die separate Kleine Sauna ist der ideale Ort zum Abschalten und Kraft tanken. Montags und dienstags ist diese den Damen vorbehalten. An allen anderen Tagen sowie an Feiertagen ist sie für alle Saunagäste zum gemischten Saunieren geöffnet. Spezielle Angebote wie die Familien- und Babysauna verwöhnen auch die Kleinsten.

Im Kurs- und Bewegungsbecken finden Aqua-Fitness-Kurse, Schwimmschul-Unterricht und vieles mehr für alle Altersgruppen statt. Aqua-Fitness im SaLü, das ist ein vielseitiges Angebot für Einsteiger, engagierte Freizeitsportler und alle, die etwas für ihre Koordination, Ausdauer und Beweglichkeit tun möchten. Der natürliche Auftrieb des Wassers schont die Gelenke, gleichzeitig werden Muskulatur, Abwehrkräfte und Herz-Kreislauf-System gestärkt.

Streckenhungrige Schwimmer können im Sportbad ihre Bahnen ziehen. Wettkampftaugliche 25-Meter-Bahnen laden zum Schwimmen ein. 1-Meter-Brett und 3-Meter-Sprungturm verführen zu mutigen Sprüngen in das 26° C warme Wasser.

SaLü macht Platz für noch mehr Spaß

Im Januar 2018 haben in der Salztherme Lüneburg die Bauarbeiten für das neue Wellenbecken und die Badewelt begonnen. Auf das Sportbad, die Saunawelt und das vielfältige Kursangebot müssen aber weder Wasserratten noch Erholungssuchende verzichten. Aktuelle Informationen und Details unter: www.salue.info

Wichtig!

Adresse:
SaLü-Salztherme Lünebug
Uelzener Straße 1–5, 21335 Lüneburg
Tel. 04131/723-0, Fax 04131/723123
www.salue.info

Anfahrt:
A 39 Hamburg-Lüneburg bis Autobahnende, weiter auf der Umgehungsstraße bis Ausfahrt „Kaltenmoor". Das SaLü liegt direkt am Kurpark.

Öffnungszeiten/Eintritt/Verpflegung:
www.salue.info

Wildpark Lüneburger Heide

Tigerbesuch in Nindorf – Streifzüge durch den Wildpark Lüneburger Heide, Bären bewundern, mit Ziegen schmusen, die Wölfe heulen hören: Im Norden Niedersachsens kommen Kleine und Große der ursprünglichen Natur ganz nah. Über 1200 Tiere leben nahe Nindorf auf einem 60 ha großen Gelände – Raritäten aus aller Welt genauso wie alte deutsche Rassen. Winzige Hühnerküken und zutrauliche Ziegen sind genauso darunter wie mächtige Elche mit einer Schulterhöhe von zwei Metern – und die seltenen Sibirischen Tiger, von denen in freier Wildbahn nur noch 400 bis 500 Artgenossen existieren. Ein Erlebnis für die ganze Familie in Deutschlands artenreichsten und größten Wildpark. Greifvogelshows (zwei mal täglich) & Tierpräsentationen erlebet man von Frühjahr bis Herbst. Informieret wird man beim täglichen Tiger- oder Wolfvortrag und der Fischotterfütterung sowie im Reptilium der Zooschule. Jede Menge Spaß gibt es bei der Wildparkrallye und der Führungen. Das Schäferdorf – Erlebnisübernachtungen direkt am Wildpark Lüneburger Heide. Heulen Wölfe jede Nacht? Schnarchen Bären im Schlaf wirklich so laut? Brüllt der Tiger, wenn er morgens Hunger hat? Im Schäferdorf kann man es selbst erleben. Sechs rustikale Schäferwagen und vier gemütliche Appartementhäuser mit je 2 Wohneinheiten stehen dafür zur Verfügung. Wohnen mitten in der Natur, direkt am Wildpark Lüneburger Heide (www.schaeferdorf.de).

Wichtig!

Adresse: Wildpark Lüneburger Heide
21271 Hanstedt-Nindorf
Tel. 04184/8939-0, Fax 04184/8240
www.wild-park.de, info@wild-park.de
Anfahrt: Der Wildpark, ausgeschildert, liegt nahe der A 7 Hamburg–Hannover, Ausfahrt Garlstorf, dann Richtung Nindorf.
Öffnungszeiten: 1. März–31. Oktober: 8.00–19.00 Uhr, (Kasse bis 17.30 Uhr)
1. Nov.–28. Feb.: 9.30–16.30 Uhr, (Kasse bis 15.30 Uhr)
Eintritt: Erwachsene € 12,–
Kinder (3–14 Jahre) € 10,–
Gruppenpreise (ab 20 Personen):
Erwachsene € 11,–, Kinder € 9,–
Verpflegung: Blockhaus-Restaurant „Elchlodge", großes SB-Restaurant, Imbiss, viele Picknick-Häuschen stehen zur Verfügung

Heide Park Resort

Das Heide Park Resort – Norddeutschlands größtes Freizeitpark- und Kurzreise-Abenteuer.
Raus aus dem Alltag, rein ins außergewöhnliche Abenteuer: Das Heide Park Resort bietet erlebnisreiche Herausforderungen für die ganze Familie. Mit einer Übernachtung im direkt am Park gelegenen Abenteuerhotel oder Holiday Camp wird der Freizeitspaß zum Kurzurlaub.
Das Heide Park Resort ist Norddeutschlands größter Freizeitpark und bietet mit über 40 Attraktionen und Shows außergewöhnliche Abenteuer für jeden Geschmack. Ob Familie mit Kindern oder Action-Fan: Je nach Alter und Interesse wählt jeder Gast sein individuelles Erlebnis. Bereits kleine Abenteurer ab drei Jahren werden in der Themenwelt Drachenzähmen – Die Insel zu echten Nachwuchs-Drachenzähmern. Mitten im Heide Park erleben Familien mit Kindern im Vorschulalter die Welt des kleinen Schweinemädchens Peppa Pig. Achterbahn-Fans holen sich bei einer Fahrt mit Deutschlands einzigem Wing Coaster Flug der Dämonen oder einem der weltweit höchsten Gyro-Drop-Tower eine Portion Nervenkitzel ab. Colossos, Europas schnellste und größte Holzachterbahn ist zurück – gewaltiger als in den kühnsten Träumen der Abenteurer. Sie lädt ein zu einem nervenaufreibenden Kampf gegen die mächtige Feuerkreatur.
Mit einer Übernachtung im direkt am Park gelegenen Heide Park Abenteuerhotel oder Holiday Camp wird der Tagestrip zum Kurzurlaub. Im Abenteuerhotel mit orientalischem Spaßbad und Sauna erleben Gäste die außergewöhnlichste Kurzreise ihres Lebens. Hinter jeder Tür kann eine andere faszinierende Geschichte entdeckt werden: Gäste übernachten in liebevoll und unterschiedlich gestalteten Themenzimmern für bis zu sechs Personen und träumen sich so auch nachts in andere Welten. Das Holiday Camp mit 81 bunten und beheizbaren Holzhütten (teilweise mit Bad) mit Platz für bis zu vier Personen bietet die Auszeit vom Alltag in lockerer Surferatmosphäre.

Wichtig!

Adresse: Heide-Park GmbH, 29614 Soltau
Tel. 01805/919101
www.heide-park.de, info@heide-park.de
Anfahrt: Über die A 7, Abfahrt Soltau-Ost, dann der Beschilderung folgen.
Öffnungszeiten:
Tägl: von 10 – 18 Uhr,
verlängerte Öffnung in Ferienzeiten
Eintritt: Auf Anfrage oder heide-park.de
Verpflegung: Vielseitige Gastronomie

Das Wendland

Das Hannoversche Wendland liegt seit der Wiedervereinigung Deutschlands in der Mitte von Norddeutschland im Vierländereck Niedersachsen, Mecklenburg-Vorpommern, Brandenburg, Sachsen-Anhalt. Es ist ein idealer Ausgangspunkt für Ausflüge und Radtouren in die neuen Bundesländer.

Das reizvolle Wendland liegt im Naturpark Elbufer-Drawehn und bietet weite Wälder, stille Heideflächen, urtümliche Altwässer und Freizeitseen, die bei gut ausgebauten Radwegen ideal für Radwanderer zu erkunden sind. Die besondere Attraktion der Gegend: wendländische Rundlingsdörfer.

Marionettentheater Dannenberg

Sprechende Puppen inmitten der historischen Altstadt Dannenbergs. Direkt unterhalb vom Waldemarturm findet man das Marionettentheater, ein Geheimtipp für Besucher des Norddeutschen Wendlands. Auf dem Spielplan stehen 12 Stücke, die für Kinder ab 4 Jahren (z. B. Hänsel und Gretel) oder auch für Erwachsene (Amphitryon) geeignet sind. Für Michael-Ende-Fans gibt es auch den „Satanarchäolügenialkohöllischen Wunschpunsch". Den aktuellen Spielplan erfährt man entweder telefonisch oder im Internet unter: www.marionettentheater.de

Wichtig!

Adresse:
Marionettentheater Dannenberg
Amtsberg 2c (am Waldemarturm)
29451 Dannenberg (Elbe)
Tel. 0151/14330056
www.marionettentheater.de

Anfahrt:
Das Theater liegt im Zentrum von Dannenberg am Waldemarturm

Alter:
ab 4 Jahre

Saison:
Ganzjährig

Eintritt:
Erwachsene € 7,–, Kinder € 3,–

Verpflegung:
keine

Drumherum:
Am nahen Thielenburger See liegt ein sehr schöner Spielplatz und ein Freibad ist auch in der Nähe. Richtung Elbe liegt das Biosphärenreservat Elbtalaue.

Rundlingsmuseum Wendland in Lübeln

Runde Dorfwelten! Mitten im Wendland, in noch fast unberührter Natur zwischen Hamburg, Hannover und Berlin, liegt in dem ursprünglichen Rundlingsdorf Lübeln das Rundlingsmuseum Wendland.

Was ist ein Rundlingsdorf? Warum ist das Dorf rund? Im Freilichtmuseum im Wendland dreht sich alles um dieses Thema. „Entdecken, wie die Großeltern lebten" wird an 22 Erlebnis-stationen auf dem Museumsgelände, davon in 13 historischen Gebäuden sichtbar. Das Leben und Arbeiten unserer Vorfahren vor rund 200 Jahren! Den Museumshandwerkern kann gerne über die Schulter geschaut werden. Erleben wie mit Liebe zum Detail Handwerkliches entsteht oder im Trachten-haus feine historische Handarbeiten aus dem Wendland bestaunen. Auf Anmeldung führen fachkundige Begleiter Gruppen über das Gelände und erläutern die Geschichte und die Besonderheiten der reedgedeckten Niederdeutschen Hallenhäuser, der Nebengebäude und der Handwerker-häuser – ein Spaziergang durch die Jahrhunderte. Ein Bauerngarten und ein Kräuter-rondell vermitteln einen Einblick in die Versorgung und die Naturapotheke der Bevölkerung. Ergänzt wird die Freilichtanlage durch

eine Streuobstwiese, eine Obstscheune und einen kleinen Apfellehrpfad. Rund um die Saison finden Aktionstage und thematische Ausstellungen oder Mitmach-Angebote für Kinder statt.

Wichtig!

Adresse:
Rundlingsmuseum Wendland
Ortsteil Lübeln 2, 29482 Küsten
Telefon 05841/962930
www.rundlingsmuseum.de
info@rundlingsmuseum.de

Anfahrt: Lübeln liegt kurz hinter Lüchow (Wendland) an der B 493 Richtung Uelzen. Das Museum ist ausgeschildert.

Öffnungszeiten: 01. April bis 31. Oktober: Di. bis So. und feiertags von 10–17 Uhr, November bis März: nach Vereinbarung.

Eintritt: Erw. € 5,00, Kinder (6–16 J.) € 3,50 ermäßigt (Behinderte, Begleitperson) € 2,50 Familien € 10,–, Gruppen ab 10 Personen € 3,50 pro Person, Museumsführung (bis 25 Personen) € 50,– pro Gruppe zzgl. € 3,50 p.P.

Verpflegung: Gastronomie vor Ort

Außerdem: Im Rundlingsladen findet man kleine und große Geschenke, z. B. Kunsthandwerk, regionale Produkte und Seifen aus Schafsmilch und Honig.

Raum Hannover

Der Raum Hannover ist Deutschlands Techno-Region im Grünen: Während man bei der alljährlichen CeBIT-Messe den neuesten Trends der Computerwelt nachspürt, ist man im nahegelegenen Deistergebirge fernab des Zivilisationslärms. Wasser, so weit das Auge reicht, gibt's am Steinhuder Meer. Hier vermitteln Fischernetze, Reusen und Boote den Eindruck maritimer Romantik. Was den Touristen pittoresk erscheint, ist für die Fischer harter Alltag: Sie fahren auch heute noch täglich aus, um für Nachschub in den Restaurants zu sorgen.

Dinosaurier-Park Münchehagen

Das Freilichtmuseum Münchehagen ist Deutschlands größter wissenschaftlicher Erlebnis- und Themenpark. Auf einem 2,5 km langen Rundweg erfahren die Besucher anhand von über 230 lebensechten Rekonstruktionen von Dinosauriern und anderen Urzeittieren alles über die faszinierende Entwicklung des Lebens in der Erdgeschichte.

Naturdenkmal „Dinosaurier-Fährten": Wissenschaftliches Zentrum des Dinosaurier-Parks ist das Naturdenkmal „Saurierfährten" mit über 300 versteinerten Dinosaurier-Spuren. Die Dinosaurier-Fährten von Münchehagen wurden 2006 als ein bedeutendes, „Nationales Geotop" ausgezeichnet und im gleichen Jahr wurde das Dinosaurier-Freilichtmuseum Münchehagen Mitglied der „National Geographic Society".

Weitere Höhepunkte sind die beiden Schaupräparationswerkstätten, in denen 150 Millionen Jahre alte originale Dinosaurier-Knochen von Europasaurus und fossile Funde von eiszeitlichen Tieren vor den Augen der Zuschauer freigelegt und präpariert werden.

Zahlreiche **Mit-Mach-Aktionen** bieten Spaß für die ganze Familie wie beispielsweise Geoden klopfen, Dinos anmalen, aus Sand Fossilien und Halbedelsteine sieben, Millionen Jahre alte Gesteinsplatten spalten, Skelette aus dem Stein bergen und vieles andere mehr.

Wichtig!

Adresse: Dinosaurier-Park Münchehagen GmbH & Co. KG, 31547 Rehburg-Loccum Ortsteil Münchehagen, Alte Zollstraße 5
Tel. 05037/9699990, Fax 05037/96999989
www.dinopark.de, info@dinopark.de
Anfahrt: Der Ort liegt an der B 441
Öffnungszeiten:
20.03.–31.10., täglich 9–18 Uhr.
Bitte buchen Sie einen Termin unter www.dinopark.de
Eintritt: Erw. + Jugdl. ab 13 Jahre € 13,50
Kinder von 4 bis 12 Jahren € 11,50
Kinder unter 4 Jahre frei
Gruppentarife (Gruppen bitte tel. anmelden).
Hunde dürfen an der Leine mitgeführt werden. (Hundetüte € 0,50)
Verpflegung: Imbiss

Erlebnis-Zoo Hannover

Der Erlebnis-Zoo Hannover ist einfach echt anders! Er präsentiert über 2.000 Tiere in Themenwelten, die den natürlichen Lebensräumen mit großer Detailliebe nachempfunden sind. Einzigartige Erlebniswelten bieten Spaß und Abenteuer für die ganze Familie. Afrika mit allen Sinnen erleben – bei der abenteuerlichen Bootsfahrt über den Sambesi scheinen Flusspferde, Nashörner, Flamingos und Giraffen zum Greifen nah. Dem geheimnisvollen Pfad durch den großen Regenwald des Afi

Mountains vorbei an Schimpansen, Drills und Meerkatzen bis hin zu den Gorillas folgen. Die Wildnis Kanadas bis in die Hafenstadt Yukon Bay durchqueren – die Panoramafenster der Unterwasserwelt geben den Blick frei auf Eisbären, Pinguine und Robben. Im Indischen Dschungelpalast stellen die quirligen Elefantenkinder alles auf den

Kopf und im Outback wird man von Kängurus, Emus und Wombats in typisch australischer Umgebung erwartet. Meyers Hof bietet Entspannung auf dem niedersächsischen Land und im Kinderparadies Mullewapp heißt es „Bahn frei Kartoffelbrei" auf drei rasanten, bis zu 70 m langen Rodelbahnen. Auf ins Abenteuer!

Wichtig!

Adresse: Zoo Hannover GmbH
Adenauerallee 3, 30175 Hannover
Tel. 0511/280740, Fax 0511/28074212
www.erlebnis-zoo.de, info@erlebnis-zoo.de
Facebook: www.facebook.de/hannoverzoo
Öffnungszeiten: Sommer täglich 9–18 Uhr, Winter dienstags–sonntags 9–16 Uhr.
Eintritt: Erw. € 26,50, Ki. (3–5 Jahre) € 14,50, Ki. (6–16 Jahre) € 17,80, Jugendliche (17–24 Jahre) € 19,80 (Winterpreise auf Anfrage)
Tipp: Tickets online kaufen und sparen! Eintrittskarten unter shop.erlebnis-zoo.de online bezahlen und gleich ausdrucken!
Verpflegung:
Gasthaus Meyer und Biergarten auf Meyers Hof, Palastbistro im Dschungelpalast, Café Kifaru am Sambesi, Tante Millis Futtertrog in Mullewapp, Yukon Market Hall und das Eiscafé Luigi Amarone in Yukon Bay

Rasti-Land – Salzhemmendorf

In dem familienfreundlichen Freizeitpark ist für jeden etwas dabei: Der Freifallturm bietet Bauchkribbeln beim plötzlichen Sturz in die Tiefe, feucht-fröhlichen Spaß gibt es bei der Rafting-Bahn und der Wildwasserbahn. Nervenkitzel kommt bei der Fahrt mit der Familienachterbahn und der Bobkartbahn Blizzard auf. Weitere spannende Highlights sind die interaktive Afrika-Fotosafari, der Geschicklichkeitsparcours im Hochseilgarten und das Reich des T-Rex. In Rastis Raubritterburg können sich Kinder nach Herzenslust austoben. Beim Parkscout Publikums Award 2016 hat das Rasti-Land mit durchschnittlich 4,723 von fünf möglichen Sternen die drittbeste Platzierung aller Freizeitparks in Deutschland erhalten! Selbst, wenn das Wetter nicht mitspielt, kann man direkt neben dem Rasti-Land in der Kids-Dinoworld eine Menge Spaß haben. Die Kids-Dinoworld ist ein überdachter Spielplatz und bietet eine Menge Möglichkeiten zum Klettern und Spielen. Unteranderem gibt es hier Deutschlands einzige Indoor-Wildwasserbahn. Weitere Informationen finden unter: www.Rasti-Land.de und unter www.Kids-Dinoworld.de

Wichtig!

Adresse: Freizeit- und Erlebnispark Rasti-Land Salzhemmendorf-Benstorf GmbH
Quanthofer Str. 9, 31020 Salzhemmendorf
Tel. 05153/6874, Fax 05153/940713
www.rasti-land.de

Anfahrt:
Salzhemmendorf liegt zwischen Hameln und Hildesheim an der B 1, Abfahrt Quanthof

Öffnungszeiten:
Die aktuellen Öffnungszeiten erfahren Sie im Internet: www.rasti-land.de

Eintritt:
Die aktuellen Eintrittspreise erfahren Sie im Internet: www.rasti-land.de

Verpflegung:
SB-Restaurant, Freiterrassen, Biergärten sowie Imbissstände

Rund um Braunschweig

Auf einer Reise durch das Land rund um Braunschweig lässt man sich nicht foppen, denn den Leuten sitzt der Schalk im Nacken – Till Eulenspiegel. Er wurde im kleinen Ort Kneitlingen geboren. Ein Museum, das dem Narren gewidmet ist, findet sich ein paar Kilometer weiter in Schöppenstedt. In Wolfsburg dreht sich alles ums Auto, hier wurde der legendäre Wagen gebaut, der läuft und läuft und läuft. Und was läuft in Braunschweig? Mehr als man denkt.

Der Erse-Park Uetze

Im Städtedreieck Hannover-Braunschweig-Celle liegt der Erse Park Uetze, der gepflegte Gartenlandschaften und über 40 Fahrattraktionen mit einer umfangreichen Präsentation der Evolution – vom Saurier bis zum Leben des Urmenschen – verbindet. Anders als die meisten Familienparks dieser Größe kann der Erse Park als wirklicher Themenpark bezeichnet werden. Gleich am Anfang gelangt man auf einen Steinzeitmenschen-Erlebnispfad und von dort zu einer romantischen Bootsfahrt durch die „Eiszeit". Darauf folgt eine lange Allee, die ihre Fortsetzung im liebevoll gestalteten Märchenwald findet, der 1976 die Keimzelle des heutigen Parks war und an den, thematisch passend dazu, ein historischer Jahrmarkt mit Karussells angegliedert wurde. Vorbei an einer riesigen Wasserrutschbahn mit Spaß- und Nässegarantie, einer Achterbahn und vielen anderen Fahrattraktionen kommt man zu einer schnellen und kurvigen Bobbahn. Direkt gegenüber lädt die Wildwasserfahrt „The Lost World" zum Mitmachen ein. Mit Kanus und Wasserfahrrädern kann man diesen Teil des Parks, in dem über 90 Saurier zur Schau gestellt werden, erkunden. Mit einer Pferdereitbahn vorbei an der Schmetterlingshochbahn zum Drachenland mit tollen Fred-Feuerstein-Autos und einer urigen Treckerfahrt.

Wichtig!

Adresse: Erse-Park Uetze, Abbeile 2
31311 Uetze, Telefon 05173/352
www.ersepark.com, info@ersepark.com
Anfahrt: Uetze liegt nördlich von Peine an der B 188 zwischen Burgdorf und Gifhorn
Saison/Öffnungszeiten:
Anfang Osterferien bis Ende Herbstferien in Niedersachsen, täglich 10–18 Uhr
Eintritt: Erw. € 21,–, Kinder (3–11 J.) € 19,–
Gruppen ab 20 Personen nach tel. Voranmeldung €12,– p. P.
Verpflegung: Picknick, Kiosk, Cafeteria

Das AutoMuseum Volkswagen

Autoträume! Vergangenes ist greifbar. Erinnerungen werden wach. Emotionen leben auf. Die Legenden aus der Geschichte des Automobils, das läuft und läuft und läuft: der Urkäfer, der VW Bulli, der Golf GTI – Technikgeschichte pur, zu entdecken im AutoMuseum Volkswagen. Insgesamt 140 Exponate sind auf 5.000 Quadratmetern Ausstellungsfläche zu besichtigen – räumlich separiert und klar gegliedert in die beiden technischen Entwicklungsstränge der Marke Volkswagen: So wird die Geschichte der luftgekühlten Heckmotor-Modelle seit ihren Anfängen erzählt. Die in den 1970er Jahren beginnende Ära der wassergekühlten und meist frontangetriebenen Volkswagen kommt gleichrangig in all ihren Facetten zur Geltung.

AutoMuseum Volkswagen – der Ort für alle, die Ihre erste Tour im Volkswagen nicht vergessen haben.

Wichtig!

Adresse:
AutoMuseum
Dieselstraße 35
38446 Wolfsburg
Tel. 05361/52071, Fax 05361/52010
www.volkswagen-automuseum.de

Anfahrt:
Routenberechner für die individuelle Anfahrt auf der Homepage. Ferner ist das Museum im Ort ausgeschildert.

Öffnungszeiten:
Dienstag bis Sonntag von 10–17 Uhr
Vom 24.12. bis zum 01.01. bleibt das Museum geschlossen.

Eintritt:
Erwachsene € 8,–
Ermäßigte € 4,–
Familien € 20,–
Gruppen ab 10 Pers. € 4,– pro Person
Führung bis 25 Pers. € 40,– pauschal

Verpflegung: Restaurants im Umfeld

Raum Göttingen und Solling

Alljährlich im Herbst zieht es den wilden Jäger Hackelberg aus seinem kühlen Grab im Walde zur Jagd. Dann fegt ein stürmisches Brausen durch die alten Fichten des Moosberges, und die Menschen im Solling wissen: „Der wilde Jäger ist wieder vorbeigezogen!" So will es eine alte Sage, die in Neuhaus mitten im Hochsolling erzählt wird. Die Wald- und Wildgeschichte passt, denn der Reichtum der Gegend liegt in ihren dichten, stillen Forsten. Großen Tourismus gibt es im Bergland des Sollings nicht, dafür aber sehr viel Natur.

Wilhelm-Busch-Mühle

Streiche von Max und Moritz! Hier in Ebergötzen verlebte Wilhelm Busch sorglose Kinderjahre. Der Müllersohn Erich Bachmann war sein Gefährte zu jener Zeit. Später wurde er Müller, und die Freundschaft zwischen den beiden hielt noch immer. In Erinnerung an vergangene Streiche und Missetaten entstand das Kinderbuch „Max und Moritz", in dem auch die alte Mühle Erwähnung findet. Wenn man vor dem Besuch einen Blick ins Buch wirft, lassen Kinder sich sicherlich für den Besuch der Mühle begeistern. Mit Wasserkraft wird Korn zu Mehl gemahlen, das wird während der Führung ebenfalls erklärt. Die alten Mühlsteine rumpeln heute wie vor 150 Jahren. Wenn man einen Besuch der Mühle samt Picknick im Bauerngarten einplant, kann man anschließend noch einen Ausflug in den nahen Wald oder zum 3 km entfernten Seeburger See (mit Spielplatz) machen.

Wichtig!

Adresse:
Wilhelm-Busch-Mühle
Mühlengasse 8, 37136 Ebergötzen
Tel. 05507/7181
www.wilhelm-busch-muehle.de
Anfahrt:
Ebergötzen liegt an der Kreuzung der B 446 und B 27
Öffnungszeiten:
Dienstag–Sonntag 10.30–13.00 Uhr und 14.00–16.30 Uhr. Montag Ruhetag.
Eintritt:
Erwachsene € 4,–
Erw./Gruppen ab 20 Personen € 3,–
Ermäßigte € 2,50
Schulklassen/Kinder € 2,–
Gruppenbesuche bitte vorher vereinbaren
Verpflegung:
Picknick, Gaststätte im Ort

Niedersachsen

PS.SPEICHER

Räder, die uns bewegen: Getreu diesem Motto zieht der PS.SPEICHER im südniedersächsischen Einbeck seine Besucher mit Europas größter Oldtimersammlung in seinen Bann. Im Jahr 2014 öffnete die Hauptausstellung ihre Türen und schenkte Einbeck, das bis dahin für seine historischen Fachwerkhäuser und seine Traditionsbrauerei bekannt gewesen ist, mit tausenden Pferdestärken ein neues Highlight. Ein spannendes Ausflugsziel für die ganze Familie ist die Erlebnisausstellung mit Darstellungen der Szenerien und Epochen der deutschen Geschichte. Zweihundert Jahre Motorisierung, die das Leben der Menschen verändert hat und in der Zukunft verändern wird, wissenswert, anschaulich und informativ präsentiert in einer Zeitreise in die Vergangenheit. 90 Aktivstationen laden Groß und Klein zum Entdecken und Mitmachen ein. Den technischen Fortschritt der Nachkriegszeit erlebt man schließlich im Full-Motion-Rennsimulator in einem echten Porsche 911 Carrera.

Wechselnde Sonderausstellungen schließen sich an den Rundgang durch die sechs Etagen des umgebauten Kornspeichers an.

Stärken können sich die Besucher im angrenzenden Restaurant GENUSS-WERKSTATT, bevor das Fahrzeugerlebnis weitergeht. Der PS.Pfad führt die Besucher zu den drei in der Innenstadt gelegenen PS.SPEICHER Depots. Im PS.Depot Motorrad erwarten Besucher beeindruckende Zuschauermagneten großer Marken der Zweiräder und Gespanne. Darunter finden sich vor allem deutsche Serienmotorräder von den Anfängen bis zu den 1980er Jahren. Im PS.SPEICHER Depot Kleinwagen wartet die weltweit größte Sammlung an „Microcars". Sie umfasst insgesamt etwa 250 Fahrzeuge aus rund 90 Jahren Kleinwagengeschichte. Zusätzlich können sich die Besucher dieses Depots an historischen Elektrofahrzeugen, Skurrillitäten und „Moorleichen aus Blech" erfreuen.

Das benachbarte PS.SPEICHER Depot Automobil beheimatet zahlreiche Oldtimer-Pkw – vornehmlich aus der Wirtschaftswunderzeit. Zu finden sind große Sammlungen der Marken VW, BMW, Ford, Mercedes-Benz, Opel, Adler und Borgward. Aber auch zahlreiche Einzelstücke von längst untergangenen oder vergessenen Marken stehen bereit. Mehr als 300 historische Lkw, Busse und Landmaschinen lassen die Herzen PS.SPEICHER Depot Lkw + Bus höherschlagen. Das Depot befindet sich im Einbecker Industriegebiet (Otto-Hahn-Straße).

Wichtig!

Adresse: PS.SPEICHER
Tiedexer Tor 3, 37574 Einbeck
Tel. 05561/923200, www.ps-speicher.de
entdeckung@ps-speicher.de
Öffnungszeiten/Eintritt:
Informationen zu den Öffnungszeiten und Eintrittspreise für die vier PS.SPEICHER Depots unter www.ps-speicher.de
Verpflegung:
Die „GENUSSWERKSTATT" im PS.SPEICHER
www.genusswerkstatt-einbeck.de
(Veranstaltungen auf Anfrage)

Bremen und Umgebung

Komm mit nach Bremen, sagte der Esel zum Hund, sagte der Hund zur Katze, sagte die Katze zum Hahn, und so machten sich die Stadtmusikanten auf den Weg ins Glück. Sie trugen den Namen der Hansestadt in die ganze Welt. Wer daran zweifelt, dass es sie jemals gab, der muss sich nur in der Umgebung des Rathauses einmal ganz genau umsehen – da stehen sie, die vier zusammen, einer auf dem andern, als Bronzefiguren.

Übersee-Museum Bremen

Das Übersee-Museum Bremen ermöglicht großen wie kleinen Entdeckern eine Weltreise an nur einem Tag. Auf den über 10.000 qm Ausstellungsfläche, die sich über drei Etagen verteilen, wird die Beziehung zwischen Mensch und Natur auf fernen Kontinenten wie Asien oder Ozeanien präsentiert. Besucher tauchen hier ein in die faszinierende Unterwasserwelt der Südsee und erleben Asien, den Kontinent der Gegensätze, als Wiege der Weltreligionen und Heimat von Megacities wie Shanghai.
Die Ausstellung „Erleben, was die Welt bewegt" beleuchtet auf sieben interaktiven Themenpfäden, wie Klimawandel oder Migration, das Phänomen der Globalisierung. In Afrika können die Besucher die Wiege der Menschen erkunden oder den Großtieren der Savanne nahe kommen. Das Leben der Indianer Nord- und Südamerikas, der präkolumbische Goldschatz oder die Lebenswelt am Amazonas sind in Amerika zu entdecken. Weitere Schätze aus der 1,2 Millionen Objekte umfassenden Sammlung finden Besucher im benachbarten Schaumagazin Übermaxx. Die Faszination ferner Kulturen und Naturräume wird hier auf drei weiteren Ebenen ausgestellt. Seit Herbst 2019 setzt sich das Übersee-Museum in der Ausstellung „Spurensuche" kritisch mit seiner eigenen Vergangenheit auseinander. Neben den ständigen Ausstellungen, präsentiert das Übersee-Museum regelmäßig Sonderausstellungen und bietet ein sehr umfangreiches Veranstaltungsprogramm an.

Wichtig!

Adresse: Übersee-Museum Bremen
Bahnhofsplatz 13, 28195 Bremen
Tel. 0421/16038-0, Fax 0421/16038-99
www.uebersee-museum.de
info@uebersee-museum.de
Anfahrt: Mit Bus und Zug zum Hauptbahnhof. Parkplatz für PKW an der „Bürgerweide".
Öffnungszeiten:
Mo. geschlossen, Di.–Fr. 9–18 Uhr,
Sa./So./an geöffneten Feiertagen 10–18 Uhr
Eintritt: Gruppen auf Anfrage
Erwachsene € 7,50, Ermäßigte € 3,–,
Senioren € 6,50, Familienkarte € 15,–,
Verpflegung: Restaurant „Übersee" im Museum und Afrika Café

Erlebe die Wölfe im Wolfcenter Dörverden

Das Wolfcenter Dörverden leistet für die Bevölkerung Öffentlichkeitsarbeit über freilebende Wölfe, die sich in Deutschland selbständig wieder ausbreiten. Dabei zeigt das Mitarbeiter-Team den vielen Besuchern des Wolfcenter anhand von täglich mehrfach stattfindenden Führungen, Schaufütterungen und durch multimediale Dauerausstellungen, Filmvorführungen und viele andere Bildungsangebote Chancen, Risiken und Herausforderungen auf, die die sich stetig vermehrenden Wölfe mit sich bringen. Für die kleinen Besucher bietet das Wolfcenter einen Naturspielplatz, einen Wasserspielplatz und ein Streichelgehege. Das Restaurant „Wolfsrevier" sorgt für das leibliche Wohl und verwöhnt die Gäste mit frischen Speisen und hausgemachten Torten. Wer über Nacht bleiben möchte, dem bieten sich zahlreiche Möglichkeiten: man übernachtet in rustikalen Tipis direkt zwischen den Gehegen, in Gästezimmern oder in drei luxuriösen Baumhäusern, die in fünf Metern Höhe einen atemberaubenden Blick über das Gehege ermöglichen. Und wer weiß? Vielleicht hört man die Wölfe nachts heulen!

Wichtig!

Adresse:
Wolfcenter GbR,
Kasernenstraße 2, 27313 Dörverden
Tel. 04234/94311-0, Fax 04234/94311-19
www.wolfcenter.de, info@wolfcenter.de

Anfahrt:
Das Wolfcenter liegt im Dörverdener Ortsteil Barme, auf der A27 Verden Ost oder Nord Richtung Nienburg abfahren.

Öffnungszeiten:
15. Mär. bis 31. Okt., Mi.–So. 10–18 Uhr,
01. Nov. bis 14. Mär., Sa. und So. 10–17 Uhr,
in den Ferien (Niedersachsen/Bremen) täglich geöffnet. Vom 23.12.–26.12. und 31.12.–01.01. geschlossen.

Eintritt:
Für aktuelle Eintrittspreise besuchen Sie bitte unsere Internetseite www.wolfcenter.de

Hinweis:
barrierefrei, kostenlose Parkplätze und Wohnmobilstellplätze vor der Tür

Per Click in die Freizeit

Archäologische Museen

Bernburg: www.mv-sachsen-anhalt.de
Goseck: www.heimatverein-goseck.de
Halle: www.archlsa.de
(Landesmuseum für Vorgeschichte)
www.uni-halle.de
Magdeburg: www.khm-magdeburg.de/javaArchaeologie

Diverse Museen

Blankenburg:
www2.kloster-michaelstein.de
Eisleben: www.lutherstaedte-eisleben-mansfeld.de
Halberstadt: www.gleimhaus.de
Halle: www.stiftung-moritzburg.de
Köthen: www.kreismuseum-bitterfeld.de
Magdeburg:
www.technikmuseum-magdeburg.de
Merseburg:
www.luftfahrt-technik-museum.de
Naumburg: www.mv-naumburg.de
(Nietzsche-Haus)
Nebra: www.himmelsscheibe-erleben.de
Quedlinburg: www.feininger-galerie.de
Stassfurt: www.stassfurt.de
(Stadt- und Bergbaumuseum)
Stendal: www.museum.stendal.de
Thale: www.ddr-museum-thale.de
Wenigerode:
www.schloss-wernigerode.de
Wittenberg: www.martinluther.de
Wolfen: www.ifm-wolfen.de
(Industrie- und Filmmuseum)

Burgen/Schlösser

verschiedene Schlösser:
www.dome-schloesser.de
Allstedt: www.schloss-allstedt.de
Beesenstedt:
www.schloss-beesenstedt.de
Burgscheidungen:
www.schloss-burgscheidungen.de
Egeln: www.wasserburg-egeln.de
Marienthal: www.schloss-marienthal.de
Goseck: www.schlossgoseck.de

Diverse Freizeitparks

Hasselfelde:
www.westernstadt-im-harz.de
Magdeburg: www.maximax.de
Quedlinburg: www.familyclub.de
Wernigerode:
www.hasseroeder-ferienpark.de

Zoo / Wildparks

Aschersleben: www.zoo-aschersleben.de
Bad Kösen: www.zoo-badkoesen.de
Bernburg: www.tiergarten-bernburg.de
Halle: www.zoo-halle.de
Jerichow: www.tierpark-zabakuck.de
Klötze: www.stadt-kloetze.de
(Tierpark Arche Noah)
Memleben: www.tierschule-memleben.de
Stassfurt: www.tiergarten.stassfurt.de
Stendal: www.tiergarten.stendal.de
Weißewarte:
www.wildpark-weissewarte.de

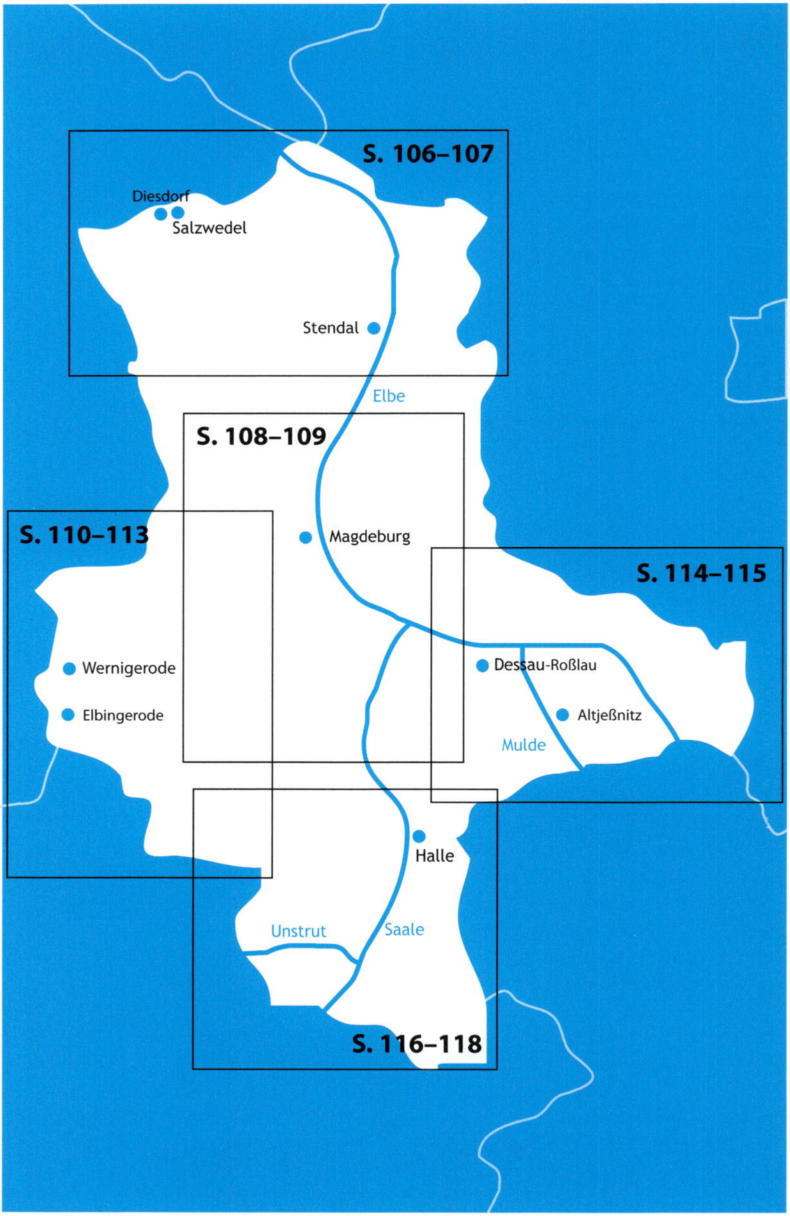
S. 106–107
Diesdorf
Salzwedel
Stendal
Elbe
S. 108–109
S. 110–113
Magdeburg
S. 114–115
Wernigerode
Dessau-Roßlau
Elbingerode
Altjeßnitz
Mulde
Halle
Unstrut
Saale
S. 116–118

Die Altmark

Die Altmark im nördlichen Sachsen-Anhalt ist ein Landstrich, der Menschen schon vor Zehntausenden von Jahren anzog. Nach den Jägern und Sammlern der Altsteinzeit siedelten sich hier zu Beginn unserer Zeitrechnung die Langobarden an, ein kleiner germanischer Stamm. Im elften Jahrhundert zog von hier Albrecht der Bär in den Kampf, um das Land östlich der Elbe, die spätere Mark Brandenburg, zu erobern.

Freilichtmuseum Diesdorf

Historisches Leben und Bräuche! Das Freilichtmuseum Diesdorf/Altmark ist nicht nur das einzige volkskundliche Freilichtmuseum Sachsen-Anhalts, sondern eines der ältesten deutschen Museen dieser Fachrichtung. Bereits 1911 wurde es durch den Diesdorfer Landarzt Dr. Schulze gegründet. Im Jahre 1932 offiziell eröffnet, bestand das Museum zunächst nur aus einem offenen niederdeutschen Streuhof des 17./18. Jahrhunderts mit originalgetreu eingerichtetem Fachhallenhaus, Speicher und Backhaus. Seit den 1970er Jahren konnten bislang weitere 22 Wohn- und Wirtschaftsgebäude des 17. bis 20. Jhds. aufgebaut werden. Die Lage der Museumsgebäude in einer natürlich gewachsenen Umgebung mit Dorfteich ist einzigartig. An den Museumsfesten wird das Leben früherer Generationen mit ihren Arbeits- und Handwerkstechniken sowie Bräuchen und Volkstänzen anschaulich vermittelt. Regelmäßige Sonderausstellungen zur ländlichen Regionalgeschichte vertiefen die Museumspräsentation.

Wichtig!

Adresse:
Freilichtmuseum Diesdorf
Molmker Str. 23, 29413 Diesdorf
Tel. 03902/450, Fax 03902/939828
www.museen-altmarkkreis.de
Anfahrt: Diesdorf liegt an der Strecke zwischen Salzwedel und Wittingen, das Museum ist im Ort ausgeschildert
Saison: 01.4.–31.10.
Gruppen nach Voranmeldung.
Öffnungszeiten: Di.–So. und Feiertage von 10–17 Uhr geöffnet, Mo. geschlossen
Eintritt: Kinder und Jugendliche bis zum vollendeten 18. Lebensjahr: Eintritt frei
Erwachsene: € 4,–
Ermäßigte: € 3,–
Gruppen ab 15 Personen: € 3,– pro Person
Verpflegung: Café Dorfkrug

Tierpark Salzwedel

Einheimische Tierwelt! Der Tierpark in Salzwedel ist kein Zoo mit exotischen Bewohnern, dafür können Kinder hier die einheimische Tierwelt kennenlernen – sie erleben zum Bespiel den majestätische Pfau, wenn er sein Rad schlägt, folgen neugierig dem weithin hörbaren „I-A" des Esels oder dem Muhen der Zwergkuh „Mimi", sind begeistert, wenn die Ferkel des Deutschen Sattelschweines durch die Gegend pesen … und haben immer Möglichkeiten, Hautkontakt mit den Tieren aufzunehmen. Auf Wunsch können Kindergruppen und Schulklassen auch thematische Führungen bekommen. Auf dem benachbarten Kinderspielplatz können sich die Kleinen austoben. Wer noch Lust auf weitere Aktivitäten hat, kann zum Freibad des Ortes aufbrechen, das nur etwa zehn Minuten Fußweg entfernt liegt.

Wichtig!

Adresse:
Park des Friedens
29410 Salzwedel
Tel. 0162/2365008
Anfahrt:
Über die B 71/B 248 nach Salzwedel, im Ort beschildert. oder vom Bahnhof Salzwedel ca. 1/2 h zu Fuß. Auch mit City-Rufbus erreichbar: 8–20 Uhr, 30 Minuten vorher über Tel. 03901/304030 bestellen.
Saison: Ganzjährig
Öffnungszeiten: Im Sommer 9–18 Uhr, im Winter eingeschränkte Öffnungszeiten
Saison: Ganzjährig
Eintritt: Frei, Spenden erbeten

Magdeburg

Diese Stadt ist reich an Architekturzeugnissen, die noch heute von der 1.200-jährigen wechselvollen Geschichte der Stadt erzählen. Nicht ohne

Grund ist Magdeburg das Zentrum der „Straße der Romanik". Gleichzeitig besticht Magdeburg als eine der grünsten Städte Europas mit ausgedehnten, idyllischen Parkanlagen und einer einzigartigen Flusslandschaft. Der Magdeburger Dom St. Mauritius und St. Katharina ist das Wahrzeichen der Stadt. Noch heute sind seine italienischen Säulen und der Taufstein zu bewundern, die Kaiser Otto einst nach Magdeburg bringen ließ.

Die „GRÜNE ZITADELLE VON MAGDEBURG" ist ein Hundertwasserbau, den man bestaunt haben muss. Mitten in der Großstadt gelegen, bildet sie als grüne Oase einen ganz außergewöhnlichen architektonischen Kontrast zum nahe gelegenen Dom, dem Kloster, den Barockbauten und der postmodernen Architektur in ihrem Umfeld. Sie zählt zu den größten Neubauten Hundertwassers, in dem er seine Architekturauffassungen beispielhaft verwirklichen konnte – Architektur in Harmonie mit der Natur.

Sportfreunde werden den Elbe-Radweg lieben. Er führt durch die grüne Domstadt, schlängelt sich die Elbe entlang, vorbei an herrschaftlichen Parks, Hafenanlagen, alten Speichergebäuden und der schönen Stadtsilhouette. Nicht zuletzt kommen auch Gartenfreunde in Magdeburg auf ihre Kosten. Rund 20 zum Teil historische Parkanlagen und Gärten laden zum Entspannen ein.

Wichtig!

Adresse:
Tourist-Information Magdeburg
Breiter Weg 22
39104 Magdeburg
Tel. 0391/63601-402
info@magdeburg-tourist.de
www.magdeburg-tourist.de

Zoologischer Garten Magdeburg

Auf einer tierischen Entdeckungsreise quer durch die Kontinente der Erde können Zoobesucher in Magdeburg 1.000 Tiere in 200 Arten bestaunen. Viele seltene von der Ausrottung bedrohte Tierarten wie Spitzmaulnashorn, Südamerikanischer Krallenaffe, Großer Ameisenbär u.a. sind auf der 26 Hektar großen Parklandschaft ebenso zu finden. Mitten in Magdeburg kann man Afrikas Tierwelt in einem natürlich nachgestalteten Lebensraum – AFRICAMBO – erleben. Hier bilden die Elefanten mit den Grünen Meerkatzen, Afrikanischen Wildhunden, Impalas, Kap-Waranen und viele weiteren tierischen Bewohnern eine Wohngemeinschaft. Primaten mit „Perrücken" thronen auf dem Pavianfelsen – die Blutbrustpaviane – friedlich zusammenlebend mit Nubischen Steinböcken und Klippschliefern. Vorbeischauen sollte man unbedingt bei den Roten Sumpfspringaffen und farbenprächtigen Mandrills, die zu den zoologischen Raritäten des Zoos gehören und die in urwaldähnlicher Umgebung zu beobachten sind.

Wichtig!

Adresse:
Zoologischer Garten Magdeburg gGmbH
Zooallee 1, 39124 Magdeburg
Tel. 0391/280900, Fax 0391/280905100
www.zoo-magdeburg.de
info@zoo-magdeburg.de
Anfahrt: Im Stadtgebiet ausgeschildert.
Saison: Ganzjährig, täglich geöffnet
Öffnungszeiten: März - Okt.: tägl. 9–18 Uhr, Nov. – Feb.: tägl. 9 Uhr bis Dämmerung
Eintritt: Erwachsene € 13,–; Ermäßigt € 9,–; Kinder bis 15 Jahre: freier Eintritt, Gebühr für Hunde: € 2,–
Gastronomie:
AFRICAMBO Lodge
Villa Kunterbunt (am Zoo-Spielplatz mit integriertem Streichelgehege)

Der Ostharz

Der Nationalpark Ostharz, das natürliche Kernstück des Ostharzes, umschließt den Brocken, die höchste Erhebung des Mittelgebirges. Der Wald soll sich frei entfalten, hier wird weder gefällt noch gepflanzt. Durch den Park führen Wanderwege zur Bergstation des Brocken – die Alternative, wenn man den Anziehungspunkt tausender Touristen unbedingt sehen will. Wer die Ruhe sucht, der findet sie an der Hohne, am Renneckenberg oder im Ilsetal.

Das Schaubergwerk Büchenberg

Rundweg unter der Erde! 145 Stufen Treppe führen ins Bergwerk. Unten wartet ein 600 Meter langer Rundweg auf die Besucher, die einen Einblick in die Welt der Bergleute bekommen. Die Führungen dauern rund eine Stunde, das ist Kindern von sechs Jahren durchaus zuzumuten. Der Spaziergang unter Tage wird ohnehin als Abenteuer aufgefasst, aber das Highlight ist die Besteigung der ausgemusterten Original-Grubenlok. Die geologischen „Aufschlüsse“ sind in Büchenberg besonders farbenprächtig. Die alten Maschinen in Funktion zu sehen, ist sehr beeindruckend. Für Kinder ab dem Schulalter.

Wichtig!

Adresse:
Schaubergwerk Büchenberg
38875 Elbingerode, Tel. 039454/42200

Anfahrt:
Das Bergwerk liegt an der B 244 von Wernigerode nach Elbingerode und ist ausgeschildert.

Öffnungszeiten:
Ganzjährig täglich geöffnet.
Führungszeiten: 10, 12, 14 und 16 Uhr.
Andere Führungszeiten sind nur in Vorabsprache möglich. Für Rollstuhlfahrer und Besucher mit gesundheitlichen Einschränkungen besteht die Möglichkeit der Einfahrt über einen Personenaufzug. Eine entsprechende Vorabsprache ist dabei erforderlich.

Eintritt:
Variiert je nach Tour. Beispiele:
Tour „Fahrschluck“, Dauer 1,5 Std.
bis 60 Personen à € 7,50,
Tour „Berghenne“, Dauer 2 Std.
ab 20 bis 60 Personen à € 10,–
Geologische Führung, Dauer 2 Std.
ab 10 bis 50 Personen à € 15,–

Verpflegung:
Imbiss, Gastronomie auf Anfrage

So erfahren Sie den Harz!

Der Harz, Deutschlands nördlichstes Mittelgebirge, wird seit 1887 von einem einzigartigen Schmalspurbahn-Streckennetz durchquert. Gelegen in den Bundesländern Sachsen-Anhalt und Thüringen erschließt das vorrangig mit Dampflokomotiven betriebene Netz auf einer Spurweite von 1.00 mm die zerklüftete Gebirgswelt zwischen Nordhausen, Wernigerode und Quedlinburg. Romantische Streckenführungen durch tiefe Harzwälder und Schluchten, über steile Berge und vorbei an ausgedehnten Wiesen bis hin zu wunderschönen Ortschaften kennzeichnen das Schienennetz.

Betrieben wird das Streckennetz, bestehend aus der Harzquer- und Brockenbahn sowie der Selketalbahn, seit 1993 von der Harzer Schmalspurbahnen GmbH (HSB). Mit einer Streckenlänge von insgesamt 140,4 km ist es das längste zusammenhängende Schmalspurbahnnetz in Deutschland. Neben dem regulären Reisezugverkehr und dem täglichen Flair eines nostalgischen Dampfbetriebes bietet die HSB als eine der wichtigsten Attraktionen des Harzes auch eine breite Palette an touristischen Produkten. Zahlreiche thematische Sonderfahrten, Events wie die Rockoper „Faust auf dem Brocken", Souvenirverkäufe, Pauschalurlaubs-Angebote oder Erlebnisse rund um die Dampflok, wie zum Beispiel Ausbildungen zum „Ehrenlokführer", runden das breitgefächerte touristische Angebot der HSB ab. In verschiedenen Bahnhöfen verfügt die HSB für Ihre Kunden über moderne Informations- und Verkaufsbüros und hat „Dampfläden" in Nordhausen und Gernrode jeweils direkt am Bahnhof sowie in Wernigerode in der Nähe des Marktplatzes.

Wichtig!

Adresse:
Harzer Schmalspurbahnen GmbH
Friedrichstr. 151
38855 Wernigerode
Tel. 03943/558-0, Fax 03943/558-148
www.hsb-wr.de, info@hsb-wr.de

Saison:
Ganzjährig
Genau Fahrpläne auf der Homepage

Fahrzeiten:
Umfangreicher Fahrtenplan,
auch im Internet.

Verpflegung:
Gastronomie jeweils im Ort

Reiterhof Wernigerode Kutschfahrten

Hier ist alles möglich! Kutschfahrten (5–7 Personen), Planwagenfahrten (10–15 Personen von Schierke zum Brocken) und historische Landauer (weiße Hochzeitskutsche) werden als Rundfahrten in und um Wernigerode angeboten. Die Fahrzeit kann von 2 bis 6 Stunden vereinbart werden. Im Winter können die Pferdeschlittenfahrten ab 1 Std. gebucht werden. Wanderritte und Reitausbildung ist täglich mit Voranmeldung möglich. Täglich stehen Ponys für die Kleinsten auch ohne Voranmeldung für einen Ausflug in die Natur bereit. Außerdem gibt es 2 Tagestouren, als Trekkingritt nach „Pullman City Harz" mit einer Übernachtung.

Wichtig!

Adresse: Reiterhof Mühlental
Friederikental 1, 38855 Wernigerode
Tel. 03943/24144
www.reiterhof-wernigerode.de
info@reiterhof-wernigerode.de
Saison: Ganzjährig
Verpflegung: Kleiner Imbiß im Saloon von April bis Oktober möglich

Wildpark Christianental

Wildpark und Streichelzoo! Insgesamt beherbergt der Park 200 Tiere aus 40 Arten. Die Greifvogel-Volieren zeigen Falken und Bussarde, zum „Geflügel" zählt auch das seltene Auerwild. Sind auch Rothirsche, Dam- und Schwarzwild „abgehakt", Wildkatzen, Luchse, Waschbären und Marder noch ausführlich betrachtet worden, dann steht der Besuch des Streichelzoos auf der Tagesordnung. Hier können sich die Kleinsten gar nicht mehr losreißen. In der Nähe des Spielplatzes am Ende des kleinen Rundweges befindet sich die Gaststätte. Von der Terrasse aus hat man die jungen Racker gut im Blick.

Wichtig!

Adresse:
Wildpark Christianental
Christianental 11, 38855 Wernigerode
Tel. 03943/25295, www.christianental.de
Anfahrt:
Zum Tierpark gelangt man mit der „Bimmelbahn". Die Anfahrt mit dem PKW ist ausgeschildert.
Öffnungszeiten: Immer geöffnet
Saison: Ganzjährig
Eintritt: € 1,– pro Person
Verpflegung: Picknick, Gastronomie

Nationalpark Harz

Der Nationalpark Harz ist einer der größten Waldnationalparke Deutschlands und umfasst rund 10 % des gesamten Harzes. Über die Bundesländergrenze von Niedersachsen und Sachsen-Anhalt hinweg zieht sich die Nationalpark-Region vom Harzer Südrand bei Herzberg über die Hochlagen bis zum Harzer Nordrand bei Ilsenburg.

Urige Buchen- und Bergfichtenwälder, bizarre Felsen, ursprüngliche Bachläufe, jahrtausendealte Moore und Zwergstrauchheiden – die Lebensräume von den Tälern hinauf zu den Gipfeln des Nationalparks Harz sind in Klima und Geologie extrem unterschiedlich und beherbergen eine große Artenvielfalt. Über allem thront der 1141 Meter hohe Brocken. Das Klima auf diesem höchsten Berg Norddeutschlands erinnert an Skandinavien und er ist der einzige deutsche Mittelgebirgsgipfel mit einer natürlichen Waldgrenze. An seinen Hängen hat sich mit dem sogenannten „Brockenurwald" ein kleiner Rest nahezu unberührten natürlichen Fichtenwaldes erhalten – einer der letzten in Mittel- und Nordwesteuropa.

Getreu dem weltweiten Nationalpark-Motto „Natur Natur sein lassen" dürfen im Nationalpark Harz auch ehemalige Wirtschaftswälder wieder zu wilden Naturwäldern werden – ein ungewöhnlicher, aber auch faszinierender Waldwandel setzt ein. Die Natur hat dabei ganz eigene Maßstäbe von Zeit und Ordnung. Der Mensch hat als stiller Beobachter die seltene Gelegenheit, einer neuen Wildnis beim Wachsen zuzuschauen. Im Nationalpark Harz laden rund 600 Kilometer Wanderwege zum Entdecken und Genießen ein. Sie reichen von schmalen Stiegen bis hin zu breiten Wanderwegen.

Wer mehr erfahren möchte, kann mit den Nationalpark-Rangern und anderen Experten auf erlebnisreiche Touren starten oder die verschiedenen Nationalparkhäuser, Besucherzentren und Erlebnispfade besuchen.

Wichtig!

Adresse: Nationalparkverwaltung Harz
Lindenallee 35, 38855 Wernigerode
Tel. 03943/5502-0, Fax 03943/5502-37
www.nationalpark-harz.de
info@nationalpark-harz.de
Wandervorschläge:
www.wandern-im-harz.de
www.harzinfo.de, www.harz-urlaub.de

Anhalt-Wittenberg

Die Träger vieler klangvoller Namen haben in Anhalt-Wittenberg gewirkt, zum Beispiel Luther, Händel, Goethe und Gropius. Auch die russische Zarin Katharina stammte von hier, sie war eine Prinzessin von Anhalt-Zerbst. Ein „Star" unter den Landschaftsgärten ist der Wörlitzer Park, der nach dem Willen seines Begründers ein „Paradies auf Erden" werden sollte. Und das, obwohl die Umgebung Dessaus mit den Auen der Mittleren Elbe ohnehin so reich gesegnet ist.

Tierpark Dessau

Der Tierpark Dessau präsentiert sich mit seinen über 120.000 Besuchern auf 11ha mit 500 Tieren in 100 Arten, als Dessaus größtes und beliebtestes Naherholungszentrum. In der Tierhaltung liegen die Schwerpunkte auf der Haltung von Tieren aus Südamerika und Australien, bedrohten Haustierrassen sowie eurasischen Kleinraubtieren. Zu den populären Vertretern der Großraubtiere gehören die Jaguare und Bären. Für Kinder stehen verschiedene Spiel- und Erfahrungsstationen sowie Streichelgehege bereit.

Wichtig!

Adresse:
Tierpark Dessau, Querallee 8, 06846 Dessau-Roßlau
Tel. 0340/614426, Fax 0340/6612580, www.tierpark.dessau.de, info@tierpark.dessau.de
Anfahrt: Im Ort ist der Tierpark ausgeschildert. Per Bus: Puschkinallee, Bus 10, 11, 17.
Der Tierpark ist nur 5-10 Gehminuten vom Hauptbahnhof entfernt.
Saison/Öffnungszeiten:
Ganzjährig, täglich von 9–18 Uhr, im Winter bis zum Einbruch der Dämmerung.
Eintritt: Erwachsene € 3,50, Kinder € 1,50, Ermäßigte € 2,50
Verpflegung: Picknick, Kiosk, Restaurant

Irrgarten im Gutspark Altjeßnitz

Veranstaltungshöhepunkt: „Barocker Gartentag", jährlich am 2. Samstag im Juli
Begeben Sie sich auf eine Reise in die Zeit um 1740. Der Baron von Ende lädt ein zu einem sommerlichen Gartenfest. Erleben Sie ihn und zahlreiche Gäste in prächtigen barocken Gewändern und haben Sie teil an vielerlei Amüsements des höfischen Lebens. Auf unterhaltsam-spielerische Art werden den gesamten Nachmittag an verschiedenen Orten im Park Szenerien eines barocken Gartenfestes nachgestellt. Das Publikum ist zum Mitmachen eingeladen. Ein kleiner Gartenmarkt mit ausgewählten Ausstellern aus den Bereichen Pflanzen, Kräuter, Garten- und Wohnaccessoires, Kunst und Handwerk ergänzt das Programm. Das Fest klingt in einem romantischen Abend bei Musik und Kerzenschein aus.

Hier macht (es) irren Spaß!
Der Gutspark von Altjeßnitz ist in der malerischen Muldeaue gelegen. Er beherbergt Deutschlands größten und ältesten barocken Irrgarten mit einer Gesamtfläche von 2.600 m². Zwei Meter hohe Hainbuchenhecken und enge Wege versprechen für Jung und Alt einen erlebnisreichen Irrlauf vom Eingang zum Zentrum und wieder zurück. Von der mittig angeordneten Plattform ist der gesamte, etwa 4 ha große Park zu überblicken. Die ursprünglich spätbarocke Gartenanlage wurde in Teilen landschaftlich umgestaltet und zeichnet sich heute durch einen malerischen Altbaumbestand mit einigen dendrologischen Besonderheiten, geschwungenen Spazierwegen, kleine Wiesen und einem Teich mit Halbinsel aus. Besonderes Schmuckstück der Parkanlage ist die kleine, im romanischen Stil erbaute Feldsteinkirche. Der im Park befindliche Spielplatz „Feenwald" und Picknickplätze laden zum Familienausflug ein. Monatlich werden durch den Förderverein thematische Veranstaltungen angeboten.

Wichtig!

Adresse:
Irrgarten im Gutspark Altjeßnitz
Parkstraße, 06800 Raguhn-Jeßnitz, OT Altjeßnitz
Tel. 03494/78158
www.irrgarten-altjessnitz.de
irrgarten_altjessnitz@web.de

Öffnungszeiten:
Aktuelle Öffnungszeiten finden Sie auf unserer Homepage

Eintritt:
Erwachsene € 4,–, Kinder € 1,–

Halle und Umgebung

Ein Schweinehirt campierte am Ufer der Saale, etwa dort, wo heute die Marienkirche steht. Als er mit seiner Herde weiterziehen wollte, fielen ihm die silbrig glänzenden Borsten einer Sau auf. Es war Salz, und Salz war fast soviel wert wie Gold. So siedelten Salzwirker am Fluss, und es entstand Halle. Das weiße Gold brachte wirtschaftliche Stärke, die über die Jahrhunderte Bestand hatte.

Beatles Museum

Fast 20.000 Gäste aus Deutschland und dem europäischen Ausland besuchen jährlich das Beatles-Museum. Die Dokumentation umfasst Raritäten, Kuriositäten und Bekanntes aus den Beatles-Jahren (bis 1970) und aus der Zeit der Solo-Karrieren (ab 1970 bis heute), vieles von den Beatles und Personen aus deren Umfeld signiert – manches speziell für das Beatles Museum. Der kompetent zusammengestellte musikalische Werdegang in Wort, Bild und Ton weckt Erinnerungen; und junge Leute bekommen einen umfassenden Einblick in die 60er Jahre und über die Folgezeit, in der die Musiker einzeln Karriere machten. Es werden thematisch und zeitlich passende Filmbeiträge gezeigt,

in fast allen Ausstellungsräumen gibt es Anhörstationen. Die Beatlesmusik ist der Soundtrack eines ganz speziellen Lebensgefühls. Lassen Sie sich in eine Zeit zurückversetzen, die sie mitunter selbst miterlebt haben und die heute schon ein wichtiger Teil der Kulturgeschichte ist.
Des Weiteren verfügt das Beatles Museum über einen eigenen Shop und Versandhandel mit dem größten Angebot zum Thema weltweit.

Wichtig!

Adresse:
Beatles Museum
Alter Markt 12, 06108 Halle (Saale)
Tel. 0345/2903900, www.beatlesmuseum.net
Öffnungszeiten:
Di. – So. 10–18 Uhr, Mo. geschlossen

Bade- und Saunaparadies Maya mare

Rein ins sommerliche Vergnügen heißt es zu jeder Jahreszeit im halleschen Bade- und Saunaparadies Maya mare!
Von Leipzig ist das Spaßbad in einer guten halben Stunde bequem über die B6 bzw. die Autobahnen 14 und 9 zu erreichen. Dort angekommen, überrascht es die Besucher mit traumhaftem mexikanischem Ambiente. Neben den Sprudelliegen, Whirlpools und einer weitläufigen Flusslandschaft laden vier Groß-Rutschen mit einer Gesamtlänge von 440 Metern zu rasantem Badespaß ein. Im Kinder- und Abenteuerbereich „TULUMAYA" können kleine und große Kids eine Tempelanlage im Maya-Stil erleben. Unter der Decke hängende Tunnelsysteme, vier neue Rutschen, sowie aktive und interaktive Wasserattraktionen laden zum Spielen ein. Wer ruhige Momente und Entspannung sucht, den erwarten im Sauna- und Wellnessbereich entsprechende Angebote. Neun verschiedene Saunen und Dampfbäder bieten individuelle Möglichkeiten des Saunierens. Im November 2019 öffnet zu dem „Mayapán" eine neue Ruhevilla die sich im Außenbereich über zwei Etagen erstreckt und nicht nur zahlreiche Liegemöglichkeiten, sondern ebenso einen wunderschönen Ausblick über das Naturschutzgebiet der Elsteraue ermöglicht. Nach den Saunagängen lohnt ein Besuch des stilvollen Ruhehauses. Beim Ausblick in das Naturschutzgebiet Elsteraue kann man die Seele baumeln lassen. Darüber hinaus lohnt sich der Besuch des Wellness-Bereiches. Ob nun bei einer klassischen Massage, einem vitalisierenden Aromabad oder einer exotischen Abhyangamassage – für jeden Genießer findet sich hier die passende Anwendung. Besonders empfehlenswert sind die regelmäßig stattfindenden Mitternachtssaunen. An jedem zweiten Freitag des Monats (von Sept. bis April) erwartet die Gäste ein buntes Programm, spezielle Themenaufgüsse und viele weitere Überraschungen. Ein Besuch lohnt sich bei jedem Wetter!

Wichtig!

Adresse: Maya mare
Am Wasserwerk 1, 06132 Halle (Beesen)
Tel. 0345/7742-100, www.mayamare.de
Öffnungszeiten:
Bad+ Sauna: tägl. 10–22 Uhr (Di. Damensauna)
Verpflegung:
Bodegabar, Cancunbar und Außenterrassen

Gesundheits- und Fitnessclub Viva mare

Einzigartig in Halle und Umgebung – Trainieren, Baden und Entspannen – alles unter einem Dach.
Das ganzheitliche Angebot des Viva mare, dem Club für Fitness und Gesundheit, befindet sich im Bade- und Saunaparadies Maya mare in Halle (Saale).
Qualität, Kompetenz und Individualität sind hier die Philosophie. Die persönliche Betreuung und ein angenehmer Service stehen hier an erster Stelle. Das Viva mare bietet ein umfangreiches Trainings- und Gesundheitsprogramm. Egal, welches Ziel man verfolgt, das gesamte Team wird alles dafür tun, dass man es erreicht. Man wird auf seinem Weg begleitet, motiviert und bei allen Fragen wird einem zur Seite gestanden.
Kraft und Ausdauer sind die Grundlage für einen gesunden und leistungsfähigen Körper. Auf insgesamt 1000 m² und 3 Etagen bietet das Viva mare moderne Trainings- und Ausdauergeräte. Neben dem modernen eGYM®-Zirkel, der einen einfachen und sanften Einstieg in das Krafttraining garantiert, gibt es die Möglichkeit ein Koordination- und Gleichgewichtstraining an einer Vielzahl von pedalo®-Geräten durchzuführen oder die Beweglichkeit am fle-xx(R)-Zirkel zu verbessern. Egal ob man sich für klassisches Krafttraining oder für einen der modernen Zirkel entscheidet, begleitet wird das Training von einem qualifizierten Trainer. In über 50 Kursen wöchentlich findet jeder sein passendes Bewegungsprogramm. Sei es Pilates, Aroha, Yoga oder Cycling – man hat die Wahl! Für die Kurse stehen zwei geräumige Kursräume und eine Dachterrasse mit Blick in das Naturschutzgebiet Elsteraue zur Verfügung. Ein besonderes Highlight ist die großzügige Maya mare Wasserlandschaft, die zum Aquajogging und zur Aquagymnastik einlädt und in der man nach dem Training verweilen kann.

Wichtig!

Adresse:
Viva mare –
Der Club für Fitness und Gesundheit
Am Wasserwerk 1, 06132 Halle (Saale)
Tel. 0345/7742-120, Fax 0345/7742-200
www.mayamare.de, info@viva-mare.de
Öffnungszeiten:
Mo.–Fr. 7.00–22.00 Uhr,
Sa./So./Feiertag 10.00–20.00 Uhr

Per Click in die Freizeit

Archäologische Museen Brandenburg
Brandenburg:
www.landesmuseum-brandenburg.de

Diverse Museen Brandenburg
Baruth/Mark:
www.museumsdorf-glashuette.de
Brandenburg:
www.brandenburg-dom.de
www.industriemuseum-brandenburg.de
Luckau:
www.cartoonmuseum-brandenburg.de
Meyenburg: www.modemuseum-schloss-meyenburg.de

Zoos/Wildparks Brandenburg
Baruth: www.wildpark-johannismuehle.de
Eisenhüttenstadt: www.tiergehege-ehst.de
Fürstenwalde:
www.heimattiergarten-fuerstenwalde.de
Liebenwalde: www.ponyhof-neuholland.de
Perleberg: www.tierparkperleberg.de
Rathenow: www.greifvögel-falknerei.de

Schlösser Brandenburg
diverse Schlösser: www.spsg.de
Schlosstouren: www.baerentouren.de

Diverse Freizeitparks Brandenburg
Senftenberg: www.snowtropolis.de
Templin: www.kart-templin.de
Wiesenburg: www.tripledranch.de

Archäologische Museen Berlin
diverse archäologische Museen:
www.smb.museum

Diverse Museen Berlin
www.aktives-museum.de
www.berliner.medizinhistorisches.museum.de
www.dhm.de (Deut. Historisches M.)
www.domaene-dahlem.de
(Freilichtmuseum Berlin Zehlendorf)
www.hanfmuseum.de
www.museumsinsel-berlin.de
www.s-bahn-museum.de
www.smb.museum (diverse Museen)
www.story-of-berlin.de

Diverse Freizeitparks Berlin
www.fez-berlin.de
www.jacks-fun-world.de
www.jolo-berlin.de
www.jumphouse.de
www.kart-world-berlin.de
www.kinderbauernhof-pinke-panke.de
www.legolanddiscoverycentre.com
www.teamventure.de
www.waldhochseilgarten-jungfernheide.de

Burgen/Schlösser Berlin
diverse Schlösser: www.spsg.de
www.berliner-schloss.de
www.schlossbritz.de
www.schloss-friedrichsfelde.de

Zoos / Wildparks Berlin
www.aquarium-berlin.de
www.tiererlebnispark.de
www.visitsealife.com
www.waldsee-park-eichholz.de

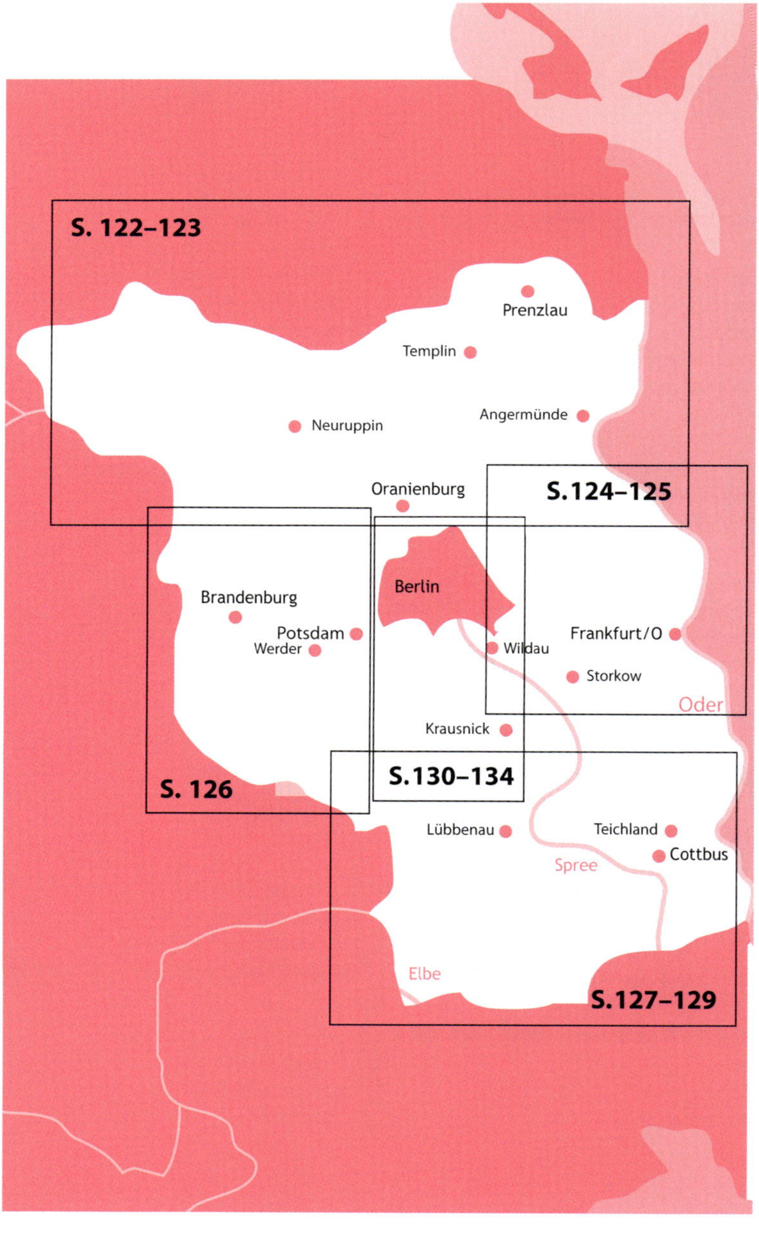
S. 122–123
Prenzlau
Templin
Angermünde
Neuruppin
Oranienburg
S.124–125
Berlin
Brandenburg
Potsdam
Werder
Wildau
Frankfurt/O
Storkow
Oder
Krausnick
S. 126
S.130–134
Lübbenau
Teichland
Cottbus
Spree
Elbe
S.127–129

Nördliches Brandenburg

Prignitz, Uckermark und Ruppiner Schweiz formen das nördliche Brandenburg. Hier gibt es mehr als nur „Sand, Heide und Kiefern", wie ein gängiges Klischee es will. Theodor Fontane beschrieb die stillen natürlichen Reize des Landes vor mehr als 100 Jahren in seinen „Wanderungen durch die Mark Brandenburg". Auch heute noch erquickt sich der Besucher an alten Baumalleen, sanften Hügeln und ausgedehnten Wäldern. Selten gewordene Tiere haben hier eine Oase gefunden, zu ihnen gehören Seeadler, Sumpfschildkröte und Biber.

NABU Naturerlebniszentrum Blumberger Mühle

Foto: H. P. Bolle-Bovier

Wichtig!

Adresse:
NABU-Naturerlebniszentrum Blumberger Mühle
Blumberger Mühle 2, 16278 Angermünde
Tel. 03331/26040, Fax 03331/260450
www.Blumberger-Muehle.de
Blumberger.Muehle@NABU.de

Öffnungszeiten:
01. April–31. Oktober: Mo.–So. 10–18 Uhr
01. November–31. März: Mo.–So. 10–16 Uhr
nach Terminvereinbarung

Eintritt:
Erw. € 4,–, Ermäßigt € 3,–,
Kinder € 1,–, NABU Mitglieder frei,
Familien (2 Erw. u. max. 3 Kinder) € 7,–

Verpflegung:
Restaurant „Blumberger Mühle"

Das Haus, in seiner Form einem Baumstumpf nachempfunden, ist Symbol für die Kreisläufe in der Natur und befindet sich unmittelbar am Naturschutzgebiet Blumberger Teiche im Biosphärenreservat Schorfheide-Chorin. Im Inneren offenbaren verschiedene Ausstellungen ungewohnte Einblicke in die Umwelt. Den Besucher erwarten 12 ha gestaltete Naturerlebnislandschaft, ein begehbares Sumpfschildkrötenhabitat, Wollschweine, Schafe, Irrgarten und ein Naturspielplatz. Im hauseigenen Restaurant „Blumberger Mühle" kann der Besucher regional-ökologische Küche probieren. In Begleitung der versierten Natur- und Landschaftsführer des Hauses besteht die Möglichkeit, das Außengelände und den „Buchenwald Grumsin" zu entdecken.

EL DORADO Templin

Der Wilde Westen beginnt gleich hinter Berlin – mitten in der wunderschönen Uckermark. Spannende Shows, jede Menge Attraktionen, Sonderveranstaltungen und Live-Musik erwarten den Besucher! Ganz gleich, ob aufregende Kampfszenen zwischen Cowboys oder farbenfrohe Indianertänze mit einem „waschechten" Blackfoot-Indianer – das Tagesprogramm der Westernstadt ist prall gefüllt mit vielen Shows und Attraktionen. Zwischen den Shows können kleine Westernhelden sich beim Ponyreiten, Goldwaschen, Hufeisenwerfen und Bogenschießen vergnügen oder die Stadt mit der ganzen Familie in der historischen Postkutsche erkunden. Gelegenheiten findet man im EL DORADO Templin buchstäblich an jeder Ecke – damit sich die ganze Familie mal wieder so richtig als Cowboy oder Indianer fühlen kann.

Eintauchen in die einzigartige Atmosphäre der Westernstadt, seiner Fantasie freien Lauf lassen, genießen, anfassen und mitspielen, so lautet das Credo. Es gibt allerhand zu entdecken: die originalgetreu nachgebaute Main Street mit Saloon, großer Music Hall, General Store, Photoatelier, verschiedene Western-Shops, die Goldwaschanlage, den Streichelzoo, den Indianerspielplatz und viele weitere Überraschungen für große und kleine Westernhelden.

Wichtig!

Adresse:
Eldorado Abenteuer GmbH
Am Röddelinsee 1, 17268 Templin
Tel. 03987/2084-0, Fax 03987/2084-219
www.eldorado-templin.de
info@eldorado-templin.de

Anfahrt:
Aus Richtung Berlin über den Berliner Ring (A 10), Abfahrt Wandlitz auf die B 1 über Zerpenschleuse, Liebenwalde und Zehdenick. Nach dem Ortsteil Hammelspring sind es noch 2 km zum EL DORADO Templin.

Saison: ab 01. April

Öffnungszeiten: Siehe Internet.

Eintritt:
Erwachsene € 12,–
Kinder bis 14 J. € 12,–
Kinder bis 1,20 m frei
Familienkarte (2 Erw. + 3 Kinder) € 38,–

Veranstaltungen:
siehe Homepage www.eldorado-templin.de

Östliches Brandenburg

Das östliche Brandenburg ist seit jeher Naherholungsgebiet der gebeutelten Städter aus Berlin. Die Landschaft ist nicht nur eine „Streusandbüchse", in diesem Gebiet der stillen Reize wechseln sich ausgedehnte Nadelwälder mit tiefen Buchen- und Eichenwäldern ab. Mancher der Höhenzüge hat fast schon Mittelgebirgscharakter. Immer wieder wird die Landschaft von Wasserläufen und Seen unterbrochen, von denen es in der Region mehr als 500 gibt.

Schwedenfloss

Raus in´t Jrüne!
Unsere führerscheinfreien Flöße im echten Schwedenrot sind Ihr schwimmendes Ferienhäuschen und entspanntes Wasserfahrzeug in einem.
Sie bestimmen, wo es hingeht! Ausgangspunkt ist unsere Basis im Dahme-Seen-Gebiet an der Zernsdorfer Lanke.
Ob zu den Ausläufern des Spreewaldes, in die Köriser Gewässer oder die große Tour zum Scharmützelsee - alles ist möglich! Sie sind der Kapitän, auch ohne Bootsführerschein.
Unsere Flöße sind für bis zu 6 Personen zugelassen, wir empfehlen für Übernachtungstouren aber max. mit 4 Personen unterwegs zu sein.
Der Naturpark Dahme-Heideseen bildet das Herzstück des Landstrichs südöstlich von Berlin. Der eiszeitlichen Prägung der Region ist es zu verdanken, dass das Antlitz von Landschaft und Natur mit über 100 Seen, größeren und kleineren Fließgewässern, Quellen, Mooren, Talsandebenen und Dünen so spannend und vielfältig ist.
Mehr als 70 Seen, 80 Kilometer Wasserstraße über die Dahme, Kanäle und Fließe. Das Wassersportrevier Dahme-Seen zwischen Berlin, Scharmützelsee und Spreewald ist eines der wasserreichsten Urlaubsgebiete im Reiseland Brandenburg.
Toilette, Kochecke und kleine Solaranlage sorgen für rustikalen Komfort.

Wichtig!

Adresse: Wihatou UG (haftungsbeschränkt)
Röntgenstraße 35, 15745 Wildau
Tel. 03375/5170272, Fax 03375/5170272
www.schwedenfloss.de
kontakt@schwedenfloss.de
Saison: April bis Oktober
Preise: Preis für ein Floß ab/an Zernsdorfer Lanke/Königs Wusterhausen OT Zernsdorf: ab 585,- bis 745,- pro Woche, je nach Saison. Es sind auch Tagescharter, Wochenenden und Miniwochen (Montag bis Freitag) möglich!

Naturgut Köllnitz

Natur neu erleben
Das Naturgut Köllnitz liegt nahe der Stadt Storkow (Mark) im Ortsteil Groß Schauen. Das ist nur ca. eine Autostunde vom Stadtzentrum Berlins entfernt. Dieser Ausflugsort liegt inmitten üppiger Natur des Schutzgebiets Naturpark Dahme-Heideseen mit Wäldern, Wiesen, kleinen und großen Seen, die einen Lebensraum für diverse bestandsbedrohte Tier- und Pflanzenarten bieten.

Wichtig!

Adresse: Naturgut Köllnitz
Groß Schauener Hauptstraße 31
15859 Storkow (Mark) OT Groß Schauen
Tel. Restaurant 033678/61084,
Tel. Hotel 033678/6960
www.koellnitz.de, info@koellnitz.de
Anfahrt: Groß Schauen erreicht man über den östl. Berliner Ring A 12, Abfahrt Storkow in Richtung Zossen auf der B 246 oder A 13 Abfahrt Bestensee
Öffnungszeiten: Ganzjährig täglich geöffnet
Eintritt: Frei
Verpflegung: Picknick, Gastronomie vor Ort

Lebensraum der Pflanzen & Tiere
Das Land Brandenburg gehört mit über 3.000 Seen zu den wasserreichsten Bundesländern Deutschlands. Die Achtsamkeit und der große Respekt vor diesem seltenen und unberührten Lebensraum für Tiere und Pflanzen ist ein wichtiger Teil des Naturguts Köllnitz. Die Sielmann Naturlandschaft rund um die Groß Schauener Seen laden zu Wander- und Radtouren sowie zu Erlebnissen auf dem Wasser ein. Die Welt der Tiere und Pflanzen lässt sich auch im ersten Fischereimuseum des Landes Brandenburg sowie in der interaktiven Sielmann Ausstellung erkunden.

Fischerei, Kulinarik & Erholung
Täglich sorgen sich motivierte Landwirt:innen um das Wohl der hier ebenfalls beheimateten Hühner, Schafe und Rinder. Außerdem gibt es frisches Obst von den Streuobstwiesen vor Ort. Ein großes Highlight bietet die traditionelle Fischerei des Naturguts. Hier werden täglich frische Köstlichkeiten direkt aus dem See zubereitet und im Restaurant Köllnitzer Fischerstuben angeboten. Verschiedene Fischspezialitäten gibt es auch im Hofladen mit angrenzender Manufaktur. Ein kleines Hotel direkt am See lädt ein, entspannte Tage in herrlicher Natur zu verbringen. Hier kann man in einer kleinen Feuerhütte private Grillfeiern abhalten, die vielfältigen Bereiche des Naturguts erkunden oder einfach die Seele baumeln lassen.

Havelland und Fläming

Manchem Besucher kommt es so vor, als bestehe das Havelland nur aus zwei Elementen: aus Luft und Wasser. Die Havel gießt hier ihr Wasser ins weite Land, so entstehen großflächige Seen mit breiten Schilfgürteln und flachen, sandigen Ufern. Das Havelland ist auch bekannt für seinen Obstanbau, jeder kennt ja den Herrn von Ribbeck und seinen Birnbaum. Der nördlich gelegene Fläming bekam seinen Namen von flämischen Siedlern, die sich dort im 12. Jahrhundert niederließen. Der sandige Boden und die mitunter elefantenkopfgroßen Findlinge, die das Landschaftsbild prägen, sind Überbleibsel aus der Eiszeit.

Bockwindmühle Werder (Havel)

Ab Mitte des 12.Jahrhunderts werden Bockwindmühlen in Europa erwähnt. Verbreitet ist dieser Typ in Mittel- und Norddeutschland sowie in Osteuropa und Skandinavien.
Die erste Erwähnung der Mahlrechte in Werder (Havel) war um 1500.
In ihrem Aufbau und ihrer Arbeitsweise ist die Bockwindmühle ein technisches Wunderwerk. Der rein statische Teil umfasst den Bock. Das Mühlengehäuse sitzt, durch den Sattel vermittelt, darauf und ist mit dem Hammer (auch Mehlbalken) verbunden.
Im Dezember 1973 brannte die Bockwindmühle ab und im November 1985 wurde eine Mühle gleichen Typs in Einzelteilen gefunden, von Werder käuflich erworben, in die Blütenstadt transportiert, holztechnisch fachgerecht behandelt und ab September 1987 an gleicher Stelle wiederaufgebaut.
1991 war die Außenansicht fertiggestellt zierte wieder als Wahrzeichen die Insel.
Nach aufwendiger Restaurierung ist sie seit Juni 2007 wieder windgängig und mahlfähig. Seit 2009 ziert ein kleiner Backofen das Mühlengelände. Höhepunkt eines jeden Jahres ist das am 2. Augustwochenende stattfindende Mühlenfest.

Wichtig!

Adresse: Bockwindmühle Werder (Havel)
Kirchstraße 6/7, 14542 Werder (Havel)
Tel. 03327/783372
www.werder-havel.de
tourismus@werder-havel.de
Öffnungszeiten:
Hauptsaison: vom 15.04. bis 15.10.
Fr. von 11:00 bis 16:00 Uhr
Sa./So. von 13:00 bis 17:00 Uhr
für Gruppen ganzjährig nach Vereinbarung

Spreewald – Niederlausitz

Der Spreewald als Kulturlandschaft mit der Flusslaufverzweigung und die Spree gelten als eines der beliebtesten Reiseziele im Land Brandenburg.

Spreewelten – Pinguinbad, Sauna, Hotel

Wettschwimmen mit Humboldt-Pinguinen! Nur durch eine Glasscheibe getrennt, schwimmt man mit den neugierigen Tieren.

Im Spreewelten Bad gibt es aber noch jede Menge mehr zu entdecken. Ob Wellenbecken oder 360°-Thermalbecken mit Spreewaldpanorama – für jeden ist etwas dabei. Eine absolute Weltneuheit sind die interaktiven und bereits von zu Hause aus programmierbaren Rutschen. Für die Kleinsten gibt es ein Kleinkinderbecken und einen Trockenspielplatz.

Wellness wird hier großgeschrieben: Saunieren, Erfrischen, Erholen in spreewaldtypischer Umgebung. Die separate Spreewelten Saunawelt bietet auf rund 5000 m² ausreichend Platz für eine kleine Auszeit. Im Hama kann man sich mit Peelings, Seifen-Rubbel-Massagen oder Massagen mit Honig oder purer Schokolade verwöhnen lassen. Anwendungen aus aller Welt, wie Hot-Stone Massage oder Rasul lassen den Tag ausklingen.

Ganz Neu! Das Spreewelten Bad bietet nun nicht nur jede Menge Spaß beim „Schwimmen mit Pinguinen", sondern verschafft die Möglichkeit in direkter Nähe der kleinen Frackträger im liebevoll nachempfundenen Dreiseitenhof mit Gutshaus und Speicher zu übernachten.

Wichtig!

Adresse:
Spreewelten GmbH
Alte Huttung 13, 03222 Lübbenau/Spreewald
Tel. 03542/8941-60, Fax 03542/8941-66
www.spreewelten.de, info@spreewelten.de

Öffnungszeiten:
So.–Do. 10–22 Uhr, Fr. + Sa. 10–23 Uhr

Eintritt:
Badebereich:
2 Stunden: Erwachsener € 14,–,
Kinder (4-15 Jahre), Schüler, Studenten € 10,–
4 Stunden: Erwachsener € 18,–,
Kinder (4-15 Jahre), Schüler, Studenten € 14,–
Tageskarte: Erwachsener € 21,–,
Kinder (4-15 Jahre), Schüler, Studenten € 16,–
Kleinkinder bis 3 Jahre: Eintritt frei
Familientarif (2 Erw., 1 Kind): 4 Std. € 40,–,
Tageskarte: € 48,– (weitere Kinder je € 10,–)
Saunazuschlag:
pro Gast € 10,– (ab 7 Jahre, außer Mi.: Kleinkindtag, Saunanutzung auch unter 7 Jahre)

Verpflegung:
Birken-Bistro in der Badewelt,
Restaurant in der Saunawelt,
Futterkrippe in der Spreewaldscheune

Erlebnispark Teichland

Besucher kommen aus Berlin, Brandenburg, Sachsen – Familien, Kindergarten- und Schulklassen, Radler vom nahen „Gurkenradweg“ oder der „Niederlausitzer Bergbautour“, Gäste, die hier Kindergeburtstage und Abenteuer erleben wollen. Mittendrin die beliebte Sommer-Rodel-Bahn, mit der vor 12 Jahren die Freiluft-Unterhaltung für die ganze Familie in der Niederlausitz-Gemeinde Teichland ihren Anfang nahm. Das Rodelvergnügen komplettieren inzwischen Monsterroller (Rollerfahrten über Geländestrecken), Tubingbahn (Talfahr-ten mit Reifen), Elektro Racer (elektrisches Kinderfahrzeug), Bungee Trampolin (für gefahrlose Sprünge) – und andere Angebote wie das Eisstockschießen, dank einer Kunststoff-„Eis“bahn sommers wie winters möglich.

Wer es gemächlicher mag, für den lohnen ein Blick auf die geologische Uhr, ein Spaziergang auf dem Pfad der kleinen Götter oder ein Test der Höhentauglichkeit auf der Hängebrücke. Alle, die anstrengendere Wege nach oben bevorzugen, werden vom Kletter-Anfänger bis zum Profi an der 16 Meter hohen „Giraffe“, einem internationalen Wettkampf Kletterfelsen, fündig.

Etwas Besonderes lässt sich das Erlebnis-Park-Team stets Ostern, zum Kindertag und beim Sommersaison-Ausklang am 31. Oktober einfallen. Da ist eine komplette Osterhasenfamilie zu Besuch, es werden im Park Ostereier gesucht. Die

Kinder feiern ihren Tag mit einer Motto-Party inklusive Feuerwerk. Und zu Halloween sorgen Dutzende Kürbisgesichter für das passende Ampiente.

Der Zipline-Parcours ist die neue Attraktion im Erlebnispark Teichland. Insgesamt 17 Douglasien-Stämme ragen in den Himmel, ihre Plattformen in teils über 8 Metern Höhe sind durch Seilbahnen verbunden und bieten zudem kleine Kletterabenteuer. Der längste Flug beträgt stattliche 81 m. Ein Erlebnis, das im Umkreis von über 250 Km einzigartig ist.

Wichtig!

Adresse: ErlebnisPark Teichland
Zum Erlebnispark 1
03185 Teichland OT Neuendorf
Tel. 035601/909023
www.erlebnispark-teichland.de
info@erlebnispark-teichland.de

Öffnungszeiten:
01.04.–31.10.: Mo.–So., 10–19 Uhr
01.–31.03. + 01.11.–30.12.: Mi.–So., 11–17 Uhr

PLASTINARIUM

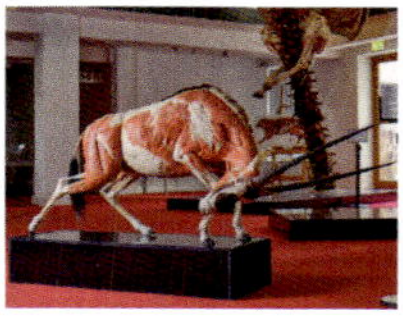   

Die Gubener Plastinate GmbH stellt anatomische Präparate für die weltbekannte Ausstellung„KÖRPERWELTEN" sowie für mehr als 400 Lehrinstitute weltweit, für die Aus- und Weiterbildung medizinischer Fachkräfte, her. Das PLASTINARIUM ist weltweit einzigartig. Die Präparateherstellung ist hier öffentlich zugänglich.

In einer aufwendig restaurierten ehemaligen Tuchmacherei erhält der Besucher auf 3.000 Quadratmetern Ausstellungsfläche umfassende und einzigartige Einblicke in die Anatomie von Mensch und Tier, die Prozesse der Plastination und die verschiedenen Präparationstechniken.

Die Besucher können hautnah die Entstehung modernster Lehrpräparate sowie anatomischer Großplastinate miterleben und bekommen dabei eine ganz besondere Sichtweise auf den menschlichen und tierischen Körper.

Sowohl medizinische Fachkräfte als auch interessierte Laien können hier ihr anatomisches Wissen an Plastinaten, Modellen und Fachbüchern vertiefen.

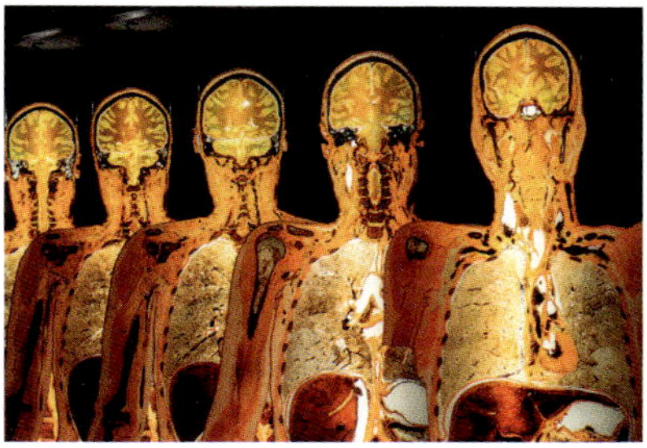

Wichtig!

Adresse:
PLASTINARIUM
Uferstraße, 03172 Guben
Tel. 03561/5474 382
info@plastinarium.de
www.plastinarium.de
Öffnungszeiten:
Freitag, Samstag und Sonntag von 10.00 bis 18.00 Uhr (letzter Einlass 16.00 Uhr)
Gruppenbesuche außerhalb der regulären Öffnungszeiten sind für Gruppen ab 20 Personen nach Voranmeldung auch montags bis donnerstags mit oder ohne Führung möglich.
Eintritt:
finden Sie auf unserer Homepage

Berlin

Der Mauerspaziergang fällt aus – für diese Lektion deutscher Geschichte ist glücklicherweise das Anschauungsobjekt abhanden gekommen.
Ob Riesenstädte wie Berlin ihrem Wesen nach überhaupt familienfreundlich sein können, ist eine Streitfrage, die die Erwachsenen am Kneipentisch ausdiskutieren können. Die entfesselten Knirpse finden Theorie meist eher unattraktiv, wenn es gilt, sich mitten hinein ins volle Kinderleben der Hauptstadt zu stürzen. Für die Erwachsenen gibt es jede Menge Angebote im Bereich Shopping, Kultur und Musik.

Theater MIRAKULUM

Das THEATER MIRAKULUM bietet seit 1991 kontinuierlich in einer eigenen, festen Spielstätte professionelles Puppentheater. Gelegen am damaligen Mauerstreifen Bernauer Straße ist das kleine Theater mit seinem 75 Sitzplätzen bei den Berliner Kindern und Erwachsenen für seine Individualität und kreative Atmosphäre sehr geschätzt. In der Nähe befinden sich die Gedenkstätte Berliner Mauer und das Naturkundemuseum. Das Repertoire umfasst inzwischen 18 Stücke. Thomas Mierau – ausgebildeter Puppenspieler, der am 01.11.2018 sein 45-jähriges Berufsjubiläum feierte – leitet erfolgreich seit über 20 Jahren dieses Puppentheater im Bezirk Mitte. Sein Spielplan-Angebot bietet Märchenadaptionen, Fabelbearbeitungen und Alltagsgeschichten in den Spieltechniken Marionette, Handpuppe, Farbschemen und Schatten. Zielgruppen sind Kinder, Schüler und Familien. Weiterhin im Angebot: Satiren, Puppenshows und Schauspieladaptionen im Abendprogramm speziell für Erwachsene. Darüber hinaus: Workshops, Führungen, Blick hinter die Kulissen, privater Einzelunterricht, Gastspiele anderer Bühnen im eigenen Haus, Extraaufführungen für Gruppen, Mobilauftritte in und außerhalb von Berlin. Zu den Bürozeiten findet auch ein Puppenverkauf statt.

Wichtig!

Adresse:
THEATER MIRAKULUM
Brunnenstraße 35, 10115 Berlin – Mitte
Tel. 030/4490820, Tickets: Tel. 030/4490820
www.mirakulum.de, info@mirakulum.de
Eintritt:
Kinder- u. Familienaufführungen:
Kinder (bis 13 Jahre) € 6,–, Erwachsene € 9,–.
Abendvorstellungen: Erwachsene € 18,–, ermäßigt € 14,–.
Preise für Gruppen, Führungen, Sonderaufführungen, Figurendemonstrationen und weitere Ermäßigungen siehe im Internet.

Tropical Islands

Tropical Islands – Europas größte tropische Urlaubswelt!

Tropical Islands, das ist die faszinierende Tropenlandschaft in einer der größten freitragenden Hallen der Welt. Hier werden das ganze Jahr tropische Urlaubsträume wahr – nur 60 Kilometer südlich von Berlin. Die Südsee mit 200 Meter langem Sandstrand und die romantische Lagune mit Grotte, Wasserfall und Whirlpool ermöglichen ausgelassenen Badespaß und Entspannung. Erforschen Sie das grüne Herz von Tropical Islands, der Indoor-Regenwald mit 50.000 Pflanzen und 600 Arten beheimatet sogar exotische Tiere. Für Spiel und Spaß sorgen nicht nur Deutschlands höchster Rutschenturm und der Tropino Kinderclub, sondern auch der riesige Wasserspielplatz Jungle Splash auf 650 m2. Noch 2022 eröffnen ein neuer Badebereich für Kleinkinder sowie eine Wasserrutsche mit Zwillingsröhren und Wettkampffunktion. Für die Gestaltung des Sauna- und Spa-Bereiches ließ man sich bei internationalen Bauwerken und Landschaften des Weltkulturerbes inspirieren. Relaxen Sie hier bei einer Thai-, Hot-Stone- oder Ayurveda-Massage. Mit Tropical Islands AMAZONIA erstrecken sich die Tropen auch unter freiem Himmel. Neben zwei Pools, ausgedehnten Liege- und Sportflächen und dem ganzjährig geöffnete Whitewater River, lädt die einsteigerfreundliche Surfwelle „Pororoca" zum Bodyboarding ein. Ein Tagesbesuch reicht nicht aus? Kein Problem. Denn auch die Auswahl an Übernachtungsmöglichkeiten ist groß. Ob stilvolle Lodges und Zimmer inmitten der tropischen Landschaft oder Zelte in den Camps: es werden auf jeden Fall erholsame Nächte. In Sichtweite zur Tropical Islands Halle liegt das Resort mit zahlreichen Ferienhäusern. In den vollausgestatteten Woodland, Nature oder Sunrise Homes brauchen Sie auf Komfort nicht verzichten, denn die ansprechende Einrichtung lässt keine Wünsche offen. Zusätzlich verfügt der angeschlossene Campingplatz über Tipi-, Lodge- und Luxus-Zelte sowie Stellplätze für Caravans bzw. Wohnwagen.

Wichtig!

Adresse: Tropical Islands
Tropical-Islands-Allee 1, 15910 Krausnick
Tel. 035477/605050, Fax 035477/606060
www.tropical-islands.de
welcome@tropical-islands.de
Öffnungszeiten:
Ganzjährig rund um die Uhr geöffnet.
Eintritt:
Erw. ab € 47,–, Kinder (6–11 Jahre) € 37,50,–, Kleinkinder bis 5 Jahre frei, Gruppen ab 20 Pers. ab € 30,–/p.P. Weitere Tarife u. Angebote entnehmen Sie bitte der Homepage.
Verpflegung: 13 Restaurants, Bars und Lounges in der Tropenlandschaft

Britzer Garten in Berlin

Garten und Spielplatz! Der Park wurde zur Bundesgartenschau 1985 gebaut, mit dem Ziel, dem Berliner Süden ein Naherholungsgebiet zu schaffen, und hat sich seither zu einem riesigen Kinderspielplatz und einer Oase für Blumen- und Pflanzenliebhaber entwickelt, der durch das strikte Hundeverbot noch an Qualität gewonnen hat. Neben dem Minigolfplatz und den massenhaft vorhandenen Spielgeräten lädt auch die Britzer Parkbahn die Besucher zu einer schönen Rundfahrt durch den Britzer Garten ein. Das Freilandlabor Britz bietet viele Veranstaltungen für Kinder an: Workshops in den Ferien, wo die kleinen Forscher Tiere und Pflanzen entdecken und kennenlernen, spielen, basteln und praktischen Naturschutz üben können, Eltern-Kind-Veranstaltungen oder auch Kindergeburtstagsfeiern. Neu entstanden ist eine Wasser-Tretanlage nach Sebastian Kneipp und das Umweltbildungszentrum. Im Herbst lässt man stundenlang den Drachen steigen. Auch die Freunde des nassen Elements kommen auf ihre Kosten, denn zum Park gehören zwei große Wasserspielplätze.

Wichtig!

Adresse:
Grün Berlin GmbH
Britzer Garten
Postfach 470328
12312 Berlin
Tel. 030/700906-710
www.britzer-garten.de

Anfahrt:
Buslinie 179, Eingang Tauernallee und Sangerhauser Weg, Linie 181: Eingang Mohriner Allee. Metro-Bus M 44, Eingang Buckower Damm. Parkplätze (begrenzte Anzahl) vorhanden.

Saison/Öffnungszeiten:
Ganzjährig, 9 Uhr bis Abenddämmerung

Eintritt:
(ausgenommen Sonderveranstaltungen)
Kinder bis 5 Jahre frei.
01.11. bis 28.02.: € 2,–, Ermäßigte € 1,–,
01.03. bis 31.10.: € 3,–, Ermäßigte € 1,50
Jahreskarte 2022: € 30,– (Erwachsene),
€ 15,– (Schüler)

Verpflegung:
Picknick, Café, Milchbar, Imbisskioske, Restaurants

Gärten der Welt

Die Gärten der Welt – an einem Tag rund um den grünen Globus

In den Gärten der Welt kann man an nur einem Tag auf Weltreise gehen: Exotische Blumen bewundern, beeindruckende Gartenarchitektur erleben, fremde Kulturen entdecken, auf Spielplätzen toben oder einfach die Seele baumeln lassen.

Die grüne Vielfalt entdecken
In zehn Themengärten und neun internationalen Gartenkabinetten trifft Tradition auf zeitgenössische Gartenkunst. Als elfter großer Themengarten ergänzt ab Frühjahr 2021 der Jüdische Garten den Dialog der Kulturen, Religionen und Weltanschauungen.
Inspiration bieten auch die Gartenkabinette mit ihrer atemberaubenden Architektur. Die Wassergärten der Promenade Aquatica, der Rosengarten und der Rhododendronhain bereichern das Gartenerlebnis.
Unsere kleinen Gäste können sich nicht nur im Irrgarten austoben, sondern auch in drei fantastischen Spielwelten abtauchen. Diese bekommen ab Frühjahr 2021 mit dem 800 m² großen Spielplatz „Konrad in den Blumenwipfeln" Zuwachs. Analog zu den bereits bestehenden drei Spielangeboten ist auch dieser von Erich Kästners Klassiker „Der 35. Mai" inspiriert. Schon Kleinkinder können zukünftig auf einem Kletterparcours in Form von riesigen schwebenden grünen Teppichen, unter überdimensionalen bunten Blumen, spielen.

© Konstantin Börner

Deine einmalige Anreise mit der Seilbahn

© Ole Bader

Die barrierefrei ausgebaute Seilbahn verbindet nicht nur die Bezirke Marzahn und Hellersdorf, sondern ermöglicht den Besucher*innen einen einmaligen Blick auf die Skyline der Hauptstadt und die 43 Hektar großen Gärten der Welt. Die Seilbahnstation Kienbergpark/Gärten der Welt ist mit der U5 vom Hauptbahnhof in nur 35 Minuten zu erreichen.
Viel Spaß bei Deinem Abenteuer in den Gärten der Welt.

Wichtig!

Adresse:
Gärten der Welt
Blumberger Damm 44
12685 Berlin
Tel. 030/700906-720
www.gaertenderwelt.de
besucherzentrum@gaertenderwelt.de
Öffnungszeiten und Eintritt:
siehe unter www.gaertenderwelt.de

Zoo, Aquarium und Tierpark Berlin

Die deutsche Hauptstadt ist bekanntlich sehr vielseitig – dies vor allem auch aus zoologischer Sicht. Bedingt durch die ehemalige Teilung Berlins, verfügt die Stadt als einzige Deutschlands über zwei große zoologische Einrichtungen: den Zoo Berlin im ehemaligen Westteil sowie den Tierpark Berlin im Osten. Während der Zoo als ältester Deutschlands einen sehr historischen Charakter besitzt, beeindruckt der Tierpark als größter Tierpark Europas mit seiner einzigartigen Parklandschaft.

Wichtig!

Adressen:
1. Zoologischer Garten Berlin AG
Hardenbergplatz 8,10787 Berlin
www.zoo-berlin.de, info@zoo-berlin.de
2. Aquarium Berlin
Budapester Straße 32, 10787 Berlin
www.aquarium-berlin.de, info@zoo-berlin.de
3. Tierpark Berlin-Friedrichsfelde GmbH
Am Tierpark 125, 10319 Berlin
www.tierpark-berlin.de, info@tierpark-berlin.de

Öffnungszeiten/Eintritt:
siehe jeweilige Webseite

Verpflegung: Imbiss, Café, Restaurant

Die Zoologischen Gärten Berlin – ein Verbund aus Zoo, Tierpark und Aquarium – sind heute das Zuhause von über 28.000 Tieren aus knapp 1.800 verschiedenen Arten. Damit gilt Berlin als die artenreichste Stadt der Welt!

Zoo Berlin

Der Zoo Berlin – ein Zoo der Superlative! Er ist nicht nur der älteste sowie meistbesuchte Zoo Deutschlands, sondern auch der artenreichste weltweit. Zu seinen Bewohnern gehören unter anderem die einzigen Großen Pandas in Deutschland!

Aquarium Berlin

Das Aquarium Berlin ist eines der bekanntesten und bedeutendsten Aquarien Europas. Hinter historischen Fassaden tauchen Besucher ein in die fantastische Welt der Medusen, Echsen und gärtnernden Ameisen und können die spektakulärsten Farben und Formen bewundern, die das Tierreich zu bieten hat!

Tierpark Berlin

Abseits vom Trubel der Großstadt, im Stadtteil Friedrichsfelde, erstreckt sich der Tierpark Berlin auf 160 Hektar – der größte Tierpark Europas! Dort umgibt das historische Schloss Friedrichsfelde eine weitläufige, abwechslungsreiche Parklandschaft, in der knapp 8.000 Tiere aus über 600 verschiedenen Arten leben.

Per Click in die Freizeit

Archäologische Museen
Hagen: www.historisches-centrum.de
Herne: www.lwl-landesmuseum-herne.de
Inden: www.geschichtsverein-inden.de
Köln:
www.roemisch-germanisches-museum.de
Königswinter:
www.siebengebirgsmuseum.de
Oerlinghausen:
www.afm-oerlinghausen.de
Xanten: www.apx.lvr.de

Burgen/Schlösser
Borgholzhausen: www.burg-ravensberg.de
Brühl: www.schlossbruehl.de
Düsseldorf: www.schloss-benrath.de
Höxter: www.schloss-corvey.de
Isselburg-Anholt: www.schloss-anholt.de
Mechernich: www.burgsatzvey.de
Münster: www.erbdrostenhof.de
Ratingen: www.schlosslinnep.de
Solingen: www.schlossburg.de
Tecklenburg: www.habichtswald.com

Diverse Museen
Aachen: www.aachenerdom.de
www.couven-museum.de
www.izm.de (Internationales Zeitungsm.)
Bedburg-Hau: www.moyland.de
Bonn: www.hdg.de (Haus der Geschichte)
Dortmund: www.baukunstarchiv.nrw
Düsseldorf: www.kunstsammlung.de
www.smkp.de (Kunstpalast)
Essen: www.alte-synagoge.essen.de
www.red-dot-design-museum.de
Köln: www.farina-haus.de
www.kollwitz.de
www.museum-ludwig.de
www.odysseum.de
www.skulpturenparkkoeln.de
www.sportmuseum.info
Münster: www.lepramuseum.de
Neuss-Holzheim: www.inselhombroich.de
Oberhausen: www.industriemuseum.lvr.de

Diverse Freizeitparks
Datteln: www.freizeitpark-klaukenhof.de
Gelsenkirchen: www.alma-park.de
Kalkar: www.wunderlandkalkar.eu
Kevelaer-Twisteden: www.irrland.de
Neuss: www.jever-skihalle.de
Solingen: www.tiki-kinderland.de

Zoo/Wildparks
Bochum: www.tierpark-bochum.de
Brüggen:
www.natur-und-tierpark-brueggen.de
Duisburg: www.zoo-duisburg.de
Krefeld: www.zookrefeld.de
Königswinter: www.nibelungenhalle.de
Münster: www.allwetterzoo.de
Rheinberg: www.terrazoo.de
Rheine: www.naturzoo.de

Nordrhein-Westfalen 135–193

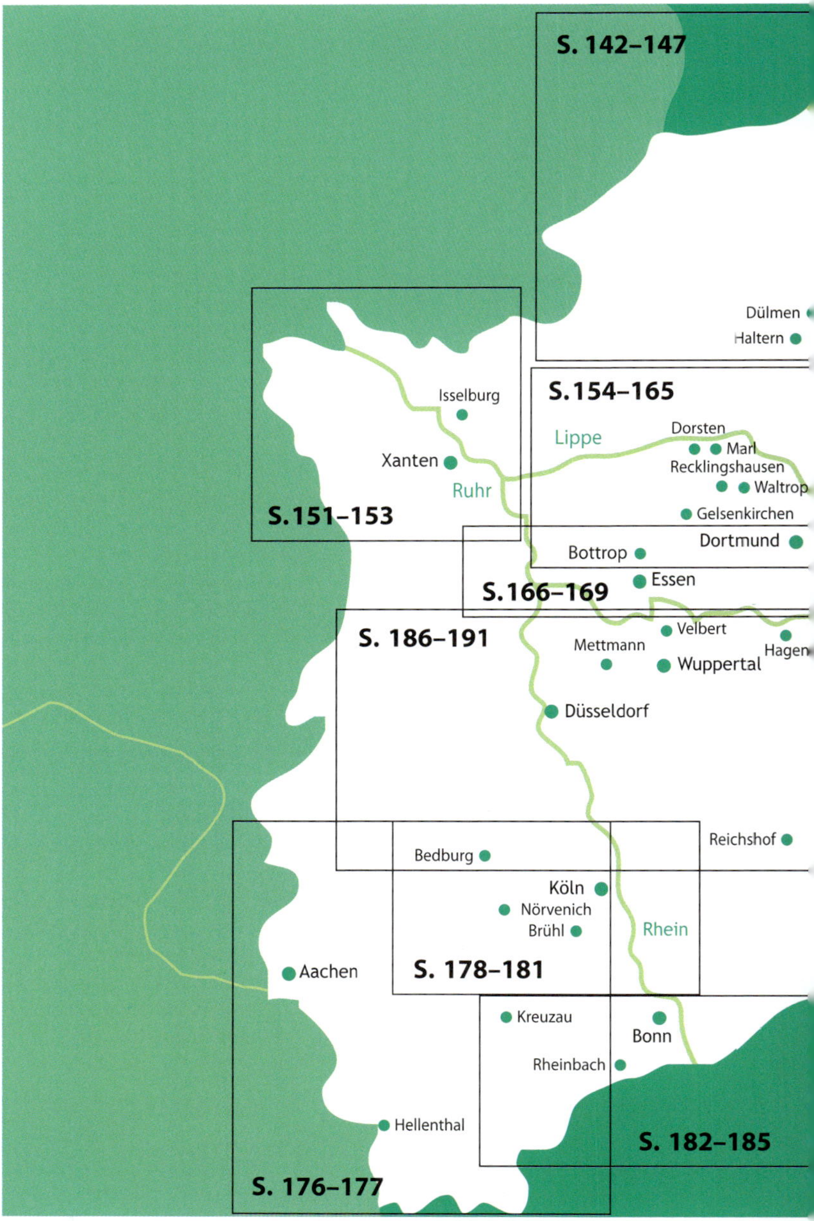
S. 142–147
Dülmen
Haltern
S. 154–165
Isselburg
Lippe
Dorsten
Marl
Recklinghausen
Waltrop
Xanten
Ruhr
Gelsenkirchen
S. 151–153
Dortmund
Bottrop
Essen
S. 166–169
S. 186–191
Velbert
Mettmann
Hagen
Wuppertal
Düsseldorf
Reichshof
Bedburg
Köln
Nörvenich
Brühl
Rhein
Aachen
S. 178–181
Kreuzau
Bonn
Rheinbach
Hellenthal
S. 182–185
S. 176–177

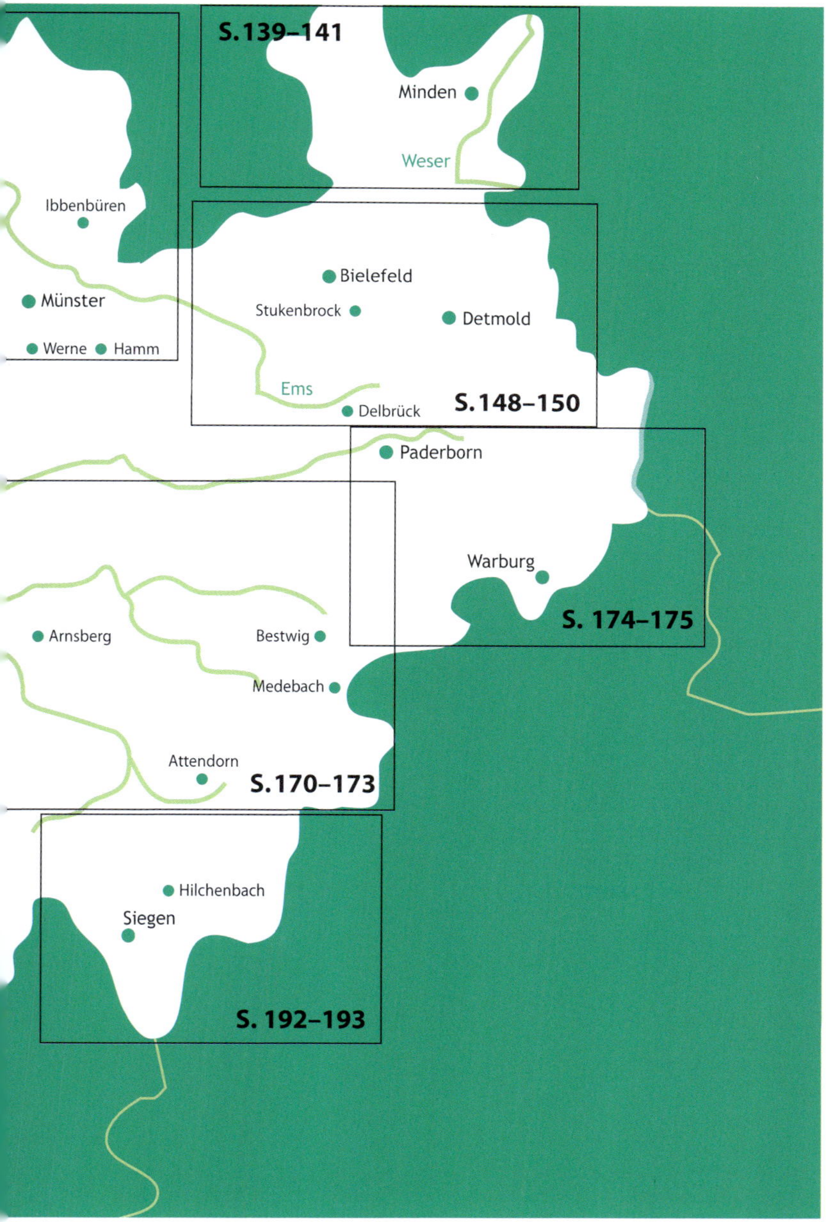
S.139–141
Minden
Weser
Ibbenbüren
Münster
Werne
Hamm
Bielefeld
Stukenbrock
Detmold
Ems
Delbrück
S.148–150
Paderborn
Warburg
S. 174–175
Arnsberg
Bestwig
Medebach
Attendorn
S.170–173
Hilchenbach
Siegen
S. 192–193

Westfälische Mühlenstraße

Deutschlandweit ist der Kreis Minden-Lübbecke bekannt unter dem Namen „Mühlenkreis". Einzigartig macht die Region die Menge und Vielfalt an historischen Wind-, Wasser- und Rossmühlen. Diese Zeugnisse der allerersten Industrialisierung auf dem Land sind heute wieder in Betrieb – das aber nicht mehr für das tägliche Brot, sondern für den Sonntagsausflug.
43 dieser Mühlen, darunter auch die einzige mahlfähige Schiffmühle Deutschlands als originalgetreuer Nachbau, bilden zusammen die Westfälische Mühlenstraße. Dieses einzigartige Freilichtmuseum erstreckt sich entlang Weser und Wiehengebirge über den gesamten Kreis Minden-Lübbecke und verbindet alle Ortschaften des Kreises miteinander. Per Rad oder Pkw kann man so Kulturgeschichte „erfahren", westfälische Spezialitäten probieren und kommt dabei zu den schönsten Orten und Landstrichen im Mühlenkreis. Der Wanderweg Mühlensteig durchzieht auf einer Länge von 70 km das Wiehengebirge und bietet neben herrlichen Ausblicken interessante Abstecher zu Mühlen beidseits des Mittelgebirgszuges.

Öffnungstage und Angebote der Mühlen werden jährlich im Mahl- und Backprogramm des Mühlenkreises veröffentlicht.

Wichtig!

Adresse:
Mühlenkreis Minden-Lübbecke
Postfach 2580, 32382 Minden
Tel. 0571/807-23170
www.muehlenkreis.de
info@muehlenkreis.de
Hier erhalten Sie Infos zur Westfälischen Mühlenstraße, Kartenmaterial und das Mahl- und Backprogramm.

Öffnungszeiten:
gemäß Mahl- und Backprogramm (ca. März bis Okrober an Sonn- und Feiertagen) sowie Gruppen jederzeit auf Anfrage

Eintritt:
Überwiegend kostenlos, teilweise mit Voranmeldung (für Gruppen)

Verpflegung:
An Mahl- und Backtagen; für Gruppen nach Absprache. Picknick immer möglich.
Einige Mühlen sind mit einer Restauration verbunden.

Museumshof Rahden

Der kleine, aber sehr sehenswerte Museumshof in Rahden ist ein idyllisches Kleinod in der nördlichsten Stadt NRWs. Seine Gebäude wurden alle auf verschiedenen Gehöften der Region abgetragen, liebevoll restauriert und hier als Ensemble wieder aufgebaut.

Der Besucher findet ein vollständig eingerichtetes Bauerngehöft mit seinem vielfältigen Drum und Dran, wie es im 19. Jahrhundert einmal ausgesehen hat. Die gesamte Inneneinrichtung besteht aus Originalstücken und wurde mit Liebe zum Detail zusammengetragen. Im Obergeschoß des Speichers und in der Wagenremise werden Werkzeuge und Geräte des ländlichen Handwerks gezeigt, die zum bäuerlichen Lebens- und Wirtschaftsbereich gehörten.
Mit großer Sorgfalt wurden alle Geräte für die Flachsbearbeitung hergerichtet; denn dieses Hausgewerbe war in Rahden bis zur Mitte des vorigen Jahrhunderts sehr wichtig.
Tauchen Sie während einer Führung in die Vergangenheit ein, erkunden Sie den Museumshof per Audioguide auf eigene Faust oder besuchen Sie uns an einem unserer Aktionstage. An diesen Tagen ist die Rossmühle in Betrieb, es gibt leckeren Kuchen aus dem historischen Steinbackofen und es erwartet Sie ein abwechslungsreiches Programm für Groß & Klein.
Ein besonderes Highlight im Jahr stellt der Mittelalterliche Markt dar, wenn sich der Museumshof zu einem Schauplatz längst vergangener Zeit verwandelt. Zu Füßen der alten Burgruine schlagen mehr als ein Dutzend mittelalterliche Gruppen und zahlreiche Händler ihre Lager auf und nehmen Sie mit auf eine Reise in die Vergangenheit.
Die BesucherInnen können sich von Gauklern, Spielmännern mit Schweinetrommeln oder einem Schwertkampf begeistern lassen. Damit niemand hungrig nach Hause geht werden zahlreiche Essenstände den Gaumen der Gäste mit Speis und Trank verwöhnen.

Wichtig!

Adresse:
Museumshof Rahden
Museumshof 1, 32369 Rahden
Tel. 05771/2282, museumshof@rahden.de
www.museumshof-rahden.de
Saison: Mitte März bis Mitte Oktober
Öffnungszeiten:
Di-Sa 13-18 Uhr / So und Feiertag 10-18 Uhr
Eintritt: Erw. € 4,–/ Kinder bis 15 Jahre frei

potts park in Minden/Dützen

DER Familien-Erlebnispark mit Science Center für Kinder und Erwachsene von 0 – 99 Jahren!

Hier gibt es in einer gepflegten Parkanlage abenteuerliche Fahrattraktionen wie die einmalige „TURBO-Drachen", die Motorschaukeln „Fliegender Fisch", die Wildwasserbahn „pottwal" und die Achterbahn „potts Blitz", aber auch Karussells für Groß und Klein sowie noch viele weitere tolle Spiel- und Spaßattraktionen, bei denen besonders Wert auf Aktivität gelegt wird. Die einmalige Riesenwohnung mit 500 m^2 Fläche lässt die Großen (!) kaum über die Tischkante schauen. Im Science Center „Terra phänomenalis" locken über 130 Exponate, die mit dem Zerrraum, verschiedenen Spiegeleien und dem beeindruckenden Spiegeldom ihren Höhepunkt finden. Etwa 5.500 m^2 der Parkangebote sind überdacht, sodass sich auch bei weniger gutem Wetter Kurzweil bietet. Für den Nachwuchs gibt es im überdachten Kinderland viele Spielanlagen (auch für die Kleinsten).

Seit einigen Jahren legt der potts park sehr viel Wert auf die Thematisierung neuer und bereits vorhandener Bereiche. Somit entsteht seit 2017 der sogenannte „Steinzeitbereich" und die maritim thematisierten Fahrgeschäfte finden im Themenbereich „Meer & mehr" ihren Platz.

Weiterhin befinden sich eine Miniachterbahn, zahlreiche originelle Karussells, mehrere interaktive Spiele, ein Wasserspielgarten und vieles mehr auf dem Parkgelände. potts park bietet allen Altersklassen einen Riesenspaß und aktualisiert ständig sein attraktives Angebot.

Wichtig!

Adresse:
potts park, Erlebnispark mit Science Center
Bergkirchener Str. 99
32429 Minden-Dützen
Tel. 0571/51088, Fax 0571/5800421
www.pottspark-minden.de
info@pottspark-minden.de
Facebook: POTTS PARK Minden
Instagram: pottspark

Anfahrt: In Minden und Porta Westfalica ausgeschildert („Minden-West" folgen)

Saison: März – Oktober
(Öffnungstage auf Website beachten)

Tagesöffnungszeiten:
März – Sept. 10 – 18 Uhr, Okt. 10 – 17.30 Uhr

Eintritt: Aktuelle Preise finden Sie auf unserer Homepage

Verpflegung: SB-Gastronomie, Kioske, offene Grillhütten und Picknickplätze

Das Münsterland

Mehr als hundert Wasserschlösser und Wasserburgen verteilen sich über dieses klassische Bauernland, erbaut von mächtigen Adelsgeschlechtern. Aber auch die Gehöfte sind große Gebäude – die fruchtbaren Böden des Münsterlandes brachten stolze, wohlhabende Bauern hervor. Getreideanbau und Viehzucht begründeten den Reichtum dieser Landschaft, und besonders berühmt ist die hiesige Pferdezucht. Warendorf gilt als Zentrum des deutschen Reitsports, das Wildgestüt im Merfelder Bruch zieht jedes Jahr Zigtausende Besucher an, wenn die einjährigen Hengste eingefangen und versteigert werden.

Freizeitpark Ketteler Hof

Wichtig!

Adresse:
Freizeitpark Ketteler Hof
Rekener Straße 234
45721 Haltern-Lavesum
Tel. 02364/3409
www.kettelerhof.de, info@kettelerhof.de
Anfahrt: Über die A 43 Wuppertal-Münster, Abfahrt 7 – Lavesum. Dann noch 3 km in Richtung Reken.
Saison: Ende März bis Ende Oktober
Öffnungszeiten: Täglich von 9 bis 18 Uhr
Eintritt:
Tageskarte (ab 2 Jahren) € 14,– p. P.,
Saisonkarte (ab 2 Jahren) € 68– p. P.,
Sonderpreise für Schulen und Kindergärten, ab 20 Pers. (ab 2 Jahren) € 12,– p. P.,
Sommerrodelbahn:
pro 2-Pers. Schlitten € 1,–,
Bollerwagen Tagesmiete € 5,–,
Hunde nicht gestattet.
Verpflegung:
Grillen (die Nutzung eines eigenen Grills ist aus Sicherheitsgründen nicht erlaubt), Picknick, Imbiss, Waffelhäuschen

Super Kinderspiele-Welt! Im Freizeitpark Ketteler Hof werden schon die ganz Kleinen mit einem großen Angebot bedient: Es gibt Tiergehege, das Wichteldorf, die Junior-Spielanlage und einen Märchenwald. Größere Kinder toben sich auf dem Riesen-Sprungkissen aus oder sind im Räubernest oder auf der neuen Reifenrutsche zu finden. Weitere Vergnügungen: Schlauchboot-Wasserrutsche, Wasser-Sand-Spielplätze, Abenteuer-Minigolf, Bauernhof, Wall Holla, Wellenrutsche, Hafen mit Flößen, Tubingbahn, das Bergwerklabyrinth und der Motorik Trail. Freunde der Bratwurst werden von den Allwetter-Grillplätzen angetan sein, Hunde sind allerdings nicht erlaubt.

Solebad Werne

Im Frühjahr 2019 feierte das Solebad Werne seine Neueröffnung. Erholungssuchende dürfen sich im modernsten und größten Solebad der Region auf 560 m^2 große Solebecken mit Massagedüsen, Sprudelliegen und Schwallduschen freuen. Das große Becken ist in 3 Funktionsbereiche aufgeteilt, damit Gäste ihre Bahnen schwimmen, am Aktivprogramm teilnehmen oder einfach mal die Seele baumeln lassen können. Solewasser hat in Werne bereits seit fast 150 Jahren Tradition. Die wohltuende Wirkung entfaltet sich im angenehmen 32 °C warmen Solewasser, in dem jede beanspruchte Muskulatur entspannt. Durch den hohen Solesalzgehalt von 6 % genießt man den schwebenden Zustand – und das ganzjährig unter freiem Himmel. Als besonderes Highlight ist eine tägliche Solegymnastik kostenlos enthalten.

Wer zwischen den Aktivitäten eine Pause braucht, der findet in den vielzähligen Ruheräumen mit Wasserbetten, im Kaminzimmer oder im Wintergarten stets die passende Erholungsmöglichkeit. In der finnischen Textilsauna oder im Dampfbad können die Badegäste Wärme tanken.

Für den gesunden Appetit bietet das Team der Gastronomie „Strobels im Solebad" kulinarische Köstlichkeiten an. Die Gastronomie ist auch für Gäste geöffnet, die nicht das Solebad besuchen. Im neuen Familien- und Sportbereich erwartet einen neben dem Multifunktionsbecken und 25-Meter-Sportbecken mit Sprunganlage ein Familien- und Kleinkindbereich mit Liegemöglichkeiten und Kleinkindbecken. Für Spaß und Action sorgt die 80-Meter-Röhrenrutsche inklusive Zeitmessung und LED-Effekten.

In der Sommersaison (ca. Mai bis Sept.) wird das Angebot um einen Freibadbereich und einladenden Außenplanschbereich mit Sonnensegel und Wasserspielgarten ergänzt.

Wichtig!

Adresse: Solebad Werne
Am Hagen 2, 59368 Werne
Tel. 02389/9892-0, Fax 02389/9892-200
www.solebad-werne.de, info@solebad-werne.de

Anfahrt: Über A1, Abfahrt Hamm/Werne.
Das Bad liegt im Stadtzentrum ausgeschildert

Öffnungszeiten: Di.–Mi. 6–20 Uhr,
Do.–Fr. 6–21 Uhr, Sa. 7–21 Uhr, So./FT 7–20 Uhr

Eintritt: Familien- und Sportbad:
2h: Erw. € 4,90,
Kinder/Jugendliche € 2,90, Familien: € 12,70
Tageskarte: Erw. € 6,60,
Kinder/Jugendliche € 4,–, Familien: € 17,20
Solebad inklusive Familien- und Sportbad:
Tageskarte: Erw. € 10,50,
Kinder/Jugendliche € 6,90, Familien € 27,90
Endspurtkarte (gültig für die letzte
Stunde vor Badeschluss): € 4,50 / € 3,–

Verpflegung:
Gastronomie „Strobels im Solebad"

Adventurebox Escape Room Münster

Einmalige Escape Rooms:

Ob Katastrophenalarm im Chemielabor, ein Einbruch in die Galerie eines Kunstdiebes oder der Start einer Zeitmaschine. In unseren Escape Rooms erlebt man Abenteuer, die noch lange in Erinnerung bleiben werden. Eintauchen in das Szenario und ein Freizeitvergnügen erleben, das fesselnder ist als Kino und herausfordernder als Computerspiele. So erkundet man die detailliert ausgestatteten und hoch technisierten Escape Rooms, folgt den Hinweisen und entlockt den Räumen ihre Geheimnisse. Eine Stunde hat man Zeit, die abenteuerliche Mission zu erfüllen!

Adventurecity: spielerisches Sightseeing in Münster

Das Adventurecity Programm bietet eine neue Möglichkeit, Münsters attraktive Innenstadt innovativ und interaktiv zu erkunden. Ausgestattet mit einem iPad, führt die digitale Schnitzeljagd zu interessanten Orten in der Altstadt und vermittelt spielerisch Münsters Besonderheiten.
Neben der Sightseeing-Tour bieten wir eine gleichermaßen spannende wie unterhaltsame Krimi-Tour an, in der die Spieler zu Kriminologen ausgebildet werden. Besonderer Nervenkitzel kommt auf, wenn die Tour in Teams gegeneinander gespielt wird.

Wichtig!

Adresse:
Adventurebox Münster
Friedrich-Ebert-Straße 114
48153 Münster
Tel. 0251-97564701
www.adventurebox-muenster.de
office@adventurebox-muenster.de

Öffnungszeiten:
Di.–So. 10–23 Uhr;
montags geschlossen

Eintritt:
Escape Rooms:
Für Gruppengrößen von 2 bis 18 Personen, ab € 19,– pro Person
Adventurecity-Stadtrallyes:
Für Gruppengrößen von 6 bis 200 Personen, ab € 35,– pro Person

Maximare – Erlebnistherme Bad Hamm

Das Maximare Hamm ist eine der größten und vielfältigsten Erlebnisthermen der Region. Mit überdachtem 50m-Sportbecken, einer Aquawelt mit Wellen- und Erlebnisbecken, zwei Eventrutschen (u.a. Wildwasserbach „RioMare" 100m) einem Whirlpool und dem Trollaland für Kids. Verlockend ist das Baden im 33°C warmen Außensolebecken. Gesund und erholsam Schwitzen kann man nebenan in der Saunawelt. Sieben verschiedene Saunatypen stehen im Innen- und Außenbereich (3500m² Saunagarten) zur Verfügung. Eventaufgüsse finden in der Multimediasauna „ArenaMare" statt. Hier finden bis zu 100 Gäste Platz. Völlige Ruhe dagegen in der Sinnes- oder Salzsauna oder im Grotto-Geysir. Die Erdsauna versprüht den Hauch urigen Polarholzes, heiß her geht es im Fegefeuer. Die Solegrotte befreit die Atemwege, im Ruhe- und Liegehaus sammeln Sie neue Kräfte. Wohltuend ist ein Bad im 31°C warmen Sauna-Außenbecken. Sowohl in der Aqua- als auch in der Saunawelt gibt es ein Kalt/Warmbecken und eine breit aufgestellte Gastronomie.

Nachhaltigkeit & gesunder Genuss erwartet Sie in der Wellnesswelt NATUR. Erleben Sie Wohlfühlmomente in den Räumen „Moos", „Heu", „Birke" oder „Bambus". Asien trifft hier auf Europa. Genießen Sie traditionelle chinesische Massagen von Meisterinnen aus Dalian/China.

Wichtig!

Adresse: Maximare – Erlebnistherme Bad Hamm GmbH, Jürgen-Graef-Allee 2 59065 Hamm, Tel. 02381/8780 www.maximare.com, info@maximare.com
Anfahrt: Über die A 1 Ausfahrt Hamm/Bergkamen, über die A 2 Ausfahrt Hamm/Werl oder Hamm/Uentrop
Saison: Ganzjährig
Öffnungszeiten:
Aquawelt: Mo.–Fr. 8–22 Uhr, Sa.+So.+Ft. 9–22 Uhr;
Saunawelt: tägl. 9–23 Uhr, Mo. Frauensauna
Eintritt:
Aquawelt inkl. Sportbad: Erw. 3 Std. € 10,50, Kinder (ab 1 m Größe) 3 Std. € 7,–, Tageskarte Erwachsene € 11,50; Familien- und Freundekarte (5 Pers.): Mo.–Fr. € 27,–, Sa./So. € 32,–.
Sauna inkl. Aquawelt & Sportbad: Mo.–Fr.: 4 Std. € 22,–/Tag € 24,–; Sa./So./Feiertage: 4 Std. € 24,–/Tag € 26,–
Weitere Eintrittspreise: www.maximare.com
Verpflegung: Sauna Lounge (Saunawelt), AquaSnack (Aquawelt), Café Mare (Foyer)

Abenteuer Wildpferde!

Wenige Kilometer westlich der Stadt Dülmen existiert schon seit frühesten Zeiten eine Herde wilder Pferde – die Wildpferde im Merfelder Bruch.

Weitab von der Hektik des Alltags hat man die Möglichkeit, von März bis zum 1. November, einen Ausflug in die Wildpferdebahn des Merfelder Bruchs zu unternehmen, wo man eine friedlich grasende Herde, belebt von umhertollenden und wild spielenden Fohlen erleben können. Bezogen auf ihre Lebensweise sind die Wildpferde sich selbst überlassen, folgen ihren Instinkten und sind nicht nur an das Nahrungsangebot, sondern auch an jegliche Witterungsverhältnisse in ihrem Lebensraum angepasst.

Für den Erhalt der Wildpferde ist es notwendig, die ab einem Jahr geschlechtsreif werdenden Hengste aus der Herde herauszufangen, um unter anderem Rivalitäten untereinander zu vermeiden. Dieser Wildpferdefang findet alljährlich am letzten Samstag im Mai statt. Tausende Besucher zieht es an diesem besonderen Tag in das Naturschutzgebiet Wildpferdebahn im Merfelder Bruch.

Wichtig!

Adresse: Wildpferdebahn
Merfelder Bruch, 48249 Dülmen
Auskunft: Herzog von Croÿ'sche Verwaltung
Tel. 02594/963-0, www.wildpferde.de
Dülmen Marketing; Tel. 02594/12345
Saison: März/April bis einschl. 1. November
Öffnungszeiten: Sa., So. und an Feiertagen in NRW von 10–18 Uhr (Einlass bis 17.30 Uhr)
Eintritt: Erwachsene € 3,–, Kinder € 1,50
Führungen Anfang März bis Ende Oktober, montags bis freitags (außer an Feiertagen)
Terminvereinbarung: Tel. 0170 3478005,
Eintrittspreise zzgl. je Gruppe € 40,–
Eintrittspreise zzgl. je Schulklasse € 30,–
Wildpferdefang Tribünenkarten für den Wildpferdefang: www.wildpferde.de

Sommerrodelbahn Ibbenbüren

Rasant, märchenhaft und erlebnisreich geht es im Freizeitpark Sommerrodelbahn in Ibbenbüren zu. Ganz ohne Schnee düsen hier große und kleine Rodelfans auf klassischen Holzschlitten einen 100 m langen Hang hinab. Und das mit Tradition: Schon seit 1926 sausen die Besucher auf der sommerlichen Piste inmitten des Teutoburger Waldes hinunter. Damit blickt der Familienbetrieb mit der ältesten Sommerrodelbahn Deutschlands auf eine lange Geschichte mit einigen Erweiterungen zurück. Nach und nach kamen ein Kinder-Autoscooter und ein Oldtimer-Express hinzu. Im Jahr 1958 eröffnete der Märchenwald, der liebevoll und naturbelassen in das Gelände eingebettet ist. Rotkäppchen, der gestiefelte Kater und weitere Klassiker laden zwischen Burgen, Schlössern und Höhlen zum Lauschen und Staunen ein. Zum Austoben steht abschließend ein großer Spielpatz zur Verfügung. Besondere Entdeckungen verspricht auch die „Reise um die Welt“. Dort sehen die Weltenbummler unter anderem den Ägyptern beim Bau der Pyramiden zu, erkunden den Dschungel Afrikas oder gehen mit einem Indianerstamm auf Jagd. Gäste finden im Park eine Eis- und Kaffeestation sowie zahlreiche Picknickplätze, an welchen Selbstmitgebrachtes verzehrt werden kann.

Wichtig!

Adresse:
Sommerrodelbahn
Münsterstraße 265, 49479 Ibbenbüren
Tel. 05451/3226, Fax 05451/78002
www.sommerrodelbahn.de
info@sommerrodelbahn.de
Anfahrt: Ibbenbüren liegt rund 30 km nördlich von Münster am Kreuzungspunkt der A 1 und der A 30
Öffnungszeiten und Eintrittspreise:
www.sommerrodelbahn.de
Allgemeines: Verweildauer: circa 3 Stunden
Geeignet für Kinder von 2 bis 8 Jahren
Rodelbetrieb witterungsbedingt
(nicht bei Regen)
Verpflegung:
Picknick, Eis- und Kaffeestation

Teutoburger Wald

Was waren das noch für Zeiten, als der Germane Arminius mit seinen Scharen nahe Detmold das Heer des Q. Varus vernichtend schlug – daheim in Rom greinte Kaiser Augustus: „Varus, gib mir meine Legionen wieder!" In Erinnerung an die Tat des Arminius ließ man in nationalistischen Tagen das Hermannsdenkmal bauen, immer noch Anziehungspunkt vieler Ausflugsfahrten. Der Teutoburger Wald, das „Grüne Dach Nordrhein-Westfalens", ist heute Naherholungsgebiet für Wochenendausflügler aus dem „Ruhrpott", die es ins Mittelgebirge und seine Mischwald- und Flurlandschaften zieht.

LWL – Freilichtmuseum Detmold

Lust auf eine Wanderung durch die westfälische Kulturgeschichte? Von der Wassermühle im Osnabrücker Land bis zum Lippischen Meierhof sind es hier nur wenige Meter: Auf 90 Hektar präsentiert das LWL-Freilichtmuseum Detmold fast 120 meist historisch eingerichtete Gebäude aus den verschiedenen Regionen Westfalens. 500 Jahre westfälische Vergangenheit an einem Tag: In Deutschlands größtem Freilichtmuseum sind neben einfachen Häusern armer Kötter über prachtvolle Hofanlagen bis hin zur Dorfgemeinschaft oder der Tankstelle aus den 1960er Jahren auch zahlreiche alte Handwerke in Aktion zu erleben. Allesamt eingebettet in die reizvoll ursprüngliche und doch eigens angelegte Kulturlandschaft. Als Grundlage ländlichen Lebens werden hier die Äcker und Wiesen, Hecken, Wälder und Gärten ebenso sorgsam gepflegt wie inzwischen selten gewordene Pflanzensorten und alte Haustierrassen. Mit Themenjahren und modernen Sonderausstellungen bietet das Freilichtmuseum aber ebenso einen aktuellen Bezug zur Gegenwart.

Wichtig!

Adresse:
LWL – Freilichtmuseum Detmold
Krummes Haus, 32760 Detmold
Tel. 05231/706-0, Fax 05231/706 106
www.lwl-freilichtmuseum-detmold.de
lwl-freilichtmuseum-detmold@lwl.org

Saison/Öffnungszeiten:
01. April bis 31. Okt., täglich von 9–18 Uhr, montags geschlossen (wenn kein Feiertag)

Eintritt:
Erwachsene € 8,–
Kinder und Jugendliche (unter 18 J.) frei

Verpflegung:
Picknickplätze, zwei Gaststätten

Tierpark Nadermann

Viele Großkatzenarten! Eine beeindruckende Vielzahl von unterschiedlichen Tierarten bewohnt den Tierpark Nadermann. Zum Beispiel die vielen Großkatzenarten wie Tiger, Löwen, Jaguare, Leoparden oder Geparden, aber auch die Klein- und Schleichkatzen sind faszinierend anzusehen. Ihre Kraft und Agilität, die Eleganz und Gewandtheit, mit der sie sich bewegen, ziehen große und kleine Besucher immer wieder in ihren Bann. Auch bei den majestätischen Greifvögeln, bei Weißstörchen oder Papageien verweilt man gern. Auch Zebras, Lamas, Kamele, Guanacos, Rentiere und viele weitere Huftiere warten noch auf Besuch. Die kleinen Javaner-Affen sind immer zu Späßen aufgelegt. Etwas gemächlicher gehen es die Ponys an, wenn sie mit ihren Reitern ein paar Runden drehen. Ponyreiten, Minibahnfahrt, der riesige Erlebnisspielplatz mit Klettergerüsten, Trampolinen, Mini-Scooter, Karussells, Riesenrutsche und Nautic Jet etc. machen den Tag für Kinder so richtig „rund". Das vielfältige Angebot ist auch der richtige Background, wenn man z. B. seinen persönlichen Erlebnis-Tag gestalten möchte. Vom Kindergeburtstag über Klassenausflug und Kegeltour bis Seniorennachmittag oder Betriebsausflug – hier wird der passende Rahmen geboten.

Wichtig!

Adresse: Tierpark Nadermann
Grafhörsterweg 5, 33129 Delbrück-Schöning
Tel. 05244/5163 oder 902930
Fax 05244/902931
www.tierpark-nadermann.de
info@tierpark-nadermann.de

Anfahrt:
Der Delbrücker Ortsteil Schöning liegt an der B 64 zwischen Rheda-Wiedenbrück und Paderborn, ab dort ausgeschildert.

Saison: witterungsabhängig, allgemein von Mitte/Ende März bis Anfang/Mitte Nov.

Öffnungszeiten: 10–18 Uhr

Eintritt: Erwachsene ab 16 Jahren € 8,–
Kinder ab 3 Jahren € 5,–

Verpflegung: Café-Restaurant mit großer Terrasse mitten im Tierpark, jeden Samstag und Sonntag großes Frühstücksbuffet (Tischreservierung erforderlich).

Safariland Stukenbrock

Das Safariland Stukenbrock hat sein Angebot seit 2019 deutlich erweitert. Das Safari-Gebiet zum hautnahen Erleben der wilden Tiere sowie der Vergnügungspark mit über 30 Karussells und Attraktionen sind geblieben. Neu hinzugekommen sind ein Erlebnisresort zum Übernachten in hochwertigen, klimatisierten Safari-Lodges oder Safari-Zelt-Lodges sowie ein weitläufiger Indoor-Spielpark „Kattas Welt".

Wildlife hautnah, Spaß, Shows und Action für die ganze Familie – das alles bietet das Safariland Stukenbrock auf 65 Hektar in der Sennelandschaft am Fuße des Teutoburger Waldes.

Mehr als 600 Tiere, darunter weiße Tiger und Löwen, Giraffen und Zebras leben im Safariland. Besucher können im eigenen Auto oder via Safaribus durch das Safari-Areal fahren, um die schönen Vierbeiner in freier Wildbahn zu beobachten.

Das Safariland bietet Safaritour im Wildlife-Zoo und Vergnügungspark in einem. Denn zahlreiche Fahrattraktionen wie Europas höchste Wildwasserbahn, die legendäre Marienkäferbahn, eine Wasserlandschaft für Kinder und ein Kletterpark über dem Gepardengehege gehören mit zum breitgefächerten Familien-Programm. Der neue Dschungel-Spielplatz „Kattas Welt" bietet auch bei Regenwetter überdachten Platz zum Spielen, Toben, Klettern und Rutschen.

Ein Besuch im Safariland Stukenbrock ist für die ganze Familie ein einmaliges Erlebnis.

Wichtig!

Adresse:
Safariland Stukenbrock
Mittweg 16, 33758 Schloß Holte-Stukenbrock
Tel. 05207/952410, Fax 05207/952426
www.safariland-stukenbrock.de
info@safariland-stukenbrock.de

Anfahrt:
A 33, Abfahrt Nr. 23,
Stukenbrock-Senne an der B 68.

Saison: siehe Website

Öffnungszeiten:
10–18 Uhr, Einlass bis 16 Uhr

Eintritt:
Durchfahrt im eigenen PKW.
Erwachsene € 28,50, Kinder 3–12 Jahre € 24,50, Kinder unter 3 Jahren frei.
Sowie weitere Tarife auf der Homepage.

Der Niederrhein

Dem friedlichen, flachen Land im rheinischen Norden sieht man es so gar nicht an, dass hier der strahlendste Held der deutschen Sagenwelt geboren wurde: In Xanten erblickte der berühmte Drachentöter Siegfried das Licht der Welt. Die Region Niederrhein war schon früh in der Menschheitsgeschichte Siedlerland, mit fruchtbarem Boden und reichen Bodenschätzen. Heute konkurrieren kleine mittelalterliche Städte mit großen Industriemetropolen, lärmige Häfen mit stillen Rheintalarmen und Kolken.

Das Freizeitzentrum Xanten

An der Xantener Nord- und Südsee hat das Freizeitzentrum Xanten ein wahres Mekka für Wassersportler und Erholungsuchende geschaffen. Das Wegenetz rund um die beiden Seen lädt zum ausgiebigen Erkunden ein. In den Häfen Vynen, Wardt und Xanten geht's raus aufs Wasser: Ob in einem Segel-, Tret-, Elektroboot oder einem Kanu: Hier erkundet man eines der größten und reizvollsten Wassersportreviere in Nordrhein-Westfalen vom Wasser aus! Wer es ganz genau wissen will, findet in der Segelschule ein breites Kursprogramm vom Schnupper- bis zum amtlichen Sportbootführerschein-Kurs. Man kommt zur Feier mit Familie und Freunden, um auf einem Floß einen Grillabend zu veranstalten! In den Häfen finden sich Gastronomien mit Seeterrassen und an Wochenenden ein buntes Veranstaltungsprogramm mit Musik und Unterhaltung. Urlaubs-Feeling pur bietet das Naturbad an der Xantener Südsee mit seinem feinen Sandstrand und zahlreichen Sport- und Spielattraktionen für alle Altersgruppen. Direkt neben dem großzügigen Badeparadies erleben Anfänger und Profis „Gaudi pur" beim Wasserski fahren. Und im Hafen Xanten mit dem ganzjährig geöffneten Restaurant „Plaza del Mar" wartet ein Bootsverleih, eine Adventuregolf-Bahn und ein Boule- und Cross-Boccia-Verleih.
Genießen und Abschalten vom Alltag – vielfältige Freizeitangebote für kleines Geld, ganz in der Nähe – das bietet das Freizeitzentrum Xanten.

© Freizeitzentrum Xanten GmbH

Wichtig!

Adresse:
Freizeitzentrum Xanten
Info-Center, Am Meerend 2, 46509 Xanten-Wardt
Tel.02801/715656,www.f-z-x.de,info@f-z-x.de
Anfahrt: Autobahn A3 Oberhausen-Arnheim bis Abf. Wesel/Schermbeck, Autobahn A57 Köln-Nimwegen bis Abf. Alpen; dann B58 Richtung Wesel und B57 Richtung Xanten. Ab Xanten der Beschilderung folgen.
Öffnungszeiten und Eintritt:
Infos: Tel. 02801/715656 oder www.f-z-x.de

Biotopwildpark Anholter Schweiz

Am äußersten westlichen Zipfel des Münsterlandes, an der Grenze zu den Niederlanden und zum Niederrhein liegt in Isselburg – nahe der Wasserburg Anholt – der Biotop Wildpark Anholter Schweiz. Während der englischen Gartenbewegung, erbaute Fürst Leopold zu Salm-Salm in Erinnerung an seine Hochzeitsreise im Jahre 1890 einen Park, der in grober Anlehnung an die Konturen des Vierwaldstätter Sees erinnern. Fürst Leopold zu Salm-Salm ließ im Wald einen See ausheben und an dessen Ufern Erdhügel errichten. Gestein und Holz wurden per Schiff und Pferdekarren an den Niederrhein geschafft. In der Mitte des Sees wurde eine Insel angelegt, auf die ein aus der Schweiz geliefertes zweigeschossiges Chalet gestellt wurde – das heutige Schweizer Häuschen. Man findet in dieser Parklandschaft 7 verschiedene typisch niederrheinsche – und münsterländische Landschaftsbilder. An 6 km gutbegehbaren Wegen (auch für Rollstuhlfahrer) beherbergt dieser Wildpark 40 Arten einheimischer Tiere in artgerechter Haltung und in ihrer natürlichen Umgebung. Für Klassenfahrten, Seniorenausflüge und Fahrradtouren ein einmaliges Ausflugsziel. Neben Wölfen, Luchsen und Wisenten, beherbergen Braun- und Kragenbären eine große Anlage, in der sie wieder spielen und ihrer natürlichen Lebensweise nachgehen können. Tägl. finden an verschiedenen Gehegen Fütterungen statt.

Wichtig!

Adresse:
Biotopwildpark Anholter Schweiz
Pferdehorster Straße 1, 46419 Isselburg
Tel. 02874/45355, www.anholter-schweiz.de

Anfahrt:
Isselburg liegt unmittelbar an der Autobahn A 3/E 35 (Oberhausener Kreuz, Richtung Arnheim) Abfahrt Nr. 4 Rees/Kalkar/Isselburg. Von dort aus fahren Sie Richtung Rees-Millingen-Anholt (Nähe Wasserburg Anholt). Der Beschilderung Wasserburg Anholt folgen.

Saison/Öffnungszeiten:
15. März bis 01. November tägl. 9–18 Uhr
ab 02. November Mo. bis Fr. 11–16 Uhr
Sa., So. und an Feiertagen Einlass
von 10–16 Uhr

Eintritt:
Erwachsene € 8,–
Kinder (3–13 Jahre) € 4,50
Gruppen ab 15 Pers. € 7,– p. P.
Bollerwagen und Rollstuhlverleih

Verpflegung:
Gasthaus AlmRuhe (direkt am Eingang)

LVR-Archäologischer Park Xanten

Wichtig!

Adresse: LVR-Archäologischer Park Xanten / LVR-RömerMuseum
Am Rheintor, 46509 Xanten
Tel. 02801/9889-213, Fax 02801/9889-215
www.apx.lvr.de, apx@lvr.de
Öffnungszeiten: Park und RömerMuseum:
März-Okt. täglich 9–18 Uhr, Nov. täglich 9–17 Uhr, Dez.–Febr. täglich 10–16 Uhr.
Von Mai bis Ende September bietet der Park an allen Wochenenden plus Feier- und Brückentagen Aktionen für die ganze Familie zum Zuschauen und Mitmachen.
Eintritt:
Park und Museum: Erwachsene € 9,–
Kinder unter 18 Jahren frei

Der LVR-Archäologische Park Xanten ist Deutschlands größtes archäologisches Freilichtmuseum. Dort wo sich seit 100 n. Chr. die römische Stadt Colonia Ulpia Traiana erstreckte, werden seit 1977 die Überreste der antiken Metropole geschützt, erforscht und präsentiert. Lebensgroße, begehbare Rekonstruktionen römischer Bauten wie der Hafentempel, das Amphitheater, die Herberge, Stadtmauer, Wohnhäuser und Badeanlage vermitteln einen lebendigen Eindruck vom Alltag in römischer Zeit. Besuchermagnet im Park ist das „LVR-RömerMuseum", das anhand zahlreicher Ausgrabungsfunde die römische Geschichte Xantens erzählt. Über 2500 Exponate und moderne Medien laden zu einer spannenden Entdeckungsreise in die Antike ein.

Unter den Objekten beeindrucken besonders ein frei im Raum hängendes römisches Schiff, eine prächtige Wandmalerei und der bedeutende Bestand an Ausrüstung und Waffen der römischen Armee. Viele Angebote zum Anfassen und Ausprobieren für Kinder machen den Museumsbesuch zu einem Erlebnis für große und kleine Römerfreunde. Das „RömerMuseum" erhebt sich über den ausgegrabenen Fundamenten des römischen Stadtbades. Der preisgekrönte Museumsbau macht die gewaltigen Dimensionen der römischen Architektur erfahrbar.

Nördliches Ruhrgebiet

An vielen Stellen zeugen nur noch die Monumente der Route der Industriekultur von der industriellen Vergangenheit des nördlichen Ruhrgebiets. Nicht mehr Kohle und Stahl, sondern Freizeit und Erholung werden hier groß geschrieben. Entspannen am See, Reiten, Mountainbiking und Wandern in der grünen Lunge des Ruhrgebiets oder vergnügliches Après-Ski nach einer Abfahrt auf der längsten Indoor-Skipiste der Welt laden ein zum Verweilen in einer Region, die mehr grün als grau ist und viel mehr zu bieten hat, als mancher denkt. Das nördliche Ruhrgebiet bietet aktive Erholung oder passive Entspannung fernab von Stress und Hektik des Alltags.

Die KAUE

Als strukturgewandelter Industriestandort mit typischem Zechencharme bietet die KAUE den idealen Rahmen für Kleinkunst-, Kabarett- und Comedyveranstaltungen sowie Konzerte. Seit 1992 haben bereits viele namhafte Künstler in der überregional bekannten Gelsenkirchener Institution Station gemacht. Kabarett- und Comedygrößen wie Michael Mittermeier, Herbert Knebel, Jürgen von der Lippe, Atze Schröder, Paul Panzer, Ralf Schmitz, Johann König und andere nutzen die kommunikative Club-Atmosphäre gerne für ihre neuen Programme. Die KAUE ist technisch gut ausgerüstet und verfügt veranstaltungsbegleitend neben der Maschinenhalle auch über einen Gastronomiebereich mit echtem Zechenflair im ehemaligen Markekontrollraum. Bewirtschaftet wird die KAUE exklusiv von der emschertainment GmbH.

Foto: ujesko.de

Wichtig!

Adresse: KAUE
Wilhelminenstr. 176, 45881 Gelsenkirchen
Kontakt: emschertainment GmbH
Tel. 0209/95430, Fax 0209/9541101
www.emschertainment.de
info@emschertainment.de
Öffentlicher Nahverkehr: Buslinie 383 und Nachtexpress, Haltestelle „Haldenstraße"
Verpflegung: emschertainment GmbH.

Ruhrfestspiele Recklinghausen

Die Ruhrfestspiele sind eines der ältesten, größten und renommiertesten Theaterfestivals Europas. Während der jährlichen Festspielzeit vom 1. Mai bis Mitte Juni verwandelt sich Recklinghausen in eine internationale Kultur- und Theatermetropole. Internationales Schauspieltheater und Koproduktionen mit großen deutschsprachigen Bühnen aber auch herausragende Produktionen der Off-Theaterszene sowie des Neuen Zirkus bilden den Kern des zeitgenössischen Programms. Tanz- und Performanceproduktionen, Bildende Kunst, Lesungen, Konzerte sowie neue Diskursformate suchen darüber hinaus die Auseinandersetzung mit relevanten politischen Fragen. Seit der Festival-Spielzeit 2019 ist Olaf Kröck Intendant der Ruhrfestspiele. Zusammen mit seinem Team denkt er die Ruhrfestspiele als einen offenen Ort der Begegnung, an dem die Besucher/innen und Künstler/innen in einen Austausch über drängende Fragen der Zukunft treten können.

Wichtig!

Adresse:
Ruhrfestspiele
Recklinghausen GmbH
Otto-Burrmeister-Allee 1
45657 Recklinghausen
Tel. 02361/9218-0, Fax 02361/9218-18
Spielpläne im Internet:
www.ruhrfestspiele.de
kartenstelle@ruhrfestspiele.de und
Verpflegung:
Gastronomien vor Ort.

Gesundheitspark Nienhausen

Gesundheit leben und erleben im Gesundheitspark Nienhausen.
Der etwa 30 Hektar große Revierpark Nienhausen, der vielen als Freizeiteinrichtung mitten im Ruhrgebiet bekannt ist, wurde von Mitte 2009 bis zum Ende des Jahres 2011 zum Gesundheitspark umgebaut. In der ganzjährig kostenlos geöffneten Parkanlage mit Wasserspielplatz, Minigolfanlage und vielen Rasenflächen, die zum Toben und Spielen einladen, sind ergänzende Angebote in den Bereichen Gesundheit, Sport und Wellness entstanden.

Gesundheit leben und erleben
Nach dem Ausbau genießen die Gäste neun verschiedene Bereiche unter einem Dach: Eine Saunalandschaft mit Saunagarten, ein Solebad und ein Kursbecken, Wellnessangebote, eine physiotherapeutische Praxis, Sport- und Gesundheitsangebote, ein Freibad, Gastronomieangebote, ein Seminarzentrum und eine großzügige Parkanlage. Ein Barfußparcours, Walkingstrecken oder aber Kursräume im Freien laden zu Sport an der frischen Luft ein. Wer es lieber ruhiger mag, findet im Sauna- und Solebereich Erholung und Entspannung. Das Solebad (35°), die elf unterschiedlichen Saunen sowie das im Sommer geöffnete Freibad mit Wellenbad bieten dem Besucher vielfältige Möglichkeiten zur Steigerung des körperlichen und seelischen Wohlbefindens. Ein Seminarzentrum lädt zum Tagen und Lernen in einer grünen Atmosphäre ein und zahlreiche Veranstaltungen im Park locken jährlich tausende Besucher ins Grüne!

Wichtig!

Adresse:
Freizeitgesellschaft Metropole Ruhr mbH
Gesundheitspark Nienhausen
Feldmarkstraße 201
45883 Gelsenkirchen
Tel. 0209/94131-0
Fax 0209/94131-99
www.nienhausen.de
Saison/Öffnungszeiten:
Ganzjährig (aktuelle Hinweise auf Homepage)
Nienhausen Sauna und Sole:
tägl. 9–22 Uhr, Sa. und Fr. bis 23 Uhr,
So. bis 20 Uhr
Freibad:
Mai–August täglich 8–19 Uhr
Park:
Ganzjährig geöffnet

ZOOM Erlebniswelt Gelsenkirchen

Seit 2010 ist sie möglich: „Die Weltreise an einem Tag" mitten im Ruhrgebiet. Auf einer Fläche von mehr als 30 Hektar vereinen die Erlebniswelten Alaska, Afrika und Asien Tiere und Lebensräume ferner Welten. Die einzige konsequent naturnah gestaltete zoologische Erlebniswelt in Europa bietet mehr als 900 Tieren in über 100 Arten eine nahezu natürliche Heimat. Hier ermöglicht die beeindruckende Landschaftsarchitektur die spannendsten Begegnungen zwischen Mensch und Tier.

In der ZOOM Erlebniswelt sind authentische Flussläufe, weitläufige Grassavannen und Felsmassive ohne sichtbare Grenzen und Stallungen entstanden. Besucher gelangen mitten in die Lebenswelt der Tiere und erleben die exotischen Bewohner hautnah. Zusätzliche Attraktionen wie das Alaska Ice Adventure – eine Motion Ride Simulation durch die Vegetationszonen Alaskas – machen die abenteuerliche Weltreise für Groß und Klein perfekt.

Wichtig!

Adresse: ZOOM Erlebniswelt
Bleckstraße 64, 45889 Gelsenkirchen
Tel. 0209/95450, Fax 0209/9545130
www.zoom-erlebniswelt.de
info@zoom-erlebniswelt.de

Anfahrt:
A 2 Oberhausen–Hannover, Abfahrt Gelsenkirchen-Buer oder Abfahrt Herten, Bundesstraße: B 226 und B 227, dann Hinweisschildern „Zoom Erlebniswelt" folgen.

Öffnungszeiten:
März + Okt. 9–18 Uhr, Apr.–Sep. 9–18.30 Uhr, Nov.–Feb. 10–17 Uhr

Eintritt:
März–Oktober: Erw. € 21,50,
Kin. (4–12 J.) € 14,–
November–Februar: Erw. € 15,50,
Kin. (4–12 J.) € 10,50

Jüdisches Museum Westfalen Dorsten

L`Chaim! Auf das Leben!
Das Jüdische Museum Westfalen versteht sich als Lernort und Kulturforum für alle.

Die Dauerausstellung bietet einen Überblick über jüdische Religion, Kultur und westfälisch-jüdische Geschichte. Bekannte und unbekannte Lebensgeschichten berichten vom Alltag in Westfalen, von sozialem Engagement, von Fußball und Bergbau, Kunst und Kultur sowie von Heimat, Flucht und Migration. Zahlreiche Mitmach-Stationen und eine Kinderspur ermöglichen kreative Zugänge.

Das Museum bietet darüber hinaus eine qualifizierte Museumspädagogik, zeigt Sonderausstellungen und lädt zu vielfältigen Veranstaltungen ein. Informationen gibt es auf der Website.

Wichtig!

Adresse:
Jüdisches Museum Westfalen
Julius Ambrunn-Str. 1, 46282 Dorsten
Tel. 02362/45279
www.jmw-dorsten.de
info@jmw-dorsten.de

Anfahrt:
Mitten im Stadtzentrum gegenüber dem Bahnhof/Busbahnhof, Autoanfahrt über B 223 und B 224 von Süden, B 225 von Marl und A 52 sowie über die A 31.

Öffnungszeiten:
Di.–Fr.: 10–12.30 Uhr und 14–17 Uhr
Samstag, Sonntag, Feiertage: 14–17 Uhr

Eintritt:
Einzelbesucher/innen € 5,–
Einzelbesucher/innen ermäßigt € 2,50
(Schüler/innen; Studierende; Auszubildende; Schwerbehinderte, Besucher/innen, die Sozialleistungen beziehen)

Verpflegung:
Kaffee- und Teeautomat im Foyer, Cafés und Restaurants in der Innenstadt sind im Umkreis von 5 Minuten zu Fuß erreichbar.

JWM Copyright NRW-Stiftung Werner Stapelfeldt

Musiktheater im Revier Gelsenkirchen

Das Musiktheater im Revier zählt seit seiner Eröffnung zu den herausragendsten Theaterbauten der Nachkriegszeit. Architekt Werner Ruhnau hatte das Opernhaus 1959 gemeinsam mit Künstlern wie Norbert Kricke, Jean Tinguely, Robert Adams und Paul Dierkes erbaut. Für das Foyer entstanden hierbei auch die größten Monochrome der Welt, die Schwammreliefs von Yves Klein im „Gelsenkirchener Blau".

Das denkmalgeschützte Theater ist für sein künstlerisches Programm weit über die Grenzen der Ruhr-Region bekannt – es bietet eine abwechslungsreiche Mischung aus Oper, Tanz, Musical, Konzert und Puppenspiel. Außerdem gibt es ein profiliertes Kinder- und Jugendprogramm sowie Veranstaltungen wie den Musikbrunch, Premierenfieber, MiR Salon, Theaterführungen und Adventssingen.

Das Große Haus fasst 1000 Zuschauer, das Kleine Haus ist für bis zu 300 Plätze ausgelegt.

Die Kulturinstitution in Gelsenkirchen steht unter der Leitung von Generalintendant Michael Schulz. Die MiR Dance Company führt Giuseppe Spota.

Fotos: MiR / Fotograf: Pedro Malinowski

Wichtig!

Adresse:
Musiktheater im Revier GmbH
Kennedyplatz, 45881 Gelsenkirchen
Tel. 0209/4097-200, Fax 0209/4097-250
www.musiktheater-im-revier.de
theaterkasse@musiktheater-im-revier.de

Öffnungszeiten:
Mo.+ Sa.: 10–14 Uhr, Di. bis Fr.: 10–18 Uhr
Sowie jeweils eine Stunde vor Vorstellungsbeginn. An der Abendkasse ist leider kein Vorverkauf möglich.

Eintritt:
€ 12,– bis € 50,–

Verpflegung:
Besucher können sich einen Tisch im Theatercafé oder im Theaterfoyer schon vor Beginn der Vorstellung reservieren.

AWO Service GmbH, Carsten Wiegand
Tel. 0209/4094.119
Mobil: 0172/2318247
www.catering-awo.de/musiktheater-im-revier
catering@awo-catering-ge.de

Schiffshebewerk Henrichenburg

Aus Kaiserzeiten! Nicht nur für Technik-Fans ist das Alte Schiffshebewerk Henrichenburg im Schleusenpark Waltrop ein beliebtes Ausflugsziel. Umjubelt von Tausenden von Menschen weihte Kaiser Wilhelm II. am 11. August 1899 das größte und spektakulärste Bauwerk am Dortmund-Ems-Kanal ein. Heute ist es ein Industriedenkmal von europäischem Rang in der Trägerschaft des Landschaftsverbandes Westfalen-Lippe. 63 Jahre lang trug das Hebewerk Frachtschiffe bis zu 750 t mühelos über einen Höhenunterschied von 14 m, bis direkt nebenan ein größeres und schnelles Hebewerk seinen Betrieb aufnahm. Über den Bau des Hebewerks und die 100-jährige Tradition der Binnenschifffahrt im Ruhrgebiet informiert die Dauerausstellung im alten Maschinenhaus. Attraktion des Museumshafens am „Oberwasser" sind eine historische Werft, Dampfschiffe und schwimmende Arbeitsgeräte. Im unteren Vorhafen hat das Museumsschiff MS „Franz-Christian" festgemacht. Die Ausstellung an Bord gibt einen Einblick in den Arbeitsalltag der Binnenschiffer und ihrer Familien. Über einen Rundgang können Museumsgäste den gesamten Schleusenpark mit der alten Schachtschleuse von 1914, dem neuen Hebewerk von 1962 und der neuen Schleuse von 1989 erkunden. Eine Ausflugsfahrt auf der „Henrichenburg" rundet den Tag ab.

Wichtig!

Adresse und Anfahrt:
LWL-Industriemuseum
Schiffshebewerk Henrichenburg
Am Hebewerk 26, 45731 Waltrop
Tel. 02363/97070
www.lwl-industriemuseum.de
schiffshebewerk@lwl.org
Öffnungszeiten: Di.–So. sowie an Feiertagen 10–18 Uhr, letzter Einlass 17.30 Uhr. Von Weihnachten (24.12.) bis Neujahr (1.1.) geschlossen.
Eintritt: Erwachsene: € 5,–
Kinder/Schüler (6–17 J.): freier Eintritt
Gruppen ab 16 Personen: € 4,50 p. Pers.
Ermäßigte € 2,50
Führungen: Während der Öffnungszeiten nach vorheriger Anmeldung. Auch Museumspädagogik sowie spezielle Führungen (z. B. für Blinde und Sehbehinderte).

SPORT-PARADIES Gelsenkirchen

Unter einem Dach findet man im SPORT-PARADIES eine Vielfalt an Sport- und Erholungsmöglichkeiten. Ob Eislaufen, Schwimmen, Kegeln, Relaxen oder Fitness – auf einer Gesamtfläche von ca. 100.000 m² bleiben keine Wünsche offen. Das Badeparadies mit Wellen-, Außen- und Kinderschwimmbecken sowie im Sommer zusätzlich das Freibad mit insgesamt fünf Schwimmbecken, macht Baden zum Vergnügen. Die 10 m hohe Sprungturmanlage lädt zum Eintauchen ins Wasser ebenfalls ein, so wie die innenliegende Wasserrutsche. Für alle, die sich nicht nur durch Schwimmen fit halten wollen, finden verschiedene Aquakurse statt. Auf alle kleinen Badegäste wartet SPORTIS Wasserzirkus. Auf einer zusätzlichen Fläche von 500 m² vereint sich hier feuchtfröhlicher Badespaß mit der faszinierenden Zirkuswelt. Bereits beim Betreten des Beckens durch einen Wasservorhang werden die kleinen Badegäste auf die Zirkuswelt eingestimmt. Wasserspielgeräte wie Zirkuswagen mit Kletternetzen, Clowns und Seehunden laden zum Spielen ein. Alle sicheren Schwimmer nimmt ein 100 m langer Wildwasserbach auf eine Fahrt durch Schluchten und steile Kurven mit. Einzigartig ist auch die 22 m lange Hochseilbrücke. Hier geht es in schwindelnder Höhe über das Wasser. Wen es statt ins kühle Nass eher aufs Eis zieht, kann sich in der Wintersaison schon mal die Kufen unterschnallen. Die 30 x 60 m große Eisfläche bietet Platz für Hobbysportler und Eiskönige. 8 Sport- und 6 Gesellschaftskegelbahnen stehen Vereinen und Hobbykeglern um „alle Neune" fliegen zu lassen zur Verfügung. Auch für Konferenzen oder Schulungen findet man hier das ideale Ambiente. Der lichtdurchflutete Tagungsraum verfügt über Sitzplätze für bis zu 80 Personen und einen exklusiven Blick auf die Grünflächen und in die Eishalle.

Wichtig!

Adresse: SPORT-PARADIES
Adenauerallee 118, 45891 Gelsenkirchen
Tel. 0209/954-40, Fax 0209/954-3150
www.sport-paradies.de
info@sport-paradies.de
Anfahrt: Hinweisschilder Richtung Arena Park folgen, dort weisen weitere Hinweisschilder auf das SPORT-PARADIES hin.
Öffnungszeiten+ Eintritt:
Aktuelle Infos unter www.sport-paradies.de
Verpflegung: Snacks, Speisen, Getränke und Eis im Restaurant Paradiso, an der Badebar und Grönlandbar

LWL-Römermuseum und Römerbaustelle Aliso

Wie gigantisch Römerlager gewirkt haben müssen, kann man auf der Römerbaustelle Aliso hinter dem Museum mit eigenen Augen bestaunen. Nach neuesten wissenschaftlichen Erkenntnissen sind dort Gräben, Mauer und das Westtor des Römerlagers wiedererrichtet. Es ist die größte derartige Rekonstruktion in Holz-Erde-Bauweise, die man jemals gebaut hat.

Foto: LWL/Peter Jülich

Haltern ist einer der am besten erforschten Militärstützpunkte aus der Zeit des Kaisers Augustus. Am Ufer des Flusses Lippe befand sich vor 2.000 Jahren die Schaltzentrale der römischen Macht im rechtsrheinischen Germanien. Exakt am Originalschauplatz befindet sich heute das LWL-Römermuseum. Über 1.200 Original-Exponate zeugen von der hochentwickelten Kultur und Technik der Römer: von ihrer enormen Bauleistung und Logistik, ihrer handwerklichen Kunstfertigkeit und dem römischen Alltag fern der Heimat.
Der historische Schauplatz, Römerfunde aus ganz Westfalen, attraktive Veranstaltungen und ein umfangreiches museumspädagogisches Programm machen die Welt der Römer im wahrsten Sinne des Wortes begreifbar.

Wichtig!

Adresse:
LWL-Römermuseum
Weseler Str. 100
45721 Haltern am See
Tel. 02364/93760
lwl-roemermuseum@lwl.org
www.lwl-roemermuseum-haltern.de

Anfahrt:
VRR Linien 208, 297
Haltestelle Römermuseum
PKW: A 43, Abfahrt Haltern (B 58)
Richtung Haltern, dann ausgeschildert.

Saison/Öffnungszeiten:
LWL-Römermuseum:
Ganzjährig, Di.–Fr. 9–17 Uhr,
Sa. und So. 10–18 Uhr, Montag Ruhetag.
Römerbaustelle Aliso:
27. März bis 31. Oktober, Di.–Fr. 9–17 Uhr,
Sa. und So. 10–18 Uhr, Montag Ruhetag.

Eintritt:
Erwachsene: 7,– €
Erwachsene in Gruppen ab 16 Personen: 6,– €
Kinder und Jugendliche (bis 17 Jahre): frei
Ermäßigungsberechtigte: 3,50 €

Verpflegung:
Café im Römermuseum

Skulpturenmuseum Marl

Lange vor Gründung des Museums hat sich die Stadt Marl in ihrer Sammeltätigkeit auf die Skulptur – insbesondere die zeitgenössische – konzentriert. Werke der internationalen Video- und Klangkunst erweitern den Sammlungsschwerpunkt und bilden im Dreiklang das künstlerische Profil des Museums. Der Grundstein für das Skulpturenmuseum wurde beim Bau der Paracelsus-Klinik in den 1950er-Jahren gelegt, wo ein Kunst am Bau-Wettbewerb realisiert wurde, aus dem Karl Hartung als Sieger hervorging. Die Stadt kam auf den Geschmack und schaffte in der Folgezeit erstrangige Werke für den öffentlichen Raum an. 1982 eröffnete im 1950er-Jahre Rathausbau der Architekten van den Broek und Bakema der „Glaskasten", das ehemalige Gravitätszentrum des Parcours mit seinen Skulpturen der klassischen Moderne und der zeitgenössischen Kunst. Zu sehen sind im urbanen Raum der Stadtmitte rund 100 Großskulpturen, etwa die umgedrehte Dampflok „La Tortuga" von Wolf Vostell vor dem Theater Marl oder „Das ruhende Blatt" von Hans Arp. Weiterhin zum offiziellen Museumsgelände zählen die Paracelsus-Klinik und der Friedenspark an der Sickingmühler Straße.

Mit dem Jahreswechsel 2021/22 verließ das Museum seinen bekannten Ort unter dem Marler Rathaus und bereitet sich auf den Umzug in das umgebaute Kulturzentrum Marschall 66 vor. Währenddessen wird das abwechslungsreiche Ausstellungsprogramm des Museums an einem temporären Skulpturenmuseum in Marl-Hüls in neuer Form fortgesetzt. Das Ausstellungsprogramm des Übergangsstandortes konzentriert sich in den kommenden Jahren auf junge Positionen der zeitgenössischen Kunst. Es wird ergänzt durch künstlerische Interventionen im Stadtteil Hüls, die den reichen Bestand an Skulpturen im öffentlichen Raum der Stadt Marl interdisziplinär erweitern.

Fotos: Thorsten Arendt

Wichtig!

Adresse:
Skulpturenmuseum Marl
Georg-Herwegh-Straße 63-67, 45772 Marl
Tel. 02365/99-2257
www.skulpturenmuseum-glaskasten-marl.de
skulpturenmuseum@marl.de
Saison: Ganzjährig
Öffnungszeiten:
Dienstag–Freitag 11–17 Uhr,
Samstag und Sonntag 11–18 Uhr
Eintritt: Frei
Kostenlose, öffentliche Führungen zu Kunst im öffentlichen Raum
sonntags 11.30 Uhr und 15.30 Uhr
Verpflegung: Restaurant am Theater Marl (10 min zu Fuß vom City-See) und in der Stadtmitte, Imbissmöglichkeiten in der Fußgängerzone Marl-Hüls
Drumherum: Parkanlage Gänsebrink und das ehemalige Jahn-Stadion, Fußgängerzone Marl-Hüls, City–See

Alpincenter Bottrop

Das alpincenter Bottrop ist mit 640 Metern Länge die längste Skihalle der Welt. Zahlreiche neue Attraktionen haben das Alpincenter in den vergangenen Jahren zu einem kompletten „Erlebnisberg" wachsen lassen. Der höchste Biergarten des Ruhrgebietes mit seinem fantastischen Ausblick, die spektakuläre Sommerrodelbahn mit einer Gesamtlänge von über einem Kilometer und der 10 Meter hohe Hochseilklettergarten bieten für jeden Geschmack etwas, von Nervenkitzel bis Entspannung. Auch Deutschlands erste Indoor-Skydiving-Anlage lässt den Tag zu einem echten Erlebnis werden. Den Abend kann man dann auf einer der zünftigen Aprés Ski Partys ausklingen lassen.

Das alpincenter ist übrigens das einzige all-in-clusive Skigebiet der Welt. Sämtliche Tickets (ab € 31,–) beinhalten den Materialverleih, die Pistennutzung sowie unbegrenzt Getränke (z.B.: Softdrinks, Bier, Wein, Säfte) und alle Speisen vom Buffet.

Wichtig!

Adresse:
Alpincenter Bottrop
Prosperstraße 299–301
46238 Bottrop
Telefon 02041/7095-0
www.alpincenter.com/bottrop

Öffnungszeiten:
Okt.–April:
So.–Do. 10–23 Uhr, Fr., Sa. 10–02 Uhr
Mai–Sept.: Mo., Di. geschlossen,
Mi.–So. 10–19 Uhr

Eintritt:
Ski-Tickets: Erwachsene ab € 31,–,
Kinder ab € 21,–

Verpflegung:
all-inclusicve im Eintrittspreis enthalten

Movie Park Germany

Actiongeladene Abenteuer, noch spannender und explosiver als jeder Blockbuster – das ist Movie Park Germany. In Deutschlands größtem Film- und Freizeitpark erleben Sie über 40 atemberaubende Attraktionen, rasante Achterbahnen und sensationelle Shows in sieben Themenbereichen und lassen sich in die Welt des Films entführen. Auf noch mehr Hollywood dürfen sich die Gäste seit 2021 freuen, denn das Drehbuch für den nächsten großen Attraktions-Blockbuster wurde geschrieben! Mit der „Movie Park Studio Tour" feierte Movie Park Germany seinen 25. Geburtstag. Die neue Familienachterbahn nimmt die Gäste mit bis zu 60 km/h auf eine spannende Hollywood-Studio-Tour mit verschiedenen Sets und Szenen. Sound und Special Effects, zwei Beschleunigungen

Foto: Movie Park Germany

vorwärts und rückwärts sowie eine 360-Grad-Drehplattform sorgen bei dem neuen Multi Dimension Coaster für ein immersives Erlebnis mit Multimedia-Elementen. Willkommen in den Movie Park Studios!

Tierisch viel Spaß erleben Eltern und Kinder im PAW Patrol-Themenbereich „Adventure Bay". Hier können kleine und große Fans der beliebten TV-Serie die Welt ihrer Hundehelden hautnah erleben. Als einziger Freizeitpark weltweit bietet Movie Park Germany zudem eine Achterbahn mit der offiziellen Star Trek™ Lizenz. Der intergalaktische Triple-Launch-Coaster „Star Trek™: Operation Enterprise" beamt die Gäste mit Warpgeschwindigkeit in neue Sphären.

Für alle, die es düsterer mögen, verwandelt sich der Park ab Oktober in das größte Halloween-Event Europas. Mehr als 280 Monster, zahlreiche Horrorhäuser und Scare-Zones lassen bei dem mehrfach prämierten Halloween Horror Festival selbst den mutigsten Gästen das Blut in den Adern gefrieren.

Wichtig!

Adresse: Movie Park Germany
Warner Allee 1, 46244 Bottrop-Kirchhellen
www.moviepark.de
Anfahrt: Von der A 2 beim Autobahnkreuz Bottrop auf die A 31 Richtung Emden/Dorsten, Abfahrt Kirchhellen-Nord. Es ist auch eine DB-Haltestelle (Feldhausen) mit direkter Verbindung nach Essen und Oberhausen vorhanden.
Saison: März bis November 2022
Öffnungszeiten:
10–17 bzw. 18 Uhr; verlängerte Öffnungszeiten im Sommer (bis 19 Uhr) und zu Halloween (bis 22 Uhr)
Eintritt: verschiedene Kategorien; siehe Homepage
Verpflegung:
25 Themenrestaurants, Bars und Cafés

Westliches Ruhrgebiet

Die Schlote stehen still und plötzlich merkt man, dass es im Ruhrgebiet viel Grün gibt. Ehemalige Industriegebiete sind innerhalb der letzten zehn Jahre umgenutzt worden. Dafür finden sich in unserer Auswahl an Ausflugsmöglichkeiten schöne Beispiele. Der Strukturwandel hat sich wohl unter Ausschluss der Öffentlichkeit abgespielt, denn Nicht-Ruhrgebietler glauben noch immer, dass man dort eher eine Staublunge als erholsame Ferien bekommt – weit gefehlt!

Revierpark Wischlingen

Freiraum ohne Zäune! Das Angebot fürs Freizeitvergnügen ist groß und reicht von Bootsfahrten auf dem See, Minigolf, Disc-Golf, Spiel- und Sportanlagen, Hochseilklettergarten, Wasserspielplatz bis hin zu Spaziergängen und Wanderungen. Für Gesundheit und Wellness sorgt das Solebad. Auf über 12.000 qm präsentiert sich hier eine Saunalandschaft mit 12 verschiedenen Saunen, Salzgrotte und weitläufigem Saunagarten mit Teich und Fontäne. Aber auch die Wasserwelt überzeugt: Die Solehalle bietet Entspannung und Erholung in tropischen Ambiente. Unter einem UV-durchlässigen Dach in ca. 33° C warmer Natursole baden, das Sprudelbecken genießen, den Solewasserfall oder die Massagedüsen ... Ein ganzjähriges beheiztes Außenbecken und ein zusätzliches Hallenbecken bieten genug Platz zum Planschen, Toben und Schwimmen. Ansonsten: gemütlicher Gastronomiebereich, großzügige Liege- und Ruhezonen, Kinderspielbereich und mehr. Im Sommer lockt das Allwetterbad mit Wellenbecken und Sandstrand. Ein Fitnesscenter und eine physiotherapeutische Praxis runden das Angebot ab. Für Wohnmobilisten gibt es einen Stellplatz mit 49 Plätzen. Im Winter lockt die Eishalle: Lightshow und fetziger Sound bei coolen Drinks auf zwei durch Rampen verbundene Eislaufflächen, regelmäßige DJ-Parties und Eislaufkurse für Anfänger und Fortgeschrittene.

Wichtig!

Adresse: Revierpark Wischlingen
Höfkerstraße 12, 44149 Dortmund
Tel. 0231/917071-0, www.wischlingen.de
info@wischlingen.de
Anfahrt: Im Dortmunder Stadtteil Wischlingen, Anfahrt über die B 1, Dortmund Ri. Bochum, Abfahrt Dorstfeld
Saison: Ganzjährig, Freibadbereich von Mai bis September, 10–19 Uhr
Öffnungszeiten: Allwetterbad/Sauna: Mo.–Do. 8–22 Uhr, Fr. 8–23 Uhr, Sa. 9–23 Uhr, So. 9–22 Uhr. Weitere Öffnungszeiten für Eishalle im Internet.
Eintritt: Verschiedene Tarife für Sauna, Sole etc. Preisbeispiel: Sole Tageskarte Erw. € 9,50 Kinder/Jugendl. (5–17 J.) € 5,50 (Änderungen vorbehalten)
Verpflegung: Picknick im Park, Kiosk

Der Grugapark in Essen

Einen der schönsten und größten europäischen Parks mitten im Herzen von Essen. Botanischer Garten, attraktiver Tierpark, ein Spiel- und Sportparadies, Open-Air-Museum zum Anfassen und noch vieles mehr. Ein Besuch lohnt sich immer.

Einen Schnelldurchgang erlebt man mit der parkeigenen Grugabahn. Eine Fahrt zeigt, was es zu entdecken gibt. Tierisch ist viel los. Dammwildgehege, Ponyhof und Kleintiergarten – hier kommt man sich hautnah und in der rund 4.000 qm großen Vogelfreifluganlage sind Flamingos, Ibisse und Co zu Hause. Kinderspielhaus und Spielplätze für große und kleine Kinder, Irrgarten und Ballspielwiese laden zum Toben und Verweilen ein.

Es gibt viel zu entdecken und auch der botanische Garten begeistert mit riesigen Bäumen, tropischen Pflanzen und einem Wasserfall. Das Freizeitangebot im Park ist so vielseitig wie die hier stattfindenden Veranstaltungen. Im Sommer begeistert beispielsweise das Kindertheater die Besucher*innen.

Wer es genau wissen will, der ist bei der Schule Natur richtig aufgehoben. Hier wächst Wissen! Ob Besuch mit der Kindergartengruppe oder der Schulklasse, ob im Familienverbund oder als Kindergeburtstag – Die Neugierde und Lust auf Natur und Grün wird hier gefüttert. Und der Park zeigt sich immer wieder aus neuen Perspektiven.

Fotos: Oberhäuser

Wichtig!

Adresse:
Grugapark Essen
Virchowstraße 167, 45147 Essen
Tel. 0201/8883106, info@grugapark.de
www.grugapark.de

Eingänge:
Haupteingang, Messeplatz, 45131 Essen
Info-Center Orangerie, Virchowstraße 167, 45147 Essen

Öffnungszeiten:
Täglich ab 9.00 Uhr bis Anbruch der Dunkelheit

Eintritt:
Tageskarte Erwachsene € 4,–,
Kinder/Jugendliche 6–14 Jahre € 1,20,
Schüler/Studenten € 2,50,
Kinder unter 6 Jahren in Begleitung Erw. frei.

Verpflegung:
Restaurant, Kioske und Grillplätze (letztere müssen angemietet werden)

AirHop Trampolinpark Essen

AirHop bringt eine neue Liga Trampolinspaß nach Essen! In Essen-Kray könnt ihr in einer der größten Trampolinhallen des Ruhrgebiets ordentlich was erleben: Auf über 3.400 Quadratmetern laden euch weitläufige Trampolinanlagen und zahlreiche Action-Features zum Springen, Spaß haben und Austoben ein! Das Sprung-Paradies für Jung und Alt befindet sich gut erreichbar auf dem Gelände neben dem GO! Fitness Center und dem Kids Country in Essen-Kray. In der mit High-End-Trampolinen ausgebauten Halle könnt ihr euch auf dem XXL Trampolinfeld auspowern, eure Wurftechnik beim Slam Dunk Basketball perfektionieren, krasse Sprünge in die Schaumstoff-Grube üben oder euch unserem einzigartigen, unbesiegbaren Wipe Out stellen. Viele unserer Park-Features sind im Ruhrgebiet einzigartig! Ebenfalls verfügen wir über ein Café mit leckeren Snacks und Getränken – der ideale Ort für eine Verschnaufpause oder zum entspannten Beobachten der Springer und ihrer Sprungkünste.

Wichtige Informationen:

- Wer bei AirHop springen will, muss mindestens fünf Jahre alt sein.
- Um unnötige Wartezeiten und Enttäuschungen zu vermeiden, solltest du deinen Sprungspaß unbedingt vorab online buchen!
- Gebucht werden immer eine oder mehrere 60 minütige Sprungsessions.
- Bitte seid 30 Minuten vor eurer gebuchten Sprung-Session da, um genügend Zeit für Anmeldung, Umziehen und Sicherheitseinweisung zu haben und keine Sprungzeit zu verlieren.
- Lest euch vorab unsere Regeln und FAQs durch – dann steht eurem actiongeladenen Sprung-Abenteuer nichts mehr im Weg!

Wichtig!

Adresse: AirHop Trampolinpark Essen
Am Zehnthof 194, 45307 Essen
Tel. 0180-1233210, www.airhop.de
info-essen@airhoppark.de
Öffnungszeiten: Mo. geschlossen
Di.–Do. 15–20 Uhr, Fr. 14–21 Uhr
Sa., So. 10–20 Uhr, Ferien und Feiertage
10–20 Uhr (auch montags)
Eintritt: 1 Stunde Springen € 12,–,
€ 2,50 pro Paar AirHop Socken

Zoo Dortmund

Ein Hauch Exotik in der Stadt der Parks!
Eindeutiger Schwerpunkt des Zoo Dortmund ist der südamerikanische Kontinent mit seiner vielfältigen Tierwelt, wie z.B. den Großen Ameisenbären, Flachlandtapiren oder Riesenottern. Insgesamt beherbergt der Zoo Dortmund ca. 1500

Tiere in 200 Arten nicht nur exotischer, sondern auch heimischer Herkunft. Beliebt bei großen und kleinen Besuchern sind natürlich die Erdmännchen, die in Nachbarschaft zu den Giraffen leben. Im Regenwaldhaus erfährt man näheres zu einigen asiatischen Bewohnern des Zoos, den Orang-Utans und Schabrackentapiren.
Bei den regelmäßig statt findenden Tierpflegesprechstunden und kommentierten Tierfütterungen, z. B. bei den Faultieren und Humboldt-Pinguinen, lernt man Interessantes über die Zoobewohner kennen.
Aber nicht nur die Tiere selbst, sondern auch der alte, parkähnliche Baumbestand sowie Spielplätze und Entdeckerstationen für Kinder machen den Zoobesuch zu einem tollen Erlebnis für die ganze Familie.
Und wer nicht genug vom Zoo bekommt kann auch Führungen und Kindergeburtstage buchen oder eine Tierpatenschaft übernehmen. Informationen dazu findet man auf der Homepage: www.dortmund.de/zoo

Wichtig!

Adresse:
Zoo Dortmund
Mergelteichstraße 80, 44225 Dortmund
Tel. 0231/50-28593
www.dortmund.de/zoo
zoo@dortmund.de
Anfahrt:
Über den Autobahnring (Abfahrt DO-Süd) oder über die Bundesstraßen B 236, B 1 und B 54 (Abfahrt Wellinghofen/ Tierpark). Im Stadtgebiet ist der Zoo gut ausgeschildert. Oder ab Hauptbahnhof mit der U 49 (Endstation Hacheney/Zoo).
Saison: Ganzjährig
Öffnungszeiten:
März–Oktober täglich 9.00–18.30 Uhr
November–Februar täglich 9.00–16.30 Uhr
Eintritt:
Normaltarif (ab 18 J.) € 8,–,
Ermäßigter Tarif (Kinder ab 4 J., Schüler und Studenten) € 4,50
Gruppenkarte (ab 10 Personen):
Normaltarif € 6,50, ermäßigter Tarif € 4,–
Kleingruppenkarte 1: € 13,50
Kleingruppenkarte 2: € 21,50
Verpflegung:
2 Restaurants, 2 Kioske, Wurst-, Eis- und Süßigkeitenstände. Picknick ist möglich.

Das Sauerland

Höhere Berge als die des Hochsauerlandes gibt es in ganz Nordrhein-Westfalen nicht. Seit einmal ein fleißiger Zeitgenosse gezählt hat, wie viele Erhebungen über 300 Meter es dort gibt, weiß man es ganz genau: 1.755. In den warmen Monaten ist das „Land der tausend Berge" genau richtig für Wanderer. Im Winter fallen jedes Jahr Tausende Skifahrer hier ein. Wasserratten können hier gar nicht zu kurz kommen, denn im Sauerland gibt es einige Talsperren, darunter auch die größte des Bundeslandes, die Biggetalsperre. Auf fast allen Seen darf Wassersport betrieben werden, an vielen gibt es auch Gastschifffahrtsbetriebe. Und wo Wasser ist, da ist auch Erholung nicht weit.

Wildwald Vosswinkel

In diesem Walderlebnisgebiet gibt es rund 12 km Fußwege, behutsam in den Lüerwald eingebaut. Verborgene Waldteiche, uralte Eichenbestände, mit Moos bewachsenes Totholz und Bachläufe laden zum Wandern und Verweilen ein. Entlang der Rundwege finden sich versteckte Aussichtskanzeln, thematisch geordnete Waldstationen, spannende Beobachtungspfade und Stege. Und die Besonderheit schlechthin: heimische Wildarten in ihrem natürlichen Lebensraum zu erleben – ohne Zäune zwischen sich und den Tieren. Bei der täglichen Wildhegerinformation haben Besucher und Besucherinnen die Möglichkeit, das Wild aus nächster Nähe zu beobachten und dabei viel Wissenswertes, Kurioses und Erstaunliches zu erfahren. Und dann ist da noch das bunte Programm von Kräftespiel mit Angeboten für Klein und Groß. Von den „Schnitz-Kids", Pilzexkursionen bis hin zum „Wildnistraining".
Sich auf die Natur einlassen – wie auch immer – macht gelassen und glücklich.

Foto: Daniela Fett

Wichtig!

Adresse: Wildwald Vosswinkel
59757 Arnsberg-Vosswinkel, Tel. 02932/97230
www.wildwald.de, info@wildwald.de
Anfahrt: A 445 Richtung Arnsberg, Abfahrt Arnsberg-Neheim, ab Vosswinkel Schilder.
Öffnungszeiten: tägl. 9 bis mind. 17 Uhr (eingeschränkte Öffnungszeiten von Nov. bis zum Beginn der Osterferien in NRW)
Eintritt: Erwachsene Mo.–Fr. € 5,–, Sa./So. € 7,–, Kinder (4–16 Jahre) Mo.–Fr. € 4,– Sa./So. € 5,–
Familie Mo.–Fr. € 16,–, Sa./So. € 21,–
Verpflegung: Böer's Waldcafé, besondere Gruppenprogramme nach Anmeldung

Center Parcs Park Hochsauerland

Vor den Toren der Stadt Medebach bietet die weitläufige Ferienanlage eine ideale Erlebniswelt für einen attraktiven Kurzurlaub.

Die Unterkünfte reichen von komfortabel bis luxuriös, von Hotelzimmer bis Kinderferienhaus. Das Herzstück des Parks ist der Market Dome. Unter einem Dach von Palmen befinden sich Cafés, Restaurants für jeden Geschmack, vielfältige Einkaufsmöglichkeiten sowie Live-Unterhaltung für Groß und Klein. Die atemberaubende Welt des Wassers, das Aqua Mundo mit Wellenbad, vier unterschiedlich langen Wasserrutschen (die längste ist 112 m), Stromschnellen, Kleinkindbecken bietet reichlich Raum zum Toben und Planschen. Im riesigen Water-Playhouse gibt es viel zu erleben: Klettern, Rutschen und mit Wasserpistolen Mama und Papa nass spritzen! Die Wilde Welle, ein abenteuerlicher Strömungskanal vervollständigt das Angebot des subtropischen Schwimmbads. Und wer's etwas ruhiger mag, dem bietet die Sauna im römisch-griechischen Design mit Pool, Dampfbad, Blockhaussauna, Sanarium und Saunabar Raum für Erholung.

Darüber hinaus bieten sich erstklassige Möglichkeiten für ein abwechslungsreiches Sportprogramm drinnen und draußen. Aktive werden sich über die professionellen Indoor-Fußballfelder mit Fußballschule im Sportcenter oder die Outdoor-Sport-Arena freuen sowie über die Bowling- und Kegelbahnen. Für die Kleinen im Alter von 4–8 Jahren ergibt sich hier die Möglichkeit, einmal etwas zu sein, was sie schon immer werden wollten: z.B. Wannabe ein Fußballprofi! Der Verleih von Mountainbikes und Langlaufski im Cycle Center rundet das Ganzjahresangebot ab.

Wichtig!

Adresse:
Center Parcs Park Hochsauerland
Sonnenallee 1
59964 Medebach
Tel. 02982/9500
www.tagesausflugcenterparcs.de/SL
parkhochsauerland@centerparcs.com
Anfahrt:
Im Internet mehrere Anfahrtsmöglichkeiten dargestellt.

FORT FUN Abenteuerland

50 Jahre FORT FUN Abenteuerland

Der Freizeitpark im Sauerland ist eine der führenden Freizeitadressen der Region und lockt mit Nervenkitzel und Naturmomenten, mit Adrenalin und Auszeit sowie mit Nostalgie und Neuerung. Unter dem Motto „Wir feiern Geschichte" wird 2022 eine Jubiläumssaison voller Events und Überraschungen. Zeit gemeinsam verbringen und dabei für einen oder mehrere Tage den Alltag vergessen: Der Themenpark bietet Abenteuerlustigen die perfekte Mischung aus vielseitigen Attraktionen in der malerischer Natur. Dies gilt auch für das Abenteuercamp, denn hier übernachtet man direkt neben dem Park aber mitten im Wald, ganz ohne Internet und TV.

Wichtig!

Adresse:
FORT FUN Abenteuerland
59909 Bestwig
Tel. 02905/810
www.FORTFUN.de, post@FORTFUN.de
Saison/Öffnungszeiten:
09.04.2022 bis 01.11.2022
Öffnungszeiten und Ruhetage:
www.FORTFUN.de
Eintritt:
Kinder bis 90cm und unter 4 Jahren: frei
Kinder (90-150cm): € 24,50
Erwachsene (ab 150cm): € 32,00
Geburtstagskind einschließlich 15 Jahre frei
Übernachtung:
Idyllisch im Wald in urigen Blockhäusern mit direktem Parkzugang.

Atta-Höhle Attendorn

Ein uraltes Märchen quicklebendig und jugendfrisch – das ist die Atta-Höhle.

Eine kleine Ewigkeit dauert es, bis sich der Wassertropfen von der Decke der Alhambra-Halle löst und zu Boden fällt. In sich trägt er das Baumaterial für ein unvergleichliches Paradies der Unterwelt. Mit dem aus der Erde gelösten Kalk baut Mutter Natur an einem noch winzigen Tropfstein. Und sie lässt sich Zeit. Gerade einmal ein Zentimeter wächst der Stalaktit in 100 Jahren. Kaum vorstellbar sind für den Besucher der weltbekannten Atta-Höhle im Sauerland also die zeitlichen Dimensionen, in denen die Tropfsteinhöhle entstand, die bei Sprengarbeiten im Jahre 1907 entdeckt wurde. Die Wissenschaft spricht von einer Dauer von 450 Millionen Jahren.

Nach dem Abstieg in die Unterwelt scheint für den Besucher die Zeit still zu stehen. In der Atta-Höhle ist kein Luftzug zu spüren. Und die Temperatur beträgt konstant 9 Grad. Im Sommer wie im Winter. Kein Lärm dringt rund 100 Meter unter der Erdoberfläche an das Ohr des staunenden Betrachters, der den Blick über die farbenprächtigen Säulen, durch die Reifekammer des Atta-Käses oder über die kleinen Kristallseen schweifen lässt. 40 Minuten dauert der Aufenthalt in Deutschlands schönster Tropfsteinhöhle. Die unvergesslichen Impressionen nimmt der Besucher mit nach Hause.

Wichtig!

Adresse und Auskunft:
Attendorner Tropfsteinhöhle
Finnentroper Str. 39
57439 Attendorn
Tel. 02722/93750
www.atta-hoehle.de, info@atta-hoehle.de

Paderborner Land

Paderborn – „Leben an den Quellen". Mit der Familie erkunden, was sich hinter diesem Motto verbirgt – zum Beispiel in einem der Spaßbäder wie der „Schwimmoper" oder der Westfalen-Therme.

Wer es ein wenig trockener mag, erforscht die alte Königs-, Hanse- und Bischofsstadt und ihre landschaftlich reizvolle Umgebung zu Fuß oder auf einer von über 2000 km ausgeschilderten Radrouten.

Das Heinz Nixdorf MuseumsForum

Fotos: © HNF

Im weltgrößten Computermuseum begibt man sich auf eine 5.000 Jahre umfassende Zeitreise. Man erkundet die Entwicklung von ersten Schriftzeichen in der Antike über historische Schreib- und Rechenmaschinen bis hin zu frühen Computern, modernen Robotern und Künstlicher Intelligenz. Viele Exponate laden mit interaktiven Anwendungen zum Ausprobieren ein: Nachrichten morsen, auf einer Schreibmaschine tippen, sein Wissen im großen OWL-Quiz testen, Museumsroboter treffen oder eine Künstliche Intelligenz zum „Vier gewinnt"-Spiel herausfordern. Beppo, ein Industrieroboter, fegt mit seinem Besen feine Muster in den Granulatboden und tritt dabei mit den Besuchern in Interaktion. Wie das Programmieren funktioniert, zeigen 49 Winkekatzen. Sonderausstellungen erweitern das Themenspektrum des HNF und Events, Vorträge, Workshops sowie museumpädagogische Kurse machen das Heinz Nixdorf MuseumsForum zu einem besonderen Veranstaltungsort.

Wichtig!

Adresse: Heinz Nixdorf MuseumsForum
Fürstenallee 7, 33102 Paderborn
Tel. 05251/306600, www.hnf.de
Öffnungszeiten:
Di. bis Fr. 9–18 Uhr, Sa., So. 10–18 Uhr
Eintritt: Erwachsene € 8,–, Ermäßigt € 5,–
Familienkarte € 16,–
Erwachsenengruppe ab 10 Personen € 5,–
Gruppen ermäßigt ab 10 Personen € 3,–
Return-Ticket: mit allen Eintrittskarten (außer Gruppentickets) kann man innerhalb von 12 Monaten das HNF nochmal besuchen.
Kostenlose öffentliche Museumsführungen: sonntags 15 Uhr, Kosten: Museumseintritt
Verpflegung: Bistro-Restaurant

Burg Desenberg bei Warburg

Auch wenn auf der Burgruine kein weiteres Programm wartet, kein Museum und kein Imbiss, so ist der Desenberg trotzdem ein lohnendes Ausflugsziel. In der absolut flachen Umgebung sieht man ihn schon von weitem und je näher man kommt, desto unbezwingbarer erscheint sie. Vor Jahrmillionen hob sich der heute nicht mehr aktive Vulkan aus dem Boden. Zur Zeit der Germanen soll hier eine Kultstätte der „Idisen" gewesen sein. Später geriet der Bergkegel immer wieder in den Blickpunkt der Geschichte. Nach Karl dem Großen und Heinrich dem Löwen trieben hier im hohen Mittelalter die Raubritter des Geschlechtes „von Spiegel" ihr Unwesen. Es lohnt sich also, die Ritterausrüstung oder wenigstens einige Figuren mitzunehmen, um die alten Sagen und Geschichten nachzuspielen: Zum Beispiel die vom Kampf mit dem wilden Drachen, der einem jungen Recken die Desen Burge als Lehen einbrachte. Und der böse Ritter Bruno benahm sich so gründlich daneben, Mönchsmord inbegriffen, dass Gott die Burg mit einem Blitz zerstörte, wobei Bruno von einem gewaltigen Stein erschlagen wurde.

Im Rahmen des Projekts „Erlesene Natur im Kulturland Kreis Höxter" wurde ein neuer Schneckenweg für einen leichteren Aufstieg angelegt. Der Weg beginnt ca. 130 m links vom Parkplatz und ist ca. 1 km lang.

Wichtig!

Adresse und Anfahrt:
Der Desenberg ist von weitem zu sehen und liegt etwa zwei Kilometer nordöstlich von Warburg. In der Stadt Richtung Bahnhof fahren, dann weiter Richtung Daseburg. Schnell erreicht man den unterhalb der Burgruine gelegenen Parkplatz.
Saison: Ganzjährig
Eintritt: Frei
Verpflegung:
Picknick auf dem Berg, Gaststätte in Daseburg, alle Verpflegungsmöglichkeiten in Warburg

Die Nordeifel

Die Landesgrenze zwischen Nordrhein-Westfalen und Rheinland-Pfalz verläuft mitten durch die Eifel. In diesem Kapitel wird deshalb nur der nördliche Teil der Eifel beschrieben. Wenig fruchtbar ist das Land hier, die vielen Hänge sind für den Ackerbau nicht nutzbar. Und trotzdem zog es Siedler in das Land, das Ufer des Rheins und viele heilende Quellen zogen sie an. Heute ist dieser Teil der Eifel Erholungsraum für viele Reisende aus dem Ruhrgebiet und auch für Touristen aus den Niederlanden und Belgien.

Greifvogelstation & Wildfreigehege Hellenthal

Zahlreiche einheimische Wildarten wie Rothirsche, Damhirsche, Muffelwild, Wildschweine, Luchse, Wildkatzen und viele andere sind hier zuhause. Besonders attraktiv sind die kinderfreundlichen Bereiche der Kontaktgatter, der Kinderzoo und der großräumige Spielplatz. Wenn gewünscht erschließt die Fahrt mit dem „Adlerexpress" Groß und Klein mühelos das weitläufige Gelände.

Das besondere Highlight ist eine der bedeutendsten Greifvogelstationen ganz Europas mit beeindruckender Artenvielfalt und sensationellen Flugvorführungen die für Gäste jeden Alters sicherlich ein unvergessliches Erlebnis sind. Stolze Adler schrauben sich in die Höhe, um auf Zuruf des Falkners in rasantem Sturzflug auf dessen Hand zu landen. Hier kann man die majestätischen Vögel hautnah erleben. Unter Anleitung eines Falkners kann ein Greifvogel auf die Faust genommen werden und am besten hält man diesen besonderen Augenblick als Foto fest.

Wichtig!

Adresse:
Greifvogelstation & Wildfreigehege Hellenthal
Wildfreigehege 1, 53940 Hellenthal,
Tel. 02482/7240 oder 2292
Fax 02482/7428
www.greifvogelstation-hellenthal.de
info@greifvogelstation-hellenthal.de

Öffnungszeiten:
März–Oktober: tägl. 9–18 Uhr
November–Februar: tägl. 10–16 Uhr
(Aufenthalt bis Einbruch der Dunkelheit)

Eintritt: Erw. € 11,–, Kinder (3–14 J.) € 8,–
Familienkarten (2 Erw./2 Ki.) € 34,–,
jedes weitere Kind € 7,–
Gruppen (ab 15 Pers.): Erwachsene: € 9,–,
Kinder (3-14 Jahre): € 7,–

Gruppenführungen:
Gruppen: € 45,–, Anmeldung erforderlich

Flugvorführungen:
Apr.–Okt.: tägl. 11.00/14.30/16.00 Uhr
Nov.–Mär.: tägl. 11.00/14.30 Uhr

Verpflegung: Picknick, Café-Restaurant, Imbiss, Grillplatz

Hinweis: April–Oktober: Adler-Express

Phantasialand Resort

In sechs phantastischen Themenbereichen voller Spaß, Genuss und Abenteuer bietet das Phantasialand weltweit einzigartige Erlebnisse für die ganze Familie, z.B. im lebensfrohen Mexico oder im goldenen Berlin, im Rhythmus Afrikas oder der Harmonie China Towns. In der neuen Themenwelt Rookburgh verschmelzen das imposante Hotel Charles Lindbergh, der atemberaubende Flying Coaster F.L.Y., die detailverliebte Steampunk-Gestaltung und außergewöhnliche Genusserlebnisse zu einem weltweit einmaligen Abenteuer bei Tag und Nacht. Insgesamt bieten über 40 einzigartige Attraktionen Spaß und Action der Extraklasse für die ganze Familie. Rund drei Viertel aller Attraktionen sind dabei bereits für die Kleinsten geeignet – mit enormem Spaßfaktor auch für die Eltern. Bei traumhaften Shows erleben Groß und Klein gemeinsame Momente zum Lachen und Staunen bei mitreißenden Songs, wagemutiger Artistik und einer gehörige Prise Humor. Die große Vielfalt an Restaurants und Snacks von Tapas und Paella bis hin zu hausgemachten Burger verwöhnen die Gäste kulinarisch. In drei Erlebnishotels lädt das Phantasialand darüber hinaus zum Kurzurlaub in außergewöhnlichem Ambiente ein. Ob beim ultimativen Abenteuer im Hotel Charles Lindbergh mitten in der Themenwelt Rookburgh, bei der fernöstlichen Auszeit im Hotel Ling Bao oder in der Lebensfreude Afrikas im Hotel Matamba: Exklusiv für Hotelgäste gibt es einen privaten Zugang zum Park, wo das Erlebnis Rookburgh, Asien oder Afrika nahtlos weitergeht – das gibt es so nur im Phantasialand!

Wichtig!

Adresse: Phantasialand Resort
Schmidt-Löffelhardt GmbH & Co. KG
Berggeiststraße 31–41, 50321 Brühl
Tel. 02232/36-200, Fax 02232/36-236
www.phantasialand.de
info@phantasialand.de

Anfahrt: Das Phantasialand Resort liegt zentral zwischen Köln und Bonn und ist über die A553, Ausfahrt Brühl-Süd, zu erreichen. Öffentliche Verkehrsmittel: Die KVB-Haltestelle der Linie 18 „Brühl – Mitte" und der Bahnhof „Brühl Bahnhof" sind mit einem Shuttlebus an das Phantasialand Resort angebunden. Außerdem ist das Phantasialand per Flixbus zu erreichen.

Saison: Sommer und Winter

Eintritt: Kinder unter vier Jahren und Geburtstagskinder jeden Alters haben freien Eintritt. Aktuelle Tarife findet man auf der Homepage.

Verpflegung:
Ausgezeichnete Restaurants, Cafés und Snacks mit internationalem Angebot.

Köln und Umgebung

Die Kölner sind sehr stolz darauf, seit fast 2.000 Jahren die Stadtrechte zu besitzen. Kaiserin Agrippina verhalf dem antiken „Colonia“ 50 n. Chr. zu dieser Auszeichnung. Köln hat außer dem majestätisch vorbeifließenden Rhein und dem berühmten Dom einiges zu bieten, und Familien mit Kindern wissen die hohe Lebensqualität der Stadt mit ihren Parkanlagen zu schätzen. Ausgedehnte Grünflächen ziehen sich quer durch Köln. An erster Stelle ist der Rheinpark zu nennen: ein wahres Schatzkästchen für Erholungssuchende.

Das Schokoladenmuseum

Leckeres Museum! Im Schokoladen Museum geht man auf eine Entdeckungsreise durch über 3.000 Jahre Kulturgeschichte der Schokolade – vom Kakaokult der Maya und Azteken bis zur modernen Produktion. Die Entdeckung der Schokoladenseite des Lebens fängt bei den Kakaobäumen an, die in der Wärme eines begehbaren Tropenhauses heranwachsen. Zu den Attraktionen des Museums gehört eine Miniaturproduktionsanlage, die sich über zwei Ebenen erstreckt. Man kann den Produktionsverlauf von der Kakaobohne bis zu feinster Tafelschokolade, erlesenen Trüffelpralinen, Osterhasen und Weihnachtsmännern verfolgen. Es gibt außerdem ein buntes Kindergeburtstagsangebot. Am Schokoladenbrunnen dürfen nicht nur Kinder flüssigwarme Schokolade auf Waffeln naschen! Spezielle Kinderführungen bringen den kleinen Besuchern das Thema Schokolade in all seinen Aspekten nahe.

Wichtig!

Adresse:
Schokoladenmuseum
Am Schokoladenmuseum 1a
50678 Köln
Tel. 0221/931888-0
www.schokoladenmuseum.de
Anfahrt: Das Museum liegt am linken Rheinufer zwischen Severins- und Deutzer Brücke.
Öffnungszeiten: Di. bis Fr. 10–18 Uhr, Sa. und So. 11–19 Uhr
Eintritt: Erwachsene € 7,50
Ermäßigte € 5,–
Gruppen ab 15 Personen € 6,50
freier Eintritt unter 6 Jahren.
Verpflegung: Restaurant mit Café. Picknicken am Rheinufer.
Drumherum: Wenige Minuten entfernt befindet sich der Dom.

Der Kölner Zoo

Der Kölner Zoo ist einer der ältesten und beliebtesten Zoos in Deutschland. Über 10.000 Tiere aus mehr als 850 verschiedenen Arten sind im Zoologischen Garten der Domstadt zu Hause. Sein Leitspruch lautet: „Begeistert für Tiere". Zu den Hauptattraktionen gehört der Elefantenpark, der einer der größten Europas ist. Genauso spektakulär ist der Hippodom. Das großzügige Erlebnishaus zeigt eine afrikanische Flusslandschaft, in der u.a. Flusspferde, Nilkrokodile, Erdferkel und Sitatunga-Antilopen leben. Der Clemenshof ist ein liebevoll gestalteter Nachbau eines für die Region typischen Bauernhofs mit Streichelzoo für Kinder. Er gibt seltenen heimischen Arten ein Zuhause.

Besonders beliebt bei den Besuchern ist auch das Regenwaldhaus. Es zeigt Tiere und Pflanzen aus einem der bedrohtesten Naturparadiese der Erde, den Regenwäldern Südostasiens. Das Urwaldhaus für Menschenaffen erlaubt den Besuchern durch seine intelligente Konstruktion, die Primaten aus allernächster Nähe zu beobachten, ohne sie dabei zu stören. Im Aquarium erleben die Besucher auf drei Etagen unzählige Fischarten, Reptilien und Insekten. Attraktiv sind auch die historischen Tierhäuser. Zu ihnen zählen der Affenfelsen von 1914 oder das im maurischen Stil erbaute Elefantenhaus von 1863. Die Kombination aus alten Bauten, modernen Häusern und den durch die Zoogärtnerei mit viel Liebe zum Detail gestalteten Parklandschaften macht den besonderen Charme und die anhaltend hohe Attraktivität des Kölner Zoos aus.

Wichtig!

Adresse: Kölner Zoo
Riehler Straße 173, 50735 Köln
Tel. 0221/56799100, Fax 0221/7785111
info@koelnerzoo.de, www.koelnerzoo.de
Anfahrt: Vom Hauptbahnhof aus erreichen Sie den Zoo mit der U-Bahnlinie 18 oder vom Ebertplatz aus mit der Buslinie 140, Haltestelle Zoo/ Flora. Am Zoo, der nördlich des Doms am linken Rheinufer liegt, gibt es ein Parkhaus und mehrere Parkplätze.
Saison/Öffnungszeiten:
Sommer 9–18 Uhr (März–Oktober) und
Winter 9–17 Uhr (November–Februar)
Eintritt: Erwachsene € 19,50
Kinder (4–einschließlich 12 J.) € 9,–
Verpflegung: Gastronomie im Zoo, vom Imbiss bis zum Restaurant, Picknick möglich

Bubenheimer Spieleland

Durch neues Konzept und neue Gestaltung noch planungssicherer,- unvergesslicher Spaß für die Kids, unglaubliche Entspannung für die Eltern. Ob Regen oder Sonnenschein – Bubenheim lädt zum Spielen ein!
Das Bubenheimer Spieleland ist das ideale Ausflugsziel für Familien. Wetterunabhängig und planungssicher bei jedem Wetter. Der große Abenteuerspielplatz mit Bootswasserrutsche, Riesenteppichrutsche, Kletterpark und Adventure Golfanlage wurde um einen riesigen Wasserspielplatz mit Wasserturm und Floßbecken erweitert.

Foto: © Sebastian Lehmann, L-S-Photographie.de

Wichtig!

Adresse:
Bubenheimer Spieleland
Burg Bubenheim, 52388 Nörvenich
Tel. 02421/486400
kontakt@bubenheimer-spieleland.de
www.bubenheimer-spieleland.de
Öffnungszeiten Hauptsaison:
20.03.–01.11.2022 tägl. von 9–19 Uhr
Öffnungszeiten Nebensaison:
Siehe www.bubenheimer-spieleland.de
Eintritt: Zahlung an der Kasse, Reservierung über Ticketshop siehe Homepage

Foto: (c) Sebastian Lehmann, L-S-Photographie.de

Zudem gibt es noch mehr Liegeplätze und Pavillons für Familien und Geburtstagsfeiern, sodass die großzügige Anlage ein rundum sicheres Gefühl bietet. Bei unbeständigem Wetter bieten gleich mehrere wunderschöne Holzhallen ein abwechslungsreiches Spielangebot. Hier gibt es Gokartbahnen, Kletterlabyrinthe, Trampolinanlagen, Fußballfelder und vieles mehr. Das Spiel-Paradies und der Spiel-Speicher laden ebenfalls zum Toben ein. Hier gibt es einen Kletterbauernhof mit vielen Herausforderungen,- für neugierige Forscher ein echtes Erlebnis. Für das leibliche Wohl ist ebenfalls bestens gesorgt, so bietet Bubis Speisekammer allerlei Stärkungen an und das Cafe im Innenhof des wunderschönen Burggeländes lädt mit seiner besonderen Atmosphäre geradezu zum Genießen und Entspannen ein, während sich die Kleinsten bestens vergnügen.

monte mare Bedburg

Bali, die Insel der Götter, steht Pate für das Gesamtkonzept vom monte mare Sauna- und WellnessResort in Bedburg. Ob süßes Nichtstun oder aktives Verwöhnprogramm: Hier erlebt jeder seinen ganz persönlichen Urlaub vom Alltag. Außerdem können Sie hier Ihr Auto an einer E-Ladesäule aufladen.

Saunalandschaft:
Insgesamt bringen zehn verschiedene Themensaunen sowie Dampfbäder die Gäste zum Schwitzen: Traditionelles Tempelbad, Tropisches Regenbad, balinesisches Schwitzbad (Infrarotsauna) mit jeweils rund 45 °C, Meditations-Sauna (60 °C bis 80 °C), Zeremonien-Sauna (85 °C bis 95 °C), Savannen-Sauna (90 °C bis 100 °C), Feuersauna (90 °C bis 100 °C), Wassersauna (60 °C bis 80 °C), Gartensauna (85 °C bis 90 °C). Zahlreiche Ruhe-, Schlaf- und Meditationsräume wie beispielsweise die Kaminlounge laden zum Träumen ein. Erlebnisduschen, ein Kneipp-Becken, die Business-Lounge mit kostenlosem Internetzugang sowie das Saunarestaurant runden das Angebot ab. Im 12.000 qm großen Saunagarten mit See, großem Sole-Außenbecken und Wandelhalle mit Ruhebereich und Kamin stellen sich Entspannung und Wohlbefinden von ganz alleine ein.

Wellness:
Wohltuende Gesichts- und Körperbehandlungen, entspannende Massagen, Badezeremonien in privater Atmosphäre, Dampfbadzeremonien im indonesischen Schlammbad.

Wichtig!

Adresse:
monte mare Bedburg
Betriebs GmbH & Co. KG
Monte-Mare-Weg 1, 50181 Bedburg (Erft)
Tel. 02272/90680-0, Fax 02272 90680-40
bedburg@monte-mare.de
www.monte-mare.de/bedburg
Öffnungszeiten & Eintritt:
alle Informationen finden sie auf unserer Homepage

Das Siebengebirge

Sieben Riesen reinigten nach getaner Arbeit am Abend ihre sieben Spaten, und so entstand das Siebengebirge. Diese alte Sage enthält eine grobe Fehleinschätzung, denn die „Hausberge" der Stadt Bonn zählen nicht nur sieben, sondern insgesamt weit über 30 Hügel. Dreißiggebirge wäre aber wirklich ein zu blöder Name, und so beließen die Altvorderen es beim „Siebengebirge". Während man auf den Wanderwegen in Deutschlands ältestem Naturschutzgebiet normalerweise kaum eine Menschenseele erblickt, darf sich der Drachenfels „Europas meistbestiegener Berg" nennen. Hier nimmt man die Zahnradbahn oder auch einen Esel.

monte mare Kreuzau

Erholen, entspannen, die Seele baumeln lassen: Das monte mare Saunaparadies bietet Ihnen die perfekte Wohlfühl-Welt in afrikanischem Ambiente. **Saunalandschaft:** Sie haben die Wahl zwischen fünf unterschiedlich temperierten Saunen, einem Außenbecken mit 30 °C warmem Wasser, gemütlichen Aufenthalts-, Schlaf- und Ruheräumen, einem großen Saunagarten mit terrassenförmigen Liegebereichen und vielem mehr. Folgende Saunen erwarten Sie: Finnische Aufguss-Sauna (85 °C), Kreuzauer Schwitzstube (75 °C), Farblichtsauna (60 °C), Dampfbad (45 °C bei 100 % rel. Luftfeuchtigkeit), Schiefer-Sauna (100 °C), Erdsauna (90 °C) im einzigartigen Textilwellness-Bereich mit niedrig temperiertem Solebad, Stollensauna und Dampfbad wird in Badekleidung sauniert.

Wellness: Wohltuende Gesichts- und Körperbehandlungen, entspannende Massagen und pflegende Dampfbadzeremonien für Ihre individuelle Pause vom Alltag.

Wichtig!

Adresse: monte mare Kreuzau
Windener Weg 7, 52372 Kreuzau
Tel. 02422/94260
Kreuzau@monte-mare.de
www.monte-mare.de/kreuzau
Öffnungszeiten & Eintritt:
alle Informationen finden sie auf unserer Homepage

Naturpark Siebengebirge

Interaktive Naturerlebnispfade für Familien

Wie wollen wir leben? Welche Spuren haben verschiedene Generationen vor uns hinterlassen? Wie können wir unsere Zukunft gestalten? Die Erlebnispfade „Zeitsprung" und „Expedition Himberg" bieten Gelegenheit, sich aktiv und draußen mit diesen spannenden Fragen zu beschäftigen. Zahlreiche interaktive Erlebnisstationen am Wegrand sorgen für Action und kurzweilige Auseinandersetzung mit Umweltthemen.

Expedition Himberg

Die Entdeckungsreise rund um den Himberger See beginnt mit einer Schatzsuche in der Urzeit und führt zu den Spuren eines besonderen Bausteins unserer Welt. An den 7 Erlebnisstationen heißt es entdecken, erforschen und anpacken: Findet heraus, wofür wir Menschen so große Mengen Material aus dem Boden holen, dass riesige Löcher entstehen und ganze Berge verschwinden. Erlebt eure Welt aus ungewohnter Perspektive und sucht neue Wege für eine umweltfreundliche Zukunft.

Erlebnisweg Zeitsprung

Der Entdeckerpfad Zeitsprung verwandelt euch in Zeitreisende, die im Sprung durch die Zeitalter Einblicke in eine ereignisreiche Vergangenheit bekommen: Wie haben die Menschen hier früher gelebt? Welche Folgen hatte das für die Natur? Wie leben wir heute? 10 Erlebnisstationen bieten einen spielerischen Zugang zu wichtigen Themen unserer Zeit. Am Ende eurer Reise wartet ein Rätsel, das es zu lösen gilt.

Wichtig!

Adressen:
Expedition Himberg
Am Sportplatz 7, 53604 Bad Honnef
Erlebnisweg Zeitsprung
Zur Grafschaft, 53639 Königswinter
Öffnungszeiten:
Durchgehend geöffnet
Eintritt:
Kostenlos
Kontakt:
Naturpark Siebengebirge
Kaiser-Wilhelm-Platz 1
53721 Siegburg
Tel. 02241/13-3140
info@naturpark-siebengebirge.de
Naturpark7gebirge.de

monte mare Rheinbach

Orientalische Elemente, sanfte Farben und angenehme Düfte schaffen ein einzigartiges Wohlfühlambiente und lassen Märchen aus 1001 Nacht wahr werden.

Saunalandschaft:
Insgesamt laden zwölf Saunen und Dampfbäder zum erholsamen Schwitzen ein: Maurisches Schlammbad (ca. 40 °C), Aromazisterne (ca. 40 °C), Laconium (55 °C bis 60 °C), Kräuterbad (ca. 40 °C), Brechelbad (65 °C bis 70 °C), Dampfbad (ca. 45 °C), Aufguss-Sauna (85 °C bis 95 °C), Niedertemperatursauna (60 °C bis 70 °C), Mentalsauna (50 °C), Gartensauna (85 °C bis 95 °C), Teichsauna (70 °C bis 80 °C), Erdsauna (90 °C bis 100 °C). Eine wahre Oase der Sinne sind die großzügigen Ruhebereiche in orientalischem Stil, wo kuschelige Liegeflächen vor flackerndem Kaminschein zum Träumen einladen. Viel Platz zum ausgiebigen Sonne- und Frischlufttanken bietet zudem der gemütlich angelegte Saunagarten mit großen Liegewiesen.

Wellness: Entspannende Massagen, exotische Dampfbadzeremonien oder exklusive Arrangements: Unterschiedliche Wellness- und Beautyangebote runden die Auszeit vom Alltag perfekt ab.

Wichtig!

Adresse:
monte mare Rheinbach
Münstereifeler Str. 69, 53359 Rheinbach
Tel. 02226/9030-0
rheinbach@monte-mare.de
www.monte-mare.de/rheinbach
Öffnungszeiten & Eintritt:
alle Informationen finden sie auf unserer Homepage

Indoor-Tauchzentrum monte mare Rheinbach

© Tobias Friedrich

Das monte mare Indoor-Tauchzentrum in Rheinbach lädt zum Abtauchen ein. Hier erlebt man eine einzig-artige Unterwasserwelt, ohne dafür in entlegene Tauchreviere reisen zu müssen. Im 10 Meter tiefen Tauchbecken mit über 2 Millionen Litern Wasser und 200 qm Wasserfläche erwarten die Gäste ein Tauchparadies mit drei Trainingsebenen (auf Tiefen zwischen 1,20 m und 6 m), ein Höhlen- und Grottenlabyrinth sowie einem senkrechten Röhrensystem, ein versunkenes Bootswrack, ständig wechselnde Unterwasser-Dekorationen – und das alles bei angenehmen 28 °C Wassertemperatur und klarer Sicht.

Wem die Lizenz zum Tauchen noch fehlt, dem kann im monte mare – Deutschlands größter Ausbildungstauchschule nach SSI-Standards – geholfen werden. Bereits Kinder ab einem Alter von 8 Jahren können erste Taucherfahrungen sammeln. Wer noch nie getaucht ist und seine ersten Unterwassererfahrungen sammeln will, für den ist „Schnupper-tauchen" genau das Richtige. Ein Tauchkurs lässt sich zudem zu einem erholsamen Kurzurlaub erweitern, denn das Indoor-Tauchzentrum befindet sich unter einem Dach mit dem Sport- und Freizeitbad sowie dem großzügigen Sauna- und Wellnessbereich von monte mare.

Wichtig!

Adresse:
monte mare Rheinbach
Münstereifeler Straße 69, 53359 Rheinbach
Tel. 02226/9030-11
tauchen@monte-mare.de
www.monte-mare.de/tauchen
Öffnungszeiten & Eintritt:
alle Informationen finden sie auf unserer Homepage
Wichtig: Für Taucher ist eine Anmeldung unter 02226-9030-11 oder per Mail an tauchen@monte-mare.de erforderlich. Die Ausrüstung kann vor Ort geliehen werden. Alle Eintrittspreise sind inklusive Blei sowie Flasche und Non-Limit-Füllung und inklusive Nutzung Sportbad, Freizeitbad, Sauna- und Wellnessparadies (außer Quick-Dive). Bitte beachten Sie die unterschiedlichen Öffnungszeiten der Bereiche.

monte mare Reichshof-Eckenhagen

Das monte mare Reichshof-Eckenhagen lädt mit einem vielfältigen Entspannungsangebot zum Urlaub vor der Haustür ein. Wo sich wohlige Wärme im Körper ausbreitet, haben Stress und Alltag keinen Platz mehr. Im monte mare Reichshof-Eckenhagen werden Energiereserven wieder aufgefüllt und neue Kraft getankt.

Saunalandschaft: Vom Dampfbad bis zur feurig-heißen Aufguss-Sauna wird für jeden Geschmack etwas geboten. Neben großzügig gestalteten Aufenthaltsbereichen laden zahlreiche Themensaunen und ein Dampfbad zum sanften Schwitzen ein: Kelosauna, Dampfbad, Niedertemperatursauna, russisches Saunadorf mit Erdsauna, Banja-Sauna, Blockhaus-Sauna, „Saunagarten Eden" mit Rosensauna und Trockensauna. Authentische Badezeremonien und Erlebnisaufgüsse im „russischen Saunadorf" mit original sibirischer Banja versetzen in die Zeit der Zaren zurück. Zahlreiche Ruhe-, Schlaf- und Meditationsräume sowie der Saunagarten mit großzügigen Liegeflächen laden zum Träumen und Relaxen ein.

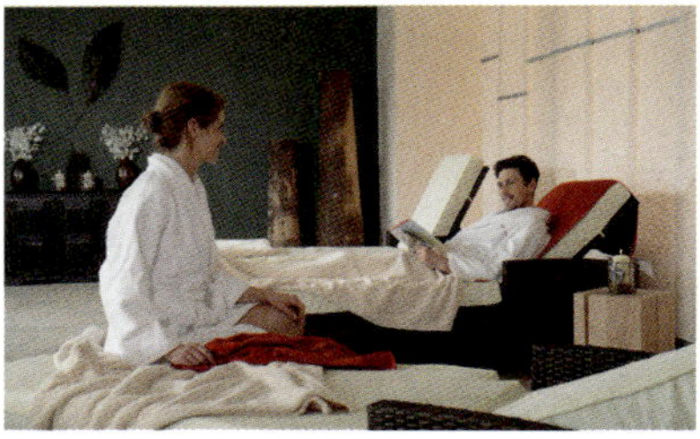

Wellness: Gesichts- und Körperbehandlungen, entspannende Massagen, Dampfbadzeremonien, exklusive Wellnessarrangements.

Wichtig!

Adresse:
monte mare Reichshof
Hahnbucher Str. 21
51580 Reichshof-Eckenhagen
Tel. 02265/99740-0, Fax 02265/99740-40
reichshof@monte-mare.de
www.monte-mare.de/reichshof
Öffnungszeiten & Eintritt:
alle Informationen finden sie auf unserer Homepage

Waldkletterpark Velbert-Langenberg

Hier erwartet große und kleine Kletterbegeisterte ein Klettererlebnis mit über 140 Kletterelementen, Seilrutschen, Tarzansprünge, Todesschleuder, Banana-Jump, Kletterlabyrinth und Xtreme-Parcours sowie ein Kinder-Parcours ab 105 cm Körpergröße.

Im neuen Kletterlabyrinth direkt am Kinder-Parcours können kleine Klettergäste, nach ihrer Tour im Kinder-Parcours, herumtollen und ihre letzten Energien aufbrauchen. Es erwartet sie ein Netzlabyrinth mit unterschiedlichen Kammern, ein toller Abenteuerwürfel. Das Kletterlabyrinth ist bereits im Preis für den Kinder-Parcours enthalten.

Der Xtreme-Parcours führt über dünne Bäume in schwindelerregenden Höhen. Die Elemente sind spielerisch und schwierig. Eine zusätzliche Herausforderung besteht im Mangel an großen Plattformen. Zwischen den Elementen ist jeweils nur eine winzige Plattform am Baum angebracht, wo gerade mal eine Person darauf Platz finden kann. Schwindel, Abenteuer und dicke Arme vorprogrammiert!

Für jeden Geschmack etwas dabei! Das Kletterbistro (Das Baumhaus), Biergarten und Minigolf in schönstem Waldambiente verwöhnt in ganz besonderer Weise die Klettermutigen! Egal ob Klettergast oder nicht, die Grillhütte direkt am Waldkletterpark ist ein ganz besonderer Ort zum Verweilen oder für Ihre Feier.

Wichtig!

Adresse:
Waldkletterpark Velbert-Langenberg
Hordtstraße 18 / Richard-Tormin-Straße 1
42555 Velbert-Langenberg
Tel. 0221/98256000
Öffnungszeiten, Preise, Parcours:
www.wald-abenteuer.de
Vorbuchung nötig:
www.wald-abenteuer.de/jetzt-buchen

Neanderthal Museum Mettmann

Unweit des Ortes, an dem vor mehr als 150 Jahren der Neanderthaler gefunden wurde, steht heute eines der modernsten Museen Europas. Es erzählt die Geschichte der Menschheit von den Anfängen in den afrikanischen Savannen vor mehr als vier Millionen Jahren bis in die Gegenwart. Multimediale Inszenierungen, Hörerlebnisse, aber auch klassische Medien wie Exponate und Lesetexte vermitteln anschaulich die aktuellen Forschungsergebnisse aus Archäologie und Paläoanthropologie.

Regelmäßig wechselnde Sonderausstellungen widmen sich den unterschiedlichsten Themen. In der Steinzeitwerkstatt werden Mitmachaktionen und Workshops für Kinder, Jugendliche und Erwachsene angeboten. Die Feldhofer Grotte, in der die Überreste des Neanderthalers gefunden wurden, ist durch Steinbrucharbeiten zerstört. Nach erneuten Ausgrabungen wurde der weltberühmte Fundort parkähnlich gestaltet. Neben dem Museumsbesuch bietet sich ein Spaziergang durch das nahegelegene eiszeitliche Wildgehege oder über den Kunstweg „Menschenspuren" an.

Das Museumscafé mit schöner großer Sonnenterasse und der attraktive Museumsshop laden im Anschluss zum Verweilen ein.

Wichtig!

Adresse:
Neanderthal Museum
Talstraße 300
40822 Mettmann
Tel. 02104/97970
Fax 02104/979796
www.neanderthal.de
museum@neanderthal.de

Anfahrt:
Das Museum liegt verkehrsgünstig an den Autobahnen A3 und A46. Mit öffentlichen Verkehrsmitteln erreichen Sie das Museum bequem mit den S-Bahn Linien S8 und S28 und den Buslinien 741 und 743.

Saison/Öffnungszeiten:
Ganzjährig, Di.–So. 10–18 Uhr, montags geschlossen Anmeldungen für Führungen und Veranstaltungen in der Steinzeitwerkstatt unter: Tel. 02104/979715 oder buchung@neanderthal.de

Eintritt:
Preise variieren je nach Ausstellung.
Familien: 20 % Ermäßigung.

Verpflegung:
Cafeteria im Museum,
Gastronomie im Neanderthal

Hinweis:
Das Museum ist barrierefrei.

Brandts kleine Zwiebackwelt

Brandts kleine Zwiebackwelt bietet Knusperfans jeden Alters auf über 200 m^2 die Gelegenheit, mehr über Zwieback zu erfahren. In Wort, Bild und mit interaktiven Elementen werden die historischen Fakten und die einzelnen Herstellungsstufen erlebbar gemacht. Hier begeben sich die Besucher auf eine Zeitreise durch die fast 100-jährige Geschichte der Firma Brandt. Dabei gewährt Brandt im so genannten „Gründerzimmer", das mit den originalen Möbeln nachgebaut wurde, einen Einblick in den Büroalltag des Firmengründers Carl Brandt. Es werden Dosen und Verpackungen aus einigen Jahrzehnten, einige interessante Produktionsdetails und natürlich alle Werbespots der Markengeschichte exponiert.

Darüber hinaus bietet die Ausstellung einen Blick über den Tellerrand der Zwiebackproduktion in die übrigen Geschäftsfelder der Brandt Gruppe. Neben Zwieback stellt das Unternehmen auch Schokolade und Knäckebrot her.

Das gemütliche Bistro lädt zum Verweilen ein. Hier können die vielfältigen Eindrücke und Informationen bei einer Tasse Kaffee und selbstgemachtem (Zwieback-) Kuchen verarbeitet werden. Der Rundgang endet schließlich im Zwiebackshop, der dem ehemaligen Werksverkauf ein würdiges Zuhause gibt. In kundenfreundlicher Atmosphäre können die Gäste Knuspriges und Kultiges erwerben. Der Shop bietet die gesamte Produktpalette sowie alles für Markenfans. Vom Brandt Zwiebackkochbuch über

Nostalgiedosen bis hin zum angesagten Brandt T-Shirt bleiben hier keine Wünsche offen.

Zwiebackliebhaber können montags bis freitags in die Welt des beliebten Knusperstücks eintauchen. Das Bistro und der Shop in der kleinen Zwiebackwelt von Brandt sind von 10 bis 18.30 Uhr geöffnet. Das Museum bietet an diesen Tagen ausschließlich persönliche Führungen um 15 und 16 Uhr an. Um Voranmeldung wird gebeten.

Wichtig!

Adresse: Brandts kleine Zwiebackwelt
Historisches „Haus Stennert", Enneper Str. 3
58135 Hagen-Haspe, Tel. 02331/3486143
www.brandt-zwieback.de
Öffnungszeiten: Bistro und Shop:
Montag bis Freitag 10–18.30 Uhr
Museum: Mo.–Fr. 15–17 Uhr
Besucher: 10 Personen pro Rundgang
Führungen: jeweils zur vollen Stunde – Um Voranmeldung wird gebeten, Dauer ca. 30 bis 45 Min. Voranmeldung: 02331/477-0
Eintritt:
Erwachsene € 2,–, Kinder/Schüler € 1,–, Gruppenermäßigung ab 4 Personen: 20%

AirHop Trampolinpark Düsseldorf

Seit April 2017 sind die Türen in einem der größten Trampolinparks in NRW geöffnet. Auf über 4.000 Quadratmetern laden weitläufige Trampolinanlagen und zahlreiche Action-Features zum Springen, Spaßhaben und Austoben ein. Das Sprung-Paradies befindet sich gut erreichbar in der Nähe des Hauptbahnhofes auf der Fichtenstraße im neuen SEGRO City Park. In der mit High-End-Trampolinen ausgebauten Halle kann man sich auf dem XXL-Trampolinfeld auspowern. Auf zwei Dodgeball-Feldern kann man in zwei 6er Teams Völkerball spielen, ein Servicemitarbeiter übernimmt die Schiedsrichterfunktion. Beim Trampolinbasketball in verschiedenen Schwierigkeitsstufen bekommt jeder garantiert einen Slam-Dunk hin. Saltos schmerzfrei üben geht, wenn man weich auf Schaumstoffwürfeln landet, dafür gibt es einen Extrabereich namens Foam Pit. Beim Battle Beam können sich zwei Gegner gegenseitig vom Schwebebalken mit Schaumstoffschlägern schubsen oder man trainiert seine eigene Balance auf den drei Slacklines. Der Hingucker ist das unbesiegbare Wipe-Out. Hier springt und duckt man sich über zwei rotierende Schwingarme. Du musst aufpassen, die Geschwindigkeit wird immer schneller und nebenbei kommt man ganz schön ins Schwitzen. Einige dieser Park-Features sind im Rheinland einzigartig. Ebenfalls sind private Partyräume für Geburtstagspartys sowie ein Café mit leckeren Snacks und Getränken vorhanden. Das Café ist der ideale Ort für eine Verschnaufpause, während man die Springer beobachtet. Eine Stunde Hüpf-Spaß kostet 12 bzw. 13 EUR plus einmalig 2,50 EUR für die Anti-Rutsch-Socken. Bezahlt werden kann vor Ort oder bei der Online-Reservierung unter www.airhop.de. 20 Minuten sollen für den Check-In sowie die Sicherheitseinweisung vorher eingeplant werden.

Wichtig!

Adresse:
AirHop Trampolinpark Düsseldorf
Fichtenstraße 47-49, 40233 Düsseldorf
Tel. 0180/123321-0, www.airhop.de,
www.facebook.com/AirHopDuesseldorf
www.instagram.com/airhop_dus
Info-duesseldorf@airhoppark.de
Öffnungszeiten: Mo: Ruhetag
(in den Ferien/Feiertags 09.30 Uhr – 21 Uhr)
Di–Fr: 13.30 Uhr – 21 Uhr
(in den Ferien/Feiertags 09.30 Uhr – 21 Uhr)
Sa–So: 09.30 Uhr – 21 Uhr
Eintritt:
Di–Do: € 12,–, Fr–So: € 13,–,
Ferien/Feiertage: € 13,–, jeweils einmalig
€ 2,50 für Anti-Rutsch Socken
Verpflegung: Getränke und kleine Snacks

Zoologischer Garten Wuppertal

Der Grüne Zoo Wuppertal gilt mit seiner baumreichen Parklandschaft als einer der landschaftlich schönsten Zoologischen Gärten. In großzügigen Freigehegen und modernen Tierhäusern leben etwa 3.500 Tiere in rund 360 Arten, darunter zoologische Kostbarkeiten wie Mittelamerikanische Tapire, Pudus, Asiatische Goldkatzen, Schneeleoparden, Milus und Rote Felsenhähne. Durch große Unterwasserbeobachtungsscheiben können Eisbären, Pinguinen und Tapiren beim Schwimmen und Tauchen zugesehen werden. Auf einer großzügigen Anlage lebt die fantastische Herde Afrikanischer Elefanten mit ihren Jungtieren. Die neue Brillenpinguinanlage ist einem Strandabschnitt Südafrikas nachempfunden. Orang Utans und Gorillas stehen naturnah gestaltete, gitterlose Freianlagen zur Verfügung. Die großartige Freianlage für Sibirische Tiger und die größte Freianlage für Löwen in einem deutschen Zoo wurden 2007 eröffnet. Königs- und Eselspinguine bewohnen seit 2009 gemeinsam eine der größten und modernsten Pinguinanlagen Europas. Weltweit einmalig ist der 15 Meter lange Unterwassertunnel, durch den man die Tiere aus außergewöhnlicher Perspektive im Wasser beobachten kann. Besonders spannend für die kleinen Besucher sind die täglichen Fütterungen der Seelöwen, Pinguine und Großkatzen sowie der im Oktober 2015 eröffnete JuniorZoo. Dort können kleine und große Besucher den Tieren hautnah begegnen. Vor allem in den Sommermonaten wird ein buntes Programm für Groß und Klein mit Konzerten, Führungen, Kinderfesten und vielen anderen Aktionen angeboten. Da der Park landschaftlich so schön angelegt ist, lohnt es sich, genügend Zeit einzuplanen.

Wichtig!

Adresse: Grüner Zoo Wuppertal
Hubertusallee 30, 42117 Wuppertal
Tel. 0202/563-3600, www.zoo-wuppertal.de
kontakt@zoo-wuppertal.de

Anfahrt: Der Zoo ist gut mit öffentlichen Verkehrsmitteln zu erreichen. Mit dem Auto über die A46, Abfahrt Wuppertal Sonnborn, in der Stadt ist der Zoo ausgeschildert.

Öffnungszeiten: Ganzjährig geöffnet, tägl. 8.30–18.00 Uhr, im Winter bis 17.00 Uhr.

Eintritt:
Erw. € 18,50 (ermäßigt € 16,50),
Kinder (bis 5 J.) frei, (6 bis 14 J.) € 1,70

Verpflegung: Picknick möglich, Restaurant-Cafeteria.

Drumherum: Empfehlenswert ist die Anreise mit der weltberühmten Schwebebahn, der Haltepunkt Zoo/Stadion ist nur wenige Schritte vom Eingang entfernt.

Siegerland und Wittgensteiner Land

Wie Perlen einer Kette reihen sich kleine Fachwerkorte in den Tälern des Siegerlandes aneinander. Schwarze Balken, weiße Gefache und ein schiefergedecktes Dach sind typisch für den Baustil in diesem Landstrich. Nicht selten sieht man auf einer

Fahrt durchs Wittgensteinische ein Plakat an der Wand des einzigen Bushäuschens im Dorf, auf dem ein „Backes" angekündigt wird. Gemeint ist das gemeinsame Backen im Dorfbackhaus, eine alte Tradition, die wiederbelebt wurde.

Der Stahlberger Erbstollen

Im Bauch der Erde! Der Stahlberger Erbstollen, auch „Tiefer Müsener Stollen" genannt, wurde in den Jahren 1740 bis 1780 ursprünglich als Wasserableitungsstollen gebaut und hatte eine Länge von 1.144,5 m. Ab 1833 wurde über diesen Stollen das Erz aus der Grube gefördert. Von der gesamten Länge sind heute 380 m zur Besichtigung freigegeben. Bei Stollenmeter 310 berührt der Stollen ein Grauwackenlager. Dieses Lager wurde teilweise abgebaut, die dort gewonnenen Steine wurden beim Bau der Hochöfen in Müsen und Umgebung als Gestellsteine (Sedimentgestein) verwendet. In diesem Abbau werden heute ein Firstenstoßbau um 1930 und ein Abbau aus dem 17. Jahrhundert dargestellt, nachdem zwischen 1976 und 1979 der Stahlberger Erbstollen von der Arbeitsgruppe Stahlbergstollen in unzähligen Feierabend- und Wochenendschichten aufgewältigt und neu hergerichtet worden war. Im Jahre 1979, bei der 900-Jahrfeier in Müsen, wurde der Stollen dann als Schaubergwerk eröffnet. Im Stahlbergmuseum sind Erzstufen, Gezähe, Karten und Grubenwagen ausgestellt.

Wichtig!

Adresse:
Schaubergwerk Stahlberger Stollen
Auf der Stollenhalde 4
57271 Hilchenbach-Müsen
Tel. 02733/60264
www.stahlbergmuseum.de
Anfahrt: Der Ort liegt zwischen Kreuztal und Hilchenbach an der B 508, das Bergwerk ist ausgeschildert.
Öffnungszeiten: Jeden 2. So. im Monat von 14.30 bis 16.30 Uhr. Während der Sommerferien jeden Sonntag.
Dez. bis März geschlossen.
Ansprechpartner für Museums- und Stollenführungen: Rolf Golze (Tel. 0170/4114260), für Schulklassen: Gerhard Klein (Tel. 02733/128340).
Verpflegung: Picknick vor dem Bergwerk, Gaststätten in der Nähe

maritimo Saunaparadies & WellnessResort Oer-Erkenschwick

Maritimes Ambiente erwartet die Gäste vom maritimo Sauna- und Wellnessresort in Oer-Erkenschwick. Eingebunden in eine großzügige Architektur, erleben Sie eine Vielfalt an Attraktionen rund um Wasser, Wärme und Wellness. Ob süßes Nichtstun oder aktives Verwöhnprogramm: Hier erlebt jeder seinen ganz persönlichen Kurzurlaub.

Saunalandschaft: Insgesamt bringen zehn verschiedene Themensaunen sowie Dampfbäder die Gäste zum Schwitzen: Kajütensauna (80 °C), Strandsauna (85 °C), Dampfbad (48 °C), Kräuterbad (45 °C), Hamam, Kelohaus (90° C), Stollen-Sauna „Flöz Girondelle" (75 °C), Panorama-Sauna (60 °C), Baumhaussauna (100 °C), sibirische Banja (80 °C). Zahlreiche Ruhe-, Schlaf- und Meditationsräume laden zum Träumen ein. Ein Spaziergang durch den großen, gemütlich angelegten Saunagarten rundet die Auszeit vom Alltag ab.

Wellness: Umfangreiches Angebot an Gesichts- und Körperbehandlungen, entspannenden Massagen, Hamam, Ayurveda, Dampfbadzeremonien und exklusiven Wellnessarrangements.

Wichtig!

Adresse:
maritimo Oer-Erkenschwick
Am Stimbergpark 80
45739 Oer-Erkenschwick
Tel. 02368/698-0, Fax 02368/698-199
kontakt@maritimo.info, www.maritimo.info

Öffnungszeiten & Eintritt:
alle Informationen finden sie auf unserer Homepage

Per Click in die Freizeit

Diverse Museen:
Büdingen: www.50er-jahre-museum.de
Darmstadt:
www.jagdschloss-kranichstein.de
www.porzellanmuseum-darmstadt.de
Friedberg: www.wetterau-museum.de
Fulda: www.dfm-fulda.de
Hanau:
www.hessisches-puppenmuseum.de
Kassel: museum-kassel.de
Lauterbach: www.hohhaus.de
Neu-Anspach: www.hessenpark.de
Wetter: www.dorfmuseum-oberrosphe.de

Archäologische Museen:
Bad Homburg: www.saalburgmuseum.de
Biebertal: www.archaeologie-im-gleiberger-land.de
Darmstadt: www.hlmd.de
Frankfurt: www.archaeologisches-museum.frankfurt.de
Glauberg: www.keltenwelt-glauberg.de
Weimar: www.zeiteninsel.de

Diverse Freizeitparks
Großen-Linden: www.funtastic-linden.de
Laubach: www.grünes-meer.de
(Entdeckungswald)
Rodenbach:
www.freizeitpark-rodenbach.de
Steinau: www.erlebnispark-steinau.de
Wetzlar: www.ewerk-hessen.de
(Segway- und Event-Park)

Burgen/Schlösser
Bensheim-Auerbach:
www.schloss-auerbach.de
Büdingen: www.schloss-buedingen.de
Fritzlar: www.garvensburg.de
Waldeck: www.schloss-hotel-waldeck.de

Zoo / Wildparks:
Darmstadt: www.zoo-vivarium.de
Frankfurt: www.kobelt-zoo.de
Friedberg: www.krokodilzoo.de
Fulda: www.heimattiergarten.de
Herborn: www.tierpark-herborn.de
Kassel: www.zoo-rammelsberg.de
Offenbach: www.waldzoo-offenbach.de
Viernheim: www.vogelpark-viernheim.de
Weilburg: www.wildpark-weilburg.de
Weilrod: www.vogelburg.de

Hessen 194–228

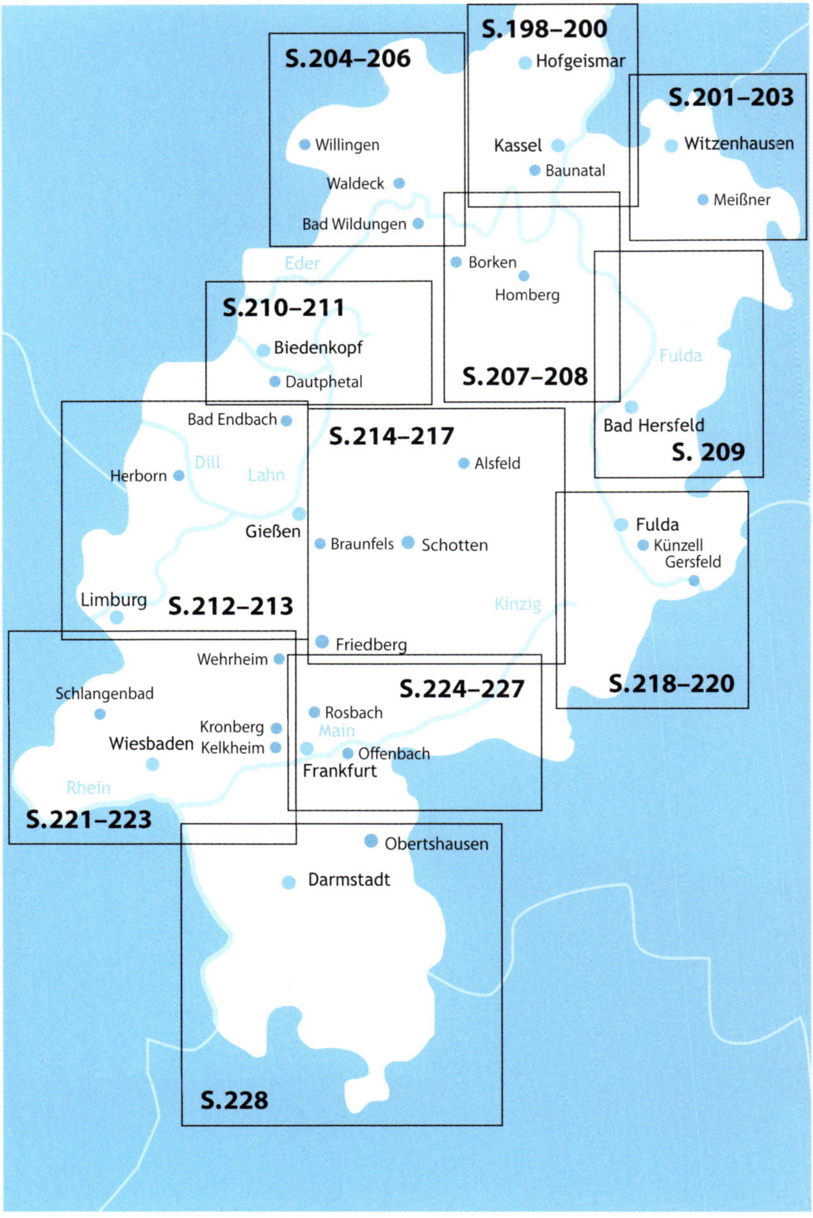
S.198–200
Hofgeismar
Kassel
Baunatal
S.204–206
Willingen
Waldeck
Bad Wildungen
S.201–203
Witzenhausen
Meißner
Eder
Borken
Homberg
S.207–208
S.210–211
Biedenkopf
Dautphetal
Fulda
Bad Hersfeld
S. 209
Bad Endbach
S.214–217
Alsfeld
Herborn
Dill
Lahn
Gießen
Braunfels
Schotten
Fulda
Künzell
Gersfeld
Limburg
S.212–213
Kinzig
Friedberg
Wehrheim
S.224–227
S.218–220
Schlangenbad
Rosbach
Kronberg
Main
Wiesbaden
Kelkheim
Offenbach
Frankfurt
Rhein
S.221–223
Obertshausen
Darmstadt
S.228

Im Märchenland der Brüder Grimm

Burgromantik! Wer hier einschläft, der muss damit rechnen, dass er erst nach hundert Jahren wieder aufwacht! Die Sababurg diente den Brüdern Grimm schließlich als Vorbild ihres „Dornröschenschlosses". Und tatsächlich wirkt das Land zwischen den Flüssen Weser, Diemel und Fulda auch heute noch märchenhaft und verzaubernd auf seine Besucher. Es gibt verwunschene kleine Täler mit klaren Bächen, langgezogene, majestätische Laubwälder und viele entzückende Dörfer, die zu besuchen sich lohnt.

Die Sababurg bei Hofgeismar

Der Tierpark Sababurg liegt am Fuße des „Dornröschenschlosses". Bereits 1571 wurde der über 130 Hektar große Tierpark Sababurg vom damaligen Landgrafen Wilhelm IV. eingerichtet und beeindruckte schon damals durch seine Größe und die fremden Tiere aus dem hohen Norden.

Heute ist der Tierpark Sababurg eine der ältesten im ursprünglichen Areal erhaltenen zoologischen Einrichtungen Europas. Über 80 Tierarten mit rund 900 Tieren werden in naturnaher Umgebung und großzügigen Anlagen gezeigt. Bei den öffentlichen Schaufütterungen kann man täglich Spannendes und Wissenswertes über ausgewählte Tiere erfahren und in zahlreichen Kontaktgehegen Tiere hautnah erleben. In der malerisch am Burgberg gelegenen Greifvogelstation finden von März bis Oktober dreimal täglich (außer montags) Flugvorführungen statt.

Wichtig!

Adresse: Tierpark Sababurg
Sababurg 1, 34369 Hofgeismar
Tel. 05671/766499-0, Fax 05671/766499-99
www.tierpark-sababurg.de
Anfahrt: Von Kassel über die B83 nach Hofgeismar fahren, nach Hofgeismar rechts abbiegen und der Beschilderung nach Sababurg folgen.
Öffnungszeiten:
Januar bis Februar 10–16 Uhr, März 9–17 Uhr, April bis September 8–19 Uhr, Okt. 9–18 Uhr November bis Dezember 10–16 Uhr
Eintritt:
Erwachsene € 8,–, Kinder (4–15 Jahre) € 4,50
Verpflegung: Das rustikale Restaurant „Zum Thiergarten" mit regionalen Spezialitäten
Drumherum: In unmittelbarer Nähe liegt der Urwald Sababurg

EXITgameKassel

Der neue Freizeit-Trend in Hessen: Diese Escape Rooms entführen in eine andere Welt. Das Team aus Sound- und Lichtdesignern, aus Gamern, Rollenspielern und weiteren kreativen Köpfen schafft stimmige Eigenproduktionen.
Die EXITgameKassel Exit Games sind exklusiv und einmalig in Kassel. In diesen Räumen warten ausgefallene Aufgaben mit liebevollen Details auf des Rätsels Lösung. Mission und Rätsel sind in eine Story eingebettet und fordern heraus: alle Aufgaben sollten in 60 Minuten gelöst werden. Spannung pur! Alles in einer Crew, einem Team aus gespannten Mitspielern. Einzelgänger werden hier untergehen, aber Teams, die miteinander arbeiten und sich ergänzen, werden zu Helden. Es gibt zwei Escape Rooms für jeweils maximal 6 Personen: „Grimm's – Rettet Schneewittchen" und „Jack The Ripper – Die Jagd". Weitere Informationen findet man auf der Webseite: www.exitgamekassel.de

Wichtig!

Adresse: EXITgameKassel
Leipziger Straße 122, 34123 Kassel
Tel. 0561/94994777, exitgamekassel.de
info@exitgamekassel.de
Öffnungszeiten:
Do. bis Fr. 18–22.30 Uhr, Sa. bis So. 10–23 Uhr
Die Exit Games müssen immer spätestens 24 Stunden vorher über die Webseite gebucht werden. Dort sind alle noch verfügbaren Zeitslots angegeben.
Eintritt: ab € 15,–
Buchen: exitgamekassel.de

AquaPark Baunatal

Mitten im Herzen des Baunatals!
Der AquaPark, mitten im Herzen Baunatals gelegen, ist eine Kombination aus einem Sport- und Freizeitbad. Eine Bäderlandschaft, die für alle Altersgruppen etwas zu bieten hat.
Das Freizeitbad besteht aus einem Kleinkinderbereich mit drei Becken; das Erlebnisbecken, mit seinen Schwallwasserbrausen, Sprudelliegen und angrenzendem Whirlpool lädt zum Entspannen ein.
Gleichzeitig wird im Springerbecken eine Sprunganlage mit 1 Meter, 3 Meter und 5 Meter Plattform angeboten. Das 25 Meter Schwimmerbecken verführt zum Schwimmen mit Freunden und Familien oder einfach „nur" zum Bahnen ziehen. Im angrenzenden Außenbecken mit Strömungskanal, Schwallbrausen, Sprudelliegen, Wasserpilz und vielem mehr kommt jeder Badegast auf seine Kosten. Einen großen Fun-Faktor bietet die Kletterwand am Springerbecken, sowie eine 85 Meter lange Rutschenanlage mit 2 Rutschen. Als besondere Attraktion ist hier die Black-Hole Rutsche mit Ihren Blitz- und Donnereffekten sowie einem Sternenhimmel zu nennen.
Das SAUNALAND befindet sich im Obergeschoss des Freizeitbadkomplexes. Hier ist Entspannung angesagt. Dieser Bereich besteht aus einer Aufguss- und Trockensauna, Dampfsauna und Tauchbecken sowie einem Ruheraum mit Freiluftterrasse. Natürlich ist auch eine Kombination aus saunieren und schwimmen möglich.
Im direkt an das Freizeitbad angrenzenden „Auszeit" wird für das leibliche Wohl gesorgt. Während der Sommersaison bietet das Sportbad, mit auffahrbarer Dachkonstruktion, eingebettet in eine großzügig gestaltete Außenanlage, integriertem Planschbecken, Spielplatz und Beachvolleyball-Anlage ausreichende Möglichkeiten für Aktivitäten und zum Relaxen.

Wichtig!

Adresse:
AquaPark Baunatal
Altenritter Str. 41
34225 Baunatal
Tel. 0561/4992-430
www.aquapark-baunatal.de
Öffnungszeiten/Preise:
siehe: www.aquapark-baunatal.de

Werra-Meißner-Land

Das Land um den Hohen Meißner, den „König der hessischen Berge", ist das Land der Frau Holle – so wollen es jedenfalls alte Sagen wissen. Der Feriengast erlebt hier eine heile Welt mit ausgedehnten Wäldern, bunten Wildgraswiesen und blühenden Kirschplantagen. Der Geo-Naturpark Frau-Holle-Land zieht Jahr um Jahr Wanderer und Radfahrer an, die die Stille und Einsamkeit dieser Landschaft zu schätzen wissen. Man würde sich kaum wundern, träfe man auf einem Spaziergang durch Wald und Wiesen die Brüder Grimm auf der Suche nach ihrem Schneewittchen.

Der Bergwildpark in Meißner-Germerode

Mit Waldwichtelhaus! Ein kleiner, aber interessanter Tierpark mit fast allen heimischen Wildarten, Vogelvolieren und zwei großen Fischteichen. Alles kann man in Ruhe abwandern. Die Wege im Park sind buggytauglich, auch das Damwild möchte unbedingt gestreichelt werden. Wenn das noch nicht reicht, geht es auf den großen Kinderspielplatz. Dort gibt es noch das „Waldwichtelhaus", das sich als Museum entpuppt und das Natur zum Sehen, Fühlen und Staunen ausstellt. Der Eintritt ist inklusive.

Wichtig!

Adresse:
Bergwildpark Meißner
37290 Meißner-Germerode
Tel. 05657/7591
www.bergwildpark-meissner.de
Anfahrt: Germerode liegt in der Nähe von Eschwege, zwischen den Bundesstraßen B 7 und B 27, dort ausgeschildert.
Saison/Öffnungszeiten:
April–Oktober: täglich 10–18 Uhr
Nov.–März: Sa., So. 10–17 Uhr
Eintritt:
Erwachsene € 5,50, Kinder € 3,–
Familienkarte € 16,–
Verpflegung: Grillhütte und gemütliches Restaurant „Bergwildpark".

Baumhaushotel Robins Nest

Kurz hinter Witzenhausen, mitten im Wald, im Dreiländer-eck Hessen, Nieder-sachsen und Thüringen, wurde im Sommer 2014 ein außergewöhnliches „Hotel" in den Wipfeln eines Buchenwaldes eröffnet. Im Baumhaushotel Robins Nest ermöglicht Gründer Peter Becker seinen Gästen den Wald mit ganz neuen Augen zu sehen und zu erkunden. Der Aufenthalt bietet eine Mischung aus Abenteuer, Erholung und Naturerlebnis für Abenteuerlustige und Naturfreunde.

Robins Nest ist im Grunde ein kleines autarkes Dorf mit drei Baumhäusern, einem Stelzenbaumhaus, einer Baumhauskugel, einer Blockhütte und drei Baumzelten. Das Stelzenhaus im Stile eines Chalets, bietet mit großen Panoramascheiben einen sensationellen Blick in den Wald und das nahegelegene Schloss Berlepsch. Die Baum-häuser hingegen sind gemütlich gehalten. Über Treppen und Hängebrücken erreicht man das Baumnest in etwa sieben Metern Höhe. Schwindelfrei sollte man also sein. Für ein außergewöhnliches Wellness-Erlebnis im Grünen sorgt der Saunawagen.

Im lichtdurchfluteten Restaurant „Waldbar" kommen auch vegetarische und/oder vegane Waldgerichte mit Kräutern auf den Tisch.

In der Umgebung gibt es einiges zu erleben. Um das ganze Gebiet erschließen sich idyllische Rundwanderwege, darunter der Werra Burgensteig, der zu zahlreichen Burgen und Aussichtsplätzen entlang des Flusses Werra führt. Robins Nest ist zudem direkt am X5H Fernwanderweg gelegen. Auf keinen Fall dürfen sich Besucher das nahe Schloss Berlepsch entgehen lassen, wo das Mittelalter greifbar wird. Oft werden auch geführte Touren wie Pilz- und Kräuterkunde sowie Nachtwandrungen angeboten. Auch der Naturpark Meißner sind einen Besuch wert, baden lässt sich im Grünen See Hundelshausen. Für einen klassischen Städtetrip bietet sich Kassel an.

Wichtig!

Adresse:
Baumhaushotel Robins Nest
Berlepsch 1, 37218 Witzenhausen
Tel. 05542/5055056
www.robins-nest.de
Anfragen und Buchungen an:
brieftaube@robins-nest.de

Erlebnispark Ziegenhagen

Im Erlebnispark Ziegenhagen heißt das Motto: Die Familie soll miteinander spielen und Spaß haben und Vergangenes bewundern. Deshalb wird für jede Altersgruppe etwas geboten: Man kann sich im Irrgarten verlaufen, sich in der Gespensterburg gruseln, sich im Dornröschenschloss und dem Frau-Holle-Land verzaubern lassen, hoch hinauskommen auf der Trampolin Anlage oder im Wasserspringboot „Aquajet" abdüsen. Ebenso interessant ist das Kunstgussmuseum mit den Ofenplatten und die volkskundlichen Sammlungen mit der Puppenausstellung. Der Museumsbereich macht unabhängig vom Wetter – es darf ruhig auch einmal ein paar Tropfen regnen. Im Gruselkeller stehen die Haare zu Berge, im Babyland dürfen die Kleinsten nach Lust und Laune spielen. Über 45 Spiel-, Fahr- und Unterhaltungsmöglichkeiten gibt es zum Mitmachen. Viele Pflanzen erfreuen die Seele. Ein besonderes Plus: Der Erlebnispark ist für Rollstuhlfahrer geeignet, es werden sogar Leih-Rollstühle und ein Karussell für Rollis angeboten.

Wichtig!

Adresse: Erlebnispark Ziegenhagen GmbH
37217 Witzenhausen
Tel. 05545/246, Fax 05545/6372
www.erlebnispark-ziegenhagen.de
info@erlebnispark-ziegenhagen.de

Anfahrt:
Der Park liegt zwischen Kassel und Göttingen an der A 7, ca. 3 km von der Ausfahrt Nr. 75, Hann. Münden–Hedemünden.

Öffnungszeiten:
13.04–20.10.: am Wochenende 10–17 Uhr, Für Schulen, Kindergärten, größere Gruppen (ab 25 Personen) und Familienfeiern ist selbstverständlich immer eine Sonderöffnung möglich.
Ansonsten ist unser Park an allen Feier- und Brückentagen sowie in den Ferien von Niedersachsen, Thüringen und Hessen geöffnet. Exakte Öffnungszeiten erfahren Sie auf unserer Hompage.

Eintritt: Besucher bis 90 cm frei
Körpergröße: 90–125 cm € 11,50,
über 125 cm € 12,50, ab 65 Jahren € 9,50,
ab 70 Jahren € 6,–, ab 80 Jahren frei

Verpflegung: SB-Gaststätte, Grillhütten zum Mieten, Picknick möglich

Das Waldecker Land/Ederbergland

Irgendwann im Mittelalter, als die Ritter und Räuber noch unterwegs waren, wurde hoch über dem Edertal eine Burg erbaut, die dem Land seinen Namen gab: Burg Waldeck. Heute thront dort das Schloss gleichen Namens und zu seinen Füßen liegt der Edersee. Dominiert wird das Waldecker Land vom Grün der dichten Wälder, die das beliebte Feriengebiet zu einem guten Drittel bedecken. Hier ist der König des Waldes, der prächtige Rothirsch, noch zu Hause und mit ihm auch einige Tierarten, die anderswo längst selten geworden sind. Im Herbst schallt sein Brunftruf weit durchs Land.

Freizeitanlage Heloponte

Freibad, Hallenbad, Saunalandschaft, Gastronomie (im Hallenbad – nur Freitag, Samstag u. Sonntag!) … all das bietet die Freizeitanlage Heloponte. Wassertemperaturen von 25 °C bis 32 °C lassen Stress und Hektik schnell vergessen. Wärmer ist es nur noch in der Sauna-Landschaft. Dort befinden sich eine Finnische Sauna, eine Kräutersauna, eine Dampfsauna sowie verschiedene Wasseranwendungen. Im Saunahof gibt es zusätzlich noch eine kleine Finnische Sauna und eine Aromasauna. In dem Tauchbecken kann man sich dann nach dem Schwitzen Abkühlung verschaffen. Das Hallenbad bietet ein 25-Meter-Schwimmerbecken, ein Nichtschwimmerbecken, einen Kleinkinderbereich und ein Ruhebecken mit Massagedüsen. Die 80-Meter-Rutsche lädt zu spektakulären Rutschpartiern ein. Das Freibad auf dem 6000 m^2 großen Freigelände verfügt über ein 50-Meter-Schwimmerbecken, ein Nichtschwimmerbecken mit kleiner Rutsche, Sprungbretter, ein Planschbecken, ein Beach-Volleyball-Feld und einen Freibad-Kiosk.

Wichtig!

Adresse: Freizeitanlage Heloponte
Stresemannstraße 2, 34537 Bad Wildungen
Tel. 05621/1600, Fax 05621/73237
www.heloponte.de, heloponte@t-online.de
Anfahrt: Der Kurort liegt zwischen Frankenberg und Fritzlar, hier schneiden sich die B 485 und die B 253
Öffnungszeiten:
Hallenbad: Di.–Fr. 7–20.30 Uhr, Sa. 8–20.30 Uhr, So./Feiertag 8–20 Uhr, Mo. geschlossen
Sauna: Di. 10–21.30 Uhr (Damensauna), Mi.–Sa. 10–21.30 Uhr, So. 10–20 Uhr, Mo. geschlossen
Eintritt: Unterschiedlich je nach Bereich.
Beispiele Hallenbad:
2 Std.: Erw. € 3,–, Kinder (3–15 J.) € 2,–,
4 Std.: Erw. € 5,50, Kinder (3–15 J.) € 3,–

Wild- und Freizeitpark Willingen

Der Wild- und Freizeitpark Willingen am Ettelsberg bietet im Sommer und Winter ein Erlebnis für die ganze Familie und ist garantiert immer eine Reise wert. Auf seinem Ausflug wird man verzaubert und entdeckt u. a. ein Wildgehege mit Schalenwild (Dam-, Rot-, Sikawild), exotischen Tieren (Berberaffen, Papageien) und Raubwild (Braunbären, Wildkatzen). Eine Besonderheit eines jeden Besuchertages (außer Donnerstag) ist eine Greifvogelvorführung, die von fachkundigen Erläuterungen des Berufsfalkners begleitet wird. Er informiert über ökologische Bedeutung der verschiedenen Greifvögel, deren Jagd und Zucht (April bis Oktober: Freitag bis Mittwoch um 12 und 14 Uhr, Eulenschau 16.15 Uhr. Nov. bis März: Freitag bis Mittw. um 13 Uhr). Farbenfroh, spaßig und zugleich lehrreich präsentiert sich das neue Informationsprogramm (außer Freitag) im Papageiendschungel. Amazonen, Edelpapageien, Kakadus und viele weitere farbenreiche Exoten überraschen die Besucher mit ihrer Lernfähigkeit und kleineren Kunststücken (April bis Okt. täglich außer Freitag um 11.15, 13.15, 15.15 Uhr, November bis Februar täglich außer Freitag um 12 und 15 Uhr). Lichterwald Show mit den Krähen Strubel und Wubel. Die beiden Spaßvögel präsentieren eine lustige Show mit einem zauberhaften Lichterspektakel und ein verrückter Baumstumpfbewohner freut sich ganz besonders auf Besuch. Auf der Streichelwiese kann man eine Vielzahl von Tieren hautnah erleben, und bei einem Rundgang auf dem Waldlehrpfad informieren zahlreiche Lehrtafeln über die Vielfalt und den Artenreichtum des Waldes. Im Jagdmuseum kann die Unterwasserwelt von einheimischen Fischen in zwei Großaquarien beobachtet werden. Das Dinoland, der Märchen- und Wichtelwald, Fahr- und Freizeitgeräte sowie ein alljährlich wechselndes Programmangebot sind nur einige der vielen Sensationen, die Euch im Wild- und Freizeitpark Willingen am Ettelsberg erwarten. Neu 2022! Kröten Zauber, Mini Wheel & Aqua Blasta.

Wichtig!

Adresse: Wild- und Freizeitpark Willingen
Am Ettelsberg 2, 34508 Willingen
Tel. 05632/69198
www.wildpark-willingen.de
info@wildpark-willingen.de
Anfahrt: An der B 252 zwischen Brilon und Korbach. Im Ort ist der Park ausgeschildert.
Saison: Ganzjährig
Öffnungszeiten: April–Oktober von 9–18 Uhr, November–März von 10–16 Uhr. Im Februar sowie bei schlechter Witterung keine Greifvögelvorführung, Ermäßigung/Erstattung des Eintrittspreises nicht möglich.
Eintritt: Erw. € 14,– (Nov.–März € 8,–)
Kinder 4–14 J. € 12,–, (Nov.–März € 6,50)
Jahreskarte Erw. € 29,–, Kinder € 22,–
Ermäßigte Eintrittspreise für Rentner, Schwerbehinderte, Schüler, Studenten und Gruppen ab 15 Personen.
Verpflegung: Imbiss und Snacks im Park, Gaststätte 100 m entfernt, Picknick möglich

Mit dem Schiff auf dem Edersee

See- und Bergwelt! Was für ein schöner See: Wie eine lange Schlange windet sich der Edersee durch die Berglandschaft, die ihn umgibt. Oft reicht der Wald bis dicht ans Ufer, hier plätschert ein klarer Bach in eine stille Bucht, dort stehen regungslose Graureiher und warten auf ihre Mahlzeit. Das alles sieht man am schönsten vom Wasser aus. Die Fahrgastschiffe „Stern von Waldeck" und „Edersee-Star" sind zwei schmucke neue Kreuzer. Spannend sind die Ablegemanöver – vielleicht lässt sich der Kapitän ja über die Schulter schauen. Wenn der Wasserstand der Talsperre niedrig ist, gibt der See alte Ruinen frei, denn für den Bau wurden damals vor rund hundert Jahren zahlreiche Dörfer aufgegeben und versanken. Es gibt Rundfahrten ab 1 Stunde Dauer, die von unterschiedlichen Punkten ablegen.

Wichtig!

Adresse: Personenschiffahrt Edersee GmbH & Co. Betriebs KG
Ederseerandstraße 8 b, 34513 Waldeck-West
Tel. 05623/5415, Fax 05623/5149
www.personenschiffahrt-edersee.de, personenschiffahrt-edersee@t-online.de

Saison:
Vorsaison: Ende März bis Anfang Mai, Hauptsaison: Anfang Mai bis Ende August
Nebensaison: Anfang September bis Anfang Oktober, Nachsaison: Anfang Oktober bis Ende Okt.
Lassen Sie sich einen detaillierten Fahrplan zusenden oder drucken Sie ihn auf unserer Website aus.

Eintritt: Einfache Fahrt Erwachsene ab € 6,–, Kinder (4–14 Jahre) ab € 3,50

Verpflegung: Günstige Gastronomie an Bord, Imbisse oder Kioske im Bereich vieler Anlegestellen

Drumherum: Das Schloss Waldeck kann besichtigt werden. Auf dem gegenüberliegenden Ufer liegt der Wildpark Edersee. Imposant sind die Staumauer des Sees und die Kaverne des Kraftwerkes.

Kurhessisches Bergland

Von hier kommen die „Rotkäppchen" – so heißen die Trachten, die in der Schwalm, dem südöstlichen Teil des Kurhessischen Berglandes, getragen werden. Zum großen Gebiet des Berglandes zählen der Knüllwald, der Habichtswald und der Kellerwald – man sieht das Land vor lauter Bäumen nicht! Schon vor Tausenden von Jahren siedelten hier Jäger der Eiszeit; der heilige Bonifatius (der „Apostel der Deutschen") hatte es später sehr schwer, die heidnischen Germanen zu bekehren. Er griff kurzerhand zur Axt und fällte deren Heiligtum, die Donareiche bei Geismar nahe Fritzlar. Das imponierte den Heiden und fortan hatte man es in der Gegend mit friedlichen, gottesfürchtigen Christen zu tun.

Das Naturzentrum Wildpark Knüll

Hier darf ausgiebig gestreichelt werden! Schafe, Esel und Ziegen bevölkern den Streichelzoo des schönen Wildparks. Rot-, Dam- und Sikawild sowie Muffelwild können freilaufend beobachtet werden. Eine große Attraktion ist auch das Bären- und Wolfsgehege, welches zu den meist besuchten Anlagen im Wildpark gehört. Hier kann man gespannt zusehen, wie Bär und Wolf friedlich zu-sammen leben. Zu den in Deutschland bedrohten Tierarten, die im Wildpark gezeigt werden, gehören zum Beispiel Luchs und Uhu. Es gibt auch einen Spielplatz, wo sich die kleinen Naturforscher austoben können. Auf der großzügigen Anlage und großen Gehegen kann man Natur hautnah erleben.

Wichtig!

Adresse: Naturzentrum Wildpark Knüll
Im Seckenhain 10
34576 Homberg (Efze)-Allmuthshausen
Tel. 05681/2815, Fax 05681/921092
www.wildpark-knuell.de
info@wildpark-knuell.de
Anfahrt: A 7 Abfahrt Homberg (Efze) und Knüllwald–Remsfeld sowie über die B 254 über Homberg (Efze)-Lützelwig.
Saison/Öffnungszeiten: 01.02.-31.03. täglich 10 Uhr bis Einbruch der Dämmerung. 1.4.–31.10. täglich 9–19 Uhr, 1.11.–31.1. Sa. und So. von 10 Uhr bis Einbruch der Dämmerung.
Eintritt: Kinder ab 3 Jahren € 3,– Erwachsene € 7,–, Familienkarte € 16,–
Verpflegung: Restauration und Kiosk im Park, Picknick möglich.

Hessisches Braunkohle Bergbaumuseum

Besucherstollen und Bergbaugeschichte:
Auf dem „Ausflug Untertage" führt das Besucherbergwerk „vor Ort" mitten in die Arbeitswelt der Bergleute. Unterirdische Stollen, bergmännisches Gerät, Kumpelfänger und ein Kindererlebnisstollen – all das lässt sich Untertage erleben. Originale Bergbaugeräte werden „in Arbeit" vorgeführt.

Wichtig!

Adresse:
Hessisches Braunkohle Bergbaumuseum
Am Rathaus 7, 34582 Borken
Besucherservice Tel. 05682/808271
www.braunkohle-bergbaumuseum.de
Internet für Kinder: www.kohlekids.de
Anfahrt: A 49, Autobahnabfahrt Borken. Borken liegt rund 35 Kilometer südlich von Kassel. Die Museumsbereiche sind innerörtlich gut ausgeschildert.
Öffnungszeiten:
Fr., Sa. 14.00 - 17.00 Uhr
So. 11.00 - 17.00 Uhr
Führungen im Besucherstollen und im Themenpark „Kohle & Energie":
Di., Mi. und Do. jeweils um 14.00 Uhr
individuelle Führungszeiten ab 15 Personen
Eintritt:
Besucherstollen/Themenpark:
Erwachsene jew. € 4,–
Rentner/Jugendliche jew. € 3,–
Kinder (7–12 Jahre) jew. € 1,50
Kinder unter 7 Jahren: freier Eintritt
Familienkarte jew. € 8,–
ermäßigte Gruppenkarten ab 15 Personen
Verpflegung: Museumscafé „Kohldampf"
Drumherum:
Borkener Seeland, Braunkohlerundweg, Gedenkstätte Stolzenbach.

Im Themenpark „Kohle & Energie" veranschaulichen rasselnde Schaufelrad- und Eimerkettenbagger, dröhnende Turbinen und rauchende Kraftwerkskessel die raumgreifenden Prozesse des übertägigen Kohleabbaus und bringen die Besucher in Tuchfühlung mit der Lebens- und Arbeitswelt der Kumpel und Kraftwerker.
Für sechs- bis zwölfjährige Kinder gibt es besonders gestaltete Spiel- und Experimentierbereiche. Das Naturschutzinformationszentrum „Borkener See" und ein 32 km langer Braunkohle-Rundweg widmen sich dem Landschaftswandel.

Kur- und Festspielstadt Bad Hersfeld

Im Herzen Deutschlands liegt die Kur- und Festspielstadt Bad Hersfeld. Sie ist ein attraktives Urlaubsziel für Erholungssuchende, Naturliebhaber, Kurgäste oder Kulturreisende.

Zu den kulturellen Highlights zählen vor allem die jährlich stattfindenden „Bad Hersfelder Festspiele". Im Sommer wird die Stiftsruine, eine der größten romanischen Kirchenruinen der Welt, für 2 Monate zur Bühne für Schauspiel- und Musicalkunst.

Ein deutschlandweit einmaliges Freizeiterlebnis ist die Wissens- und Erlebniswelt „wortreich". An über 90 interaktiven Stationen kann man die Welt der Sprache und Kommunikation neu entdecken.

Zum Abschalten und Entspannen lädt Bad Hersfelds „Grüner Gürtel" ein. Rund um die Innenstadt zieht sich ein Band aus unterschiedlichen Parks und Gärten. Eins der Highlights ist der Kurpark der Jahreszeiten. Mit verschiedenen Themengärten bietet der Park wechselnde Perspektiven je nach Jahreszeit. Angrenzend an den Kurpark liegt die Kurbad Therme, eine nach Feng Shui eingerichtete Wellness-Oase.

Für Sportfans gibt es einige gut ausgebaute Fahrradwege, wie z. B. den Fuldaradweg R1, der entlang des Flusses von der Quelle bis zur Mündung führt. Wanderfreunde kommen in der Mittelgebirgslandschaft auch auf ihre Kosten. Der Eisenbergsteig führt auf gut ausgeschilderten Wegen auf 18 km direkt ins Herz von Bad Hersfeld. Für Kanuwanderer bietet Bad Hersfeld eine optimale Einstiegsmöglichkeit in die Fulda.

Kinder und Jugendliche können sich im Jahnpark, einem Freizeit- und Sportpark, austoben. Dort stehen das ganze Jahr über ein Kletterwald, eine Mini-Golf-Anlage, ein Basketballfeld und viele weitere Attraktionen kostenfrei zur Verfügung.

Jedes Jahr findet im Oktober eine Woche lang das älteste Volksfest Deutschlands statt: das Lullusfest. Das traditionsreiche Fest wird anlässlich des Todestages von Stadtgründer Erzbischof Lull gefeiert.

Egal ob Sie auf der Suche nach Erholung, Kurltur oder Natur sind. In Bad Hersfeld werden Sie sicher fündig. Wir freuen uns auf Sie!

Wichtig!

Adresse:
Tourist-Information Bad Hersfeld
Am Markt 1
36251 Bad Hersfeld
Tel. 06621/201886
www.bad-hersfeld.de
touristinfo@bad-hersfeld.de

Marburger Land

Als der Maler Otto Ubbelohde damals im Luftkurort Wetter ausspannte, ließ er sich zu seinen berühmten Illustrationen der Grimmschen Märchen inspirieren. In Marburg, der alten Universitätsstadt, stritten sich Martin Luther und Huldrych Zwingli. Von hier stammt auch die Legende von der heiligen Elisabeth, einer der berühmtesten Frauengestalten des Mittelalters, die ihr Leben den Armen und Kranken widmete. Sie starb 24-jährig im Jahr 1231, ihr zu Ehren wurde vier Jahre später der Bau der Elisabethenkirche begonnen, die heute jedes Jahr Tausende von Besuchern anzieht.

Landgrafenschloss Marburg

Das Landgrafenschloss thront hoch über der Marburger Altstadt und ist eine der Hauptattraktionen unter den Sehenswürdigkeiten der Stadt Marburg. Die ältesten von außen sichtbaren Gebäudeteile stammen aus dem 13. Jahrhundert. Der erste hessische Landgraf Heinrich I., Enkel der Heiligen Elisabeth, baute hier seine Residenz auf. Der Wilhelmsbau beherbergt (Grundsteinlegung 1493) in fünf Stockwerken das Universitätsmuseum für Kulturgeschichte.lim Untergeschoss des Westflügels sind Reste alter Burganlagen aus dem 9. und 10. Jahrhundert sehen.

Der im Nordtrakt gelegene und im letzten Viertel des 13. Jahrhunderts erbaute gotische Fürstensaal ist mit rund 420 Quadratmetern Grundfläche der größte gotische Profansaal Deutschlands und dieser Fürstensaal wird noch heute zu besonderen festlichen und kulturellen Anlässen genutzt.

Die 1290 geweihte Schlosskapelle weist einen historischen Fußboden aus glasierten Tonfliesen und große Teile der ursprünglichen Wandmalereien auf.

Wichtig!

Adresse:
Landgrafenschloss
Schloss 1, 35037 Marburg
Marburg Stadt und Land Tourismus GmbH
Tel. 06421/9912-0, www.marburg.de

Öffnungszeiten:
Montags geschlossen
April bis Oktober:
Dienstag bis Sonntag 10–18 Uhr
November bis März:
Dienstag bis Sonntag 10–16 Uhr
An und nach Feiertagen: Sonderregelung

Foto: © Kristina Lieschke

Freizeitzentrum Sackpfeife

Die Sackpfeife, Biedenkopf Hausberg, ist mit 674 m die ausgeprägteste und höchste Erhebung im Landkreis Marburg-Biedenkopf und einer der schönsten Aussichtspunkte. Für Fahrradfahrer und Mountainbiker sowie für Wander-freunde ist die Sackpfeife ein beliebtes Ausflugsziel. Von der Plattform des Aussichtsturms reicht der Rund-blick über die Höhenzüge des Rheinischen Schiefergebirges, das Marburger Berglands und an klaren Tagen sogar bis zum Taunus.

Wichtig!

Adresse:
Der Magistrat der Stadt Biedenkopf
Hainstraße 63
35216 Biedenkopf
Tourist-Info Biedenkopf, Tel. 06461/95010
www.biedenkopf.de
Anfahrt:
Biedenkopf liegt an den Bundesstraßen B 62 und B 253, zunächst Richtung Frankenberg, im Ort ausgeschildert.

Lahn-Dill und Gießen

Die schönen Flüsse Lahn und Dill geben dieser Region ihren Namen. Die herrliche Erholungslandschaft wird geprägt von vielen prächtigen Burgen und Schlössern, die von den Bergen aus Wacht halten oder sich zur Schau stellen. Hier würde man sich nicht wundern, wenn hinter der nächsten Talkehre ein Ritter in voller Rüstung erscheinen würde.

Kneipp-Barfußpfad Bad Endbach

Bei diesem Freizeitvergnügen stehen die Füße im Mittelpunkt. Nicht selten staunt man, wie sensibel Füße fühlen, tasten und spüren können. Den Füßen etwas Gutes tun und den Kneipp-Barfußpfad in Bad Endbach ausprobieren. Seine Schuhe kann man gleich am Startpunkt des 550 m langen Pfades stehen lassen, denn es heißt ja schließlich „Barfuß"-Pfad. Mit befreiten Füßen geht es über verschiedene Beläge wie Holz, Rindenmulch, Kiesel, Sand und Steinplatten. Die unterschiedlichen Untergründe auf den Fußsohlen spüren, wobei sich die Füße jederzeit auf dem sanften Wiesenboden erholen können. Man hat die Möglichkeit durch ein Lehmbecken zu waten, und das anschließende Durchqueren des Baches „Salzböde" dient nicht nur zum Säubern, sondern ist auch frische Abkühlung für die Beine. Zum Abschluss des Pfades kann man im Kneipp-Tretbecken eine Runde Wassertreten und anschließend auf der Wiese zum Trocknen umhergehen. Dass sich das Barfuß-Gehen positiv auf Leib und Seele auswirkt, ist spätestens seit dem Wirken Sebastian Kneipps bekannt, dessen Lehren sich das mittelhessische Kneipp-Heilbad Bad Endbach verschrieben hat.

Tipp: Der Unterwasser-Barfußpfad im Saunagarten der Lahn-Dill-Bergland-Therme.

Wichtig!

Adresse:
Tourist Information Bad Endbach
Am Bewegungsbad 2, 35080 Bad Endbach,
Tel. 02776/801870, Fax 02776/801864
www.bad-endbach.de, info@bad-endbach.de
Anfahrt: Von der A 45 in Höhe Herborn bzw. Dillenburg Richtung Bad Endbach. Der Kneipp-Barfußpfad ist bei den Kuranlagen.
Saison/Öffnungszeiten: Ganzjährig, je nach Wetterlage nutzbar, empfohlen ab 18 °C
Preise: frei zugänglich
Verpflegung: Restaurants und Cafés unweit
Drumherum: Spaziermöglichkeiten im Kurpark, Nordic-Walking-Wege und die nahegelegene Lahn-Dill-Bergland-Therme (www.lahn-dill-bergland-therme.de)

Das Mathematikum Gießen

Mathe macht glücklich

Das Mathematikum in Gießen ist das erste mathematische Mitmach-Museum der Welt. Rund 200 interaktive Exponate öffnen eine neue Tür zur Mathematik. Besucherinnen und Besucher jeden Alters und jeder Vorbildung experimentieren: Sie legen Puzzles, bauen Brücken, zerbrechen sich den Kopf bei Knobelspielen, entdecken an sich selbst den Goldenen Schnitt, schauen einem Kugelwettrennen zu, stehen in einer Riesenseifenhaut und vieles mehr. In einem speziellen Bereich, dem Mini-Mathematikum, erleben auch die Jüngsten Mathematik zum Anfassen. Im Dachgeschoss des Mathematikums laden spannende Exponate vier- bis achtjährige Kinder zum Experimentieren ein.

Das Mathematikum zieht jährlich rund 120.000 Besucher an: Von Besuchen von Schulklassen über Betriebsausflüge bis zum idealen Ort für einen Familienausflug beweist das täglich geöffnete Mitmach-Museum seine Attraktion. Dazu trägt auch der hervorragende Standort bei – das Mathematikum liegt nur 1 Minute vom Gießener Hauptbahnhof entfernt. Seien Sie sicher: Am Ende Ihres Besuches werden auch Sie sagen: „Mathe macht glücklich!".

Wichtig!

Adresse:
Mathematikum Gießen
Liebigstraße 8, 35390 Gießen
Tel. 0641/13091-0
www.mathematikum.de
info@mathematikum.de
Facebook:
www.facebook.com/Mathematikum
Öffnungszeiten:
Montag bis Freitag: 9 – 17 Uhr
Wochenende und Feiertage: 10 – 18 Uhr

Vogelsberg-Wetterau

Eigentlich ein ungemütliches Gefühl, ganz in der Nähe von Europas größtem Vulkan zu sein – doch keine Angst, der Vogelsberg hat schon seit sieben langen Jahrmillionen keine Lava mehr ausgespuckt. Dichte Wälder und weite Täler umgeben den markanten Kegel. Die Wetterau ist wegen ihres fruchtbaren Lößbodens berühmt, in der langgestreckten Senke finden sich zahlreiche, vom Mittelalter geprägte Städte und eine ganze Reihe von Kurorten.

Alsfelder Märchenhaus

Inmitten Hessens liegt die malerische Fachwerkstadt Alsfeld. Neben der idyllischen Lage und den über 400 Fachwerkbauten aus sieben Jahrhunderten befindet sich das Alsfelder Märchenhaus, eine feste Institution des kulturellen Lebens.
Liebevoll gestaltete Zimmer sind mit verschiedenen Märchen der Brüder Grimm belegt, so die „HexeStubb" im Erdgeschoss mit großem Hexenkessel, Tinkturen und Kräutern. Im Erzählraum lauschen die Besucher einer ausgebildeten Märchenerzählerin.
Die Freude an den Märchen, ihrer Weisheit und Wahrheit werden hier lebendig. Mehrere Hundert Puppen und 83 Puppenstuben und -küchen, aus alter, erzgebirgischer Familientradition, kann man im Märchenhaus bewundern.
Ein Blick in die Puppenstuben verrät viel über den Alltag damaliger Zeiten, nostalgischer Miniaturwelten aus Spitzen, Samt und Seide, ebenso die bürgerliche Welt des ausgehenden 18.Jahrhunderts bis in die 50er Jahre des 20.Jahrhundertswird lebendig. Anhand der chronologisch aufgebauten Puppenstuben wird die kulturgeschichtliche Veränderung der vergangenen zweihundert Jahre sichtbar und begreifbar.

Wichtig!

Adresse: Alsfelder Märchenhaus
Sackgasse 2, 36304 Alsfeld
Tel. 06631/182165
tca@stadt.alsfeld.de, www.märchenhaus.com
Öffnungszeiten:
Samstags: 10:30 – 12:30 & 14:00 – 17:00
Sonntags: 14:00 - 17:00
wochentags in den hessischen Schulferien: 15:00 – 17:00
Eintritt: Kinder bis 16 Jahre: € 2,– €
Erwachsene: € 3,– €
Für Gruppen außerhalb der Öffnungszeiten:
Kindergeburtstage: € 45,– €
Kindergärten & Schulklassen bis 25 Personen*: € 45,– €
Erwachsene bis 25 Personen*: € 65,– €
*Jede weitere Person: 1,– €

Escape Room Alsfeld

Das magische Abenteuer für die ganze Familie

In der Mitte Hessens, nahe der Mitte von Deutschland, standen vor einigen Jahren noch die Filmkameras. Die Stadt Alsfeld wurde damals zur Kulisse für den Kinofilm „Die Wolf-Gäng". Kurz darauf wurde er eröffnet: Der Escape Room Alsfeld, in dem man sein ganz eigenes Abenteuer in der magischen Welt des Films erleben kann – und das in den originalen Requisten des Kinofilms. Egal ob als Familie, als Kindergeburtstag oder als Firmenausflug: Im Escape Room Alsfeld wartet eine einzigartige Mischung aus Spannung und Rätselspaß für Jedermann.

Ihr wurdet mit dem Blutsplitter im Rathaus des Bürgermeisters eingesperrt. Findet den Blutsplitter und löst die Rätsel, um aus dem Rathaus zu entkommen. In typischer Escape Room Manier habt ihr dazu eine Stunde lang Zeit, in der es gilt, Rätsel zu lösen und geheime Hinweise zu finden. Dabei kann der Schwierigkeitsgrad an die Besucher angepasst werden. So eignet sich das Escape Abenteuer gleichermaßen für Kinder und Erwachsene.

Wichtig!

Adresse:
Escape Room Alsfeld
Im Grund, 36304 Alsfeld
Tel. 06631/7882662
buchung@escaperoom-alsfeld.de
www.escaperoom-alsfeld.de
Öffnungszeiten:
Mo. – So., Termine nach Vereinbarung
Eintritt:
Ab 70€, Vergünstigung für mehrere Personen/Kinder

Vogelpark Schotten

Tierpark, Spielplatz, Sinnesgarten und Café-Restaurant: ein Ausflugsziel für die ganze Familie

Der Vogelpark in Schotten ist der Tier- und Erlebnispark für die ganze Familie am Fuße des Hoherodskopf. Er beherbergt auf mehr als 40.000 m² über 60 verschiedene Tierarten aus aller Welt.
Eulen, Adler, Kakadus und viele weitere Arten – darunter auch Nandus – erwarten die Besucher in der Außenanlage und sind in ihrer bunten Vielfalt prächtig anzuschauen.
Aber auch große und kleine Vierbeiner sind im Vogelpark zu Hause.
Im Streichelzoo warten Schafe und Ziegen, gleich nebenan gibt es quirlige Nasenbären und nicht weit davon entfernt sind eindrucksvolle Luchse und lustige Erdmännchen zu sehen. Einen Hauch von australischem Outback vermitteln Kängurus und Emus in ihrem großen Freigehege, während das Tropenhaus mit großer Freiflughalle Reptilien, Affen und exotische Vögel beherbergt. Im kleinen, aber feinen Affenhaus wohnen Totenkopfäffchen und Rothandtamarine, die die großen und kleinen Besucher mit ihren Kletterkünsten begeistern.

Im Sinnespark ist alles möglich: Entdecken, Erspüren oder Toben. Zusammen mit großen Besuchern können Kinder den Barfußweg erkunden, im Duftgarten betörende Kräuter erschnuppern, durch den Klangwald laufen, am Ufer der Nidda spielen und vieles mehr.
In unmittelbarer Nähe laden allerlei Attraktionen zum ausgelassenen Spielen und Toben ein.
Und die beiden Grill-Plätze mit zugehörigen Hütten können für eine private Grill-Runde angemietet werden.
Das Café-Restaurant Vogelpark bietet sonntags ein reichhaltiges Frühstücksbuffet und viel Platz für Firmenveranstaltungen und Familienfeierlichkeiten. Hier werden die Gäste mit leckeren Speisen, hausgemachten Kuchen und anderen Köstlichkeiten verwöhnt, die bei schönem Wetter auch auf der sonnigen Terrasse serviert werden. Die „Süße Hütte" und ein Burger-Stand runden das kulinarische Angebot im Vogelpark ab.

Wichtig!

Adresse:
Vogelpark Schotten
Vogelsbergstraße 212, 63679 Schotten
Tel. 06044/6009-144, Fax 06044/4394
www.vogelpark-schotten.de
info@vogelpark-schotten.de
Öffnungszeiten:
Mitte März bis Ende Oktober,
(Aktuelle Öffnungszeiten und Eintrittspreise finden Sie auf unserer Website.)
Verpflegung:
Café-Restaurant, Grillen möglich nach Voranmeldung.

Märchenhaftes Schloss Braunfels

Zurück in die Ritterzeit! Vom mittelalterlichen Marktplatz geht es die Reitertreppen hoch zum Schloss, das durch ein mächtiges Portal hindurch betreten wird. Wer sich auf die spannende Erkundungstour durch das Märchenschloss begibt, erfährt viel Interessantes über das fast 800 Jahre alte Schloss, die Geschichte und seine Bewohner. Die große Führung durch Rittersaal, Gemäldegalerie- und Gesellschaftsräume ist für die Besucher gedacht, die in einer knappen Stunde einen schönen Eindruck von den reichhaltigen Fürstlichen Sammlungen gewinnen wollen. An Feiertagen werden stündlich von 11.30–15.30 Uhr Familienführungen mit Turmbesteigung angeboten. 142 Stufen geht's hinauf auf den Bergfried mit toller Aussicht bis weit in Taunus und Westerwald. Sonstige Turmbesteigung nur nach Voranmeldung telefonisch oder per Email, abhängig von der Gruppengröße. Kinder von 6–12 Jahren können übrigens im Bergfried, dem höchsten Turm des Schlosses, Kindergeburtstag feiern! Weitere Erlebnisprogramme mit Such- und Rollenspielen lassen Kinder mit ihren Eltern das Schloss und seine zahlreichen Ausstellungsstücke neu entdecken und verstehen. So können sie auch alles über die Geschichte erfahren, „wie die Prinzessin Luise den bösen Ritter Gustav besiegte". Das „Familienmuseum" ist das ganze Jahr über durchgehend geöffnet und zeigt in 14 Räumen ausgesuchte Sammlerstücke der Familie: Waffen, Uniformen, Porzellane, Münzen und verschiedenste Historika dieses ehemals selbständigen Fürstentums. Nach dem Besuch im Schloss lädt das freundliche Schloss-Café zum Verweilen ein und bietet ein reichhaltiges Angebot an Snacks und Erfrischungen. Der wenige Minuten entfernte Fürstliche Tiergarten ist täglich geöffnet.

Wichtig!

Adresse: Fürstliche Rentkammer
Belzgasse 1, 35619 Braunfels
Tel. 06442/5002, Fax 06442/5306
www.schloss-braunfels.de
info@schloss-braunfels.de
www.facebook.com/schlossbraunfels
Öffnungszeiten: Schlossführungen: (Sommersaison) Ostern bis 31. Oktober, Führungen tägl. ab 11 Uhr jeweils zur vollen Stunde bis 17 Uhr. (Wintersaison) November bis Ostern an Wochenenden, Feiertagen u. in den hess. Schulferien ab 11 Uhr, an Werktagen flexibel nach Voranmeldung.
Familienmuseum: täglich von 8–19 Uhr
Verpflegung: Café im Schloss
Drumherum: Tiergarten, Kurpark mit Spielplatz, Schlosskirche

Die Rhön mit Fulda

Die Rhön wartet mit einer ganzen Zahl markanter Erhebungen auf und jede hat ihre Geschichte: So liegt einer Sage zufolge unter der Milseburg der mächtige Riese Mils begraben. Auf der 950 m hohen Wasserkuppe wurde die Segelfliegerei erfunden. Der Wallfahrtsort Kreuzberg, „Heiliger Berg der Franken", beherbergt knorrige Franziskanermönche, die das dunkle Kreuzbergbier brauen. Die Rhön ist eine der markantesten Vulkanlandschaften in unseren Breitengraden mit schattigen Wäldern und bizarren Hochmooren.

Der Wildpark Gersfeld

Selbst füttern erwünscht! Zu den sehenswerten Ausflugszielen in der Rhön zählt der Wildpark Gersfeld. Zu jeder Jahreszeit bereitet das Beobachten und das Füttern der zahlreichen Tiergattungen viel Freude. Besonders für die Kinder ist der Gang um die Gehege lustig, oftmals sogar richtig spannend. Für die Vierbeiner selbst ist der Wildpark ein wahres Paradies. Über 150 Tiere bevölkern das weitläufige natürliche Revier. Wisente, Rot-, Dam-, Silka-, Reh-, Muffel- und Schwarzwild, Dybowskihirsche, Wildkatzen sowie Gämsen und Steinböcke können ohne Störung des Wildes aus nächster Nähe beobachtet werden. Seit 2020 sind auch Tarpan-Pferde zu beobachten! An eingerichteten Futterstellen besteht die Möglichkeit, das Wild mit Spezialfutter anzulocken. Dies erhalten die Besucher an der Kasse und an Automaten. In Kleingattern findet man Waschbären, Kaninchen, Fasane, Birkhühner und einheimische Singvögel. Für Kinder gibt es einen Spielplatz und viele Streicheltiere.

Wichtig!

Adresse: Wildpark Gersfeld
Am Dammel, 36129 Gersfeld (Rhön)
Tel. 06654/680 oder Tourist-Information Gersfeld, Tel. 06654/1780, Fax 1788
www.wildpark-gersfeld.de
tourist-info@gersfeld.de
Anfahrt: Gersfeld liegt an den Bundesstraßen 279 und 284 rund 30 km süd-östlich von Fulda. Über die A 7 Frankfurt–Kassel, Abf. Fulda Süd/Eichenzell.
Öffnungszeiten: Wildpark tägl. 9–18 Uhr, im Winter 10–16 Uhr
Aktuelle Informationen finden Sie unter www.wildpark-gersfeld.de.
Verpflegung: Gaststätte, Kiosk

Kinder-Akademie Fulda

Studieren macht Spaß! Wenn die Museumsleitung sagt, sie habe ein Herz für Kinder, dann ist das keine bloße Floskel, denn die Hauptattraktion im Dauerausstellungsbereich ist das europaweit einzigartige „Begehbare Herz". Bei den Führungen – einem Lehrprogramm für Besucher ab 6 Jahren – durchwandert man das Riesenherz als „rotes Blutkörperchen" und kann so den Motor des Lebens erforschen. Und so, wie Kinder sich mit Hand und Fuß biologisches Verständnis aneignen können, gibt es viele interaktive Objekte aus Naturwissenschaft und Technik, an denen gerade spielerisch die Zusammenhänge auch entdeckt werden können. Neben Projekten gibt es wechselnde Sonderausstellungen, Sommerakademien und Fortbildungen für Multiplikatoren.

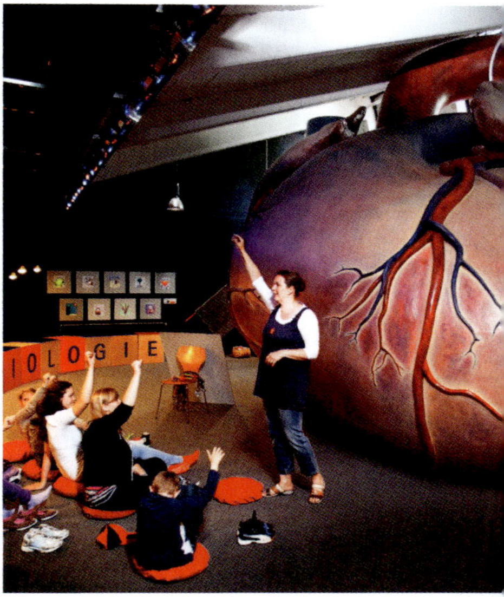

Foto: KAF, Fotograf Andreas Reeg

Wichtig!

Adresse:
Kinder-Akademie Fulda
Mehlerstraße 8, 36043 Fulda, Tel. 0661/90273-0, www.kaf.de, info@kaf.de

Anfahrt:
Der Fußweg ab Bahnhof zur Akademie beträgt rund 15 Minuten.

Saison/Öffnungszeiten:
Ganzjährig, Mo. bis Fr. 10.00 - 17.30 Uhr, So. 13.00 - 17.30 Uhr, Okt. bis April auch samstags 13.00 bis 17.30 Uhr. Begehbares Herz nur mit Führung buchbar. Gruppenführungen auf Anfrage. Einzelführungen mit Audioguide nach Anfrage. Kinderaudioguide vorhanden.

Eintritt:
Es gibt verschiedene Preisvarianten, einige Beispiele: Museumsbesuch: Einzelbesucher ab 3 Jahren pro Person € 4,–, Familien € 12,–, Museumsbesuch + „Herz" Einzelbesucher € 8,–/Familien € 24,–. Aufpreis für Sonderausstellungen mit und ohne Mitmachprogramme siehe auch www.kaf.de

Verpflegung:
MuseumsKAFé, nach Anmeldung Mittagessen und Verpflegungspaket für Gruppen buchbar

Takka-Tukka-Abenteuerland Künzell

Spiel-, Sport- & Spaß bei jedem Wetter auf über 6000 m² in Hessen's größter In- und Outdoor-Spielewelt! Hier finden kleine und große Kids Spielgeräte der besonderen Art und können sich nach Herzenslust austoben: Mit dem Riesenvulkano, dem größten Spielturm weit und breit, der neuen Air-Joe-Arena u.v.m. ist das Takka-Tukka-Abenteuerland Künzell einzigartig in der Region. Die Trampolinanlage, der Wabbelberg und der Riesenlöwe begeistern Klein und Groß jeden Tag aufs Neue. Nicht zu vergessen die Mini-Kartbahn für alle kleinen Schumis. Und wer gerne klettert, tut dies im Indoor- Hochseilgarten oder an der Kletterwand.

Das „Urwaldbistro" bietet leckere Speisen und Getränke zu familienfreundlichen Preisen an. Extra-Service: Kindergeburtstag im Takka-Tukka-Land feiern – begeisterte Freunde und entspannte Eltern!

Sollte dann die Sonne hinter den Wolken hervor blitzen, heißt es ab nach draußen. Im Außenbereich warten eine 17 m lange Wasserrutsche, der Wasserspielplatz und die neuen Wasserkanonen auf Besuch! In der Takka-Tukka-Sportwelt können alle kleinen und

großen Sportbegeisterten wetterunabhängig unter Dach Badminton, Tennis oder Soccer spielen. **Das Takka-Tukka-Abenteuerland ist ein ideales Ausflugsziel für Familien mit Kindern jeder Altersstufe und natürlich alle Sportfans.** Es ist garantiert für Jeden etwas dabei! Also ... nix wie hin!

Wichtig!

Adresse:
Takka-Tukka-Abenteuerland
Alfons-Schwab-Str. 2
36093 Künzell bei Fulda
Tel. 0661/29266-11
www.fulda.takka-tukka.com

Anfahrt: A7, Abfahrt Fulda Nord bzw. Fulda Süd/Eichenzell auf die B27 bis Abfahrt Künzell. Oder die A66 und B40 zur B27.

Öffnungszeiten: Abenteuerland: Mo.–Fr. 14–19 Uhr, Sa./So./Feiert. 10.30–19.00 Uhr. Sportwelt: Mo.–Fr. 10–22 Uhr, Sa./So./Feiert. 11–22 Uhr (Winter); im Sommer bis 20 Uhr.

Eintritt: Abenteuerland: Kinder (< 1 Jahr) frei, Kinder (1–3 Jahre) € 4,50, Kinder (ab 4 Jahre) € 6,50, Erwachsene € 4,–.

Sonstiges: Takka-Tukka Abenteuer Mobil, Kindergeburtstage, Happy Hour, Familientag.

Rheingau-Taunus mit Wiesbaden

Die Römer hatten viele Probleme mit den wilden Germanen. Was lag da näher, als sie mit dem Grenzwall des „Limes" einfach „wegzusperren". Das ehemalige Römerkastell Saalburg erzählt noch heute von den wilden Zeiten in den Jahrhunderten nach Christi Geburt. Große landschaftliche Vielfalt zeichnet das Gebiet Rheingau-Taunus aus: Sonnige Südhänge, tiefe Täler und viele kleine Hügel und Berge wechseln hier ab. Weinbau hat hier seit Jahrhunderten Tradition. Geschichtsfans können das mittelalterliche Kloster Eberbach besuchen, wo die Innenaufnahmen des Kinofilmes „Der Name der Rose" gedreht wurden.

Der Opel-Zoo in Kronberg

Tiere und viele Attraktionen! Ein besonderes Highlight des Zoos sind die Afrikanischen Elefanten. Daneben findet man viele andere Tierarten, die man sonst nur aus dem Fernsehen kennt: Geparde, Rote Pandas, Zebras, Affen, Giraffen, Pinguine, Erdmännchen, Streifenhyänen, Kattas und Rote Varis und viele Antilopenarten. Hautnahen Kontakt kann man im Streichelzoo aufnehmen. Neben den Tieren – insgesamt 1.600 Exemplare, rund 200 verschiedener Arten – gibt es auch tolle Kinderattraktionen: Abenteuerspielplätze mit Kletterwald, Rutsche, Trampoline und vielen weitere Spielgeräte. Ponys laden die Kinder zu einem Ritt ein (für Kinder bis 6 J.) – ein schönes Motiv für das Familienalbum!

Wichtig!

Adresse: Opel-Zoo
Am Opel-Zoo 3
61476 Kronberg im Taunus
Tel. 06173/3259030
www.opel-zoo.de, info@opel-zoo.de
Anfahrt: Der Opel-Zoo liegt an der B 455 und hat über 1.200, kostenfreie Parkplätze. Mit dem ÖPNV: Mit der S 4 nach Kronberg Bahnhof, dann Bus 261 Richtung Königstein. Zusätzlich Buslinien X26 und X27.
Saison/Öffnungszeiten: Ganzjährig täglich geöffnet. Während der Winterzeit von 9–17 Uhr, während der Sommerzeit von 9–18 Uhr, im Juni/Juli und August (bzw. bis Ende der hessischen Sommerferien) von 9–19 Uhr. Die Besucher können bis zum Einbruch der Dunkelheit im Zoo bleiben.
Eintritt: Erwachsene € 15,50
Kinder (3–14 Jahre) € 8,50
Gruppen ab 20 Personen:
Erwachsene € 14,50, Kinder € 7,50
Verpflegung: Viele Picknick- und Rastplätze, Zoorestaurant Sambesi mit großen Terrassen über der Elefantenanlage.

Freizeitpark Taunus Wunderland

Wichtig!

Adresse:
Taunus-Wunderland, 65388 Schlangenbad,
Tel. 06124/4081, Fax 06124/4861
www.taunuswunderland.de
info@taunuswunderland.de

Anfahrt:
Über die A 66 von Wiesbaden in Richtung Rüdesheim, Ausfahrt Schlangenbad und dann auf der B 260 der Beschilderung folgen. Von der A 3 Ausfahrt Idstein Richtung Bad Schwalbach, weiter auf der B 275 der Beschilderung folgen. Das Wunderland liegt ca. 10 km westl. von Wiesbaden und 5 km südlich von Bad Schwalbach

Öffnungszeiten/Saison:
Hauptsaison: April bis Anfang November 2022
Wintersaison: Mitte November bis
Mitte Januar 2022
10:00 bis 18 Uhr geöffnet (die Fahrgeschäfte sind von 10–17:30 Uhr in Betrieb)

Eintritt:
Kinder unter 1 m frei
Kinder von 1 –1,30 m € 23,00
Tageskarte € 25,50
Senioren ab 65 Jahren € 23,00
Jahreskarte € 69,50
Gruppen, Vereine, Kindergärten,
Schulklassen Preis auf Anfrage

Gastronomie:
6 Restaurants / Imbisse, kostenlose
Grillplätze (bitte reservieren)

Im Freizeitpark Taunus Wunderland bleibt die Langeweile vor den Eingangspforten. So heißt es auch „Raus in die Natur – rein ins Abenteuer", und das bei nahezu jedem Wetter und natürlich für die ganze Familie. Die individuelle Atmosphäre und die einzigartige Lage vor den Toren Wiesbadens und in Mitten der Wälder der Taunushöhen machen das Wunderland so beliebt bei Jung und Alt, bei Groß und Klein. Mit der Achterbahn wilde Maus oder der Kuhddel Muuuhdel dem Taunusblitz den Nervenkitzel spüren, mit den Piroutten vom wilden T-Rex und der riesigen Piratenschaukel bekommt man das große Kribbeln, auf der 22 m hohen Wildwasserrutsche heißt es bloß trocken bleiben! Für die Kleinsten gibt es ein Abenteuerspielplatz, historisches Pferdekarussell, die Minirutsche oder auch das Käferkarussell uvm.

Freizeitpark Lochmühle

Kunterbuntes Vergnügen! Aus einem ehemaligen Bauernhof ist ein ausgewachsener Freizeitpark für die ganze Familie geworden: eine Vielzahl an Fahrtgeschäften wie die Eichhörnchen-Achterbahn, der Wasserbob und die Traktorschienenbahn ergänzen sich mit großen Indoor- und OutdoorKletterattraktionen wie dem „Baumwipfelpfad" und „Lochmill Discoverer". Das weitläufige Geländer bietet noch mehr Aktivitäten von Springburg, über Minigolf, Riesenrutsche, Hubschraubertretbahn, Römer-Kleinkastel bis Grillen. Die Parkgastronomie bietet besonders viele hausgemachte und regionale Speisen. Ein gelungener Tag für kleine und große Kinder, die abends sicher müde ins Bett fallen!

Wichtig!

Adresse: Freizeitpark Lochmühle
61273 Wehrheim/Taunus, Tel. 06175/790060, www.lochmuehle.de, info@lochmuehle.de
Anfahrt: nördlich von Bad Homburg, Anfahrt z. B. über B 465 Bad Homburg–Usingen, Wehrheim
Saison/Öffnungszeiten: März bis Oktober
täglich von 9–18 Uhr. Kassenschluss und letzter Einlass ist um 16.30 Uhr,
der Fahrbetrieb läuft von 10–17.30 Uhr. (witterungsbedingte Änderungen vorbehalten.)
Eintritt: Besucher ab 100 cm € 17,–, Besucher unter 100 cm frei.
Verpflegung: 50 Grillplätze und Grillhütten (bitte Voranmeldung unter: 06175/790060) sowie in den Gaststättenbetrieben Kiosk, Speisepavillon Teichblick und in der Brezelbäckerei. In den Ferien und an Sonntagen sind zusätzlich die beiden Verkaufsstellen Polo-Grill und SB-Café Lochmühle geöffnet.

Halligalli Kinderwelt Kelkheim

Tolle Spiel- und Tobelandschaft! Der Halligalli-Indoorpark in Kelkheim mit vielen Sport- und Spielaktivitäten für die ganze Familie. Hier gibt es beispielsweise ein riesiges Abenteuer-Labyrinth mit Wellenrutsche, Fun-Shooter und 50 weitere Aktivitäten. Auch nach mehrstündigem Aufenthalt wird es hier kein bisschen langweilig. Im Gegenteil, man entdeckt immer wieder etwas Neues: Interaktives Spiel Eye-Play, einen Wabbelberg, eine Trampolin-Anlage, Indoor-Soccer und ganz neu „Donut-Rafting“! All dies sorgt für Spaß und gute Laune – und das sowohl bei den Kids als auch bei den Eltern. Im Kleinkindbereich vergnügen sich die Allerkleinsten. Nebenbei lernen die Kinder. Sie entwickeln ihre motorischen Fähigkeiten und Sozialkompetenz. Das Halligalli ist auch der ideale Ort für fröhliche Feste, z.B. bei Schulausflügen, Vereinsfeiern oder Kindergeburtstagen. Die Lage ist einzigartig – direkt am Wald mit Freibad, Außengastronomie und E-Bike-Verleih! Im Rahmen einer Geburtstagspauschale sorgt das Halligalli-Team für einen einmalig unvergesslichen Tag.

Wichtig!

Adresse und Anfahrt:
Halligalli Kelkheim
Lorsbacher Str. 41, 65779 Kelkheim
Tel. 06195/672850, Fax 06195/672851
www.halligalli-kelkheim.de
info@halligalli-kelkheim.de
Öffnungszeiten: Ganzjährig,
Mo.–Fr. 14.00–19 Uhr; Sa., So., Feiertage und in den hessischen Schulferien: 11–19 Uhr
Eintritt: Wochentags (Mo.–Do.):
Kinder € 8,– (ab dem 2. Lebensjahr),
Kleinkinder (1.–2. Lebensjahr) € 4,50,
Erwachsene € 4,–, Schwerbehinderte (mit Ausweis) halber Eintrittspreis.
Wochenende (Fr.–So.):
Kinder € 9,–, Kleinkinder € 5,–, Erw. € 4,–
Gruppen/Schulen/KiTas (Eintritt inkl. Kindermenü/Getränk/Wert-Coin) € 10,–/pro Kind.
Verpflegung: Unser Safari-Bistro bietet Essen und Trinken zu familienfreundlichen Preisen, mitgebrachte Speisen und Getränke sind nicht gestattet!

Der Frankfurter Zoo

Mitten in der Stadt, auf einer Fläche von 11 Hektar, findet man, im angenehmen Kontrast zum regen Treiben der Main-Metropole, den Frankfurter Zoo. Unweit der Zeil, einer von Deutschlands bekanntesten Einkaufsstraßen, erhält man hier einen eindrucksvollen Einblick in die Vielfalt und Schönheit der Tierwelt, mit der wir uns diesen Planeten teilen. Über 900.000 Besucher zieht es jährlich in den Frankfurter Zoo, wo sie Erholung, Unterhaltung und Informationen finden. Der Zoo hat sich zudem den überaus wichtigen Natur- und Artenschutz als Ziel gesetzt. Neben imposanten Großkatzen wie Tigern und Löwen leben Pinguine und Robben in naturnah gestalteten Anlagen. Im Grzimekhaus, wo der Tag zur Nacht wird, besteht die einmalige Gelegenheit, nachtaktive Tiere zu beobachten. Eine Reise von der Sonora-Wüste zum Amazonas kann der Besucher im Exotarium unternehmen. Fische, Echsen, Krokodile und andere Reptilien sowie Insekten sind hier zu sehen. Neben diesen lassen sich rund 5.000 Tiere aus 450 verschiedenen Arten bestaunen. Ein großer Spielplatz und der Streichelzoo machen den Zoobesuch für die kleinen Gäste zu einem besonderen Erlebnis. Über das Jahr verteilt laden zudem viele attraktive Veranstaltungen zu einem Zoobesuch ein.

Foto: Sabine Binger

Foto: Matthias Besant

Wichtig!

Adresse:
Zoo Frankfurt
Bernhard-Grzimek-Allee 1
60316 Frankfurt am Main
Tel. 069/212-33735, www.zoo-frankfurt.de
Lage:
Am östlichen Rand der Innenstadt, östlich der Einkaufsstraße Zeil
Anfahrt:
Anfahrt am besten mit öffentlichen Verkehrsmitteln, mit den Linien U 6 und U 7 oder der Straßenbahnlinie 14.
Saison/Öffnungszeiten:
Ganzjährig, Sommerzeit täglich 9–19 Uhr, Winterzeit täglich 9–17 Uhr. Schließung der Tierhäuser und des Eingangs: 18.30 Uhr (Sommer), 16.30 Uhr (Winter)
Weitere Informationen:
www.zoo-frankfurt.de

Halligalli Kinderwelt Rosbach

Spielen und Toben erwünscht! Wirklich megastark, der Halligalli Indoorspielpark in der Sportwelt Rosbach. Hier kann Langeweile erst gar nicht aufkommen. Tolle Spielideen und Klettergeräte, jede Menge Spaß und Action und immer wieder überraschende Highlights. Hier kann man nach Herzenslust toben und spielen. Beispielsweise kann man eine weiche Rutschpartie auf dem Wabbelberg erleben, auf der Kinderbaustelle kreativ sein, auf dem Trampolin oder in der Hüpfburg toben oder an der großen Kletter- und Boulderwand testen, wie Bergsteigen geht. Ein Heidenspaß ist Draggy, der luftgefüllte Drache. Es sperrt sein Maul weit auf, damit die Kids hineinklettern können. Torschützen können sich an der Shoot-Out Torwand oder dem Electronic Basketball versuchen. Elektrokarts, Kickertische, Mal- und Lerncomputer und vieles mehr gibt es außerdem zu entdecken. Abgesehen vom Spielen lernen die Kinder ganz nebenbei. Sie entwickeln ihre motorischen Fähigkeiten und Sozialkompetenz. Das Halligalli ist auch der ideale Ort für fröhliche Feste. Hier kann man herrlich coole Kindergeburtstage und -partys feiern und all das tun, was woanders verboten oder zu gefährlich ist. Im Rahmen einer Geburtstagspauschale sorgt das Halligalli-Team für einen schönen unvergesslichen Tag.

Wichtig!

Adresse: Halligalli Rosbach
Jahnstraße 33, 61191 Rosbach
Tel. 06003/8290282, Fax 06003/810290
www.halligalli-kinderwelt.de
info@halligalli-kinderwelt.de
Öffnungszeiten: Ganzjährig,
Mi.–Fr. 14.30–19 Uhr, Sa., So. 10–18 Uhr
Eintritt: werktags Kinder € 8,50 (ab dem vollendeten 2. Lebensjahr), am Wochenende und Feiertagen € 9,50, Erwachsene € 3,50, Schwerbehinderte und Happy Hour (eine Stunde vor Schließzeit) halber Eintrittspreis (Ausweis); Gruppen (Kindergärten, Schulen oder Vereine, mind. 15 Kinder/nur nach Voranmeldung, auch außerhalb der normalen Öffnungszeiten): Mi.–Do. € 6,–; Fr.–So., Feiertagen € 7,–.
Verpflegung: Eine Cafeteria bietet Essen und Trinken zu familienfreundlichen Preisen

Fun Forest AbenteuerPark Offenbach

Nach der intensiven Sicherheitseinweisung durch die FunForest Mitarbeiter ist jeder Besucher in der Lage sich in sein individuelles Abenteuer zu begeben. Klettern für Jedermann, ob Jung, ob Alt, ob Ungeübt oder Profi. Das Kletterangebot hat für jeden etwas zu bieten.

Auf einer Fläche von 3 Hektar sind im Leonhard Eißnert-Park über 190 Bäume mit etwa 13.000 Meter Stahlseil verbunden. Der Park ist in 14 Parcours eingeteilt, auf einer Höhe von 2 bis 18 Metern.

Viele Parcours sind bereits für Kinder ab 7 Jahren begehbar. Für die ganz Kleinen ab 3 Jahren gibt es zwei Kinderparcours mit 20 Kletterelementen.

Das Angebot von Fun Forest richtet sich an Einzelbesucher, Familien, Kinder, die ihren Geburtstag bei uns feiern möch-

ten, Lehrer mit ihren Schulklassen, Vereine und Firmen – im Prinzip an alle, die das Rad der Evolution mal zurückdrehen möchten, die austesten wollen, wie viel im eigenen Körper drin steckt, oder einfach gerne ein paar Stunden Spaß im Freien haben. Für Gruppen bietet Fun Forest darüber hinaus individuelle Team-Trainings an.

Wer zum ersten mal kommt: Der Fun Forest in Offenbach ist leicht zu finden. In der Bieberer Str., direkt unterhalb des Stadions wartet der „Kick neben den Kickers". Parkplätze sind vor dem Stadion und im Bierbrauer Weg reichlich vorhanden. Die S-Bahn-Haltestelle Offenbach Ost liegt nur 15 Gehminuten entfernt, die Buslinie 102 fährt bis vor das benachbarte Stadion (auch ab Offenbach Ost).

Wichtig!

Adresse:
FunForest AbenteuerPark Offenbach
am Main (im Leonhard-Eißnert-Park)
Bieberer Str. 276A, 63071 Offenbach
Tel. 069/85 70 20 00, Fax 069/85 70 20 01
www.abenteuerpark-offenbach.de
office@abenteuerpark-offenbach.de

Öffnungszeiten:
www.abenteuerpark-offenbach.de

Eintritt:
Erwachsene ab € 19,90
Schüler ab 14 J./Studenten/Azubis ab € 17,90
Kinder (7–13Jahre) € 15,50
Kinderparcours (ab 3 Jahre) € 8,50

Rabatt:
Familienrabatt ab einem Erwachsenen mit Kind 10%, Gruppenrabatt ab 10 Pers. 10%

monte mare Obertshausen

Das monte mare Obertshausen, gut erreichbar an der A3 zwischen Frankfurt und Aschaffenburg gelegen, ist ein Sauna-, Wellness- und Badeparadies für die ganze Familie. Der Saunabereich ist nach dem Motto „Afrika" gestaltet: Wohnliche, warme Farben und Motive schaffen eine gemütliche Atmosphäre und laden zum Entspannen in exotischer Urlaubsatmosphäre ein.

Saunalandschaft: Zahlreiche Themensaunen erwarten die Gäste: Serengeti-Sauna (85 °C bis 95 °C), Feucht- und Niedertemperatursauna Virungas (55 °C), Namib (Infrarotsauna), aromatisiertes Dampfbad Yunga (Nebelwald) für Anwendungen und Peelings, große Aufguss-Sauna Kalahari (95 °C), Sahara-Sauna (100 °C), Danakil-Sauna für Wenik- und Banjarituale (100 °C und mehr), Maasai-Mara-Sauna (95 °C), Sahel–Sauna (75 °C bis 80 °C), Nama-Karoo-Sauna (65 °C bis 70 °C). Ein großes Kalttauch-becken, ein Kneipp'scher Wasserpfad, ein Solarium, ein Whirlpool, gemütliche Sitz-, Ruhe- und Schlafbereiche und der Saunagarten runden das Angebot ab.

Wellness: Wohltuende Gesichts- und Körperbehandlungen, entspannende Massagen und pflegende Dampfbadzeremonien für Ihre individuelle Pause vom Alltag.

Wichtig!

Adresse:
monte mare Obertshausen
Badstraße 19, 63179 Obertshausen
Tel. 06104/8019-0, Fax 06104/8019-99
obertshausen@monte-mare.de
www.monte-mare.de/obertshausen
Öffnungszeiten & Eintritt:
alle Informationen finden sie auf unserer Homepage

Per Click in die Freizeit

Archäologische Museen
Erfurt:
www.volkskundemuseum-erfurt.de
Mühlhausen: www.mhl-museen.de
Schleusingen:
www.museum-schleusingen.de
Weimar: www.alt-thueringen.de

Diverse Museen
Amt Wachsenburg:
www.bratwurstmuseum.de
Bad Frankenhausen/Kyffhäuser:
www.panorama-museum.de
Frauenwald:
www.waldhotel-rennsteighoehe.de/bunkermuseum-rennsteig
Georgenthal: www.lohmuehle.info
Hohenfelden:
www.freilichtmuseum-hohenfelden.de
Rudolstadt: www.heidecksburg.de
Sonneberg:
www.deutschesspielzeugmuseum.de

Burgen/Schlösser
Bad Blankenburg:
www.burg-greifenstein.de
Creuzburg: www.burg-creuzburg.de
Goseck: www.schlossgoseck.de
Heringen: www.schloss-heringen.de
Leinefelde-Worbis:
www.burg-bodenstein.de
Wernigerode:
www.schloss-wernigerode.de

Diverse Freizeitparks
Brotterode-Trusetal:
www.sommerrodelbahn-inselsberg.de
Eckartsberga:
www.freizeitspass-eckartsberga.com
Hohenfelden:
www.aktivpark-hohenfelden.de
Holle: www.familienpark-sottrum.de
Ohrdruf: kinderquad-thueringen.de
Ruhla: www.mini-a-thuer.de
Saalburg-Ebersdorf:
www.saalburg-maerchenwald.de
Saalfeld/Saale: www.feengrotten.de
Sambachshof:
www.maerchenwald-sambachshof.de
Sondershausen: www.possen.de
Weida:
www.abenteuerland-thueringen.de

Zoo / Wildparks
Altenburg: www.inselzoo.de
Arnstadt:
www.kulturbetrieb-arnstadt.de/tierpark
Eisenberg:
www.tiergarten-eisenberg-thuer.de
Gotha:
www.kultourstadt.de/tierpark-gotha
Oberhof: www.exotarium-oberhof.de
Sondershausen: www.affenwald.info
Sonneberg:
www.tiergarten-sonneberg.de
Trusetal: www.zwergen-park.de
Zella-Mehlis:
www.meeresaquarium-zella-mehlis.de

Thüringen 229–242

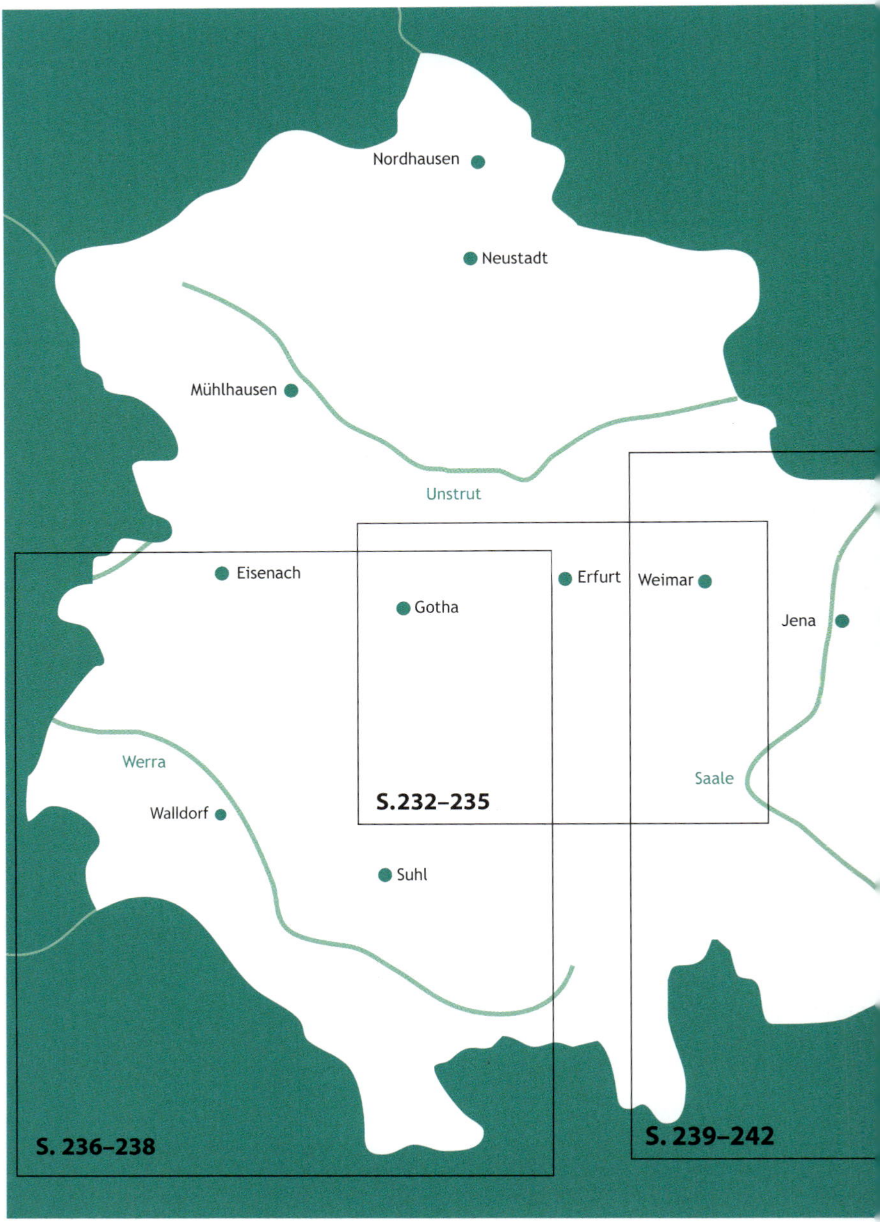
Nordhausen
Neustadt
Mühlhausen
Unstrut
Eisenach
Gotha
Erfurt
Weimar
Jena
Werra
Walldorf
S.232–235
Saale
Suhl
S. 236–238
S. 239–242

Altenburg
Gera

Erfurt und Umgebung

Die Landeshauptstadt Thüringens führt viele Beinamen: So ist sie als „Luther-, Dom- und Blumenstadt" benannt und weit hin bekannt. Ihren Aufschwung im Mittelalter verdankt sie ihrer günstigen Lage am Schnittpunkt europäischer Handelsstraßen. Zeugen der vergangenen Tage sind auch heute noch überall vorhanden – ein Besuch in Erfurt und Umgebung lohnt sich!

Theater Waidspeicher

Längst ist Puppentheater eine eigenständige Form, die verschiedene Künste miteinander verbindet und von der menschenähnlichen Puppe bis zum bloßen Gebrauchsgegenstand alles zum Akteur werden lässt.

Seit 1979 kommen jedes Jahr tausende Besucher in das Theater Waidspeicher. Mitten in der Altstadt gelegen, ist seine Spielstätte ein früheres Speichergebäude, das einst der Lagerung und Verarbeitung der Färbepflanze Waid diente. Die Vorstellungen richten sich an Kinder, Jugendliche und Erwachsene. Das Repertoire des Theaters reicht vom Märchen über den literarischen Klassiker bis zum modernen Erzähltheater.

Wichtig!

Adresse:
Theater Waidspeicher e.V.
Domplatz 18, 99084 Erfurt
Tel. 0361/5982924
Fax 0361/59829-23
kasse@waidspeicher.de
www.waidspeicher.de
Anfahrt:
In der Stadt ausgeschildert.
Saison:
Ganzjährig,
Sommerpause meist Juli und August
Vorverkauf:
Domplatz 18, 99084 Erfurt
Di. bis Fr. 10–14 Uhr u. 15.00–17.30 Uhr
Sa. 10–13 Uhr unter obiger Tel.-Nummer
Vorstellungen:
Täglich, meist 10 Uhr, sonntags 11 Uhr, Abendvorstellungen 19.30 Uhr oder werktags 21 Uhr
Eintritt:
Preise und Gruppenpreise sowie Ermäßigungen bitte telefonisch erfragen
Verpflegung:
Gastronomie in der Innenstadt

Thüringer Zoopark Erfurt

Der Thüringer Zoopark Erfurt liegt im Norden der Landeshauptstadt am Roten Berg. Er ist mit fast 63 ha der drittgrößte wissenschaftlich geleitete Zoo Deutschlands und beherbergt knapp 1.000 Tiere aus aller Welt in 136 Arten. Der Thüringer Zoopark hat sich vor allem auf die großen Pflanzenfresser wie Afrikanische Elefanten, Bisons, Trampeltiere, Zebras und Riesenkängurus spezialisiert. Aber auch Raubtiere wie Löwen, Hyänen und Geparde gehören zu den Bewohnern. Großzügig gestalteten Anlagen, wie Löwensavanne, Flamingolagune, Pampaslandschaft und Hirschwald wurden dem natürlichen Lebensraum der Tiere nachempfunden. Somit bieten die modernen Gehege ausreichend Platz und Rückzugsmöglichkeiten. Besonders stolz sind die Erfurter auf die deutschlandweit größte Anlage für Afrikanische Elefanten, die in 2014 eingeweiht wurde. Neue Wegebereiche gewähren den Besuchern dabei einzigartige Einsichten in die faszinierende Welt der Tiere. Bei vielen Anlagen nimmt die Gemeinschaftshaltung verschiedener Tierarten eine immer wichtigere Stellung ein. Auf der Afrikasavanne beispielsweise leben Zebras, Strauße, Impalas und Rappenantilopen zusammen. In begehbaren Anlagen können die Besucher den Tieren hautnah begegnen. Dazu zählen die Ibisvoliere, der Berberaffenberg, das Känguru-Land, das Zwergziegen-Gehege und der Lemurenwald. Sehr beliebt ist auch der Bauernhof, auf dem eine große Auswahl an Haus- und Nutztieren gezeigt wird. Auch der Wasserspielplatz, der Safarispielplatz und der Streichelzoo bieten Spiel, Spaß und Abenteuer für die ganze Familie.

Wichtig!

Adresse:
Thüringer Zoopark Erfurt
Am Zoopark 1, 99087 Erfurt
Tel. 0361/6554151, Fax 0361/6554181
www.zoopark-erfurt.de
zoopark@erfurt.de

Anfahrt:
Stadtbahnlinie 5, Haltestelle „Zoopark".

Kassenöffnungszeiten:
März–Oktober täglich 9–18 Uhr,
November–Februar täglich 9–16 Uhr

egapark Erfurt

Gartenlust im Blütenmeer

Alltag aus – Entspannungsmodus an: Wer den egapark betritt, wird vom Farbenspiel Tausender Blüten begrüßt, vom Duft der Blumen und des frischen Grüns der ausgedehnten Rasenflächen umhüllt. Zwischen Wasserspielen, schattenspendenden Bäumen und Hängematten haben Stress und Hektik keine Chance.

Der egapark, ein 36 ha großes, Garten-, Pflanzen- und Freizeitparadies gehört zu den beliebtesten touristischen Einrichtungen in Thüringen. Im Wechsel der Jahreszeiten wird auf 15.000 m² von Frühling bis Herbst durchgeblüht - auf großzügigen Wechselflorflächen und in einzigartigen Themengärten. Deutschlands größtes Blütenmeer lädt von März bis Oktober zum Kurzurlaub inmitten von Farbenspiel und Duftvielfalt. Vom Aussichtsturm kann man weit über Erfurt blicken.

Der egapark ist mehr als nur ein Gartenerlebnis. Auf dem grünen Erlebnisrundgang können Besucher aller Altersgruppen Natur mit allen Sinnen erkunden. Das GärtnerReich, der größte Spielplatz Thüringens, mit Schaukel, Rutsche oder Wippe in Form traditioneller Erfurter Obst- und Gemüsesorten ist Ausgangspunkt einer Erlebnistour. Weiter führt sie durch das einzigartige Wüsten- und Urwaldhaus Danakil. Auf der spannenden Suche nach dem Wasser öffnen sich zwei gegensätzliche Welten für den Betrachter. Wer Wüste und Urwald hinter sich gelassen und den Klimawald passiert hat, entdeckt am im Deutschen Gartenbaumuseum den grünen Schatz Erfurts, die Bedeutung und Historie des Gartenbaus in einer neuen, interaktiven Ausstellung. Im anschließenden Waldpark wartet der Wissenswald mit Naturerlebnissen für alle Sinne.

Der egapark verbindet die kunstvolle Gartengestaltung mit den Baudenkmalen der 60-er und 70-er Jahre der DDR-Moderne. Mit der Bundesgartenschau Erfurt 2021 erfuhr der von Reinhold Lingner großzügig und visionär gestaltete Park in vielen Bereichen eine zukunftsweisende Neuausrichtung.

Wichtig!

Adresse:
Erfurter Garten- und Ausstellungs gGmbH
(ega) egapark Erfurt, Gothaer Straße 38
99094 Erfurt
Tel. 0361/5643737, Fax 0361/5643722
www.egapark-erfurt.de, info@egapark-erfurt.de
Anfahrt: Der Park ist über die Bundesautobahnen A4 und A 71 zu erreichen.
Saison/Öffnungszeiten: Ganzjährig
Eintritt, Veranstaltungen, Verpflegung: siehe www.egapark-erfurt.de

Eissportzentrum Erfurt

Fotos: ESB

Eislaufen in der „Gunda-Niemann-Stirnemann-Halle“ ist eine Attraktion. Top-Athleten aus vielen Ländern loben sie als eine der schönsten Hallen der Welt, die noch dazu schnelles Eis bietet. Jedermann kann zwischen Oktober und März beim Öffentlichen Eislaufen persönlichen Eis-Erfahrungen sammeln oder bei den Wettkampfhighlights zuschauen. Schlittschuhausleihe und Imbiss direkt an der Bahn komplettieren das Angebot für den privaten Besuch oder in Gruppen (Schulklassen). Für Eislaufanfänger stehen für € 3,– Eiswichtel zur Unterstützung bereit.

Wichtig!

Adresse:
Eissportzentrum Erfurt
Arnstädter Straße 53, 99096 Erfurt
Tel. 0361/6554695
www.gunda-niemann-stirnemann-halle.de
eissportzentrum@erfurt.de

Anfahrt:
Die Arnstädter Straße führt als B 4 in Richtung Arnstadt und Autobahn, Erfurt-West (Parkhaus „Am Stadion“). Mit der Stadtbahn Linie 1-Landtag/IHK oder Linie 3 und 4-Tschaikowskistraße. Parkmöglichkeit: Parkhaus „Am Stadion“.

Öffnungszeiten:
Zeiten für öffentliches Eislaufen finden Sie auf der Homepage.

Eintritt:
Erwachsene € 4,–, Ermäßigte € 2,50
Evtl. kommt zum Eintrittspreis noch die Schuh-Leihgebühr hinzu.

Verpflegung:
Imbiss direkt an der Bahn.

Thüringer Wald

Mitten im Thüringer Wald, über der Stadt Eisenach, thront die „deutscheste aller Burgen", die Wartburg. Hier übersetzte Martin Luther, der sich „undercover" Junker Jörg nannte, die Bibel ins Deutsche. Der Teufel wollte ihn versuchen, Luther warf mit dem Tintenfaß nach ihm – so erklären jedenfalls die Burgführer den kleinen dunklen Fleck an der Wand von Luthers Schreibstube. Unweit der Wartburg zieht sich der kahle Hörselberg durchs Land: Hier sollen sich nach alten Sagen der germanische Göttervater Wotan und Frau Holle ihre Unterkunft in der „Venushöhle" teilen.

Sandstein- und Märchenhöhle

Zauberhafte Höhlenwelten!
Der Eingang zur Sandsteinhöhle ist eine alte eisenbeschlagene Tür, die mit lautem Krachen ins Schloss fällt. Dann ist man drin, in dem riesigen unterirdischen Labyrinth, einer der größten von Menschenhand geschaffenen Höhlen Europas, das wie kaum ein anderer Ort allein mit seiner Atmosphäre bezaubert und die Fantasie anregt. Hier wurde schon in den 50er Jahren jede Nische genutzt, um Märchenszenen darzustellen. So warten im Sandsteinberg Rapunzel und der Froschkönig auf Besucher sowie die alte Märchenerzählerin. Der Rundgang durch die Höhle dauert eine knappe halbe Stunde. In der Außenanlage befinden sich eine Gaststätte, Imbiss, Eisbar sowie ein kleines Tiergehege mit Ziegen und Meerschweinchen, bei denen man unbedingt ein Päuschen einlegen sollte. Im Anschluss an den Höhlengang lädt der Minifreizeitpark der Familie Heinig – direkt auf dem Höhlengelände, mit Kinderanimationsgeräten wie Minibaggeranlage, Kinderautoscooter, Elektro-Go-Cart-Bahn, Bumper-Bootanlage (alle Geräte mit Münzeinwurf) – zum weiteren Verweilen ein.

Wichtig!

Adresse: Sandstein- und Märchenhöhle Bernd Hartung, An der Sandsteinhöhle 4 98639 Walldorf, Tel. 03693/881277 Fax 03693/890163, www.sandsteinhoehle.de sandsteinhoehle@t-online.de

Anfahrt: Walldorf liegt nördlich von Meiningen an der B 19 nach Eisenach, mit Auffahrt zur A 71, Ortsausgang Meiningen, Ri. Suhl. Die Höhle ist ausgeschildert.

Saison/Öffnungszeiten:
März nur am Wochenende 10.00–15.30 Uhr, April, Mai, Sept., Oktober 10.00–16.30 Uhr, Juni, Juli, August 10.00–17.30 Uhr

Eintritt: Inklusive Führung Erw. € 6,– Kinder (3–14 J.) € 3,–

Verpflegung: SB-Restaurant, Imbiss, Eisbar an der Sandsteinhöhle.

Tipp: Übernachtungen sind in der Pension Sandsteinhöhle möglich.

Tierpark Suhl

In einem idyllischen Wiesental, eingebettet zwischen dem Döllberg und dem Ringberg, liegt der Tierpark Suhl. Die rund 400 Bewohner in 80 Arten des Parks sind an 38 verschiedene „Anlaufstellen" anzutreffen. Hierzu zählen z.B. das Terrarium, die Haustieranlage, das große Freigehege der Wildkatzen bis hin zu den Möglichkeiten der direkten Begegnung mit den Tieren in der begehbaren Lorianlage, dem Ferkelhof und Streichelgehege mit Zwergziegen.

Eine langjährige und immer willkommene Tradition ist das jährlich im August stattfindende Tierparkfest. Gerne besucht werden auch die angebotenen Veranstaltungen, die besonders auf Kinderwünsche abgestimmt sind. Dazu zählen die 4 Nachtführungen, die Spiel- und Bastelstraße zum Kindertag und der Zootag.

Einen Veranstaltungskalender findet man im Internet. Dazu zählen u. a. die Nachtführungen, das Riesenosternest, der Zootag, das Kindertags-Spielangebot und der Markt im Stall.

Wichtig!

Adresse:
Tierpark Suhl
Carl-Fiedler-Str. 58, 98527 Suhl
Tel. 03681/760441
Fax 03681/305724
www.tierpark-suhl.eu
info@tierpark-suhl.de

Anfahrt:
Suhl liegt an der B 247, man durchfährt Suhl bis Ortsausgang Ri. Ilmenau (ausgeschildert).

Saison/Öffnungszeiten:
Ganzjährig geöffnet.
April–Sept. Mo.–So. von 9 Uhr bis 18 Uhr.
Okt.–März Mo.–So. von 10 Uhr bis 16.30 Uhr

Eintritt:
Erwachsene € 6,–
Kinder 3–16 Jahre € 3,–
Familienkarte € 14,– (2 Erw./Kinder)
Führung nach Vereinbarung.

Verpflegung:
April–Oktober Bistro geöffnet

UNESCO-Welterbe Wartburg

Majestätisch! Die Wartburg in Eisenach blickt auf eine fast tausendjährige Geschichte und zählt zweifellos zu den bekanntesten und beliebtesten Burgen. Seit 1999 gehört sie zu den ausgewählten Stätten des UNESCO-Welterbes. Beim Betreten der Räume öffnet sich dem Besucher ein wahrhaftiges Geschichtsbuch – man wird erinnert an den sagenhaften Streit der Minnesänger, wandelt auf den Spuren der heiligen Elisabeth und fühlt sich in der Lutherstube zurückversetzt in die Zeit der Reformation, da sich Martin Luther als Junker Jörg auf der Burg verbarg. Nach einer Führung durch den romanischen Palas erwarten den Besucher im Museum Kunstschätze aus acht Jahrhunderten und der Südturm lädt zu einem einzigartigen Blick auf die Burganlage und in den Thüringer Wald ein. Die Wartburg ist aber auch Kulisse für eine Vielzahl von Veranstaltungen – ob Konzerte im großen Festsaal, Sommer-nächte oder historischer Weihnachtsmarkt. Das besondere Erlebnis für Kinder ist der traditionelle Eselritt zur Wartburg. Die Eselstation wird bei gutem Wetter in den Sommermonaten betrieben.

Wichtig!

Adresse: Wartburg-Stiftung
Auf der Wartburg 1, 99817 Eisenach
Tel. 03691/2500, Fax 03691/203342
www.wartburg.de, info@wartburg.de
Anfahrt: Autobahn A 4 Dresden–Frankfurt/Main, Abfahrt Eisenach
Öffnungszeiten: Führungen April–Okt. 8.30–17 Uhr, Schließung des Burgtores 20 Uhr. Führungen Nov.–März 9–15.30 Uhr. Schließung des Burgtores 17 Uhr.
Eintritt: Museumsbesuch mit Palastführung
Erwachsene € 8,–
Angemeldete Gruppen ab 25 Pers. € 7,50
Familienkarte € 21,–
Schüler und Studenten € 5,–
Empfehlung: Wer einen Eselritt machen möchte, sollte vorher anrufen, ob die Station besetzt ist, dies unter Tel. 03691/210404

Ostthüringen/Raum Gera

Gera feierte 1995 Geburtstag, die Stadt wurde 1000 Jahre alt. Heute ist sie, die durch ihre Textilmanufakturen zu Wohlstand gelangte, das Zentrum Ostthüringens, wo man nicht nur die dickste Eiche Deutschlands mit einem Umfang von 12,80 Meter, sondern auch den Wohnsitz derer von Münchhausen findet – beides ist nicht gelogen. Die Heimat der Spielkarte ist nicht fern, sie wird in Kaiser Barbarossas Residenz in Altenburg sogar mit einem Museum gewürdigt.

Tierpark Gera – Waldzoo Ostthüringens

Tiere des Nordens! Obwohl der Tierpark Gera hauptsächlich Tiere der nördlichen Erdhalbkugel ein Heim bietet, darf doch der König der Tiere nicht fehlen – aus naheliegendem Grund: Ein goldener Löwe ist das Wappentier der 777-jährigen (2014) Stadt. Ansonsten erwarten den Besucher auf dem 20 Hektar großen Gelände 500 Tiere in 80 Arten, darunter Säuger wie der Berberaffe, aber auch Federvieh wie Eulen, Wellensittiche, Enten, Gänse und Hühner. Für Kinder gibt es mehrere Streichelgehege mit Ziegen, Schafen, Kaninchen, Ponys und Esel sowie einen Spielplatz für alle Altersklassen. Auf dem Bauernhof können sie ihre tierischen Altersgenossen kennenlernen.

Besonders begehrt ist der begehbare Affenwald und die ebenfalls begehbare Känguruanlage sowie Damhirschanlage.

Führungen und Tiertrekking sind nach Absprache möglich. Die Parkeisenbahn verkehrt täglich außer montags und freitags. Am 30.06.2022 wird der Tierpark 60 Jahre alt.

Wichtig!

Adresse: Tierpark Gera
Straße des Friedens 85, 07548 Gera
Tel. 0365/810127
www.tierpark.gera.de, waldzoo@gera.de

Anfahrt: Der Tierpark liegt an der B 2 in Richtung Schleiz, im Stadtgebiet ausgeschildert.
Mit den Straßenbahnen 1, 2, 3 bis Haltestelle „An der Spielwiese".
Mit den Buslinien 10, 17, 19 in Richtung Klinikum, Frankenthal und Weißig.

Saison/Öffnungszeiten:
März bis Oktober 9.00–18.00 Uhr,
November–Februar 9.00 Uhr bis Dämmerung
Die Parkeisenbahn fährt von Ostern bis 31.10.

Eintritt: Erwachsene € 7,–, Kinder € 3,00
Familienkarte € 14,–, Gruppen ermäßigt.

Verpflegung: Kiosk

Botanischer Garten in Jena

Blumen-Eldorado! Der Botanische Garten Jena wurde bereits im Jahre 1586 gegründet und ist damit nach Leipzig (1542) und noch vor Heidelberg (1593) die zweitälteste Einrichtung dieser Art in Deutschland. Heute ist der Garten als Abteilung des Instituts für Spezielle Botanik ein auch der Öffentlichkeit verpflichteter und zugänglicher Teil der Friedrich-Schiller-Universität und gilt mit Recht als eine touristische Attraktion der Stadt Jena. Durch seine zentrale Lage im Herzen der Stadt kommt dem Garten zudem eine wichtige Funktion als Grüne Lunge bei der Verbesserung des Stadtklimas zu. Auf 4,5 Hektar Grundfläche werden in Frei- und Gewächshausanlagen rund 10.000 Pflanzenarten aus allen wichtigen Vegetationseinheiten der Erde kultiviert und ästhetisch präsentiert. Die Gewächshäuser wurden in den Jahren 1980 bis 1983 rekonstruiert und erweitert. Ein Eingangsgebäude mit Terrarium und Paludarium verbindet einen Komplex von mehreren Glashäusern, zu denen das Kakteen- und Sukkulentenhaus, Hartlaub- und Lorbeerwaldhaus, Tropenhaus, Evolutionshaus sowie das Victoria-Haus gehören. Sie umgeben einen freien Innenhof mit einem beheizbaren Wasserbecken. Im Eingangsgebäude präsentieren dauerhaft regionale Künstler ihre Werke.

Wichtig!

Adresse:
Botanischer Garten
Fürstengraben 26, 07743 Jena
Tel. 03641/949274, Fax 03641/949272
www.botanischergartenjena.de
botanischergarten@uni-jena.de
Saison/Öffnungszeiten:
Ganzjährig täglich geöffnet.
1. April bis 31. Oktober 10–19 Uhr,
1. November bis 31. März 10–18 Uhr,
Führungen: Tel. 03641/949271 (Auskunft)
Eintritt:
Erwachsene € 4,–
Ermäßigte € 2,50
Jahreskarte € 30,–
Schülerjahreskarte € 20,–
Familienkarte € 10,–
Führungen nach Voranmeldung
Verpflegung:
Gaststätten, Cafés und Bistros in unmittelbarer Nähe

Labyrinthehaus Altenburg

Noch nie zuvor wurde der Besucher auf so einzigartige Weise einbezogen. Im weltweit einmaligen Labyrinthehaus® ist man mitten im Geschehen und erlebt ein außergewöhnliches Abenteuer hautnah. Dieses sensationelle Ereignis mit Gänsehautgarantie katapultiert den Besucher in eine neue Erlebnisdimension. Geräusche und Musik, sowie Spezialeffekte verstärken den intensiven Nervenkitzel. Großartige Kulissen und fantastische Wesen lassen den Besuch zu einem atemberaubenden Ausflug werden. Das Labyrinthehaus ® Altenburg ist ein außergewöhnlicher Indoor Freizeitpark.

„Die Mumie" im Tal der Könige

Eine Reise nach Ägypthen, ein abenteuerlicher Weg durch die Pyramide, Gefahren trotzen, die Grabkammer des Pharaos finden – aber Vorsicht, nicht aufwecken!

Abenteuer „Grüne Hölle" Kongo

Den Trommelschlägen ins dunkle Herz Afrikas folgen – die Spannung steigt – dem Voodomeister lauschen – doch man sollte sich nicht von seinem Weg abbringen lassen!

Tiefseelabyrinth

Tief, tiefer: Abtauchen in eine geheimnisvolle Welt – Geschichten von schrecklichen Meeeresungeheuern, alles Seemannsgarn? Hier kann man es selbst erforschen. Doch Achtung! Der legenden umwobene Riesenkraken lauert – ist ein Entkommen möglich?

Reise ins Reich der Legenden

Das Zauberlabyrinth, bringt das Abenteuer zum Leben. Aus Mythen und Sagen entstanden lockt es in die Tiefen unendlicher Irrwege. Ewigkeiten vergehen, denn es hat kein Ende. Man sollte alles vergessen was man zu wissen glaubt und die Zeichen erkennen.

Wichtig!

Adresse: Labyrinthehaus
Hausweg 40, 04600 Altenburg
Tel. 03447/511273, Mobil 01785112963
www.labyrinthehaus.de
info@labyrinthehaus.de
Öffnungszeiten:
siehe Homepage
Eintritt:
Erwachsene: € 16,–, Kinder bis 1,40 m: € 14,–

Historische Höhler in Gera

Wichtig!

Adresse:
Historische Geraer Höhler
Eingang Steinweg/Ecke Geithes Passage
Voranmeldung von Führungen und Veranstaltungen Tel. 0365/8381470

Stadtmuseum Gera
Museumsplatz 1, 07545 Gera
Tel. 0365/8381470
Fax 0365/8381473
stadtmuseum@gera.de

Öffentliche Führungen:
Dienstag bis Sonntag und an Feiertagen: 11, 13 und 15 Uhr

Eintritt:
Erwachsene € 5,–
Ermäßigte € 3,–
Tagesfamilienkarte € 10,–
(bis zu 2 Erw. und 4 Ki. einer Familie)

Unterirdische Gänge! Die „Höhler" – in Gera und Umgebung so bezeichnet – sind unterirdische Gänge und Nischen, in denen vor Jahrhunderten Bier lagerte und reifte. Sie wurden tief unter der Erde, unter den eigentlichen Hauskellern, angelegt und boten auf Grund der gleichbleibenden kühlen Temperaturen ideale Lagermöglichkeiten für die nicht unbeträchtlichen Biermengen. Einen Teil davon – zehn Höhler mit insgesamt 250 m Länge – kann man heute noch in ihrer Ursprünglichkeit besichtigen. Für Besucher gut nachvollziehbar werden der Transport und das Lagern des Bieres, aber auch die spätere Nutzung der Höhler in Inszenierungen dargestellt. Diese Historischen Höhler, eine Einrichtung des Stadtmuseums Gera, sind mittwochs bis sonntags und an Feiertagen im Rahmen von Führungen zugänglich (Dauer ca. 45 Min.).

Per Click in die Freizeit

Archäologische Museen

Altenberg:
www.besucherbergwerk-zinnwald.de
Chemnitz: www.smac.sachsen.de
Dresden:
www.voelkerkunde-dresden.de
Halle/Saale: www.lda-lsa.de
Kamenz:
www.museum-westlausitz.de
www.plauen.de/vogtlandmuseum
Leipzig: www.uni-leipzig.de

Diverse Museen

diverse Museen:
www.oberlausitz-museum.de
Bautzen:
www.bautzen.de/stadtmuseum.asp
Chemnitz:
www.kunstsammlungen-chemnitz.de
www.saechsisches-industriemuseum.com
www.sem-chemnitz.de (Eisenbahn)
Dresden: www.dhmd.de
(Hygienemuseum)
www.kunsthausdresden.de
www.skd.museum (Staatliche Kunstsammlungen Dresden)
www.verkehrsmuseum-dresden.de
Leipzig: www.bach-leipzig.de
www.mdbk.de (Museum d. Bild. Künste)
Lichtenstein:
www.spielzeugmuseum-lichtenstein.de
Muldenhammer: www.deutsche-raumfahrtausstellung.de
Pirna: www.ddr-museum-pirna.de
Zwickau: www.horch-museum.de

Burgen/Schlösser

Colditz: www.schloss-colditz.com
Dresden:
www.grosser-garten-dresden.de
Falkenhain: www.schloss-weesenstein.de
Hohenstein: www.burg-hohnstein.info
Lichtentanne: www.burg-schoenfels.de
Meißen: www.albrechtsburg.de
Moritzburg: www.schloss-moritzburg.de
Neukirchen:
www.wasserschloss-klaffenbach.de
Schloss Augustusburg/Burg Scharfenstein/Schloss Lichtenwalde:
www.die-sehenswerten-drei.de
Schwarzenberg:
www.schlossschwarzenberg.de

Diverse Freizeitparks

Bautzen: www.saurierpark.de
Chemnitz: www.kid-car-city.de
Königstein:
www.elbefreizeitland-koenigstein.de
Leipzig: www.belantis.de
Lichtenstein: www.miniwelt.de
Meerane: www.schatzhoehle.com

Zoo / Wildparks

Altenberg:
www.wildpark-osterzgebirge.de
Aue: www.zooderminis.de
Augustusburg:
www.falkenhof-augustusburg.de
Jonsdorf: www.schmetterlingshaus.info
Leipzig: www.zoo-leipzig.de
Zittau: www.tierpark-zittau.de

Sachsen 243–260

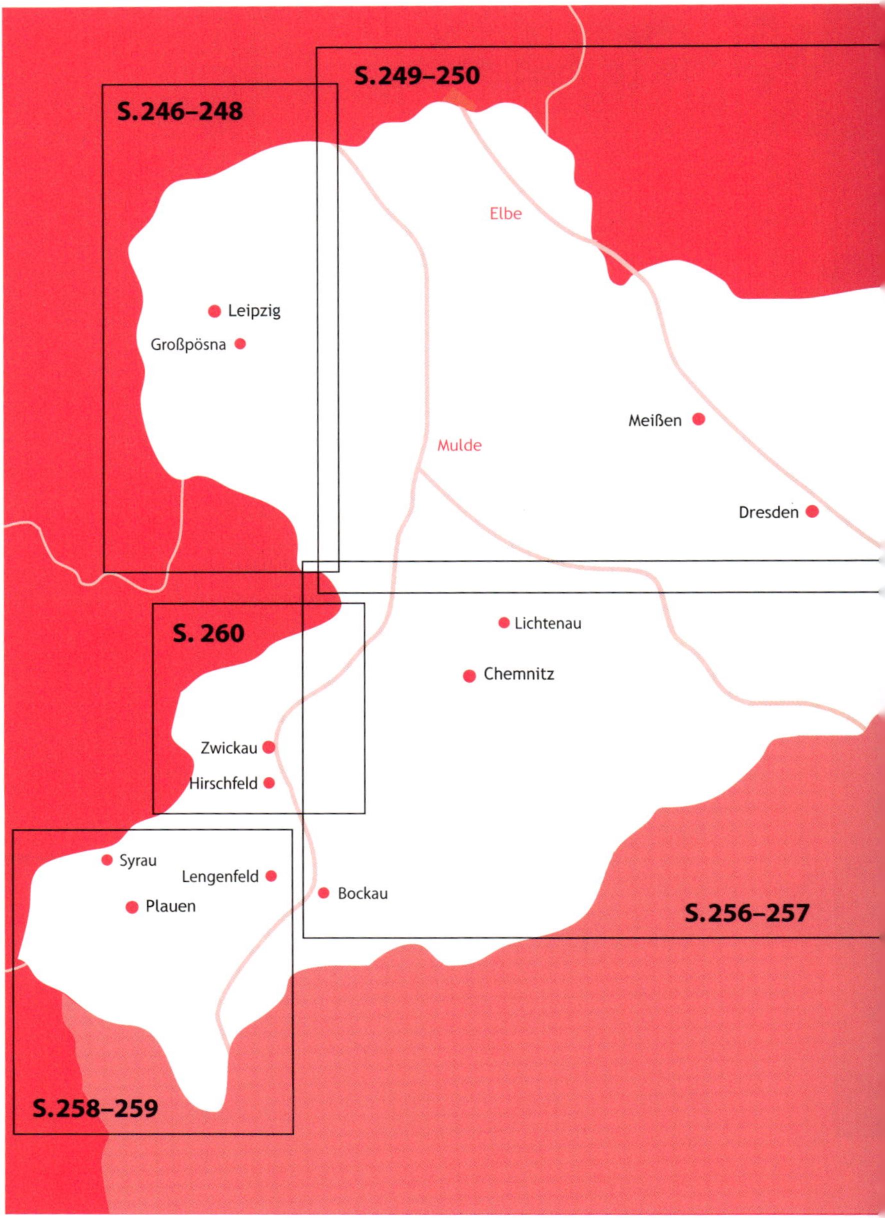
S.249–250
S.246–248
Elbe
Leipzig
Großpösna
Meißen
Mulde
Dresden
Lichtenau
S. 260
Chemnitz
Zwickau
Hirschfeld
Syrau
Lengenfeld
Bockau
Plauen
S.256–257
S.258–259

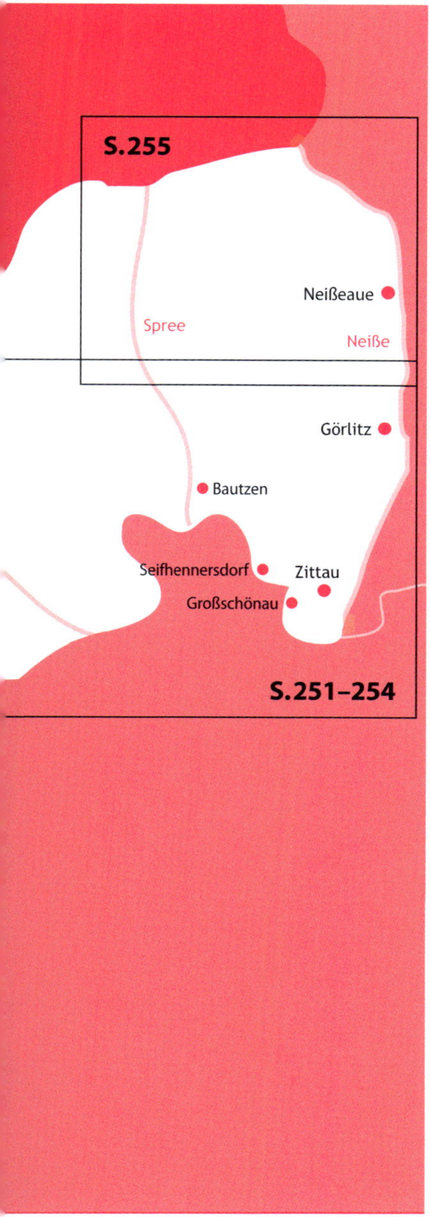
S.255
Neißeaue
Spree
Neiße
Görlitz
Bautzen
Seifhennersdorf
Zittau
Großschönau
S.251–254

Leipzig und Umgebung

Schon im Mittelalter war Leipzig als Messestadt berühmt, ein Ruf, um den die Stadt heute mit dem Slogan „Leipzig kommt" kämpft. Um den Weltruf als Stadt der Musik muss Leipzig nicht kämpfen: Das Gewandhausorchester dirigierte ab 1835 Felix Mendelssohn-Bartholdy, der während seiner Schaffenszeit die Talente Chopins, Schumanns und Liszts erkannte. Er war es auch, der das Werk Johann Sebastian Bachs wiederentdeckte. Um das Maß voll zu machen: Auch Richard Wagner, umstrittener Meister der romantischen Oper in Deutschland, wurde in Leipzig geboren.

Musikinstrumentenmuseum der Universität Leipzig

Musikgeschichte! Leipzig wird gern als „Stadt der Musik" bezeichnet, und diesem Namen macht das Museum für Musikinstrumente alle Ehre. In einer umfangreichen und sehr interessanten Ausstellung kann man hier viele Jahrhunderte Musikgeschichte und die Entwicklung der Musikinstrumente verfolgen. In 12 Kapiteln werden die markanten Epochen der Renaissance, des Barock, der Klassik und der Romantik bis hin zur Gegenwart dargestellt. Die Namen berühmter Komponisten wie Bach oder Mendelssohn und Oberbegriffe wie „das Wiener Pianoforte" oder „Sächsischer Instrumentenbau" weisen auf wichtige Meilensteine der Musikgeschichte hin. Im Klanglabor laden zu ausgewählten Zeiten Instrumente aus aller Welt zum Anfassen und Ausprobieren ein.

Wichtig!

Adresse:
Musikinstrumentenmuseum
der Universität Leipzig
Johannisplatz 5–11, 04103 Leipzig,
Tel. 0341/9730771
Fax 0341/9730759
www.mfm.uni-leipzig.de
mimul@uni-leipzig.de

Öffnungszeiten:
Di. bis So. 10–18 Uhr geöffnet,
montags, 24. und 31. Dez. geschlossen.

Eintritt:
Erwachsene € 6,–
Ermäßigte € 3,– (bis 16 Jahre frei).

Verpflegung:
Bistro-Restaurant

Die Museen von Leipzig

Historisches Gedächtnis! Die Museen der Stadt Leipzig erzählen die Wandlungen der Zeit und des Zeitgeistes in allen Facetten. An geschichtlich bedeutenden Orten werden Liebe und Krieg, Tod und Teufel, Reichtum und Armut, Glauben und Verbrechen, Kunst und Wissenschaft thematisiert. Einige Beispiele:

Stadtgeschichtliches Museum Leipzig

Haus Böttchergäßchen:
Das Haus ist das Zentrum des Stadtgeschichtlichen Museums. Das Gebäude beherbergt Direktion, Sammlungen, Bibliothek und Fotothek. Hier finden jährlich zahlreiche Sonderausstellungen zu kulturhistorisch bedeutenden Themen statt. An Besucher*innen zwischen 6 und 10 Jahren richtet sich die Erlebnisausstellung „Kinder machen Messe" im Kindermuseum.

Altes Rathaus:
Das Alte Rathaus ist ein Wahrzeichen der Bürgerstadt Leipzig. Der Renaissancebau mit dem im barocken Stil veränderten Turm dominiert den Markt. Von den Resten alter Gefängniszellen im Keller über die historischen Räume des Hauptgeschosses bis zu Turmkugel und Wetterfahne ist das Haus gleichsam ein Kompendium Leipziger Stadtgeschichte und damit das wertvollste Museumsobjekt selbst.
Die Ständige Ausstellung lädt zum Rundgang durch die bewegte Leipziger Geschichte ein: von der Frühzeit über die Völkerschlacht bis hin zur Friedlichen Revolution 1989 und zur Wiedervereinigung.

Schillerhaus:
Im Leipziger Schillerhaus verbrachte der 25-jährige Friedrich Schiller den Sommer 1785. In dem ehemaligen Bauernhaus schrieb der junge Autor seine Ode „An die Freude" und arbeitete am „Don Carlos".
Das Schillerhaus selbst ist nicht nur ein charmanter Originalschauplatz, der vom Leben und Wirken des jungen Rebellen in Leipzig berichtet, sondern gleichzeitig ein Zeugnis der gesellschaftlichen und politischen Bewegungen im 18. und 19. Jahrhundert. Der Bauerngarten des Schillerhauses lädt vor allem in den Sommermonaten zum Verweilen und Entspannen ein.

Wichtig!

Informationen zu den Museen:
Stadtgeschichtliches Museum
www.stadtmuseum-leipzig.de

Haus Böttchergäßchen
Böttchergäßchen 3, 04109 Leipzig
Tel. 0341/9651340
stadtmuseum@leipzig.de
Öffnungszeiten: Di.–So., Feiertage 10–18 Uhr
jeder 3. Do im Monat 12-20 Uhr
Altes Rathaus
Markt 1, 04109 Leipzig
Kontakt siehe Haus Böttchergäßchen
Öffnungszeiten: Di.–So., Feiertage 10–18 Uhr
jeder 3. Do im Monat 12-20 Uhr
Schillerhaus
Menckestraße 42, 04155 Leipzig
Tel. 0341/5662170
schillerhaus-leipzig@leipzig.de
Öffnungszeiten: April–Okt. Di.–So. 10–17 Uhr,
November–März Mi.–So. 11–16 Uhr

Bergbau-Technik-Park

Das Leipziger Neuseenland verdankt seine Entstehung der jahrhundertelangen Gewinnung, Veredelung und Nutzung der Braunkohle. Daran erinnert der Bergbau-Technik-Park.
Auf 5,4 ha ehemaligem Tagebaugelände präsentiert er authentisch und nachvollziehbar den kompletten Förderzyklus eines Braunkohlentagebaus. Der Bogen spannt sich vom Rückbau der Landschaft hin zur Vorbereitung des Vorfeldes und der Grundwasserabsenkung über die Gewinnung der Kohle, zum Transport bis zur Verkippung des Abraumes und der sich anschließenden Sanierung und Wiedergewinnung neuer Landschaftsräume. Kernstücke der Ausstellung sind zwei Großgeräte aus dem ehemaligen Tagebau Espenhain – der Schaufelradbagger 1547 (1.300 t, Bj. 1986) und der Absetzer 1115 (2.400 t, Bj. 1985).
Auf dem 300 m² großem „Abenteuerspielplatz Tertiär" erfahren die Gäste spielerisch wie die Braunkohle vor 25 Millionen Jahren entstanden ist. Für Gruppen jeden Alters bietet der Park vielfältige Erlebnisangebote, Sonderveranstaltungen und Führungen sowie Mitmachangebote für Kinder an. Infotafeln und ein kostenfreie Audioführung vermitteln die Arbeitswelt und Maschinentechnik des ehemaligen DDR-Großtagebaus Espenhain. Einmal im Monat wird die Sonderführung „Von der Grube zum Berg" angeboten. Die Tour informiert über die Nachnutzung des ehemaligen Tagebaus Espenhain. Für das leibliche Wohl der Gäste sorgt mit wechselnden Tagesangeboten der Imbiss „Zum Bagger 1547".

Veranstaltungstermine 2022

- jeden letzten Sonntag im Monat Sonderführung: „Von der Grube zum Berg"
- 26.05.: Kinderaktionstag „Kleine Ingenieure". Anmeldung erforderlich!
- 04.–05.06.: „100 Trompeten und 1 Bagger".

Wichtig!

Adresse:
Bergbau-Technik-Park im Leipziger Neuseenland
Am Westufer 2, 04463 Großpösna
Tel. 034297/1401 27
www.bergbau-technik-park.de
info@bergbau-technik-park.de
Saison: 12.03.–13.11.2022
Nebensaison: Mi.–So., Feiertage 10–17 Uhr.
Bundesweite Sommerferien: Di.–So. 10–18 Uhr.
Oster- und Herbstferien: Di.–So. 10–17 Uhr.
60-minütige Turnusführungen:
Sa., So., Feiertage jeweils um 11 und 14 Uhr.
Gruppenführungen nach Vereinbarung auch außerhalb der Öffnungszeiten möglich.
Verpflegung: Imbiss „Zum Bagger 1547"

Dresden

Das „Elbflorenz" profitiert heute noch vom Wirken Augusts des Starken, der eine ganze Reihe beherrschender Gebäude entlang des Stromes bauen ließ. Wer Dresden besucht, der wird angetan sein von der stillen Eleganz, die die Stadt ausstrahlt. Die Semperoper, sowie die Frauenkirche sind imposante Gebäude in der Stadt. Das architektonische Glanzlicht hinterlässt bei vielen einen bleibenden Eindruck. Nur eine Stunde entfernt von der Hektik der Business-Stadt Leipzig, demonstrieren die Dresdener ihr Savoirvivre. Und wer der Stadt dann doch entfliehen will, der ist nach kurzer Zeit im idyllischen Elbtal mit seinen traditionsreichen Weingütern.

Dampfschifffahrten auf der Elbe

Größte und älteste Raddampferflotte der Welt! In Dresden ist eine weltweit einmalige Flotte beheimatet: Mit neun historischen Raddampfern ist die Sächsische Dampfschifffahrt die älteste und größte Raddampferflotte der Welt. Die Schiffe, die fast alle aus dem 19. Jhd. stammen, werden noch mit echten Dampfmaschinen betrieben. Im Fahrtgebiet zwischen Diesbar/Seulitz bei Meißen und Bad Schandau in der Sächsischen Schweiz bietet die Sächsische Dampfschifffahrt ein umfangreiches Programm an Linien- und Veranstaltungsfahrten an, so zum Beispiel Ausflüge in die Sächsische Schweiz und ins Sächsische Elbland. Wählen kann man unter anderem zwischen Abendfahrten, Stadtfahrten zu Wasser oder Partyfahrten. Dampferfahren mit Musik macht besonders viel Spaß. Die Sächsische Dampfschifffahrt bietet abendliche Schlösserfahrt mit Dixie-Swing, Lunchfahrten und Sommernachtsfahrt an. Und die Mütter können sich am 10. Mai bei einem Muttertagslunch mit Buffet und Piano-Musik so richtig verwöhnen lassen. Während des Dresdener Stadtfestes legen am 20. August Schaufelraddampfer zur abendlichen Dampferparade mit Bands ab. Und am 31. Oktober findet das „Abdampfen" mit Live-Musik zum Ausklang der Hauptsaison statt.

Wichtig!

Adresse: Weiße Flotte Sachsen GmbH
Georg-Treu-Platz 3, 01067 Dresden
Tel. 0351/866090, service@sdsgruppe.de
www.saechsische-dampfschifffahrt.de
Anfahrt: Anlegestelle Dresden, Terrassenufer, unterhalb der Brühlschen Terrasse
Saison: Frühling- und Sommerfahrten vom 1.4.-3.10., Herbst- und Winterfahrten vom 4.10.-31.3.
Fahrzeiten: Stündl. Abfahrt, Mai–Okt.

Zoo Dresden

Mehr als 1.500 Tiere in ca. 250 Arten mitten im Herzen der Elbmetropole erleben. Eingebettet in den Großen Garten bietet der Zoo Dresden nur wenige Minuten von den barocken Sehenswürdigkeiten entfernt eine spannende Reise durch eine faszinierende und farbenprächtige Tierwelt quer durch die Kontinente. Hier kann man Orang-Utans und Elefanten, Humboldt-Pinguine und seltene asiatische Huftiere, Erdmännchen und Kängurus, Nacktmulle, Kleine Pandas und Aldabra-Riesenschildkröten entdecken. Absolutes Besucher-Highlight sind die Koalas im Prof. Brandes-Haus. Die faszinierenden Beuteltiere erhalten täglich um 9.30 Uhr frischen Eukalyptus und werden mittwochs und sonntags 11 Uhr gewogen. Das als Tropenhaus konzipierte Prof. Brandes-Haus beherbergt zudem Affen, Zweifingerfaultiere, verschiedene Insekten und Sunda-Gavial „De Gaulle". Im viertältesten Zoo Deutschlands laden moderne und themenspezifisch gestaltete Anlagen zu einem ungestörten Tier- und Naturerlebnis ein und ermöglichen verschiedene Blickwinkel auf die Tiere. So haben Besucher auf der begehbaren Kattainsel das Gefühl, inmitten der sprunggewaltigen Halbaffen Madagaskars zu sein und können auf einer Art Landzunge tief in die Giraffen- und Zebraanlage vordringen. Der historische Raubtierfelsen ist in das Löwengehege integriert und gewährt den Besuchern einen fantastischen Überblick über den Zoo und in die Löwenanlage hinein. Top für Kinder: Sieben Spielplätze zum Hangeln, Klettern und Toben. Auf einer Rutsche geht es in den Zoo unter der Erde, im Streichelgehege warten Kamerunschafe, Minischweine und eine Speisekammer voller Mäuse. Außerdem gibt es täglich Tierpflegertreffpunkte und von Ostern bis Oktober kostenlose Zookasper-Vorstellungen.

Wichtig!

Adresse: Zoo Dresden
Tiergartenstraße 1, 01219 Dresden
Tel. 0351/478060, Fax 0351/4780660
www.zoo-dresden.de, info@zoo-dresden.de
Anfahrt: kostenpflichtiger Parkplatz direkt am Haupteingang, Straßenbahn 9 und 13, Stadtbus 75
Saison/Öffnungszeiten:
Ganzjährig geöffnet. Sommer: 8.30–18.30Uhr
Frühling/Herbst: 8.30–17.30 Uhr
Winter: 8.30–16.30 Uhr
Eintritt: Erwachsene € 13,–
Kinder (3–16 J.) € 5,–, Ermäßigte € 9,–
Familien (2 Erw. + 4 Kinder) € 30,–
Zootouren und Kindergeburtstage:
Kontakt: 0351/4780618 oder
zootouren@zoo-dresden.de
Verpflegung: Picknick, Gastronomie im Zoo
Sonstiges: barrierefreundlich, Bollerwagen-Verleih, Hinterausgang zur Parkeisenbahn. Hunde dürfen nicht in den Zoo, können aber für € 2,50 in separaten Hundezwingern untergebracht werden.

Die Oberlausitz

Nur wenige wissen, dass es auf deutschem Boden eine ethnische Minderheit mit eigener Sprache und Kultur gibt: die slawischen Sorben. Bis heute lebt diese katholische Volksgruppe im wunderschönen Dreiländereck der Oberlausitz. In dieser urtümlichen Naturlandschaft wird vom Radwandern bis zum Wintersport alles geboten. Dörfer wie Großschönau, Waltersdorf, Jonsdorf und Obercunnersdorf sind durch eine in Europa einmalige, für diese Gegend charakteristische Bauweise geprägt: die Umgebindehäuser. Sie verweisen auf eine Jahrhunderte alte Tradition der Weberkunst. Aber auch das tausendjährige Bautzen, Görlitz an der Neiße und das Riesengebirge sind reizvolle Ausflugsziele im Dreiländereck von Deutschland, Polen und der Tschechischen Republik.

Zittauer Schmalspurbahn

Seit 1980 „schnauft" die Zittauer Schmalspurbahn durchs Zittauer Gebirge, und zwar bis zu 7-mal täglich die Strecke Zittau–Kurort Oybin–Kurort Jonsdorf und zurück. Die Fahrt dauert etwa 50 Minuten. Ein längerer Zwischenstopp in Oybin mit einer Wanderung zur romantischen Bergkirche, der Burg und Klosterkirche auf dem Gipfel lohnt sich auf alle Fälle. Auf den Spuren von Caspar David Friedrich bieten sich dem Wanderer beeindruckende Motive. Im Sommer finden auf dem Gipfel Konzerte, Ritterspiele und historische Mönchszüge statt. In Jonsdorf kann man sich auf der Waldbühne nochmal voll der Muse widmen. Man sollte unbedingt auch das große Veranstaltungsangebot.

Wichtig!

Adresse: Sächsisch-Oberlausitzer Eisenbahngesellschaft
Bahnhofstraße 41, 02763 Zittau
Tel. 03583/540540, Fax 03583/516462
www.soeg-zittau.de
Anfahrt: Zittau liegt an den B 178 und B 96 an der Grenze zu Polen, die Bahn ist im Ort ausgeschildert.
Fahrzeiten: Bis zu 7 Fahrten täglich, genaue Zeiten und Fahrpreise tel. erfragen, Pläne auch im Internet, siehe oben.
Verpflegung: Picknick, Gastronomie vor Ort

Das TRIXI-Bad in Großschönau

Dein Urlaub wird zum Erlebnis. Wir zeigen es dir. Der Trixi Ferienpark liegt idyllisch ruhig, direkt am Waldesrand zu Füßen des Zittauer Gebirges im Süden der Oberlausitz in Sachsen. Die einzigen, die hier lauthals singen, sind die Vögel.

Unsere 96 Ferienhäuser sind komplett ausgestattet, unterschiedlich groß und bieten Pärchen, Familien aber auch größeren Gruppen den besten Komfort. Zur Ferienanlage gehören außerdem ein familienfreundlicher Campingplatz mit modernem Sanitärgebäude und das Waldstrandhotel Großschönau mit Einzel-, Doppel-, und Familienzimmern.

Badespaß für die ganze Familie garantieren wir euch in unserem Freizeitbad mit Black-Hole-Rutsche, Solebecken, Sauna- und Wellnesslandschaft. Wer im Sommer die ultimative Abkühlung sucht, kann im Waldstrandbad mit kristallklarem Gebirgswasser unserem Walross „Trixi" den Buckel runterrutschen.

Nach einem anstrengenden Tag könnt ihr euch in unserem Büffet-Restaurant „Gute Stube" kulinarisch verwöhnen lassen, oder aber ihr gönnt euch ein leckeres Softeis auf der Sonnenterrasse von unserem Kämmerchen.

Direkt vor eurer Haustür könnt ihr das Gebirge zu Fuß erkunden und tolle Freizeitangebote ganz in der Nähe nutzen. Vor Ort versprechen wir euch beste Unterhaltung durch unser Animationsteam mit Kreativkursen, spannenden Ausflügen und Aktionen für die ganze Familie!

Wichtig!

Adresse:
Trixi-Park Zittauer Gebirge
Jonsdorfer Straße 40
02779 Großschönau
Tel. 035841/6310, Fax 035841/631118
www.trixi-park.de, info@trixi-park.de

Anfahrt:
Aus Richtung Dresden über die A 4, Abfahrt Bautzen-Ost, B 6 bis Löbau, in Löbau B 178 bis Herrnhut, Richtung Oberoderwitz Großschönau/Zittauer Gebirge.

Saison/Öffnungszeiten:
Ferienpark: ganzjährig
Waldstrandbad: Juni bis August:
10 bis 18 Uhr
Freizeitbad: Mo. bis Do.: 10 bis 22 Uhr
Fr. bis Sa.: 10 bis 23 Uhr, So.: 9 bis 21 Uhr
Sauna: Mo. bis Do.: 13 bis 22 Uhr
Oktober bis April: Fr.: 13 bis 23 Uhr,
Sa.: 10 bis 23 Uhr, So.: 10 bis 21 Uhr
Mai bis September: Mo. bis Do.: 13 bis 22 Uhr
Fr. bis Sa.: 10 bis 23 Uhr, So.: 10 bis 21 Uhr

Eintritt:
Preise für das Freizeitbad und die Sauna unterscheiden sich je nach Tarif:
Erwachsene ab 9,50€*
Ermäßigte ab 7,50€*
Familienkarte ab 30,25€*
*die genannten Preise gelten für unseren Tarif S (90 Minuten)

Verpflegung:
Restaurant, Badgastronomie, Saunabar

Querxenland Seifhennersdorf

Tolle Ferienfreuden! In der Oberlausitz werden kleine Kobolde „Querxe" genannt, im Querxenland in Seifhennersdorf zu Füßen des Zittauer Gebirges sind alle Sorten von Kobolden stets willkommen! Das Querxenland ist eine Gruppenunterkunft für Schulklassen, Kinder- und Jugendgruppen, Sport- und Kulturvereine sowie Familien. Die Möglichkeiten zur Freizeitgestaltung sind sehr vielfältig, es beginnt beim Freizeitzentrum mit Sauna, Fitnessraum und Computerkabinett und endet noch längst nicht beim kleinen Park mit Abenteuerspielplatz, BMX-Strecke, Mehrzwecksportfeld und Kletterberg. Bei schlechtem Wetter gibt es die Möglichkeit zum Basteln, bei schönem Wetter stehen ein Besuch des Waldbades „Silberteich" oder Ausflüge auf dem Programm. Die Auswahl an Ausflugszielen in der näheren Umgebung ist sehr groß. Eine besondere Unterkunft ist das rollstuhlgerechte Bettenhaus. Somit ist das Querxenland eine barrierefreie Gruppenunterkunft und es heißt alle recht herzlich willkommen!

Wichtig!

Adresse:
KiEZ Querxenland
Viebigstraße 1
02782 Seifhennersdorf
Tel. 03586/4511-0
Fax 03586/451116
www.querxenland.de
info@querxenland.de
Anfahrt:
Seifhennersdorf liegt südlich der B 96 zwischen Bautzen und Zittau. Im Ort ausgeschildert.
Saison: Ganzjährig
Preise für Gruppenunterkunft:
Auf Anfrage
Verpflegung:
Eigene Küche, Voll- und Halbpension möglich, Cafeteria

Irrgarten am Saurierpark – Bautzen

Verirren macht Spaß!

In Sachsen, in der Nähe von Bautzen, befindet sich einer der größten Irrgarten Deutschlands. Dieser besteht aus 3 miteinander verbundenen Teilen und jeder ist ein Erlebnis für sich. An jeder Ecke vermutet man andere Umherirrende zu treffen. Und wer ist nun auf dem richtigen Weg?

Der Heckenirrgarten ist 51 x 51 m groß. Bis zum Ziel in der Mitte gibt es 30.720 verschiedene Wegvarianten. Vom Ziel aus kommt man auf eine – alles überspannende – Holzbrücke, von der aus man einen herrlichen Überblick auf die noch Umherirrenden hat.

Im angrenzenden Abenteuerirrgarten gibt es 13 verschiedene Hindernisse, die man überwinden kann. Ob man über eine wackelige Brücke balanciert, sich durch enge Palisaden fädelt oder über Wasser schwebt, hier fühlen sich alle noch einmal in die Kinderzeit zurückversetzt! Für Besucher mit körperlichen Einschränkungen gibt es einen Rundweg ohne Hindernisse.

Im Rätsellabyrinth ist knallhartes Wissen gefragt. In 13 Feldern gibt es verschiedene Fragen getrennt für Erwachsene und Kinder. Wer alle Fragen in den Rätselfeldern richtig gelöst hat, findet das Lösungswort bestimmt.

NEU 2022: Im Laufe der Saison entstehen zwei neue Erlebnisstationen im Abenteuerlabyrinth. Ein neues Spielgerät namens „Surfy" lädt zum Hüpfen, Balancieren oder auch Pausieren ein. Die Besucher bewegen sich von einem Balancierpunkt zum anderen und erzeugen eine wellenartige Bewegung. Ab Mai 2021 entsteht am Ausgang des Irrgartens ein wechselseitiges Kletterlabyrinth mit Dachboden und verschiedenen Kletternetzen. Kleine Abenteurer können bis in 3 Meter Höhe durch eine offene 3D-Matrix klettern und ihre Geschicklichkeit beweisen. Zudem fordert eine beidseitig bekletterbare Fassade mit unterschiedlichen Schwierigkeitsgraden Ausdauer und Können.

Wichtig!

Adresse und Anfahrt:
Irrgarten am Saurierpark
Am Saurierpark 2
02625 Bautzen
Tel. 035935/20575
Fax 035935/20578
www.irrgarten-kleinwelka.de
info@irrgarten-bautzen.de
Öffnungszeiten/Eintritt:
siehe Homepage
www.irrgarten-kleinwelka.de
Parken:
800 Stellplätze stehen am Saurierpark zur Verfügung.

Kulturinsel Einsiedel

Die Geheime Welt von Turised

Am Schnittpunkt dreier Kulturen, weitab vom Stress der Gegenwart, versteckt sich die zauberhafte Welt der legendären Turiseder. Ein Wohlfühlort für die Seele und zugleich voller spannender Erlebnisse für Jung und Alt. Ein Tag ist nicht genug und die Nacht spektakulär, daher ist die geheime Welt von Turisede auch der perfekte Ort für den kleinen Urlaub zwischendurch.

WETTERKAPRIOLEN? Kein Problem! Denn im „Turihallum" versteckt sich noch eine ganz eigene Indoor- Welt. Im Zentrum dreht sich alles um den „Pfad der Erleuchtung". Ein fantastisches Abenteuer in einer realen Welt.

WILDNISLABYRINTH. Dachwanderweg, Zauberschloss mit Geisterkeller, Kinderspielstadt, Tierbegegnungen – auf, unter und über der Erde, überall warten in der geheimen Welt von Turisede versteckte Überraschungen. Herrliche Spazierwege führen zum Erlebnisbereich „Turiuswinkel" auf der polnischen Seite des Grenzflusses. Und wenn der Hunger kommt, dann wird am Lagerfeuer gebrutzelt oder im Baumstammlokal geschlemmt.

SCHLAFEN WIE DIE TURISEDER ... können die Gäste in einzigartigem Erlebnis-Ambiente. Vom Baumhaus-Hotel über Erdhäuser bis zu >> Insidertipp: Baumbetten und Vogelbaumhütten – die Vielfalt ist enorm. Selbst Camping ist möglich. **Wenn es dunkelt ...** wird es in Turisede besonders spannend: Insidertipp: - Wellnessbereich „Faulenzum" mit Baumhaussauna und Kannibalenkessel, für Abenteurer: „Geisterstunde" oder Mitternachts- abenteuer.

WO GIBT´S DENN SO WAS? Kühe und Erdmännchen auf dem Dach? 500 m unterirdische Geheimgänge? Ein lebender Urahn von Reh und Hase? Eine Baumhaussauna? Ziegen mit 4 Hörnern? Rätselbier im Schwimmcafé? Bierbad im Kannibalenkessel? Heiraten in einer Anderswelt?

TURISEDISCHE FESTSPIELE - am 1. Septemberwochenende: spektakuläre Wettkämpfe, Folk- und Weltmusik auf 16 Bühnen und ein Basar voller exotischer Ware.

Wichtig!

Adresse:
Geheime Welt von Turisede
Kulturinsel Einsiedel 1, 02829 Neißeaue
Tel. 035891/49113, www.turisede.com

Sonnenlandpark Lichtenau

Im Sonnenlandpark erwartet Sie eine einzigartige 4in1 Erlebniswelt - nicht nur für einen Tag. Ein großer Freizeitpark bietet über 40 Attraktionen wie der höchste Rutschturm, Hüpfberge, Bagger, Boote und Fahrzeuge, Überschlagschaukeln, Labyrinth, Ketten- und Hasenhüpf-Karussell, Parkbahn, Riesenrad, See mit Flößen, mehrere rollstuhlgerechte Attraktionen und vieles mehr. 22 Grillstellen und die Parkgastronomie laden zur Erholung ein.

Foto: Max Bolle

Foto: Carsten Beier

Foto: Carsten Beier

Der integrierte Wildpark mit 200 Tieren wie z.B. Rothirsche, Sikas, Steinböcke, Mufflons ermöglicht hautnahe Tierbegegnungen. In der Indoorspielwelt mit Kletter- & Tobeparadies, Rutschen, Hüpfburgen, E-Autos haben Sie nicht nur bei Regen Spaß. Zuviel für einen Tag? Kein Problem. Wer länger bleiben mag übernachtet im neuen parkeigenen Familienhotel mit modernen Familienzimmern, HP-Restaurant und Sonnenterasse.

Wichtig!

Adresse:
Sonnenlandpark Lichtenau
Zum Sonnenlandpark 1, 09244 Lichtenau
Tel. 037208/883978
www.sonnenlandpark.de
www.hotel-am-sonnenlandpark.de
Anfahrt: An der A4 Chemnitz-Dresden, Abfahrt Chemnitz-Ost/Lichtenau (Navi Sachsenstraße 6 eingeben)
Öffnungszeiten: April bis Oktober täglich 10–18 Uhr; November bis März an ausgewählten Tagen. Mehr Infos unter www.sonnenlandpark.de
Preise: Kinder unter 4 Jahre gratis; ermäßigte Familienkarte ab 4 Personen

Bockauer Wurzelstube

Wurzelbucke – so nennt man auch die Erzgebirgsgemeinde Bockau im Landkreis Aue-Schwarzenberg. Seine sprichwörtliche Berühmtheit erlangte das Dorf durch eine fast 500-jährige Tradition – den Angelika-Anbau, deren Wurzel der Gemeinde den Beinamen einbrachte. Anbau und Sammeln von Heilpflanzen, ihre Verarbeitung zu Arzneien und Kräuterlikören war einer der ältesten Erwerbszweige der Bockauer. Noch heute zeugen das jährliche „Wurzelfest“, die Wahl der „Wurzelkönigin“ und der „Angelikawettstreit“, d. h. die Prämierung der größten Angelika-Pflanze, von dieser Tradition. Früher beschäftigte sich in Bockau eine ganze Reihe Destillerien mit der Likörherstellung. Heute hält diese Tradition vor allem die Erzgebirgische Destillerie und Liqueurmanufaktur aufrecht. Ihre Erzeugnisse wie „Aecht Bockauer Angelika“, „Aecht Bockauer Wilde Sau“ oder „Der Erzgebirgskräuter“ sind weit über das Erzgebirge und Sachsen hinaus bekannt. Legendäre Berühmtheit für seine wohltuende, magenfreundliche Wirkung genießt der nach einem alten Rezept hergestellte „Stoughtons – Echt Bockauer Magentropfen“. Für die alkoholischen Spezialitäten, Longdrinks und alkoholfreie Getränke wird das Felsquellwasser der firmeneigenen St. Johannes-Quelle genutzt, die aus einer ehemaligen Silbermine sprudelt. Am Brunnenpavillon kann man es genießen. Gleich in der Nähe wachsen im Laborantengarten die heilkräftigen Kräuter. In der „Bockauer Wurzelstube“, dem ersten Spirituosenmuseum Sachsens, sind alte Destillierblasen, Kräutermühlen, historisches Bildmaterial, Kräuter- und Wurzelproben sowie viele andere interessante Zeitzeugen der jahrhundertealten Likörherstellung im „Laborantendorf“ Bockau zu besichtigen. Es versteht sich, dass man hier auch die Spezialitäten der Erzgebirgischen Destillerie verkosten und günstig kaufen kann. „Filmstübel“ und Kaffeestübel“ laden zum Verweilen ein. Im Mai findet auf dem Gelände der Destillerie der „Erzgebirgische Kräutertag“ statt, ein bekanntes regionales Volksfest. Bei dieser und anderen Gelegenheiten wird der traditionelle Steinbackofen angeheizt.

Wichtig!

Adresse:
Erzgebirgische Destillerie und Liqueurmanufaktur GmbH
Zechenhausweg 6, 08324 Bockau,
Tel. 03771/454121, Fax 03771/454122
www.bockauer-likoerfabrik.de,
kontakt@bockauer-likoerfabrik.de

Öffnungszeiten:
Werksverkauf
Mo.–Fr. 8–13 Uhr; Di.–Do. 14–16 Uhr
Spirituosenmuseum auf Anmeldung ab 8 Personen

Eintritt:
Inkl. Verkostung (ab 18 Jahre) € 4,– pro Pers.
Kinder haben freien Eintritt.

Das Vogtland

Plauen ist eine Spitzenstadt! Die einstige Tuchmacher- und Webermetropole ist kultureller und wirtschaftlicher Mittelpunkt der Region Vogtland ganz im Westen Sachsens. „Plauener Spitze" war Ende des vorletzten Jahrhunderts ein Produkt von Weltgeltung, heutzutage ist diese alte Tradition ein wenig in Vergessenheit geraten. Das Vogtland hat aber noch viel zu bieten. Einen Besuch wert ist beispielsweise der Ort Tannenbergsthal, genauer gesagt den kleinen Ortsteil Schneckenstein. Dort gibt es einen unterirdischen See zu erkunden, auch kann man Edelsteine dort schleifen.
Ob Wandern, Urlaub zu Pferde oder Kuren und Baden, die Region hält für jeden Geschmack das Richtige bereit.

Die Drachenhöhle in Syrau

Vor über 85 Jahren wurde die Drachenhöhle – die einzige Schauhöhle Sachsens – entdeckt. In 15 m Tiefe unter der Erdoberfläche erwartet den Besucher der Drachenhöhle die Märchenwelt der Tropfsteinformationen. Bizarr, was da von der Decke herab- und vom Boden heraufwächst. Die Kalksteingebilde haben im Volksmund Namen wie „Der steinerne Wasserfall" und „Elefantenohr" bekommen. Diese werden durch den Einbau einer neuen LED Beleuchtung noch effektvoller in Szene gesetzt, dadurch wirkt die Höhle mystischer. In den Sommermonaten begrüßt Drache Justus während einer tollen Lasershow alle großen und kleinen Gäste. Nach dem Rundgang, der in der Regel die Kinderphantasie zu Höhenflügen inspiriert, schaut man sich noch schnell die Windmühle an oder macht sich auf dem Spielplatz breit. Während die Kids die Strapazierfähigkeit der Geräte und den Erlebnisgarten „Terra Viva – lebendige Erde" testen, machen es sich die Eltern auf der mitgebrachten Decke bequem oder bauen das Kalte Buffet auf. Die Kinder wollen natürlich lieber „Pommes", und die gibt es am Kiosk, der ebenfalls nicht weit ist.

Wichtig!

Adresse:
Drachenhöhle Syrau,
Höhlenberg 10, 08548 Syrau
Eingabe Navi: Paul-Seifert-Straße
Tel. 037431/3735, Fax 037431/877767
www.drachenhoehle.de, info@syrau.de
Anfahrt:
Die Höhle liegt im Zentrum des Ortes. Bis zur Windmühle ist es etwa 1 km in Richtung Fröbersgrün. Sie ist schon von weitem sichtbar.
Saison: Höhle ganzjährig, Mühle 1.5.–3.10.
Öffnungszeiten:
Drachenhöhle: April–Okt. 9.30–17 Uhr,
Nov.–März 10–16 Uhr,
Dez.–Jan. auch auf Anfrage
Eintritt: Bitte telefonisch erfragen oder unter www.drachenhoehle.de
Verpflegung: Picknick, Imbiss, Grillmöglichk.

Freizeitpark Plohn

Über 80 Attraktionen in acht Themenbereichen, darunter sechs Achterbahnen, garantieren einen unvergesslichen Familienausflug. Von der zauberhaften Märchenwelt, einer spannenden Entdeckungsreise durch die Saurierwelt oder die Westernstadt bis hin zu Hochspannung auf Ostdeutschlands wildester Holzachterbahn „El Toro" gibt es viel zu entdecken. Seit 2019: Der Big Dipper Coaster „Dynamite". Mit bis zu 100km/h Geschwindigkeit, 40 m Höhe sowie Looping, Helix und 360°-Schraube sorgt er für einen Adrenalinkick. Höhepunkt sind die „Mystischen Mittsommernächte" an allen Samstagen der Sächsischen Schulferien, Sachsens größter Schulstartparty und die Halloween-Partys im Oktober. Das urige Heuhotel, die individuellen Ferienwohnungen, die gemütlichen Märchenzimmer und die Plohnsuiten bieten tolles Übernachtungsflair.

Wichtig!

Adresse:
Freizeitpark Plohn GmbH
Rodewischer Straße 21, 08485 Lengenfeld
Tel. 037606/866500, Fax 037606/866501
www.freizeitpark-plohn.de
info@freizeitpark-plohn.de
Öffnungszeiten/Eintritt/Verpflegung:
Genaue Informationen im Internet.

Klein-Erzgebirge Oederan

Das ganze Erzgebirge auf einen Blick – wie in einem plastischen Bilderbogen reihen sich in der idyllischen Umgebung des Oederaner Stadtparks kleine Häuschen, große Sehenswürdigkeiten sowie die sächsischen Burgen und Schlösser. Die detaillierten Modelle, handgeschnitzten Figuren, Häuser, Brücken und Bahnen erzählen spannende Geschichten mit Feuerwehrleuten, Holzhackern etc. Dazu gibt es die Parkeisenbahn, den Erlebnisbereich und viele Veranstaltungen.

Wichtig!

Adresse: Miniaturpark Klein Erzgebirge
Ehrenzug, 09569 Oederan, Parkplatzzufahrt über die Gerichtsstraße, Tel. 037292/599-0,
www.klein-erzgebirge.de
info@klein-erzgebirge.de
Anfahrt:
A 4, Abfahrt: Frankenberg bzw. Hainichen, Ri. Oederan, B 173, dann ausgeschildert.
Öffungszeiten:
April–Oktober, täglich 10–18 Uhr,
Eintritt: Erw. € 10,–, Senioren € 9,–, Erm. € 8,–, Familienk. € 26,–, Singleticket € 15,– (1 Erw. + 1 Ki.), Geburtstagsk. frei (Änderungen vorbehalten)
Verpflegung: Restaurant und Café am Park

Tierpark Hirschfeld

Der kleine Tierpark in ländlicher Lage ist auf einem alten Parkgelände von besonderer Schönheit entstanden. Zahlreiche Bäume wurden bereits seit Jahrhunderten geschützt, und so kann man viele alte Buchen und Eichen hier finden. Waren es ursprünglich nur einheimische Wildtiere, die hier lebten, so sind mittlerweile viele andere Tierarten hinzugekommen. Insgesamt präsentiert der Tierpark etwa 600 Tiere in 100 verschiedenen Tierarten. Wie wär's zunächst mit einem Besuch bei Familie Waschbär? Oder lieber die größere Variante Bär? Dann auf zu den Braunbären, die auch gerne Besuch haben. Ruhig und langsam geht's im Vivarium voran, wo Schildkröten gemütlich in der Sonne dösen. Beliebt sind das Hüpfkissen, der Kinderspielplatz, die Kegelbahn und die Minigolf-Anlage. Durch ein vielfältiges Veranstaltungsprogramm ist immer etwas los im Zoo. Auch können hier auf Tierpräsentationen gebucht werden.

Wichtig!

Adresse:
Tierpark Hirschfeld
Tierparkstr. 3, 08144 Hirschfeld
Tel. 037607/5239, Fax 037607/85661
www.tierpark-hirschfeld.de, tierpark@hirschfeld-sachsen.de

Anfahrt:
In unmittelbarer Nähe der Autobahnabfahrt Zwickau West A 72

Saison/Öffnungszeiten:
Ganzjährig, täglich 9–18 Uhr, im Winter bis 17 Uhr, Kassenschluss jeweils 1 Std. vorher

Eintritt:
Erwachsene € 7,50, Kinder bis 17 Jahre € 3,50, Familienkarte € 21,–, Hund € 2,50

Verpflegung: Gaststätte „Bärenschenke"

Per Click in die Freizeit

Archäologische Museen RLP
Alzey: www.museum-alzey.de
Andernach: www.pellenz-museum.de
Herne: www.lwl-landesmuseum-herne.de
Mainz: www.landesmuseum-mainz.de
Trier: www.landesmuseum-trier.de

Archäologische Museen SL
Homburg:
www.roemermuseum-schwarzenacker.de
Perl-Borg: www.villa-borg.de
Saarbrücken:
www.historisches-museum.org

Diverse Museen RLP
Bad Sobernheim:
www.freilichtmuseum-badsobernheim.de
Diez: www.museumdiez.de
Pirmasens: www.westwall-museum.de
Speyer: www.museum.speyer.de

Diverse Museen SL
diverse Museen: www.kulturbesitz.de
Bosen: www.bosener-muehle.de
Gersfeld/Rhön: www.segelflugmuseum.de
Merzig: www.museum-schloss-fellenberg.de
Püttlingen: www.uhrenmuseum.saarland

Burgen/Schlösser RLP
diverse Burgen: www.burgen-rlp.de
Bad Hönningen: www.schloss-arenfels.de
Braubach: www.marksburg.de
Koblenz: www.schloss-stolzenfels.de
Neustadt an der Weinstrasse:
www.hambacher-schloss.de
Neuwied: www.schloss-engers.de

Burgen/Schlösser SL
Grimburg: www.burg-grimburg.de
Großrosseln: jagdschloss-karlsbrunn.de
Mettlach: www.burg-montclair.de
Rehlingen-Siersburg :
www.burgsiersberg.de
Saarbrücken: www.saarbruecker-schloss.de
Wadern: www.burgdagstuhl.de

Diverse Freizeitparks RLP
Andernach: www.trampolino-andernach.de
Bad Breisig:
www.maerchenwald-bad-breisig.de
Klotten: www.freizeitpark-klotten.de
Mayen: www.tolli-park.de
Nürburg: www.nuerburgring.de

Diverse Freizeitparks SL
Blieskastel:
www.freizeitzentrum-blieskastel.de
Pirmasens: www.dynamikum.de
Saarbrücken: www.kinderwelt-sb.de
Saarbrücken Rehtälchen:
www.abenteuerpark-saar.de

Zoo/Wildparks RLP
Daun: www.wildpark-daun.de
Föckelberg: www.wildpark.potzberg.de
Landau: www.zoo-landau.de
Silz: www.wildpark-silz.de

Zoo/Wildparks SL
Differten: www.wadgassen.de (Wildpark)
Freisen: www.naturwildpark-freisen.de
Neunkirchen: www.zoo-neunkirchen.de
Saarbrücken: www.zoo.saarbruecken.de

Rheinland-Pfalz 261–286
Saarland 287–290

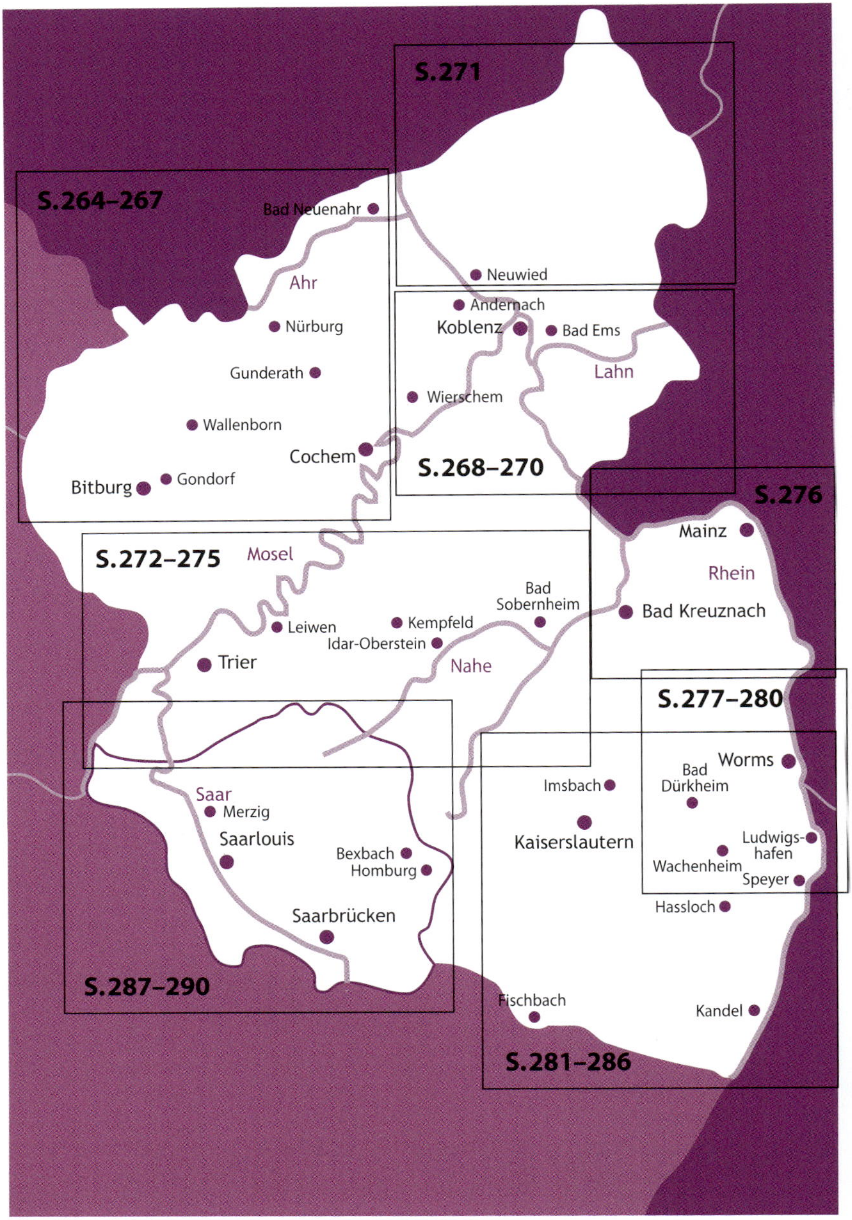
S.271
S.264–267
Bad Neuenahr
Neuwied
Ahr
Andernach
Nürburg
Koblenz
Bad Ems
Gunderath
Lahn
Wierschem
Wallenborn
Cochem
S.268–270
Bitburg
Gondorf
S.276
Mainz
S.272–275
Mosel
Rhein
Bad Sobernheim
Bad Kreuznach
Leiwen
Kempfeld
Idar-Oberstein
Trier
Nahe
S.277–280
Worms
Bad Dürkheim
Imsbach
Saar
Merzig
Kaiserslautern
Saarlouis
Bexbach
Homburg
Ludwigs-hafen
Wachenheim
Speyer
Hassloch
Saarbrücken
S.287–290
Fischbach
Kandel
S.281–286

Rheinland-Pfalz

Südliche Eifel

Alljährlich am letzten Augustwochenende bestimmen eiserne Gestalten das Bild der Zwei-Burgen-Stadt Manderscheid: Dann nämlich wird das Burgenfest begangen (Informationen: Tel. 06592/951370), bei dem mutige Recken in ihren Rüstungen hoch zu Ross ihre Kräfte messen. Wer sich dafür interessiert, der sollte Kontakt mit dem Verkehrsverein aufnehmen, Tel. 06572/8949. Neben den vielen Burgen, die die bewegte Geschichte des Landes erzählen, sind erloschene Vulkane und die Vulkanseen, sogenannte Maare, typisch für das südliche Eifelland.

Foto: © Eifel Tourismus/Dominik Ketz

Der Wallende Born

Die Eifel ist reich an Naturdenkmälern, die aus der Vulkanzeit stammen. Eines der seltsamsten ist der „Wallende Born", eine ruhige kleine Kohlensäurequelle, die alle halbe Stunde Schwefelblasen hervorbringt und dabei meterhohe Fontänen ausstößt. Es ist fast wie im Yellowstone-Nationalpark. Der praktische Natur-kundeunterricht ist für Kinder ab etwa sechs Jahren sehr spannend. Man muss sich mindestens zweimal die Fontäne anschauen. Die Zwischenzeit vertreibt man sich beim kleinen Picknick, derweil der Nachwuchs den Spielplatz hinter der Quelle in Anspruch nimmt. Anschließend kann man noch einen Spaziergang durch den Wald machen, Wanderwege gibt es überall. Neu angelegt ist der Brubbelpfad, ein Rundweg, der vom Wallenden Born ca. 3,5 km durch die Germarkung führt.

Wichtig!

Adresse:
Wallender Born
54570 Wallenborn
Info-Tel. 06599/241
Tourist-Information Daun Tel. 06592/951370

Anfahrt:
Wallenborn liegt an der B 257 zwischen Daun und Bitburg, die Quelle ist im Ort ausgeschildert.

Öffnungszeiten:
Ganzjährig zugängig

Eintritt:
€ 1,50, Kinder (bis 14 Jahre) frei

Verpflegung:
Picknick, Gaststätte im Ort

Waldabenteuer-Kletterpark Bad Neuenahr

Wald-Abenteuer ist die Adresse für einen privaten Ausflug in den Wald-Kletterpark, für Schulausflüge, Sommerfeste, Abschlussfahrten, Teambuildings, Firmen-Events und Feiern jeglicher Art.

Seit dem Jahre 2008 besteht der Kletterpark in Bad Neuenahr, in der Nähe der Städte Köln, Bonn und Koblenz, und erfreut sich in jedem Jahr über zahlreiche zufriedene Besucher.

Der Kletterpark Wald-Abenteuer liegt mitten im Wald von Bad Neuenahr-Ahrweiler. Der Park bietet ein einmaliges Abenteuer für Jung und Alt.

Bereits kleinere Gäste ab 105 cm Körpergröße haben die Möglichkeit, auf dem Kinderparcours erste Klettererfahrungen zu sammeln.

Ab 140 cm Körpergröße kann der „Adventure-Parcours" mit aufregenden Kletterelementen, Sprüngen und Seilbahnen bestiegen werden.

Wer danach noch nicht genug Adrenalin gespürt hat, kann sich zusätzlich an der „Todesschleuder", dem „Xtreme-Parcours" oder dem Panorama-Parcours versuchen."

Das ganz besondere Highlight ist die circa 450 m lange und 30 m hohe Megaseilbahn – Nervenkitzel pur und dem Gefühl vom Fliegen so nah.

Am besten überzeugt man sich selbst von dem einmaligen Klettererlebnis für die ganze Familie.

Wichtig!

Adresse:
Waldkletterpark Bad Neuenahr-Ahrweiler
Königsfelderstrasse 100
53474 Bad Neuenahr-Ahrweiler
Tel. 0221/98256000

Öffnungszeiten, Preise:
www.wald-abenteuer.de

Vorbuchung nötig:
www.wald-abenteuer.de/jetzt-buchen

Der Eifelpark Gondorf

Auf einer Fläche von rund 100 Fußballfeldern bietet der Erlebnispark Eifelpark Gondorf eine einzigartige Kombination aus Freizeitpark und Tierpark. Mehr als 45 Attraktionen, über 200 Wildtiere sowie spannende Shows und Events für jedes Alter machen den Eifelpark zu der Freizeitdestination für die ganze Familie. Auf der Wildwasserbahn „Pirateninsel" mit 360 m Länge und zwei Schussfahrten aus bis zu 14 m Höhe geht es auf eine erfrischende und actionreiche Fahrt. In den Schlitten der Sommerrodelbahn gleiten die Besucher mit bis zu 40 km/h ins Tal. Weitere Highlights unter den Fahrgeschäften sind die Achterbahn Käpt'n Jacks Wilde Maus, die Weltneuheit Seeräubers Kanonenritt, Kettenkarussell, Familienachterbahn, Wildwasserrondell, Pony-Express, Gondorfer Piratenschlacht und vieles mehr. Auch die Kleinsten haben ihren Spaß: bereits ab 2 Jahren dürfen z. B. die Baustellenfahrt, die Mini-Teststrecke oder die Eifel-Piste gefahren werden. In großzügigen Gehegen können Hirsche, Rehe, Braunbären, Wölfe, Luchse, Erdmännchen, Wallaby Kängurus und viele weitere Wildtiere aus nächster Nähe beobachtet werden. Abenteuer- und Themenspielplätze ermöglichen unbeschwertes Bewegen, Toben und Entdecken. Der große Wasserspielplatz ist nicht nur an warmen Tagen ein spritziges Vergnügen. Auf dem Baggerspielplatz wird mit Elektrobaggern eine Menge Kies und Sand bewegt. Der Walderlebnislehrpfad sowie der Barfußpfad machen Natur erlebbar. Auf dem Eifelpark Bauernhof können unsere Besucher beim lustigen Wett-Melken mit lebensechten Kuh-Figuren sowie bei Purzels Schubkarren-Rennen gegeneinander antreten. Das alles und noch viel mehr bietet ein Besuch im Eifelpark Gondorf.

Wichtig!

Adresse:
Eifelpark Gondorf
Weißstraße 12, 54647 Gondorf bei Bitburg
Tel. 06565/9566-0
www.eifelpark.de, info@eifelpark.com

Anfahrt: Gondorf bei Bitburg A60/B 50, der Park ist ausgeschildert

Sommersaison/Öffnungszeiten/Eintritt:
www.eifelpark.de

Wintersaison/Öffnungszeiten:
nur Wildpark geöffnet von 10–16 Uhr

Weitere Informationen:
- Alle Attraktionen sind im Eintrittspreis enthalten
- Kostenlose Parkplätze auch für Busse
- Hunde an der Leine sind willkommen

Center Parcs Park Eifel

Park Eifel liegt inmitten der wunderschönen und landschaftlich reizvollen Vulkaneifel mit seinen jahrtausend alten Maaren und lädt zu Ausflügen in die Natur ein. Aber auch

Kultur und Geschichte kommen bei einem Besuch der nahe gelegenen Städte Cochem, Trier und Koblenz nicht zu kurz. Der Park ist 26 ha groß und verfügt über 460 Ferienhäuser. Im Park erwartet einen das Aqua Mundo, ein abwechslungsreiches Badeparadies mit Wasserspaß für die ganze Familie. Der Market Dome ist der stimmungsvolle Mittelpunkt, eine grüne Oase mit verschiedenen Geschäften, Cafés und Restaurants. Das Highlight des Parks ist die 800 m² große Kids Factory mit BALUBA, ein Indoor-Spielplatz, der Kinderherzen garantiert höher schlagen lässt. Und die gemütlichen Ferienhäuser sorgen dafür, dass man sich auch im Urlaub wie zu Hause fühlt.

Wichtig!

Adresse:
Center Parcs Park Eifel
Am Kurberg
56767 Gunderath
Tel. 02657/8090
Fax 02657/809800

Anfahrt:
Anreise aus dem Süden: Folgen Sie der A3 bis zum Autobahndreieck Dernbach. Dort fahren Sie auf die A48 Richtung Trier. Bei der Ausfahrt Ulmen abfahren und weiter auf die B257 in Richtung Kelberg/Nürburgring. Kurz vor Kelberg der Ausschilderung „Center Parcs" folgen.
Anreise aus Richtung Köln: Folgen Sie der A 4 Richtung Aachen bis zum Kreuz Kerpen. Folgen Sie der A 61 in Richtung Koblenz bis zum Autobahnkreuz Bliesheim. Dort auf die A 1 in Richtung Trier/Euskirchen. In der Nähe von Blankenheim endet die A 1, am Ende der Ausschilderung in Richtung Gerolstein/Ahrhütte/Nürburgring folgen. Bei der 1. Ampel in der Nähe von Ahrhütte auf die B 258 in Richtung Koblenz/Nürburgring. Der B 258 weiter folgen bis kurz vor den Nürburgring. Dort folgen Sie der Straße über die B 257 in Richtung Kelberg Cochem. In Kelberg können Sie der Ausschilderung „Center Parcs" folgen.

Öffnungszeiten:
Ganzjährig

Unterkunft:
Ferienhäuser in verschiedenen Kategorien

Verpflegung:
Verschiedene Essensarrangements sind zubuchbar, Restaurants im Market Dome, Selbstverpflegung

Weitere Informationen:
www.tagesausflugcenterparcs.de/eifel

Koblenz und Umgebung

Am Deutschen Eck in Koblenz mündet die Mosel in den Rhein. Sie hat sich vorher einen windungsreichen Weg durch das rheinische Schiefergebirge gebahnt. An den steilen, sonnigen Uferhängen wird ebenso wie am Rhein seit Jahrhunderten Weinbau betrieben. Sollte man sich am zweiten Samstag des Augusts nahe Koblenz befinden, dann ist das Feuerspektakel „Rhein in Flammen" einen Ausflug wert: Bengalische Feuer lassen die Burgen und Berge erglühen, zum Abschluss des Abends wird ein Riesenfeuerwerk auf der Festung Ehrenbreitstein abgebrannt.

Burg Eltz bei Münstermaifeld

Sie ist der Inbegriff der deutschen Ritterburg. Burg Eltz wurde nie zerstört und die beeindruckende vieltürmige Anlage bietet nicht nur von außen einen unversehrten Eindruck,

auch die Innenräume laden zu einer Entdeckungsreise durch acht Jahrhunderte ein. Einerseits ziehen Bilder eines Lukas Cranach d. Ä. und bezaubernde Wandmalereien die Erwachsenen in den Bann, andererseits lauschen die Kleinen umso interessierter, wenn im großen Rittersaal die Rüstungen, Waffen und Modellkanonen erklärt werden. Spannend wird es in den Gewölben der Schatzkammer, dort werden über 500 Kostbarkeiten gezeigt.

Wichtig!

Adresse:
Burg Eltz 1
56294 Wierschem, Tel. 02672/950500
www.burg-eltz.de, burg@eltz.de
Anfahrt: B 416 von Koblenz nach Cochem, ab Münstermaifeld ausgeschildert
Saison/Öffnungszeiten:
1. April bis 1. November,
täglich von 9.30 – 17.30 Uhr (letzter Einlass)
Eintritt
(inkl. Führung u. Besuch der Schatzkammer):
Erw. € 12,–; Erw. (in Gruppen ab 20 Pers. € 11,–); Schüler, Studenten, Behind. € 7,–; Familienkarte (2 Erw. + Kinder) € 32,–
Verpflegung:
In der Vorburg gibt es zwei schöne Burgschänken

Geysir Andernach

Der höchste seiner Art. Weltweit.

Kommen Sie mit auf eine Expedition der besonderen Art! Zum höchsten Kaltwassergeysir der Welt in Andernach. Der Startpunkt ist das **Geysir Museum** direkt am Rhein. Hier, im multimedialen Museum, fahren Sie mit einem animierten Aufzug in die „Tiefe“, schauen virtuellen Forschern über die Schulter und können selbst forschen: Anhand interaktiver, spannender Exponate, Experimentierstationen und Medieninstallationen lüften Sie das Geheimnis des seltenen Naturphänomens Kaltwassergeysir Andernach.

Fotos: © Geysir.info gGmbH

Danach geht es mit dem Schiffstransfer zu einer etwa 2 km rheinabwärts gelegenen Halbinsel, einem Naturschutzgebiet und dem Ort des eigentlichen Geysirs. Nach einer kurzen Wartezeit erleben Sie, wie die Fontäne aus Gas und Wasser erst langsam, dann immer stärker und schneller emporsteigt, bis zu einer Höhe von ca. 60 m.

Nach gut 15 Minuten ist das Spektakel vorbei und das Schiff bringt Sie wieder zurück zu Ihrem Ausgangspunkt nach Andernach. Dort können Sie im Anschluss noch die historische Innenstadt von Andernach besuchen.

Familien profitieren hier schon ab einem Erwachsenen mit einem Kind bis 18 Jahre vom Familienpreis!

Wichtig!

Adresse:
Geysir Andernach
Konrad-Adenauer-Allee 40, 56626 Andernach
Tel. 02632/958008-0
www.geysir-andernach.de
info@geysir-andernach.de
Saison:
Ende März bis Ende Oktober
Außerdem:
Informieren Sie sich vorab über Ihren Besuch auf unserer Internetseite, Online-Tickets sind dort erhältlich

monte mare Andernach

Das monte mare Andernach bringt seine Gäste im exklusiven Sport- und Wellnesszentrum in mediterraner Urlaubsatmosphäre gleich doppelt ins Schwitzen. Nach dem Motto „Entspannen – genießen – Ausgleich schaffen" bleiben hier keine Wünsche offen. Im modernen Fitnessstudio stehen individuelle Betreuung, eine persönliche Atmosphäre sowie bestens geschulte Mitarbeiter im Mittelpunkt. Warme Farben, edle Materialien und aromatische Duftkompositionen verströmen im Sauna und Spa-Bereich eine Behaglichkeit, die alle Sinne anspricht. Erlesene Anwendungen aus verschiedenen Ländern und Kulturen verwöhnen die Gäste.

Saunalandschaft: Hier bringen Sie insgesamt sieben Saunen und zwei Dampfbäder sanft ins Schwitzen: Das Andalusische Aromabad (50 °C), das Catalanische Kräuterbad (50 °C), die Ceremonia-Sauna (85 °C) und die Finca-Sauna (80 °C) warten im Innenbereich auf die Gäste. Im 6000 qm großen Saunagarten laden die Feuer-Sauna (90 °C) mit offenem Kamin, die gläserne Panorama-Sauna (50 °C, Ausblick in den Saunagarten), die Quasselsauna (85°C) und ein großes Ruhehaus mit Stollensauna (80 °C) zum Schwitzen ein. Das Highlight ist die Geysir-Sauna. Hier sprudelt eine bis zu drei Meter hohe Wasserfontäne empor und bietet ein unvergleichliches Aufgusserlebnis. Mehrere gemütliche Aufenthalts-, Schlaf- und Ruheräume, darunter die Kaminlounge sowie der parkähnliche Saunagarten mit Sinnespfad verführen zum Entspannen und Träumen. In den neuen monte mare SALZWELTEN profitiert man bei wohltuenden Inhalationen in der Solelounge von der positiven Wirkung auf Körper und Geist. Außerdem sorgen spezielle Kräuterdampföfen für ein einzigartiges Dufterlebnis, die Luft ist erfüllt von einer hohen Konzentration ätherischer Öle. Mit der Saunaanlage räumlich verbunden ist das erste monte mare Wellness- und Business-Hotel. Für die Extraportion Wohlfühlmomente sind alle Doppelzimmer und Suiten liebevoll bis ins kleinste Detail gestaltet und bieten modernen Komfort für alle Ansprüche.

Wellness: Wohltuende Gesichts- und Körperbehandlungen, entspannende Massagen und exklusive Dampfbad-Zeremonien in privater Atmosphäre.

Wichtig!

Adresse:
monte mare – SAUNA – SPA – SPORTS – HOTEL
Klingelswiese 1, 56626 Andernach
Tel. 02632/987221-0
andernach@monte-mare.de
www.monte-mare.de/andernach

Öffnungszeiten & Eintritt:
alle Informationen finden sie auf unserer Homepage

MONREPOS

Archäologisches Forschungszentrum und Museum für menschliche Verhaltensevolution

Willkommen in Deiner Vergangenheit!

MONREPOS gehört zum Römisch-Germanischen Zentralmuseum Mainz und ist Mitglied der Leibniz-Gemeinschaft. Archäologische Spitzenforschung und ihr gesellschaftspolitischer Diskurs sind hier untrennbar miteinander verwoben.

MONREPOS führt die Besucher den langen Weg zurück zu den eigenen Wurzeln. Die Ausstellung „menschlICHes VERSTEHEN" macht Forschungsergebnisse direkt erlebbar. Hier wird jeder zum Forscher oder zur Forscherin in eigener Sache: Exponate müssen entdeckt, erlebt und interpretiert werden. Das klassische museale „Bitte nicht anfassen" ist hier außer Kraft gesetzt – umso einprägsamer sind die Erkenntnisse, die jeder einzelne über sich selbst, seine Vorfahren und Zeitgenossen mit nach Hause nimmt. Neugier ist ausdrücklich erwünscht – heute, wie schon vor rund 3 Millionen Jahren. Seit über 30 Jahren arbeitet das Team auf Schloss MONREPOS im historischen Naherholungsgebiet zwischen den UNESCO Welterben „Oberes Mittelrheintal" und „Obergermanisch-Rätischer Limes".

MONREPOS liegt hoch oben über dem Mittelrheintal und ist Ausgangspunkt für zahlreiche Wanderwege. Auch der Rheinsteig verläuft unweit des Schlosses. Familien können hier viele schöne Stunden verbringen, sich dabei auf die Spuren der Vergangenheit begeben und die Natur rund um das Museum genießen.

Wichtig!

Adresse: MONREPOS – Archäologisches Forschungszentrum und Museum für menschliche Verhaltensevolution Schloss Monrepos, 56567 Neuwied
Tel. 02631/9772-0
www.monrepos.rgzm.de, monrepos@rgzm.de
Anfahrt: Verlassen Sie die A48 in Richtung B42/Bendorf/Neuwied. Folgen Sie der B42 in Richtung Neuwied. In Neuwied der Beschilderung folgen (Stadtteil Segendorf).
Öffnungszeiten:
Ganzjährig Di.–So. 10–17 Uhr
(Öffnungszeiten können abweichen. Die aktuellen Zeiten entnehmen Sie bitte der Internetseite.)
Eintritt:
Erwachsene € 6,–, Kinder ab 6 Jahren € 4,–

Hunsrück-Naheland

Die tief eingekerbten Bachtäler des Hunsrücks waren früher Rückzugsgebiet nicht nur für Dachs und Rothirsch – auch der berühmte Räuberhauptmann Schinderhannes wusste die Einsamkeit der weiten Waldgebiete zu schätzen. Hier versteckte er sich in der Zeit zwischen seinen Missetaten. In Simmer, einer kleinen Kreisstadt im Hunsrück, saß der Schinderhannes ein halbes Jahr lang im jetzt nach ihm benannten Turm, bis ihm schließlich die abenteuerliche Flucht gelang. Im Norden wird der Hunsrück vom Moseltal begrenzt, im Süden schlängelt sich die Nahe durch ihr liebliches Tal.

Barfußpfad in Bad Sobernheim

Der erste Barfußpfad Deutschlands in Bad Sobernheim zählt zu den beliebtesten Ausflugszielen im Naheland, ja im gesamten Land Rheinland-Pfalz. Schon der bekannte Lehmpastor Emanuel Felke hat seinen Patienten das Barfußlaufen empfohlen. Unsere Füße sind durch die Evolution in Tausenden von Jahren zum täglichen Barfußlaufen in der Natur perfekt entwickelt worden. Als milde Reiztherapie wirken harte und weiche Untergrundmaterialien auf dem 3,5 km langen Barfußpfadrundweg. Man geht über Gras, Rindenmulch, Kies, Sand, Lehm, durch Wasser und über Steine. Sicher ist auch, dass eine wahre Flut von Glückshormonen ausgeschüttet wird, wenn man „unten ohne" unterwegs ist. Bei der Barfußpfadrundtour gibt es auch einige Überraschungen. Die Nahe an einer Furt mittels zweier Halteseile durchqueren oder mittels eines Nachen (kleines Boot) als sein eigener Fährmann von einem Naheufer zum anderen gelangen. Auch die längste Fußgängerhängebrücke (bis zu 40 m) gibt ein völlig neues Gleichgewichtsgefühl. Barfuß durch 300 Mio. Jahre Erdgeschichte wandern und dabei auf dem geologischen Lehrpfad die Gesteine des Nahe-Berglandes spüren.

Wichtig!

Adresse: Barfußpfad in Bad Sobernheim
Staudernheimer Str. 90
55566 Bad Sobernheim
Kur- und Touristinformation Nahe-Glan
Tel. 06751/81-1163, Fax 06751/81-1050
www.barfusspfad.com
touristinfo@vg-nahe-glan.de
Anfahrt: Im Nahetal, direkt an der B 41 zwischen Bad Kreuznach und Idar-Oberstein
Öffnungszeiten: 1. Mai–3. Okt., tgl. 9–20 Uhr
Eintritt: Erw. € 5,–, Kinder/Jugendl. € 3,–, Gruppenrabatt ab 20 Personen 15 %

Wildfreigehege Wildenburg

Auch die informativen Fütterungen und die Wolfsführungen (letzter Samstag im Monat) bieten eine gute Gelegenheit, um zu fragen was man schon immer wissen wollte. Kinderspielplätze, interaktive Erlebnisstationen, Infostellen von Naturpark Saar-Hunsrück und Nationalpark Hunsrück-Hochwald sowie der frei zugängliche Aussichtsturm an der Wildenburg runden das Angebot ab.

Waldtiere ganz nah. Hier können sich die Besucher auf ursprüngliche Natur, auf Felsenlandschaften und ausgedehnte Waldstücke für Muffelwild, Ziegen und Steinwild, durchbrochen von Äsungsflächen für Dam- und Rotwild freuen. Man geht durch die Heimat der Wildkatzen und hört die Wölfe heulen. Alte Haustierrassen, eingewanderte Wildtiere und freilaufendes Geflügel bewohnen die Anlage. Vögel, Eichhörnchen und Schmetterlinge in ihrer natürlichen Umgebung beobachten – das alles bietet das Wildfreigehe Wildenburg. Was das Gehege nicht bieten kann – und will – sind durchforstete Flächen, Parklandschaften und englischer Rasen.

Die Nähe zur Natur genießen und beim Spaziergang die Tiere, den Wald und naturbelassene Gehege erleben. Besonders die Abendführungen (am ersten Freitag im Monat) vermitteln intensive Nähe zur Natur und lassen die Tiere in gelöster Abendstimmung erleben.

Wichtig!

Adresse:
Wildfreigehege Wildenburg
55758 Kempfeld/Hunsrück
Tel. 06786/7212
www.wildfreigehege-wildenburg.de
Facebook: Wildfreigehege Wildenburg

Anfahrt:
Über die B 422 ab Idar-Oberstein, nach rund 10 km geht es rechts ab nach Kempfeld oder von Morbach kommend über Bruchweiler nach Kempfeld. Der Tierpark ist außerhalb des Ortes, oben auf dem Berg unterm Turm.

Öffnungszeiten:
Einlass täglich von 9.00–17.00 Uhr
Ausgang bis Sonnenuntergang

Eintritt:
Erwachsene € 6,–
Kinder (4–15 Jahre) € 4,–
Familien- und Gruppenpreise:
Erwachsene € 5,–, Kinder € 3,50

Verpflegung:
Kiosk, Picknick- und Grillmöglichkeiten vorhanden

Edelsteinminen Steinkaulenberg

Eine Reise durch die Welt der Edelsteine. In der Schmuck- und Edelsteinstadt Idar-Oberstein befindet sich die einzige zur Besichtigung freigegebene Edelsteinmine Europas. Sachkundige Fremdenführer zeigen und erläutern die in Millionen von Jahren entstandenen Edelsteine im Muttergestein beim Gang durch den 400 m langen Besucherstollen. Für abenteuerlustige Mineralienfreunde steht das Edelsteincamp zum Schürfen von Originaledelsteinen wie Amethyst, Achat, Rauchtopas, Bergkristall und Jaspis zur Verfügung. Wer es weniger anstrengend liebt, wird auf den Schürffeldern fündig, die täglich mit Mineralien aus aller Welt bestückt werden.

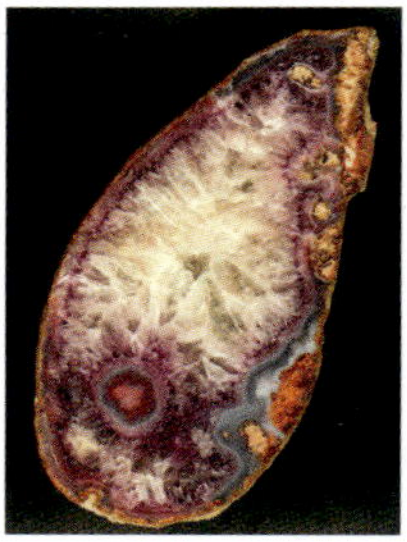

Die nächste Station auf dem Weg der Edelsteine ist ihre Verarbeitung. In der Historischen Weiherschleife wird die Bearbeitungsweise der Edelsteine in früheren Jahrhunderten anschaulich demonstriert. Ergänzt wird das Gewerbemuseum durch eine eindrucksvolle Multimediashow unter dem Motto „Das Geheimnis der Edelsteine". Neben Edelsteinausstellung, Fühlraum und Verkaufsshop gibt es für Kinder und Jugendliche einen Schürfplatz. Hierzu gehört auch das Knacken einer Edelsteingeode.

Außerdem kann der geologische Lehrpfad oder die „Historische Weiherschleife" – die letzte mit Wasserrad angetriebene Edelsteinschleifmühle am Idarbach, mit Ausstellung, Multimediashow, Edelsteinfühlraum und Schürfplatz für Kinder und Jugendliche erkundet werden. Oder man fährt mit dem Tretboot auf dem Kallwiesweiher.

Wichtig!

Adresse:
Edelsteinminen Steinkaulenberg
Im Stäbel, 55743 Idar-Oberstein
www.edelsteinminen-idar-oberstein.de
info@edelsteinminen.com
Historische Weiherschleife:
edelsteinminen-idar-oberstein@t-online.de
Tiefensteiner Str. 87, 55743 Idar-Oberstein
Anfahrt: Der Steinkaulenberg liegt an der B 41 in südwestlicher Richtung von Bad Kreuznach, die Minen und die Weiherschleife sind im Ort ausgeschildert
Öffnungszeiten: 15.03.–15.11.
Edelsteinminen: Täglich 10–17 Uhr
(letzte Führung 16 Uhr)
Tel. 06781/47400, Fax 06781/980030
Historische Weiherschleife:
Täglich 10–17 Uhr (letzte Führung 16 Uhr)
Tel. 06781/901918, Fax 06781/901919
facebook.com/Edelsteinminen.Weiherschleife

Waldkletterpark Leiwen an der Mosel

Direkt im Landal Ferienpark Sonnenberg, 20 Min. von Trier, eröffnete zur Saison 2018 das perfekte Klettererlebnis für die ganze Familie. Dazu ein großer Spielplatz, eine Innen- und Außengastronomie.
Sich wie Tarzan fühlen – der Mega-Tarzansprung im Adventure-Parcours gibt endlich die passende Antwort. Direkt nach dem man die Strickleiter hochgeklettert ist geht es los. Loslassen und an einer Liane gesichert, in ein großes Netz schwingen und dann die nächste Plattform erklimmen.

Hier erwartet große und kleine Kletterbegeisterte ein super Klettererlebnis mit über 40 Kletterelementen, Seilrutschen, Tarzansprünge, Banana-Jump, sowie ein Kinder-Parcours ab 105 cm Körpergröße.
Für jeden Geschmack etwas dabei!

Fotos: © Waldkletterpark Leiwen an der Mosel

Wichtig!

Adresse:
Waldkletterpark Leiwen an der Mosel
Sonnenberg 1
54340 Leiwen
Tel. 0221 98 25 6000
Öffnungszeiten, Preise:
www.wald-abenteuer.de
Vorbuchung nötig:
www.wald-abenteuer.de/jetzt-buchen

Rheinhessen

Ganz im Süden Rheinhessens, auf dem Grunde des Flusses bei Worms, schlummert ein großer Schatz und wartet darauf, entdeckt zu werden; hier soll Hagen von Tronje den Schatz der Nibelungen versenkt haben. Die Nordgrenze Rheinhessens markiert die rheinland-pfälzische Hauptstadt Mainz, Hochburg der Närrinnen und Narren. Zwischen den beiden Städten erstreckt sich sanftes Hügelland und grünes Weinland.

Das Gutenberg-Museum in Mainz

Die Geschichte von Druck, Buch und Schrift „live" erleben: Gegenüber dem Mainzer Dom liegt eines der ältesten Buch- und Druckmuseen der Welt. Das im Jahr 1900 gegründete Gutenberg-Museum ist dem „Mann des Jahrtausends" Johannes Gutenberg und seinen Erfindungen gewidmet. Zu den größten Schätzen des Museums gehören zwei originale Gutenberg-Bibeln aus der Mitte des 15. Jahrhunderts. Auch die rekonstruierte Gutenberg-Werkstatt zählt zu den Hauptattraktionen. Hier wird jeden Tag stündlich demonstriert, wie zu Gutenbergs Zeiten gedruckt wurde. Im Gutenberg-Museum kann man sich umfassend über Drucktechnik die Buchkunst vieler Jahrhunderte, Geschichte des Papiers und der Schrift, Pressegeschichte und vieles mehr informieren. In wechselnden Sonderausstellungen werden Beispiele historischer und moderner Buch- und Druckkunst und Typografie gezeigt und der Bogen zum 21. Jahrhundert geschlagen. Spannend ist auch ein Besuch in der museumspädagogischen Werkstatt des Gutenberg-Museums. Im Druckladen kann jeder unter fachkundiger Anleitung selbst das Setzen und Drucken ausprobieren und kreativ werden.

Wichtig!

Adresse: Gutenberg-Museum Mainz
Liebfrauenplatz 5, 55116 Mainz
Tel. 06131/122640-44 (Museum)
Tel. 06131/122686 (Druckladen)
Fax 06131/123488
www.gutenberg-museum.de
gutenberg-museum@stadt.mainz.de
Anfahrt: Gegenüber dem Dom, unweit Rheinstraße, keine Parkplätze.
Vom Hauptbahnhof mit dem Bus bis Haltestelle Höfchen/Listmann
Öffnungszeiten: Di.–Sa. 9–17 Uhr, So. 11–17 Uhr, Mo. + Feiertage geschlossen, „Drucken Live": Mo.–Fr. 9–17 Uhr, Sa. 10–15 Uhr
Eintritt: Erwachsene € 5,–, Gruppe ab 10 Pers. € 3,50 p./P., Kinder ab 8 Jahre € 2,–, (Kinder bis 7 J. frei), Familienkarte (Eltern und eigene Kinder unter 16 Jahren) € 10,–
Werkstattbeitrag im Druckladen: Erwachsene € 5,–, Kinder € 3,–
Verpflegung: Restaurant und Bistro in unmittelbarer Nachbarschaft

Ludwigshafen und Umgebung

Auch wenn Ludwigshafen ein bedeutender Standort der chemischen Industrie in Deutschland ist, gibt es dort noch immer grüne Refugien, die Erholung gewährleisten. Durch die Stadt führen rund 130 Kilometer Radwege, 1000 Hektar ihrer Fläche sind öffentliche Grünanlagen. Wenn auch Ludwigshafen selbst nicht unbedingt ein Urlaubsziel ist, die Umgebung mit traditionsreichen Städten wie Speyer und Worms und der nahen Weinstraße hat einiges zu bieten.

Das Eisstadion Ludwigshafen

Tanz auf dem Eis! Kinder ab Schuhgröße 25 sind dabei, und wenn Papi Größe 48 trägt, dann macht das auch nichts. Sobald man die Leihschuhe oder die eigenen geschnürt hat, kann es auch schon losgehen. Je nach Können mit Sieben-Meilen-Schritten oder vorsichtig staksend. Zur Verfügung steht eine Kunsteisbahn von 30 x 60 Metern. Wenn man auf unsicheren Beinen steht, sind zwei Stunden eine lange Zeit. Am Kiosk in der Eissportanlage wird man mit Pizza, Glühwein und kleineren Gerichten bestens versorgt. Außerhalb des Sportgeländes der Eisbahnen gibt es einen großen Fußballplatz, eine freie Wiese zum Picknicken und auch einen Spielplatz.

Wichtig!

Adresse: Eisstadion Ludwigshafen
Saarlandstraße 70, 67061 Ludwigshafen
Tel. 0621/563997, Fax 0621/5590685
www.ercl.de, buero@ercl.de
Anfahrt: ercl.de/anfahrt.php
Öffnungszeiten:
Vormittags: Mo.–Fr. 9–12 Uhr (nur mit Anmeldung), Sa.–So. 10–13 Uhr
Nachmittags:
Mo.–Sa. 14.30–17.30 Uhr, So.: 15–19 Uhr
Abends: Fr.–Sa. 19–22 Uhr
Eintritt: Erwachsene € 4,–
Kinder unter 18 Jahre € 3,–
Studenten € 3,–
Eisdisco (Sa. 19–22 Uhr) € 5,–
Verpflegung:
Bistro oder Verkaufsfenster zur Eisfläche

Wildpark Ludwigshafen

Wildtiere füttern! Der Besuch des Wildparks Ludwigshafen ist ein besonderes Erlebnis, denn einige der tierischen Bewohner des Parks bewegen sich völlig frei. So zum Beispiel das Damwild. An zwei Stellen im Park kann man Ziegen und Wildschweine füttern, allerdings nur mit speziellem und keinesfalls mit mitgebrachtem Futter. Die Kleineren unter den Besuchern möchten den Kontakthof nicht verlassen, wenn sie dort erst einmal Tuchfühlung mit den Ziegen aufgenommen haben. Ein mächtiger Koloss ist der Auerochse, der bereits ausgestorben war und rückgezüchtet wurde. Dieses Schicksal teilt er mit den Tarpanen. Im Frühjahr sorgt der gestreifte Wildschweinnachwuchs für Entzücken. Wer sich inniger mit Fortpflanzungstheorien beschäftigt, der schaut dem auf der Insel im Ententeich lebenden Storch ein wenig zu. Außerdem beherbergt der Park den Nordluchs, drei Hirscharten, Mufflon, Wisent und inzwischen auch die europäische Wildkatze.

Wichtig!

Adresse:
Wildpark Rheingönheim
Neuhöferstraße 48, 67065 Ludwigshafen
Tel. 0621/504-3380 u. 0621/504-3370 (Kasse)
Fax 0621/504-3779, www.ludwigshafen.de,
www.wbl-ludwigshafen.de
wildpark@ludwigshafen.de

Anfahrt: Ab dem südlichen Ludwigshafener Stadtteil Rheingönheim ist der Wildpark ausgeschildert

Nahverkehr:
Hbf Ludwigshafen bis Endstelle Rheingönheim Buslinie 75, Berliner Platz bis Endstelle Rheingönheim Straßenbahnlinie 6, Endstelle Rheingönheim bis Wildpark BRN Buslinie 582

Saison/Öffnungszeiten:
Ganzjährig, Nov.–Jan. 9–17 Uhr,
Feb., März, Okt. 9–18 Uhr,
April–Sept. 9–19 Uhr

Eintritt:
Aktuelle Preise finden Sie unter www.wbl-ludwigshafen.de

Verpflegung:
Picknick, Gastronomie im „Wildparkstübchen" vor Ort

Technik Museum Speyer

Auf der Tragfläche eines Jumbo-Jets spazieren, einen Seenotkreuzer erkunden und sogar den Maschinenraum eines U-Boots inspizieren - im **Technik Museum Speyer** jagt eine Sensation die nächste: Neben den rund 60 Flugzeugen und Hubschraubern gibt es eine umfangreiche Marineausstellung und als absolute Sensation beherbergt die größte Raumfahrtausstellung Europas den riesigen Raumgleiter Buran. An 365 Tagen im Jahre können sich die Besucher auf edle Oldtimer, schnittige Motorräder, historische Feuerwehrwagen, massige Dampfloks, mechanische Instrumente und vieles mehr freuen. Ein kleiner Geheimtipp ist das auf dem Gelände gelegene Museum Wilhelmsbau – ein faszinierendes Raritätenkabinett mit tausenden Erinnerungsstücken aus dem 19. und 20. Jahrhundert.

Von Ostern bis Oktober finden in Speyer bunte und actionreiche Events statt. Nur hier treffen Comic-Helden auf Old- und Youngtimer. Und an jedem zweiten Wochenende im Mai heißt es: Das Museum bebt! Beim mittlerweile legendären BRAZZELTAG gibt es Hubraummonster, PS-Giganten und Kuriositäten live zu erleben.

Ein absolutes Muss ist das IMAX DOME Kino. Hier werden exklusive Dokumentationen auf eine riesen Kuppel-Leinwand projiziert. Dem Hotel Speyer am Technik Museum, direkt auf dem Museumsplatz, ist ein Caravanpark angeschlossen.

Technik Museum Speyer

Wichtig!

Adresse: Technik Museum Speyer
Am Technik Museum 1, 67346 Speyer
Tel. 06232/6708-0, www.technik-museum.de
Anfahrt: Von der Autobahn A 61 Koblenz–Speyer ab der Ausfahrt Speyer (-Hockenheim) der Beschilderung („Museum") folgen
Öffnungszeiten: Ganzjährig Mo.–Fr. 9–18 Uhr, Sa./So., Feiertage 9–19 Uhr
Eintritt: Museum: Erw. € 19,–,
Kinder (5–14 J.) € 15,–, Geburtstagskinder (Ausweis) und Kinder bis 4 Jahre frei,
Museum + IMAX DOME Kino: Erw. € 24,–,
Kinder (5–14 J.) € 19,–, Geburtstagskinder (Ausweis) und Kinder bis 4 Jahre frei
Verpflegung: Museumsrestaurant, Bistro mit Biergarten
Übernachten: „Hotel Speyer am Technik Museum", „Caravanpark" auf dem Gelände

Freizeitbad Salinarium Bad Dürkheim

Abschalten, relaxen und neue Kräfte sammeln kann man im Salinarium in Bad Dürkheim auf unterschiedlichste Weise. Das Sauna- und Freizeitbad ist dafür bestens ausgerüstet. Kleine und große Schwimmfans finden ein großzügig angelegtes Spiel- und Spaßbecken mit integriertem 25-Meter-Schwimmbecken vor. Kleinere Verspannungen werden von Massagedüsen, Wasserspeiern und Bodensprudlern wegmassiert. Beliebt bei Kindern aller Altersklassen sind die Rutschbahn sowie die Sprunganlagen. Im Sommer lädt das Freibad mit einer Liegewiese von 10.000 m^2 ein, sich ein nettes Plätzchen zu suchen und den Nachmittag zu genießen. Sehr gelungen ist die Saunalandschaft mit finnischer Sauna, Sanarium, Blockhaussauna, Meditations- und Badestube, Osmanischem Bad, Edelstein-Sauna und Dampfbad. So können ein paar Stunden Freizeit sich zu einem kleinen Erholungsurlaub verwandeln.

Wichtig!

Adresse:
Freizeitbad Salinarium
Kurbrunnenstraße 28, 67098 Bad Dürkheim
Tel. 06322/935865, www.salinarium.de
Anfahrt: Im Ort ausgeschildert.
Saison/Öffnungszeiten: Ganzjährig,
Badelandschaft: Mo. 9–19 Uhr, Di.–Do. 9–22 Uhr, Mi. 6.45–22.00 Uhr, Fr. 9–23 Uhr, Sa./So. 9–21 Uhr.
Saunalandschaft: Mo. 12–22 Uhr, Di.–Do. 10–22 Uhr, Fr. 10–23 Uhr, Sa.–So. 10–21 Uhr.
Eintritt: Verschiedene gestaffelte Tarife,
Preisbeispiele Badelandschaft:
Erwachsene 2 Std. € 4,50 Tageskarte € 5,50, Kinder 2 Std. € 2,20 Tageskarte € 3,–
Verpflegung: Café und Restaurant im Bad

Der Pfälzerwald

Jeder Pfälzer kennt den „Nationalvogel" mit Namen Elwedritsche – gesehen hat den gefiederten Genossen allerdings noch niemand. Es geht das böse Gerücht um, der Vogel existiere nur in der Phantasie von Weintrinkern. Vielleicht versteckt er sich aber wirklich irgendwo im Pfälzerwald, dem größten zusammenhängenden Waldgebiet Deutschlands. Der Süden des Gebirges ist geprägt von bizarren Buntsandstein-Formationen, der Norden zeigt sich hügelreich und von Tälern durchzogen.

Bergbauerlebniswelt Imsbach

Bergwerke und Museum! Ein interessantes Ausflugsziel am Donnersberg, mit 687 m der höchste Berg der Pfalz, ist die Bergbauerlebniswelt in Imsbach, bestehend aus dem Pfälzischen Bergbaumuseum, dem ehemaligen Silber- und Kupfererzbergwerk „Weiße Grube" und der Eisenerzgrube „Maria". Bei geführten Rundgängen durch die mehrere 100 m begehbaren Grubenbauten aus Stollen erhalten die Besucher Einblicke in die Arbeitswelt der Bergleute und in die Vielfalt der hier zu bestaunenden Bodenschätze. Angeschlossen sind drei thematische Bergbaurundwanderwege. Mit Schautafeln beschildert, führen sie durch die reizvolle Landschaft von Imsbach und seiner Umgebung zu zahlreichen Relikten der einst regen Bergbaurundtätigkeit. Das Pfälzische Bergbaumuseum in der Dorfmitte präsentiert auf zwei Etagen Dauer- und Sonderausstellungen. In Imsbach finden regelmäßig Veranstaltungen wie der „Pfälzische Bergbautag" und geführte Geowanderungen statt. Außerdem kann man am 3. Wochenende im September die „Donnersberger Mineralien- und Fossilienbörse" besuchen.

Wichtig!

Adresse:
Besucherbergwerke:
Langental 1, 67817 Imsbach
Bergbaumuseum:
Ortsstr. 2, 67817 Imsbach
Auskunft:
Tourismusbüro Verbandsgemeinde Winnweiler, Jakobstr. 29, 67722 Winnweiler
Tel. 06302/602-0, Fax 06302/602-20
www.bew-imsbach.de
www.winnweiler-vg.de
info@winnweiler-vg.de
Anfahrt: Imsbach liegt an der A 63 Mainz-Kaiserslautern. Richtung Winnweiler fahren, auf der B 48 der Beschilderung „Bergbauwelt Imsbach" folgen.
Öffnungszeiten:
April bis Ende Oktober
sonn- und feiertags 11–17 Uhr
Für Gruppen (ab 15 Personen) auch an Wochentagen. Führungen jeweils zur vollen Stunde, Dauer ca. 1 Std.
Eintritt:
(Kombiticket für Grube und Museum):
Erwachsene € 4,–, Kinder € 2,–, Familien € 11,–
Verpflegung: Picknick, Pfälzerwald-Vereinshütten (nur Sonntag)

Kurpfalz-Park in Wachenheim

Der 700.000 m² große Wild- und Erlebnispark liegt inmitten der urwüchsigen Berglandschaft des Pfälzer Waldes. Auf großen Freiflächen, die teilweise auch durchwandert werden können, leben Dam-, Sika-, Rot- und Schwarzwild. Der landschaftlich reizvoll gelegene Park mit Teichen und einem großen See bietet Gelegenheit der Natur einmal ganz Nahe zu kommen.

Bekannt ist der Park auch für seine spannenden und lehrreichen Greifvogel-Freiflugvorführungen, die von Anfang Mai bis Mitte September täglich mehrmals zu sehen sind. Besucher erhalten einen beeindruckenden Einblick in das faszinierende Leben der Greifvögel. Ebenso kann man sich von Anfang Mai bis Mitte September mit einer spannenden Show und einem anschaulichem Vortrag direkt am Wolfsgehege in die faszinierende Welt der Wölfe entführen lassen.

Neben der beschaulichen Landschaft, die mit dem Kurpfalz-Express auch durchfahren werden kann, zeichnet sich der Park durch die gelungene Integration der Attraktionen in die pfälzische Landschaft aus. Die Rollerbobbahn „Rotsteigflitzer", die Schwanentretboote, die spritzigen Bumperboats, das große Piratennest, die vielen Spielanlagen, das große stählerne Rutschenparadies und auch der „Irrgarten" sorgen für mächtigen Spaß.

Ein ganz besonderes Highlight ist der „Kurpfalz-Coaster", dabei handelt es sich um eine Art Sommerrodelbahn die auf Schienen geführt ist. Hier „erfährt" man die einzigartige Natur- & Bergwelt des Kurpfalz- Parks aus einer völlig neuen Perspektive. Begeisterung pur! Auch einen Besuch des Puppentheaters sollte man nicht versäumen.

Wichtig!

Adresse: B & T Kurpfalz-Park GmbH & Co. KG 67157 Wachenheim
Tel. 06325/9590-10, Fax 06325/9590-25, www.kurpfalz-park.de, info@kurpfalz-park.de
Anfahrt: Der Park liegt zwischen Neustadt an der Weinstraße und Bad Dürkheim und ist ausgeschildert. 3-mal täglich mit der Buslinie 510 vom Hauptbahnhof Neustadt
Öffnungszeiten: 08.04.–5.11., täglich ab 9 Uhr, Fahrattraktionen ab 10 Uhr
Nur Wildpark geöffnet 10–17 Uhr: 24.4.–28.4., 11.9.–15.9., 18.9.–22.9., 25.9.–29.9., 16.10.–20.10., und von 23.10.–27.10
Greifvogel-Freiflugschau: 01.05.–10.09. tägl. um 11.30 Uhr und 15.30 Uhr
Wolfshow: 01.05.–10.09. tägl. um 12.30 Uhr
Puppentheater: 25.05.–10.09. tägl. um 12.30 Uhr, 13.30 Uhr, 15.00 Uhr und 16.30 Uhr
Eintritt: Erw. € 15,–, Kin. (4–14 J.) € 13,–, Besucher (ab 60 J.) € 13,–. Gruppen (ab 20 Pers.): Erw. € 13,–, Kin. (4–14 J.) € 11,–, Besucher (ab 60 J.) € 11,–, Kindergärten € 6,–, Schulklassen € 9,–. Fr. ist Familientag d.h. ein Kind erhält in Begleitung eines Erwachsenen eine Eintrittsermäßigung von 50 % auf den regulären Tageseintritt.

Baumwipfelpfad und Biosphärenhaus

Sie möchten in eine einmalig schöne Landschaft eintauchen, viele spektakuläre Natureindrücke gewinnen und gleichzeitig spannende Freizeitangebote für Erwachsene und Kinder entdecken?
Dann sollten Sie über einen Urlaub im Biosphärenreservat Pfälzerwald/Nordvogesen nachdenken.
Der ideale Ausgangspunkt diese einmalige Region zu erkunden ist das Biosphärenhaus in Fischbach bei Dahn. Das Besucherzentrum vermittelt interaktiv Informationen zur Region und präsentiert die Besonderheiten von Natur und Landschaft. Außerdem bieten das Haus und seine vielfältigen Angebote die Möglichkeit zur erlebnisreichen Freizeitgestaltung.

So geht es auf Deutschlands erstem Baumwipfelpfad hoch hinaus in die Baumkronen des Pfälzerwaldes. Der 270 m lange Pfad mit seinen festen Holzstegen ist so gebaut, dass große und kleine Besucher gefahrlos darüber spazieren können. Wagemutige können darüber hinaus die Wackelbrücken überqueren, eine 40 m lange Röhrenrutsche hinuntersausen oder den Ausguck in 35 m Höhe erklimmen.
Ein Jahresprogramm mit Erlebnis-Veranstaltungen laden zum längerfristigen Aufenthalt ein. Für eine Übernachtung stehen Zimmer im benachbarten Naturerlebniszentrum und ein eigener kleiner Wohnmobilstellplatz zur Verfügung.
Auch ein Besuch über die Grenze ins benachbarte Elsaß ist vom Biosphärenhaus aus nur ein „Katzensprung". Nutzen Sie dazu das deutsch-französische Biofleck-Ticket, mit dem Sie neben dem Wipfelpfad auch die 14km entfernte Rätselburg „Chateau Fleckenstein" besuchen können.

Wichtig!

Adresse:
Biosphärenhaus Pfälzerwald/Nordvogesen
Am Königsbruch 1, 66996 Fischbach (Dahn)
Tel. 06393/92100, Fax 06393/921019
www.wipfelpfad.de, info@biosphaerenhaus.de
Öffnungszeiten:
März und November: Täglich 9.30–16.00 Uhr
April und Oktober: Täglich 9.30–17.00 Uhr
Mai bis September: Täglich 9.30–18.00 Uhr
Dezember–Februar: Winterpause
(nur Verwaltung von Mo.–Fr. besetzt)
Eintritt: Ausführliche Infos zu Eintrittspreisen und Ermäßigungen auf www.wipfelpfad.de

monte mare Kaiserslautern

Das monte mare Sauna- und Wellness Resort in Kaiserslautern bietet toskanisches Ambiente in der Pfalz und lässt mit seiner stilvollen Gestaltung Erinnerungen an den letzten Italien-Urlaub wach werden. Hier werden in entspannender Urlaubsatmosphäre Energiereserven wieder aufgefüllt und neue Kraft getankt.

Saunalandschaft: Verschiedene Saunen und Dampfbäder laden zum Schwitzen ein: Toskana-Sauna (ca. 65 °C), „il Palatinato" (ca. 80 °C), Pfälzer-Babbel-Stubb (ca. 50 °C, Reden ausdrücklich erlaubt!), Schlammbad (ca. 45 °C), Aromazisterne (ca. 48 °C), Dampfbad, (ca. 45 °C), Laconium (ca. 40 °C). Neben dem Aufgießen von Kräuter- und Gewürz-Suden während unserer Saunazeremonien atmen Sie in unserer neuen Kräuter- und Solelounge wohltuende rein natürliche Düfte ein. Zudem erweitern ein Solebecken mit Unterwassermusik, Sprudelbäder, Tropen-dusche, Wasserliegen und Whirlpool die Auswahl an Wohlfühl- und Entspannungsangeboten. Zahlreiche Ruhe- und Schlafräume laden zum Träumen ein. Viel Platz zum ausgiebigen Sonne- und Frisch-lufttanken bietet der stimmungsvoll angelegte Saunagarten mit gemütlich plätscherndem Bachlauf und einem großen See. Im toskanischen Ruhehaus finden Entspannungssuchende das richtige Ambiente, um auch bei schlechtem Wetter abzuschalten und Urlaubsstimmung zu genießen.

Wellness: Umfang-reiches Angebot wie z.B. Gesichts- und Körperbehandlungen, entspannende Massagen, Dampfbadzeremonien, Hamam, Ayurveda, exklusive Wellness-arrangements.

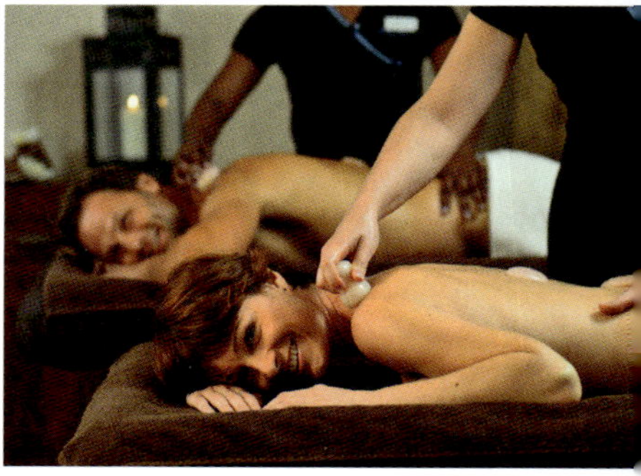

Wichtig!

Adresse:
monte mare Kaiserslautern
Mailänder Straße 6, 67657 Kaiserslautern
Tel. 0631/3038-0
kaiserslautern@monte-mare.de
www.monte-mare.de/kaiserslautern

Öffnungszeiten & Eintritt:
alle Informationen finden sie auf unserer Homepage

Holiday Park Hassloch

Familienspaß garantiert! Für viel Familienspaß sorgt der fantasievolle Themenbereich „Majaland“. Dieser komplett rund um Biene Maja thematisierte Bereich lässt alle Kinderherzen schneller schlagen. Wasserspaß bieten „Wickie Splash“, „Donnerfluss“ und Europas einzige professionelle Wasserski-Stuntshow. Zu den Highlights des Parks gehören außerdem die Katapultachterbahn „Sky Scream“, die interaktive Flugattraktion „Sky Fly“ und die preisgekrönte „bigFM Expedition GeForce“, die immer wieder von neuem begeistert und regelmäßig zu einer der besten Achterbahnen weltweit gewählt wird. Die zahlreichen Special Events von magischen Summernights bis zum gruseligen Halloweenspaß runden das Angebot ab – so sind unvergessliche Erlebnisse garantiert!

Beach Feeling – neuer Themenbereich: Eine Beach-Bar, Strand, Liegestühle am See und zwei brandneue Attraktionen bieten besten Fahrspaß. In einer der neuen Attraktionen wird der Besucher zum Kapitän eines Rettungsboots. Die zweite Neuheit wird besonders den kleinen Besuchern viel Spaß bereiten. In der kinderfreundlich gestalteten Attraktion mit bunten Booten werden sich die Kinder wie im Urlaub fühlen.

Wichtig!

Adresse:
Holiday Park GmbH
D-67454 Hassloch/Pfalz
Tel. 06324/59930, Fax. 06324/5993-50
www.holidaypark.de, info@holidaypark.de
Anfahrt:
A 65 Ausfahrt 10 oder 13 (Hassloch);
alternativ A 61, Ausfahrt 63 (Kreuz Speyer),
B 9 Richtung Speyer, B 39 Richtung Hassloch
Saison:
April bis November; Schließtage und Öffnungszeiten siehe www.holidaypark.de
Eintritt:
Besucher ab 1,40 m: € 30,99
Kinder 1 m bis 1,40 m: € 28,99
Kinder 0,85 m bis 1 m: € 9,99
Kinder unter 0,85 m: Eintritt frei
Jahreskarten und Gruppenpreise auf Anfrage
Verpflegung:
Restaurants und zahlreiche Snackpoints

Fun Forest AbenteuerPark Kandel

Unterwegs auf Tarzans Spuren! Seit der Eröffnung im Jahr 2006 klettern jedes Jahr zahlreiche Gäste durch 24 spannenden Hochseilparcours in einem der größten Abenteuerparks Deutschlands. Auf einer Fläche von 7 Hektar sind im Kandeler Bienwald über 200 Bäume mit etwa 17.000 Meter Stahlseil verbunden. Gesichert am Gurt, geschützt vom Helm, und per Sicherheitseinweisung über alles Wichtige informiert, klettern die Gäste von Baum zu Baum. Bei ansteigendem Schwierigkeitsgrad geht es auch höhenmäßig immer weiter nach oben; während sich in den Übungsparcours Einsteiger in entspannten 2 bis 3 Metern an die Höhe gewöhnen, geht es in den höchsten Parcours bis auf luftige 20 Meter hinaus. Viele Parcours sind bereits für Kinder ab 7 Jahren begehbar. Für die ganz Kleinen ab 3 Jahre gibt es vier Kinderparcours. Alle Parcours sind so konstruiert, dass man nach dem Starten erst dann wieder den Boden berührt, wenn man den Parcours bewältigt hat. Es sei denn man kann, oder möchte den Parcours nicht beenden: kein Problem, denn die professionell ausgebildeten Mitarbeiter stehen jederzeit zur Verfügung und seilen von jeder beliebigen Station aus umgehend ab.

Fakten:
Gesamtfläche: ca. 7ha, Parcours: 4 Kinderparcours ab 3 Jahre, 6 Übungsparcours, 18 Parcours in verschiedenen Schwierigkeitsniveaus.

Highlights: Base-Jump, Monster-Sprung, Badewannen-Rutsche, Kettcar-Rutsche, Quick-Jump aus 20 Metern u.v.m.

Wichtig!

Adresse:
Fun Forest AbenteuerPark Kandel
Badallee, nähe Schwimmbad, 76870 Kandel
Tel. 07275/61 80 32, Fax 07275/61 85 25
www.abenteuerpark-kandel.de
office@abenteuerpark-kandel.de

Öffnungszeiten:
www.abenteuerpark-kandel.de

Eintritt:
Kinderparcours (ab 3 Jahre) € 8,90
Standartpaket:
Erwachsene: € 21,90
Schüler/Studenten/Azubis: € 18,90
Kinder (7-13 Jahre): € 15,90
Profipaket:
Erwachsene: € 27,90
Schüler/Studenten/Azubis: € 24,90

Verpflegung:
Gastronomie „Fun for Rest"

Das Saarland

Im Ostsaarland gibt es noch einige Orte, in denen der Brauch des „Pfingstquack" gepflegt wird. In Bexbach, Altstadt oder Limbach führen die Kinder am Pfingstmontag eine mit Blumen geschmückte Figur durchs Dorf, die „Quack" genannt wird. Vor jedem Haus werden Quack-Sprüche aufgesagt. Die Kinder werden mit Eiern und Speck belohnt. Das Saarland ist nicht, wie viele wohl glauben, eine reine Industrieregion, sondern üppig bewaldet.

Bergbaumuseum Bexbach

Museum in Turm und unter Tage! Wie wär's mit einem Museum, das in einem Aussichtsturm untergebracht ist und noch dazu eine unterirdische Bergwerksanlage hat? Dann ist das Saarländische Bergbaumuseum Bexbach im 40 m hohen Hindenburgturm genau das Richtige, auch bei schlechtem Wetter, denn Untertage regnet es nicht. Und wenn man dann die Untertagewelt verlässt, befindet man sich direkt in der Parkanlage, die das Museum umgibt. Hier gibt es jede Menge Spielmöglichkeiten, Teichanlagen, die Gulliver-Welt und auch einen sehr interessanten Kräutergarten.

Wichtig!

Adresse:
Saarländisches
Bergbaumuseum Bexbach
Niederbexbacher Straße
66450 Bexbach
Tel. 06826/4887
Fax 06826/510884
www.saarl-bergbaumuseum-bexbach.de
Saarl.Bergbaumuseum@t-online.de

Anfahrt:
Bexbach liegt an den Autobahnen A6 und A8, Ausfahrt Bexbach, Beschilderung „Messe, Blumengarten, Grubenmuseum" folgen

Saison/Öffnungszeiten:
Sommer (April-Oktober)
Di.-Fr.: 10.00-17.00 Uhr
Sa., So., Feiertag: 12.00-17.00 Uhr
Winter (November-März)
Di.-Fr.: 10.00-16.00 Uhr
Sa.,So.,Feiertag: 12.00-16.00 Uhr

Fun Forest AbenteuerPark Homburg

Ein Abenteuertag am See! Auf einer Fläche von 2 Hektar sorgen über 90 Bäume für ein spektakuläres Abenteuer. Eingeteilt ist der Park in 9 Parcours. Der höchste der Parcours steigt bis auf 16 m an und beinhaltet eine 170 m lange Rutschpartie über den See. Viele Parcours sind bereits für Kinder ab 8 Jahren begehbar und für die Kleinen ab 3 Jahren gibt es eine Abenteuer-Insel mit fast 20 Kletterelementen.

Klettern mit Helm, Gurt und Handschuhen zwischen 2 und 16 Metern – auf Holzbrücken die Balance halten, sich durch Tunnels zum nächsten Baum schlängeln und mit den beliebten Seilrutschen von Baum zu Baum düsen, wem das zu wenig ist, kann wie Tarzan durch die Äste schwingen oder die einzigartige Seilrutschenfahrt über den Jägersburger Weiher in Angriff nehmen. Dort heißt es dann an einem 170m langen Stahlseil die Füße anzuheben und die rasante Fahrt übers Wasser zu genießen. An einem zweiten Stahlseil geht es danach sogar noch einmal zurück, oder wie man im Saarland so schön sagt: „E mol riwwa unn widda niwwa!" Dank dem permanentem Sicherungssystem, das im Abenteuerpark Homburg eingesetzt wird, ist ein aushangsicheres Klettern möglich. Somit können Kinder und Jugendliche bei Schul- oder Vereinsausflügen, aber natürlich auch beim sonntäglichen Familienausflug, völlig stressfrei beaufsichtigt werden. Für die bodenständigen Besucher ist das Naherholungsgebiet Jägersburg mit seinen Weiheranlagen rund um den Abenteuerpark bestens geeignet. Aber auch kulinarisch kann man sich bei den ansässigen Gastronomen verköstigen. Im angrenzenden Biergarten der Blockhütte kann man zudem schön die Beine baumeln lassen und das Klettergeschehen beobachten.

Wichtig!

Adresse:
FunForest AbenteuerPark Homburg/Jägersburg
Kleinottweiler Straße 148, 66424 Homburg
Tel. 06841/70 30 257
Fax 06841/70 30 959
office@abenteuerpark-homburg.de
Öffnungszeiten/Preise:
www.abenteuerpark-homburg.de

Erlebnisbergwerk Velsen
– Steinkohlenbergbau zum Anfassen

Spür die Kraft! Atme die Luft! Fühl den Berg!

Das Erlebnisbergwerk Velsen ist mit seiner voll funktionsfähigen Maschinenausstattung und den Ausbautechniken aus mehreren Bergbauepochen heute eine in Europa einzigartige Einrichtung des Steinkohlebergbaus.
Der ehemalige Lehrstollen Velsen ist ein BERGWERK und kein Museum oder Freizeitpark, es untersteht der Bergaufsicht durch das Bergamt Saarbrücken. Auf ca. 800m Strecke auf drei verschiedenen Sohlen können die Besucher mächtige Schilde in mehreren Streben, Schrämwalzen, Förderbänder, Transportbahnen, Lademaschinen, Bohrgerät und Pumpstationen besichtigen und in Betrieb nehmen. Die Highlights sind u.a. der Blindschacht mit funktionierender Seilfahrtseinrichtung und Signalanlage, die Schrämwalzen und natürlich das Förderband, das für Personenseilfahrten zugelassen ist. Der voll funktionsbereite, pressluftbetriebene Blindschachthaspel im EBV ist eine einzigartige Rarität. Nur noch im Deutschen Museum in München steht ein solches Exemplar, allerdings nicht betriebsbereit.
Das Erlebnisbergwerk Velsen bietet Unterhaltung und Weiterbildung zum Anfassen für Klein und Groß. Grundschulklassen sind hier ebenso zu sehen wie Bergleute im Ruhestand, die nochmal Grubenluft schnuppern wollen.

Wichtig!

Adresse:
Erlebnisbergwerk Velsen
Alte Grube Velsen 7
D-66127 Saarbrücken
Tel. 0176/56586013
www.erlebnisbergwerkvelsen.de
info@erlebnisbergwerkvelsen.de

Öffnungszeiten:
Führungen für Einzelpersonen ohne Anmeldung samstags um 14 Uhr und jeden 1. Sonntag im Monat zwischen 10 und 12 Uhr

Eintritt:
Erwachsene: € 10,–
Kinder und Jugendliche: € 4,–
Dauer der Führung: ca. 1,5 h
Gruppenführungen jederzeit nach Vereinbarung möglich, auch auf Französisch, Englisch und Italienisch
Die Besucher werden von zwei Begleitern durch die Welt des Steinkohlenbergbaus geführt. Etliche Maschinen werden in Betrieb genommen. Bitte festes Schuhwerk tragen.
Sonderveranstaltungen zu Hexennacht, Warndt-Weekend und Halloween.

Wolfspark in Merzig

Wölfe! Von den Germanen bewundert und verehrt, seit dem Mittelalter gefürchtet, gehasst und gejagt: Kaum ein Tier hat die Menschen über die Jahrhunderte so in seinen Bann gezogen.
In freier Wildbahn waren Wölfe bei uns nahezu ausgerottet, kehren jedoch nach und nach zurück. Allerdings ist das Erlebnis, Wölfe in ihrem natürlichen Lebensraum zu beobachten, durchaus möglich ohne sich auf die Lauer zu legen. Im Merziger Kammerforst!
Hier, in einem stillen Waldgebiet nahe der Stadt, leben rund 20 der beeindruckenden Tiere in großzügigen Freigehegen: europäische Grauwölfe aus Schweden und Litauen, weiße Polarwölfe, mongolische und Timberwölfe. Doch der Merziger Wolfspark ist nicht nur „Schau-Platz": Es ist einer der wenigen Orte der Welt, wo das Verhalten der Wölfe erforscht wird. Den Grundstein für dieses Projekt legte der 2014 verstorbene Werner Freund, Verhaltensforscher von internationalem Rang, im Jahr 1977 mit dem ersten Gehege – heute die Heimat der europäischen Wölfe. In rund 40 Jahren baute er den Park – mit Unterstützung der Stadt Merzig und des „Förderkreises Merziger Wolfsgehege e.V." – auf seine heutige Größe von ca. 8 ha aus. Werner Freund hat es sich zur Lebensaufgabe gemacht, das Bild des Wolfes zurecht zu rücken. Im Merziger Wolfspark studierte er dazu das Verhalten der Tiere von klein auf: Alle Wölfe, die hier leben, kamen als Welpen und wurden „auf wölfische Art" aufgezogen – von Freund, seiner Frau und Tatjana Schneider, die seit 1993 an der Seite von Freund mit den Wölfen arbeitete und nun den Wolfspark in seinem Sinne weiterführt.
Die Wölfe im Merziger Kammerforst: Ein einzigartiges Projekt – ein einzigartiges Erlebnis!
Kostenlose Vorträge an jedem ersten Sonntag im Monat um 16 Uhr.

Fotos: © Kreisstadt Merzig / H. Britz

Wichtig!

Adresse:
Wolfspark-Werner-Freund
Waldstraße 204 / Kammerforst
66663 Merzig
Info über:
Tourist-Info der Kreisstadt Merzig
Poststraße 12, 66663 Merzig
Tel. 06861/85330
www.merzig.de, tourist@merzig.de
Anfahrt: Merzig liegt nördlich von Saarlouis an der B51 und A8 (Abfahrt von A8 Richtung Merzig-Schwemlingen), ausgeschildert
Saison/Öffnungszeiten:
Ganzjährig, Mo. bis So. von 9 bis 17 Uhr
Eintritt: frei
Verpflegung: Picknick, Gaststätte
Auskunft und Anmeldung:
Wolfsführung: Tel. +49 (0) 171/7496999

Per Click in die Freizeit

Archäologische Museen

Bad Königshofen: www.dieschranne.de
Greding: www.greding-museum.de
Kelkheim: www.archaeologisches-museum-kelheim.de
Kipfenberg: www.bajuwaren-kipfenberg.de
Künzing: www.museum-quintana.de
Landau: www.kastenhof.landau-isar.de
Manching: www.museum-manching.de
München: www.archaeologie-bayern.de
Scharam/Alzing: www.mammutheum.de
Seebruck: www.roemermuseum-bedaium.byseum.de

Diverse Museen

Aschaffenburg: www.museen-aschaffenburg.de
Bernried: www.buchheimmuseum.de
Finsterau: www.freilichtmuseum.de
Hohenschwangau: www.hohenschwangau.de
Ingolstadt: www.ingolstadt.de/stadtmuseum
www.armeemuseum.de
München: www.bmw-welt.com
www.deutsches-museum.de
www.lenbachhaus.de
www.museum-fuenf-kontinente.de
Nördlingen: www.bayerisches-eisenbahnmuseum.de
Regensburg: www.museum.bayern
www.naturkundemuseum-regensburg.de
Schweinfurt: www.museumgeorgschaefer.de

Diverse Freizeitparks

Dasing: www.western-city.com
Halblech: www.kamelfarm-allgaeu.de
Hirschau: www.montekaolino.eu
Marquartstein: www.maerchenpark.de
Nürnberg: www.formula-nuernberg.de
Wolfratshausen: www.maerchenwald-isartal.de

Burgen/Schlösser

Burghausen: www.burghausen.de
Coburg: www.sgvcoburg.de
Ettal: www.schlosslinderhof.de
Herrenchiemsee: www.herren-chiemsee.de
Hohenschwangau: www.neuschwanstein.de
Landshut: www.burg-trausnitz.de
München: www.residenz-muenchen.de
www.schloss-nymphenburg.de

Zoos/Wildparks

Bad Kissingen: www.wildpark-klaushof.de
Grafenau: www.nationalpark-bayerischer-wald.de
Hof: www.zoo-hof.de
München: www.hellabrunn.de
www.visitsealife.com
Neumarkt/Opf.: www.jura-zoo.de
Straubing: www.tiergarten-straubing.de
Poing: www.wildpark-poing.de
Unterreit: www.wildpark-oberreith.de
Weitramsdorf-Tambach: www.wildpark-tambach.de

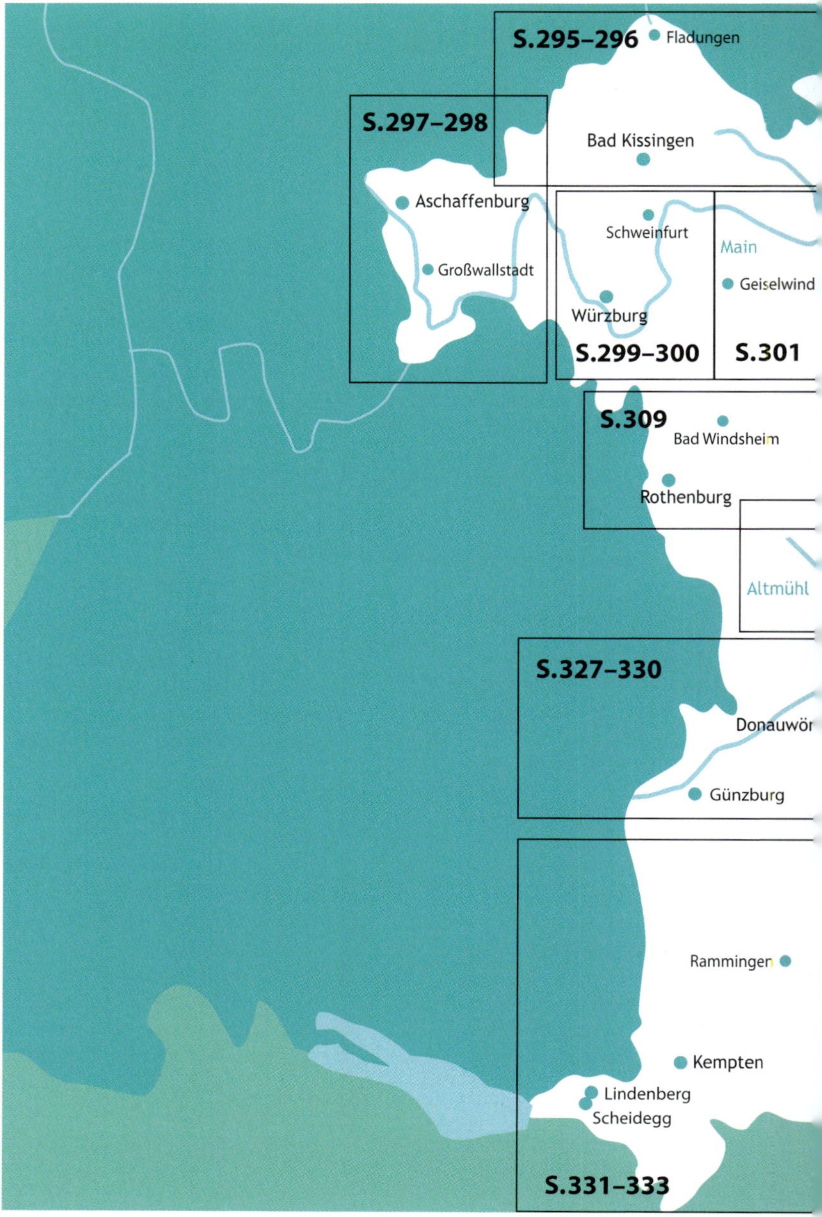
S.295–296
Fladungen
S.297–298
Bad Kissingen
Aschaffenburg
Großwallstadt
Schweinfurt
Main
Geiselwind
Würzburg
S.299–300
S.301
S.309
Bad Windsheim
Rothenburg
Altmühl
S.327–330
Donauwör
Günzburg
Rammingen
Kempten
Lindenberg
Scheidegg
S.331–333

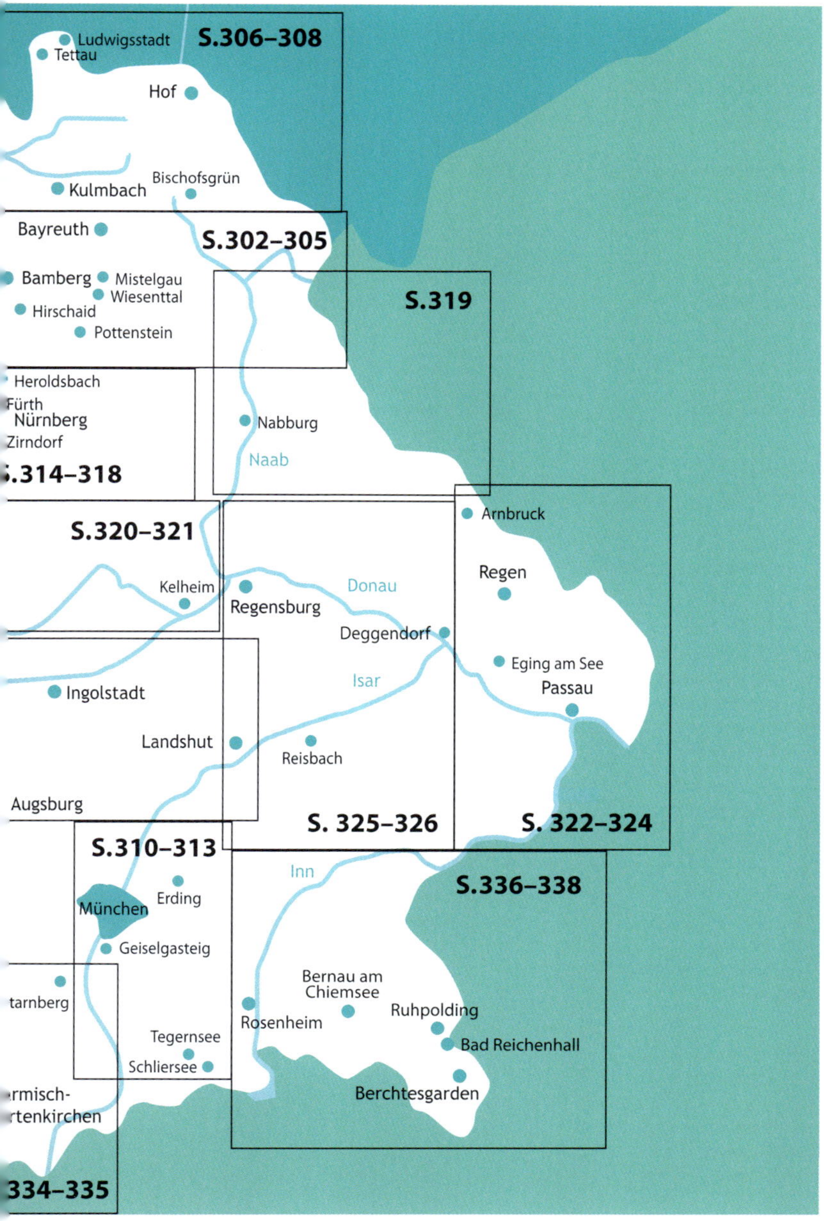

S.306–308
Ludwigsstadt
Tettau
Hof
Kulmbach
Bischofsgrün
S.302–305
Bayreuth
Bamberg
Mistelgau
Wiesenttal
Hirschaid
Pottenstein
S.319
Heroldsbach
Fürth
Nürnberg
Zirndorf
.314–318
Nabburg
Naab
S.320–321
Kelheim
Regensburg
Donau
Deggendorf
Arnbruck
Regen
Eging am See
Passau
Isar
Ingolstadt
Landshut
Reisbach
Augsburg
S. 325–326
S. 322–324
S.310–313
Inn
S.336–338
Erding
München
Geiselgasteig
tarnberg
Bernau am
Chiemsee
Rosenheim
Ruhpolding
Bad Reichenhall
Tegernsee
Schliersee
Berchtesgarden
rmisch-
rtenkirchen
334–335

Bayerische Rhön

Die Rhön ist, bildlich gesprochen, der Ferienbalkon zwischen Nord- und Süddeutschland. Von den Bergen der Rhön, dem „Land der weiten Fernen", hat man bei gutem Wetter phantastische Aussichten. Der Blick erfasst kleine fränkische Orte, umringt von Wald, Wiesen und Feldern. Das Land kann auf rund 3.500 km langen Wanderwegen durchquert werden. Rechts und links des Weges warten so seltene Pflanzen wie die Trollblume, das Wollgras und der Sonnentau – eine kleine Welt jenseits der Autobahnen!

Fränkisches Freilandmuseum Fladungen

Das Fränkische Freilandmuseum Fladungen lädt zu einer Zeitreise in die Vergangenheit ein. Wiedererrichtete Höfe und Bauten zeigen, wie unsere Vorfahren gelebt und gewirtschaftet haben. Liebevoll und detailgetreu eingerichtete Wohnhäuser und Wirtschaftsgebäude sowie Brauhaus, Schäferei, Dorfschule, Mühlen, Wirtshaus und Kirche stehen beispielhaft für 400 Jahre Dorfleben. Auf dem Rundgang sind auch Hausgärten, Streuobstwiesen, Äcker und Weiden sowie alte Haustierrassen zu entdecken. Immer wieder neue Aspekte des dörflichen Lebens vermitteln ein umfangreiches Veranstaltungsprogramm, Sonderausstellungen, Handwerksvorführungen oder Feste. Mit Volldampf bringt die historische Dampflok „Rhön-Zügle" Gäste auf das Fladunger Museumsgelände. Im Museumsgasthof „Zum Schwarzen Adler" stärken sich Besucher mit typisch fränkischen Spezialitäten. Zum gemütlichen Einkauf von regionalen Produkten und Souvenirs laden Rhöner Bauernladen und Museumsladen ein.

Wichtig!

Adresse: Fränkisches Freilandmuseum Fladungen, Bahnhofstr. 19, 97650 Fladungen
Tel. 09778/9123-0
info@freilandmuseum-fladungen.de
www.freilandmuseum-fladungen.de
Anfahrt: Fladungen liegt an der B 285 im nördlichsten Zipfel der Bayerischen Rhön. Das Museum liegt am östlichen Ortsrand.
Öffnungszeiten: Apr.–Okt., täglich 9–18 Uhr (Apr. und Okt.: Mo. Ruhetag, außer feiertags)
Verpflegung:
Museumswirtshaus, Brotzeitstübchen und Rhöner Bauernladen

Aktiv – unterwegs in Bad Kissingen

Bad Kissingen – Teil der UNESCO-Welterbestätte. Die bedeutenden Kurstädte Europas besticht durch eine sehr charmante Atmosphäre: die herrschaftlich-historischen Bauwerke, Europas größte Wandelhalle, der weitläufige Luitpoldpark mit herrlich altem Baumbestand und der duftende Rosengarten machen die Stadt zu einem beliebten Ausflugsziel. Die typisch fränkischen Weinstuben wechseln sich in der malerischen Fußgängerzone mit einladenden Geschäften und hübschen Plätzen zum Verweilen ab. Vielfältige Gästeführungen laden dazu ein Bad Kissingen und seine Vielfältigkeit näher kennen zu lernen. Eine Stadtrundfahrt mit der GeckoBahn führt zu den schönsten Orten Bad Kissingens und bringt Gäste zu tollen Ausflugszielen. Mit der Postkutsche kann ein Ausflug ins nahe gelegene Schloss Aschach mit seinen Museen geplant werden. Eine Wanderung durch die Rhön zeigt die herrliche Umgebung von Bad Kissingen. Typisch fränkischer Wein kann bei einer Weinbergführung mit anschließender Weinprobe genossen werden – ein ideales Ziel für Reisegruppen.

Wichtig!

Information, Beratung & Buchung:
Bayer. Staatsbad Bad Kissingen GmbH
Im Luitpoldpark 1, 97688 Bad Kissingen
Tel. 0971/8048-444, Fax 0971/8048-445
www.badkissingen.de
tourismus@badkissingen.de

Der Spessart

Das „Wirtshaus im Spessart", Geschichten von Wilderern und Räubern sowie die ausgedehnten Wälder mit Eichen und Buchen haben das Mittelgebirge im Herzen Deutschlands bekannt gemacht. Auch das Märchen von Schneewittchen und den 7 Zwergen soll hier zwischen Main und Kinzig seinen Ursprung haben. Sicher ist, dass die als Naturpark ausgezeichnete Region zu den schönsten Urlaubsgebieten Deutschlands zählt.

Willkommen im Naturpark Spessart

Ausgedehnte Laubwälder und eine abwechslungsreiche Kulturlandschaft bieten im Naturpark vielfältige Erlebnis- und Erholungsmöglichkeiten. Besuchern stehen ausgedehnte markierte Rad- und Wandertouren zur Verfügung, darunter Premium- und Qualitätswanderwege sowie das als Qualitätsregion „Wanderbares Deutschland" ausgezeichnete RÄUBERLAND im Hochspessart. Preisgekrönt ist die neue E-Bike-Initiative Wald erFahren. Darüber hinaus laden zahlreiche Erlebnispfade und über 100 Kulturwege zu Entdeckungstouren in Natur, Kultur und Geschichte ein.Familien mit Kindern entdecken die Erlebnispfade, die Kletterwälder oder die Wildparks. Spannende Einblicke in die Region geben die Naturparkführer im Rahmen von jährlich ca. 300 Veranstaltungen und Führungen.

Und auch kulinarisch ist der Spessart vielseitig. Kreative Köche verwöhnen mit regionalen Spezialitäten, z.B. die ausgezeichneten Weine, die Wildgerichte, Spessartforelle und Qualitätsfleisch von den Weiden des Naturparks (www.gruenland-spessart.de oder www.wildundweinwochen.de). Nähere Informationen, das aktuelle Jahresprogramm und Wander- und Freizeitkarten erhält man bei den unten stehenden Ansprechpartnern und im Internet.

Wichtig!

Tourismusverband Spessart-Mainland e.V.
Industriering 7
63868 Großwallstadt
Tel. 06022/261020
info@spessart-mainland.de
www.spessart-mainland.de
(mit Portal zum Broschüren bestellen)

Naturpark Spessart e.V.
Frankfurter Str. 4
97737 Gemünden a. Main
Tel. 09351/603-947
info@naturpark-spessart.de
www.naturpark-spessart.de
(mit Buch- und Kartenshop)

Gärten und Parks in Aschaffenburg

Fotos: © Kongress- u. Touristikbetriebe Aschaffenburg/Till Benzin

Wie Perlen an einer Kette reihen sich über zehn historische Parks und Gärten in Aschaffenburg aneinander. Im Südwesten liegt der Nilkheimer Park. Im Sommer wird er als Begegnungsstätte genutzt und im Spiegelsaal des Nilkheimer Hofs finden Trauungen statt. Sehenswert sind ganzjährig Skulpturen, Monumente und das Römerbad.

An den Nilkheimer Park schließt der Landschaftspark Schönbusch an – einer der ältesten und schönsten englischen Landschaftsgärten in Deutschland. Hier findet man Staffagearchitekturen sowie künstlich aufgeschütteten „Berge" mit Aussichtsturm und Teufelsbrücke vor. Das klassizistische Gartenschloss bietet fürstliche Schauräume. Im Sommer werden hier die „SchönbuschSerenaden" aufgeführt.

Am gegenüberliegenden Mainufer liegt der Schlossgarten, der sich vom Schloss Johannisburg bis zum Pompejanum zieht. Schmale geschwungene Wege, ein Laubengang und der Frühstückstempel schaffen einezauberhafte Atmosphäre.

Eine andere Welt erwartet den Besucher im mediterran gestalteten Garten am Pompejanum. Eine Pflanzenwelt mit Agaven, Zitrusbäumchen und Feigensowie die Erkundung des Pompejanums wecken mediterrane Urlaubsgefühle.

Der Park Schöntal bietet im Herzen der Stadt Erholung. Ein besonders romantisches Fleckchen ist die Ruine des einstigen Beguinenklosters. Bekannt ist der Park jedoch für seinen Magnolienhain mit über 40 Bäumen.

Dem Schöntal folgt die „Großmutterwiese". Zusammen mit dem großem Wasserspielplatz ist sie die „Spielwiese" Aschaffenburgs. Einen besonderen Blickfang stellt der Ludwigsbrunnen dar.

Die Grünbrücke verbindet Großmutterwiese mit dem Stadtwald Fasanerie. Dieser 32 Hektar große Landschaftspark ist besonders reizvoll im Frühling zur Buschwindröschenblüte und gilt mit seinen Biergärten und dem großen Spielplatz als beliebtes Familienziel.

Wichtig!

Adresse:
Tourist-Information Aschaffenburg
Schloßplatz 1, 63739 Aschaffenburg
Tel. 06021/395-800, Fax 06021/395-802
www.tourist-aschaffenburg.de
info@tourist-aschaffenburg.de
Saison/Öffnungszeiten:
siehe Homepage
Verpflegung:
Restaurants im Park oder in Parknähe,
2 Biergärten

Würzburg

Eine Städtetour durch Würzburg hat einiges zu bieten. Architekturfans kommen hier angesichts der vielen historischen Gebäude voll auf ihre Kosten. Überragt wird die Stadt von der Festung Marienberg, die auch gleichzeitig das bekannteste Wahrzeichen der Stadt ist. Ein schöner Spaziergang führt ab der alten Mainbrücke über die Tellsteige oder auch ab der Friedensbrücke über das Gelände der Landesgartenschau von 1990 dorthin. (Natürlich ist die Festung auch mit dem Auto zu erreichen.) Durch mehrere Tore hindurch steht man dann vor dem Museum für Franken. Früher war die Festung Sitz der Fürstbischöfe, wurde später aber zu Gunsten der neu erbauten, repräsentativen Residenz aufgegeben. Apropos Residenz. Diese wurde im Jahr 1981 als UNESCO-Weltkulturerbe eingestuft. Neben der beeindruckenden Barock-Residenz gibt es noch einen schönen Hofgarten mit schmiedeeisernen Toren. Am Paradeplatz befindet sich ein Denkmal von Fried Heuler. Schöne Höfe und Bürgerhäuser findet man im Bereich Unterer Markt und Gressengasse. Wer den Abend bei einem Glas Wein im Weinhaus „Zum Stachel" in der Gressengasse ausklingen lässt, spürt ihn vielleicht noch – den

Hauch der Geschichte. Denn besagtes Weinlokal war zur Zeit der Bauernkriege Treffpunkt der Aufständischen. Zu den vielen weiteren Gebäude-Highlights zählen die Neue Universität, die Neubaukirche, der Kulturspeicher, der Rückermainhof oder der Rote Bau. Auch die eine oder andere geschichtsträchtige Brücke wird man in Würzburg überqueren. Beispielsweise die Alte Mainbrücke, die bis 1886 der einzige Flussübergang war und mit verschiedenen Heiligenfiguren versehen ist. Die jüngste Brücke ist die Brücke der Deutschen Einheit (Talavera-Brücke), eine interessante Schrägseilbrücke, die den Main und das Hafenbecken überquert. Wer sich nach der Städtetour erholen möchte, kann dies wunderbar in einem der Parks tun, etwa dem Ringpark, dem Hofgarten oder dem Park Klein Nizza.

Fotos: © Congress-Tourismus-Würzburg

Wichtig!

Weitere Informationen über Würzburg:
www.wuerzburg.de
tourismus@wuerzburg.de

Wildpark an den Eichen

Der „Wildpark an den Eichen" zählt zu den beliebtesten Ausflugszielen in Bayern für Groß und Klein – und das bei freiem Eintritt! Das 18 Hektar große Gelände bietet zahlreiche Attraktionen sowie auch gemütliche Plätze in der Natur, die zum Verweilen einladen. Die Erholungsanlage beherbergt über 40 verschiedene Tierarten und insgesamt etwa 500 Tiere. In Waldgehegen leben zahlreiche Huftierarten und Damwild, aber auch Kleintiere und verschiedenste Vogelarten. Das Maskottchen des Wildparks ist der Elch. Elchbulle Lasse und Elchkuh Daya sorgen immer für Aufsehen. Von der Elchplattform aus kann man die beiden mit etwas Glück beim Baden im See beobachten. „Burg Schweinstein" ist ein naturnahes und artgerechtes Wildschweingehege. Im Streichelgehege nebenan kann man die Ziegen mit speziellem Futter füttern. Das Luchsland stellt mit der Besuchertribüne eine besondere Attraktion für Kinder und Erwachsene dar. 2016 entstand der „BAUER(n)HOF", hier leben Hühner, Gänse, Kaninchen, Meerschweinchen und Schweine.

Wichtig!

Adresse: Wildpark an den Eichen
Verwaltung: Städt. Forstamt Schweinfurt
97424 Schweinfurt
Tel. 09721/51502 oder 51504
www.wildpark-schweinfurt.de
Anfahrt: Über die A 70 Ausfahrt Schweinfurt-Mitte, der Park liegt am Ortsausgang nach Bad Königshofen. Der Stadtwald liegt zwischen den Ortsteilen Steinberg und Deutschhof. Kostenlose Parkplätze vorhanden.
Öffnungszeiten: Ganzjährig frei zugänglich
Eintritt: frei, Spende erbeten
Verpflegung: In der Waldschänke nur Souvenirverkauf und Snacks, Gaststätte mit Freiterrasse nördlich an den Park angrenzend.

Theater Spielberg Würzburg

Das Theater Spielberg in Würzburg hat immer ein paar tolle Kinderstücke im Programm.

Abgesehen von der Theaterpause von Anfang August bis Mitte September, wird das ganze Jahr über gespielt, meist mit Vorstellungen am Samstag, Sonntag, teilweise auch am Donnerstag und Freitag.
Gespielt wird mit etwa 200 Puppen, die von 4 Mitspielern für die Kleinen zum „Leben erweckt" werden.

Wichtig!

Adresse: Theater Spielberg
Reiserstraße 7, 97080 Würzburg
Tel. 0931/26645 (Reservierung)
www.theater-spielberg.de
theater-spielberg@online.de
Anfahrt: Gegenüber der Haupteinfahrt der Uniklinik, welche ausgeschildert ist.
Saison/Spielzeiten: Ganzjährig, genauer Spielplan auf der Homepage.
Verpflegung: Kindercafé im Obergeschoss
Drumherum: Spielplatz im Außenbereich

Der Steigerwald

Eines gibt es im Steigerwald im Überfluss: Bäume! Das Mittelgebirge ist im Nordosten eine geschlossene grüne Mauer. Die zum Teil über 200 Jahre alten Buchenriesen wachsen hier höher als im übrigen Mitteleuropa. Die ausgedehnten Laubwälder beherbergen eine an Arten reiche Vogelwelt. Hier finden sich alle einheimischen Spechte ebenso wie Pirol und Turteltaube. In den Südlagen wird Wein angebaut, und auch die Karpfenzucht hat hier Tradition.

Freizeit-Land Geiselwind

Mit über 120 Attraktionen, 7 Achterbahnen, vielen Tieren und erstklassigen Shows, lädt das Freizeit-Land Geiselwind zu einem Tag voller Action, Fun und Abenteuer ein. Erlebt Themenbereiche wie das „Land der Piraten" die „Drachenbucht", „Tukis verrückter Bauernhof" oder auch das „Safariland", wo 2022 die neue Familienachterbahn „Taka Waka" eingebettet in einer alten Tempelruine zu spaßigen Fahrten über Berg und Tal einlädt.

Im größten Freizeitpark in Bayern erwartet die Gäste aber noch vieles mehr, egal ob für kleine Kinder mit Jacks Fluggerät in die Lüfte abheben, eine Runde für die ganze Familie in unserer Schiffschaukel „Bounty", für Thrill Junkies auf unserem Fluch des Kraken 6x Überkopf oder auf der 80 Meter hohen Attraktion „Merlin and the Magic Circle" einen einmaligen Adrenalinkick erleben.

Auch Veranstaltungen spielen im 5 Jahr unter Matthias Mölter wieder eine große Rolle, so gibt es 16 Themenevents wie z.B. die Piraten-, die Prinzessinnen- und Superherotage. Ganz neu in diesem Jahr ist Tukis Plüschparty, wo über 120 flauschige Kostüme und Tuki für ein großes Programm sorgen werden.

Action, Fun und Abenteuer, für die ganze Familie, egal ob bei unseren vielen Tieren, auf unseren Fahrgeschäften und Achterbahnen oder bei unseren Shows und Events, von klein bis groß kommt jeder Gast auf seine Kosten und geht mit einem Lächeln und großartigen Erinnerungen nach Hause.

Wichtig!

Adresse: Freizeit-Land Geiselwind
Wiesentheider Str. 25, 96160 Geiselwind
Tel. 09556/9211-0, Fax 09556/9211-14
www.freizeit-land.bayern
Anfahrt: Über die A 3 Nürnberg-Würzburg, Ausfahrt Geiselwind, dann ausgeschildert
Saison/Öffnungszeiten:
Ganzjährig,
aktuelle Zeiten über die Homepage
Eintritt:
aktuelle Preise über die Homepage
Verpflegung:
SB-Restaurants, Kioske, Imbisse, Picknick

Die Teufelshöhle bei Pottenstein

Tropfsteinpracht! Hinter dem imposanten Eingangstor der Höhle dehnt sich die Empfangshalle 80 m weit ins Gestein aus. Der Rundgang führt ca. 1 1/2 km durch den Berg – eine faszinierende Angelegenheit für „Höhlenforscher"! Wenn die Kinder nicht besonders ängstlich sind, lohnt sich schon für aufgeweckte 4-jährige der Besuch. Während der 50-minütigen Führung wird man durch Grotten, Säle und stattliche Hallen geführt. Es ist schon ein erhebendes Gefühl, wenn sich nach der Enge des Höhlengangs eine große Halle öffnet und im Licht starker Lampen die Tropfsteinpracht leuchtet wie die Kronjuwelen der Queen. Ein bisschen gruselig und deshalb sehr spannend sind die Skelette der Bären, die während der letzten Eiszeit die Höhle bewohnten. Kommt man wieder hinaus in die Frische eines sonnigen Sommertages, lockt in rund 1 km Entfernung der Schöngrundsee mit Kiosk. Dort werden auch Boote vermietet und in der Nähe befinden sich die Sommerrodelbahn Pottenstein sowie das Felsenbad mit einem schönen Biergarten.

Wichtig!

Adresse:
Teufelshöhle Pottenstein
Zweckverband Teufelshöhle,
Forchheimer Straße 1, 91278 Pottenstein
Tel. 09243/208
www.teufelshoehle.de
Anfahrt: Pottenstein liegt an der B 470 zwischen Pegnitz und Forchheim, rund 10 km von Pegnitz entfernt. Die Höhle ist ausgeschildert
Saison/Öffnungszeiten:
April bis Allerheiligen: täglich 9–17 Uhr (letzter Einlass 16.30 Uhr), November bis Palmsamstag: So. von 10–15 Uhr
Eintritt: Kinder unter 4 Jahren frei
Kinder € 3,–, Erw. und Jugendliche € 5,–
Gruppen Kinder € 2,50,
Gruppen Erw. und Jugendliche € 4,50
Familienkarte € 13,50
Weitere Preise auf der Homepage
Verpflegung: Schönes Terrassencafé

Therme Obernsees

Einzigartiges Saunaparadies! Die Therme Obernsees in der Fränkischen Schweiz bietet ausgiebiges Bade- und Saunavergnügen für die ganze Familie. Entspannung und Erholung, aber auch Spiel und Spaß sind in der Therme Obernsees an der Tagesordnung. 865 m² Wasserfläche, verteilt auf acht Becken, gefüllt mit wohlig warmem Thermalwasser mit Temperaturen zwischen 30 und 35 Grad laden große und kleine Badegäste zum Planschen und Genießen ein. Ruhebedürftige erholen sich an den Massagedüsen, besuchen das Meditationsbecken oder die Tropfstein-Dampfgrotte oder lassen im hyperthermisch betriebenen Außenbecken die Seele baumeln. Ein Hangelnetz, eine 90-Meter-Reifenrutsche, eine Klein- und eine Breitrutsche locken, vor allem junge Badegäste. Auch die kleinsten Wasserratten finden ihre eigene Wasser- und Spielwelt in der Kinderspiel-Oase. Aber nicht nur in der attraktiven Badewelt, sondern auch im einzigartigen Saunaparadies bleiben keine Wünsche offen. In der mit 5 Perlen intereuropäisch ausgezeichneten Saunaanlage sorgen z. B. das Kelo-Blockhaus, die Feuer- und Steinsauna, das fränkische Kräutersanarium, der schöne Saunagarten, und vor allem die Panoramaoase mit Sandteich, Bier- und Genusssauna und fränkischer Hopfen Stub'n für einen erholsamen Aufenthalt. So werden wenige Stunden Freizeit zu einem fröhlichen Erlebnis für die ganze Familie. Der Startschuss zur Modernisierung der Badewelt ist erfolgt. Die Breitrutsche geht 2022 nicht mehr in Betrieb und wird voraussichtlich im Frühjahr

2024 wieder zur Verfügung stehen. Die Außenbecken 1 + 2 sind seit Montag, 21.03.2022 nicht mehr in Betrieb. Das 3. Außenbecken, das Spaß-/Erlebnisbecken in der unteren Badewelt ist uneingeschränkt nutzbar.

Wichtig!

Adresse: Therme Obernsees
An der Therme 1, 95490 Mistelgau
Tel. 09206/99300-0, Fax 09206/99300-10
info@therme-obernsees.de
www.therme-obernsees.de

Anfahrt:
17 km süd-westl. von Bayreuth.
Über die A 9 von der Ausfahrt Trockau bis zur Therme Obernsees ausgeschildert.

Saison: Ganzjährig

Öffnungszeiten:
Oktober–April: Mo.–Do. 9–22 Uhr, Fr.–Sa. 9–22 Uhr (Therme), Fr.–Sa. 9–23 Uhr (Sauna), So. und Feiertage 9–22 Uhr.
Mai–September: Mo.–Sa. 9–21 Uhr, (Saunawelt 9–22 Uhr) So. und Feiertage 9–22 Uhr

Eintritt:
Erw. 3 Std. € 14,50, Tag € 17,50;
Kinder (4–15 J.) 3 Std. € 10,–, Tag € 13,–;
Erw. 2 Std. € 11,–; Kinder (4–15 J.) 2 Std. € 8,–.
Familienbonus: Pro zahlendem Erwachsenen haben zwei Kinder (bis 15 Jahre) freien Eintritt in die Badewelt. Erwachsene zahlen den regulären Eintritt.

Verpflegung: Bistro und Saunafitbar, zusätzlich ein Bistro für externe Gäste

FrankenLagune

Das Erlebnisbad der FrankenLagune bietet Wellness und Badespaß für die ganze Familie!
Direkt angegliedert an den Badbereich lädt das Wellness-Center in wunderschönem Ambiente zu Fitness, Relaxen & Regenerieren ein.
Nach den Umkleiden, Solarien und Duschbereichen gelangt man in den mediterran gestalteten Saunaland-Innenbereich. Verschiedene Saunen und Bäder laden hier zum Entspannen ein. Im AROMABAD und im DAMPFBAD herrscht eine Temperatur von ca. 45°C mit hoher Luftfeuchtigkeit. Das SANARIUM bietet mit ca. 60°C und 50% Luftfeuchte eine sanftere Badeform als die klassische finnische SAUNA mit ca. 90°C bei geringerer Luftfeuchte. Zwischen und nach den Saunagängen kann man den Körper durch Erlebnisduschen, Fußbecken und Tauchbecken abkühlen oder durch Einzelwhirlpools, Solarien, Beauty- und Massageanwendungen zusätzlich verwöhnen.
Vorbei am Kaminzimmer gelangt man in den einzigartigen Saunagarten. Hier findet man neben dem Schwimmbecken auch die KELO-SAUNEN aus massiven Baumstämmen und Natursteinen.

Die stündlichen Aufgüsse bringen jeden Gast in Wohlfühlstimmung!
Entspannen kann man sich im Anschluss in den Ruhehäusern – leise Hintergrundmusik, gepolsterte Rattanliegen, Wärmebänke, Pflanzen, Kelo-Holz und der Blick auf den Garten, die Liegemöglichkeiten rund um den Pool und vieles mehr sorgen für wunderbare Erholung.
Stärken kann man sich zwischendurch im Erlebnis-Café oder im Sauna-Biergarten bei leckeren Getränken, Brotzeiten, Salaten und Snacks.
Auch der Fitnessbereich des Wellness-Centers mit modernen Geräten für Herz-/Kreislauf-, Fettabbau und Muskeltraining, Fahrräder, Liegefahrräder, Laufbänder und Kraftgeräte stehen zum Ganzkörpertraining zur Verfügung.

Wichtig!

Adresse: FrankenLagune Wellness-Center
Georg-Kügel-Ring 5, 96114 Hirschaid
Tel. 09543/4408-10, Fax 09543/4408-11
www.frankenlagune.de
wellness@frankenlagune.de
Öffnungszeiten/Preise:
siehe: www.frankenlagune.de

Höhlenruine Riesenburg (Versturzhöhle)

Die Riesenburg stellt die Überreste einer ausgedehnten Karsthöhle aus sog. Frankendolomit dar, die durch die Einwirkung von Wasser entstand.
Mehrere Felsbögen mit einer Spannweite bis zu 11,5 m zeigen ein einzigartiges Naturschauspiel. Die Gesamtlänge der im Frankendolomit angelegten Höhle beträgt 43 m bei einer Höhendifferenz von 25 m. Die Naturbrücken und Felsen sind Überreste eines eingestürzten Höhlendaches.
Die Riesenburg, damals im Besitz des Grafen Schönborn, wurde schon Anfang des 19. Jahrhunderts zu einem Ausflugsziel, das unter anderem König Ludwig I. besuchte. Daran erinnert der in den Fels gemeißelte Zweizeiler:
„Folgend dem Windzug, kommen zum Felsen die Wolken und weichen, unveränderlich steht aber der Fels in der Zeit."
Die Riesenburg gehört offiziell zu den 100 bedeutendsten geologischen Naturwundern Bayerns und ist unbedingt einen Besuch wert.
Das Juradorf Engelhardsberg bietet sich als Ausgangspunkt einer herrlichen Wanderung an, deren erster Höhepunkt die Riesenburg bildet. Auf einer Runde von ca. 12 km lassen sich weitere Naturschönheiten entdecken, bevor man zum Startpunkt zurückkehrt.
Ernst Moritz Arndt schrieb 1801 über die Riesenburg: *Ich möchte sie gern das Schönste nennen, was ich in diesen Gegenden gesehen habe, wenn die Wunder unter der Erde nicht so ganz anders auf das menschliche Gemüth wirkten, als alles was noch unter den Strahlen der Sonne liegt. Mit Recht heißt es eine Riesenburg.*

Wichtig!

Adresse:
Touristinfo Muggendorf
Forchheimer Str. 8, 91346 Wiesenttal
Tel. 09196/929931
www.wiesenttal.de
Anfahrt:
Sie erreichen uns von der A3 (Würzburg-Nürnberg), Ausfahrt Höchstadt/Ost; oder der A9 (Berlin-München), Ausfahrt Pegnitz. Die B470 stellt dann jeweils die direkte Verbindung zu uns her.
Saison/Öffnungszeiten:
ganzjährig begehbar
Verpflegung:
Einkehrmöglichkeiten: in Muggendorf, Raststation Engelhardsberg
Ausrüstung:
Festes Schuhwerk

Frankenwald und Fichtelgebirge

Der Frankenwald setzt Bayern die Krone auf, denn die Mittelgebirgsregion liegt ganz im Norden des Freistaates. Stille Wälder und verwinkelte Städtchen charakterisieren das Land der Köhler und Flößer. Der Frankenwald zählt zu den abgeschiedensten Gebieten der Bundesrepublik, und das trifft auch auf das Fichtelgebirge zu. Bewaldete Bergrücken, bizarre Felsenlabyrinthe und glasklare Bäche machen es zum attraktiven Ferienland.

Allwetterrodelbahn „Alpine Coaster" & Seilbahnen am Ochsenkopf

Pures Rodelvergnügen

Genießen Sie ungeahnte Aussichten und Einblicke schon während der gut 700m langen Bergauffahrt bevor Sie sich in die über 1.000 m lange, überaus abwechslungsreiche Abfahrt stürzen.
Flitzen Sie bei einer Höchstgeschwindigkeit von bis zu 40 km/h den Ochsenkopf hinunter und legen Sie dabei eine Höhendifferenz von 140 m zurück.
Der Start und Zielpunkt befindet sich direkt neben der Talstation der Seilbahn Ochsenkopf Nord, mit der Sie nach dem Rodelspaß bei einer Fahrt zum Gipfel oder weiter zur Seilbahn Talstation Süd nach Fleckl herrliche Ausblicke weit über die Grenzen des Fichtelgebirges hinaus genießen können. Mit der Seilbahn Süd transportieren wir auch Fahrräder.

Wichtig!

Adresse:
Talstation Nord, Fröbershammer 27
95493 Bischofsgrün
Talstation Süd, Fleckl 40
95485 Warmensteinach
Tel. 09276/604 oder 435
www.ochsenkopf.info
seilbahn@ochsenkopf.info
Anfahrt: Über die B 303 ab A93/Marktredwitz oder A9/Himmelkron, beide Talstationen sind ausgeschildert.
Saison: Ganzjährig, Betriebszeiten variieren zwischen Sommer- und Wintersaison
Bitte aktuelle Hinweise auf der Homepage beachten!
Öffnungszeiten:
Bei gutem Wetter, täglich von 9.30–17.00 Uhr
Fahrpreise: www.ochsenkopf.info
Verpflegung: Gaststätten an beiden Talstationen und dem Gipfel, Imbiss, Picknick

Das Deutsche Schiefertafelmuseum Ludwigsstadt – das Museum zum Anfassen

Hier ganz im Norden Bayerns, im Thüringisch-Fränkischen Schiefergebirge, einer Landschaft, die vom Schiefer eindrucksvoll geprägt wurde, finden sich ehemalige Schieferbrüche, Schieferfassaden und alte Produktionsstätten, die an die einst große Bedeutung des „Blauen Goldes" der Region erinnern.

Unser Museum zeigt eindrucksvoll das Leben der Menschen, die mit der Fertigung von Schiefertafeln, in Heimarbeit aber später auch maschinell in Fabriken, ihren kärglichen Lebensunterhalt mit mühevoller, staubiger Arbeit verdienen mussten und dabei täglich etwas Großes erschufen: Schiefertafeln, die Grundlage des Lernens bevor Papier und Tablets die Schreibtische und Schulen eroberten.

Meisterwerke, die von Schieferdeckern mit Dachschiefer an Hauswänden gezaubert wurden und werden, finden Sie auf einer weiteren Ebene des Museums. Dunkelblaue Hausfassaden verziert mit silbern glänzender Zinnfolie (Stanniol) oder Muster aus verschiedenen Schieferformen und -farben, um Muster und Absätze in Schieferverkleidungen einzuarbeiten. Der älteste datierbare Schiefergiebel mit Stanniolmalerei aus dem Jahre 1673 steht hier im Deutschen Schiefertafelmuseum Ludwigsstadt (Bild unten links). Ein Handwerk der besonderen Art.

Zu guter Letzt wird die Geschichte des Schiefers und der Region um Ludwigsstadt zur Realität, wenn man im „alten" Klassenzimmer „Schule wie vor 100 Jahren" erleben kann. Sitzen an originalen Schulbänken, mit Schiefertafel und Griffel zum Schreiben und einem strengen Lehrer, der aufpasst, „dass keiner schwatzt".

Fotos: Siegfried Scheidig

Wichtig!

Adresse:
Das Deutsche Schiefertafelmuseum Ludwigsstadt
Lauensteiner Straße 44, 96337 Ludwigsstadt
Tel. 09263/974541, www.schiefermuseum.de
info@schiefermuseum.de
Öffnungszeiten: Di.–So. von 13–17 Uhr, weitere Führungen auf Anfrage möglich.
Eintritt: Erwachsene: € 5,–, Familie: € 10,–
Kinder: € 2,50, Gruppen (ab 10 P): € 6,–

Tropenhaus Klein Eden

Der Garten Eden liegt am fränkischen Rennsteig

Klein-Eden heißt das Tropenhaus, unter dessen Glasdach auf rund 3.500 m2 exotische Früchte erforscht und erzeugt werden. Und nicht nur das: Im Wasser zu Füßen der Bäume drehen Nilbarsche und Pacus Ihre Kreise. Für unsere Gäste haben wir ein eigenes Haus angelegt, in dem sie bis zu 180 verschiedene Pflanzensorten und -gattungen auf 800 m^2 auf eigene Faust erkunden können. Informationstafeln und Audioguides behandeln Themen wie die Verwendung der Pflanzen und Früchte, Energieverbrauch und Energieeffizienz, den Nützlingseinsatz und globale Umwelt- und Klimaschutzthemen. Wenn Sie wollen, können Sie den kreativen Köpfen, die hier am Werk sind, auch über die Schulter blicken und sich informieren, wie das hier alles möglich ist.
Das Modellprojekt "Tropenhaus am Rennsteig" untersucht gemeinsam mit der FH Weihenstephan-Triesdorf die Möglichkeiten der Erzeugung tropischer Früchte im geschützten Anbau in Deutschland. Das Besucherhaus ist barrierefrei. Auf Anfrage und zu öffentlichen Terminen sind Führungen für Einzelgäste und Gruppen in beiden Häusern möglich. Ausstellung **Faszination Tropen – erleben** im Besucherhaus

Die bestehende Bildungsarbeit mit tropischen Nutzpflanzen, wurde mit einer Ausstellung auf 800m^2 im Besucherhaus mit entsprechenden Tieren der Plantagen im Bereich Reptilien, Amphibien, exotischen Kleinsäugern und Wirbellose erweitert.
Wir verfolgen das Ziel, unseren Besuchern die Bedeutung dieser Tiere für unsere Ökosysteme nahe zu bringen.
Der direkte Kontakt zu den lebenden Tieren ist eine besondere Attraktion, auch lassen sich die einzelnen Arten gut beobachten – auch teilweise in der Unterwasseransicht.
An einigen Öffnungstagen werden zu ausgewählten Zeiten öffentliche Führungen durch die fachkundigen Guides angeboten, wer es aber lieber ruhiger mag, kann die Ausstellung auch auf eigene Faust in Ruhe erkunden – nähere Informationen entnehmen Sie Homepage!

Wichtig!

Adresse:
Klein Eden - Tropenhaus am Rennsteig
Klein Eden 1, 96355 Tettau
Tel. 09269/77143
info@tropenhaus-am-rennsteig.de
www.tropenhaus-klein-eden.de
Öffnungszeiten:
Aktuelle Öffnungszeiten entnehmen Sie der Homepage
Gruppenführungen auf Anfrage
Montag bis Samstag
Führungen/Preise:
unter www.tropenhaus-klein-eden.de

Fränkisches Freilandmuseum

Leben wie damals! Das Fränkische Freilandmuseum des Bezirks Mittelfranken in Bad Windsheim zeigt in über 100 Bauern- und Handwerkerhäusern, Mühlen, Schmieden und einem Jagdschlösschen, wie die ländliche Bevölkerung Frankens früher gelebt, gewohnt und gearbeitet hat. In den Sommermonaten von Mai bis Mitte Oktober werden täglich die alten Handwerke vorgeführt: Handweben, Getreidemahlen, Schmieden, Bierbrauen, Brotbacken, Wollspinnen und Korbmachen. Im Seubersdorfer Hof werden Pferde, Ochsen, Ziegen, Schweine und Federvieh wie früher gehalten. Die alten Bauerngärten stehen im Sommer in herrlicher Blütenpracht und auf den Wiesen zwischen den Häusern lässt der Museumsschäfer seine Schafherde grasen. Nach dem Rundgang durch das Museum erwarten den Gast fränkische Spezialitäten in den schattigen Biergärten und in den historischen Wirtshäusern. Besonderheiten: Archäologiemuseum, Mittalterhäuser ab 1322, Alter Bauhof mit Kräuterapotheke, das Museum Kirche in Franken, zwei Brauhäuser mit eigenem Museumsbier, Dauer- und Sonderausstellungen zu verschiedenen Themenbereichen. Umfangreiches Veranstaltungs- und Kursprogramm während der ganzen Saison, Freilandtheater und Konzerte.

Wichtig!

Adresse:
Fränkisches Freilandmuseum
Eisweiherweg 1, 91438 Bad Windsheim
Tel. 09841/66800, Fax 09841/668099
www.freilandmuseum.de
info@freilandmuseum.de

Anfahrt:
Bad Windsheim liegt an der A 7 bzw. der B 470 zw. Rothenburg ob der Tauber und Neustadt/Aisch, dort ausgeschildert, kostenfreier Bus- und Pkw-Parkplatz.

Saison/Öffnungszeiten:
Mitte März bis Ende Oktober täglich von 9–18 Uhr, ab November von 10–16 Uhr. Im März, Nov. und Dez. montags geschlossen.

Eintritt: Erwachsene € 7,–, Ermäßigte € 6,–, Familienkarte € 17,–

Verpflegung: 4 Wirtshäuser

München und Umgebung

Einer der berühmtesten Münchner ist der traurige Komiker Karl Valentin. Sein Aufstieg begann, nachdem er seinen Beruf als Schreiner an den Nagel gehängt hatte. Der Nagel ist im Valentin-Museum ausgestellt. Wer bei seiner München-Tour also beim „Ur-München" anfangen möchte, liegt beim Valentin-Museum richtig. Es ist in den Türmen des Isartors untergebracht und natürlich nur eines von vielen, denn die Münchner legen viel Wert auf Kultur. www.valentin-musaeum.de

Bavaria Filmstadt

Mit welchen Tricks und Kniffen arbeiten Filmemacher? Kurz gesagt: mit allen! In der Bavaria Filmstadt im Münchner Süden, dem Zuhause beliebter TV-Highlights, großer Shows und bekannter Filme, erfährt man wie Filmprofis wirklich arbeiten.

Während eines Rundganges durch die Bavaria Filmstadt wird man von der Atmosphäre dieses erfolgreichen Filmstudios verzaubert.

Wichtig!

Adresse:
Bavaria Filmstadt
Bavariafilmplatz 7, 82031 Geiselgasteig
Tel. 089/6499 2000
www.filmstadt.de
filmstadt@bavaria-film.de

Anfahrt:
Geiselgasteig liegt am südlichen Stadtrand von München an der Ausfallstraße in Richtung Grünwald/Bad Tölz. Straßenbahn Linie 25 Ri. Grünwald, Haltestelle Bavariafilmplatz.

Öffnungszeiten:
Die aktuellen Öffnungszeiten der Haupt- und Nebensaison findet man unter filmstadt.de

Eintritt:
Filmstadt Kombi (Führung durch die Filmstadt mit Besuch des 4 D Kinos) Erw. € 20,–, Kinder (6-17 Jahre) € 18,00.
Weitere Information unter: www.filmstadt.de

Verpflegung:
Food Trucks, Biobackwaren

monte mare Schliersee

Erleben Sie monte mare Schliersee in einer der schönsten Urlaubsregionen Deutschlands. Auf die Gäste wartet neben der attraktiv gestalteten Vitaltherme mit Solebecken und Whirlpool ein großzügiger, gemütlich angelegter Saunabereich. Fünf Saunen (Kelo-, Aufguss-, Entspannungs-, Regenstein- und Hopfen-Sauna) und ein Dampfbad laden zum Schwitzen ein. Schwall- und Erlebnisduschen, Ruheräume mit Wasserbetten und Wärmeliegen, ein Außenbecken mit Sprudelgrotte und Massagebänken und natürlich der große Saunagarten mit See- und Bergblick warten darauf, von Ihnen entdeckt zu werden.

Wichtig!

Adresse:
monte mare Schliersee (in der Vitalwelt)
Perfallstraße 4, 83727 Schliersee
Tel. 08026/92090-0, Fax 08026/9209060
schliersee@monte-mare.de
www.monte-mare.de/schliersee
Öffnungszeiten & Eintritt:
alle Informationen finden sie auf unserer Homepage

monte mare Seesauna Tegernsee

Am Fuß der Alpen, weniger als eine Autostunde von München entfernt, wartet die monte mare Seesauna Tegernsee darauf, entdeckt zu werden. Die Anlage besticht mit großflächigen Glasfronten mit bestem Panorama-Blick sowie direktem Zugang zum See.
Sechs verschiedene Themensaunen, ein Dampfbad, ein Sole-Außenbecken sowie großzügige Ruheräume bieten das perfekte Ambiente für eine Auszeit vom Alltag.
Im Sauna-Restaurant verwöhnen wir sie mit abwechslungsreichen Schmankerln. Außerdem steht Ihnen eine Ladesäule für E-Autos zur Verfügung.

Das Highlight auf dem See: Saunaschiff „Irmingard" liegt fest verankert am Ufer – ein einzigartiges Schwitz-Erlebnis!

Wichtig!

Adresse: monte mare – Seesauna Tegernsee
Hauptstraße 63, 83684 Tegernsee
Tel. 08022/187477-0,
www.monte-mare.de/tegernsee,
tegernsee@monte-mare.de
Öffnungszeiten & Eintritt:
alle Informationen finden sie auf unserer Homepage

THERME ERDING – Urlaub unter Palmen

In der größten Therme der Welt, der Therme Erding, entdecken die Gäste ein traumhaftes Urlaubsparadies unter Palmen. 185.000 qm weitläufige Urlaubsfläche und Attraktionen der Superlative garantieren Südseefeeling pur und bieten Erholung, Spaß und Action für alle Ansprüche. Vier gigantische zu öffnende Glasdächer sorgen das ganze Jahr für viel Helligkeit und bei sommerlichen Temperaturen für Badefreude unter freiem Himmel.

Wellness & Badespaß für die ganze Familie

In der exotischen Therme lässt sich Wellness mit der ganzen Familie zelebrieren. Hier erfahren bereits die Kleinsten, wie wohltuend Thermalheilbaden ist. Neben den unzähligen Wasser- und Wärmeattraktionen bereichern abwechslungsreiche Beauty- und Aktivprogramme den Thermenbesuch. Die belebende Wassergymnastik hält fit, während man der Haut anschließend eine pflegende Gesichtsmaske gönnt.

Ein Bad wie im echten Meer erwartet die Besucher im türkisglitzernden Wellenbad. Sich auf Poolnudeln treiben lassen und inmitten grüner Großpalmen von fernen Reisen träumen – so fühlt sich Urlaub an. Durch den Crazy River gelangen die Gäste in den wohltemperierten Außenpool mit Poolbar. In diesem traumhaften Paradies liegt das exklusive Hotel Victory Therme Erding am venezianischen Palazzo vor Anker. 128 unterschiedlich thematisierte Zimmer vermitteln das Gefühl an Bord eines Großseglers oder im Sommerurlaub in Venedig zu sein. Ob als Paar, als Familie oder geschäftlich - eine Übernachtung im Hotel Victory Therme Erding wird für große und kleine Seefahrer zum echten Abenteuer.

Jede Menge Spaß & gute Laune erwartet alle Actionfans in Europas größter Rutschenwelt, dem Galaxy Erding. 28 spektakuläre Bahnen in 3 Schwierigkeitslevels lassen keine Wünsche offen. Auf den neun Sommerrutschen im Thermengarten rutscht die ganze Familie um die Wette. Im Indoor-Bereich erwartet die Besucher ein besonderes Highlight: Rutschen mit Virtual Reality-Brille! Ruhe & Erholung nach einer abenteuerlichen Rutschpartie finden die Gäste in den exklusiv buchbaren Alm Chalets in urigem Hüttenstil.

Liebevoll gestaltete Kids Pools, kunterbunte Ferienanimation und eine Vielzahl weiterer Familienattraktionen lassen nicht nur Kinderherzen höherschlagen. Im großen Thermengarten mit gemütlichen Liegemöglichkeiten und weichen Sandstränden rückt der Alltag in weite Ferne. Ein erfrischender Cocktail an der Poolbar macht das Urlaubsglück perfekt.

Sauna & Wellness ab 16 Jahren

In den Wellnesswelten erleben Gäste ab 16 Jahren einmalige Wohlfühlmomente. Besucher der VitalOase dürfen sich auf ein umfangreiches textiles Sauna- & Wellnessangebot freuen. Im Bali-Garten sorgen die Sprudelterrassen für prickelndes Vergnügen, während wohltuende Vitalquellen den Körper mit gesunden Mineralien verwöhnen. In der VitalTherme & Saunen gehen die Besucher auf eine Entdeckungsreise um die Welt: Ob im Alpenstadl oder der russischen Banja – zahlreiche Saunaattraktionen und ein abwechslungsreiches Aufgussprogramm krönen den Urlaubstag. Zwischen den Saunagängen entspannen die Gäste in den liebevoll gestalteten Ruheoasen unter echten Palmen oder genießen einen Cocktail im türkisen Thermalheilwasser. Für etwas mehr Luxus und Privatsphäre sorgen die buchbaren Suiten im Royal Day Spa inkl. Service-Arrangement. Im weitläufigen Saunagarten mit Grünflächen, Sandstränden und Sonnenliegen oder auf dem Panoramasteg am Natursee kommen die Besucher zur Ruhe.

Wichtig!

Adresse:
THERME ERDING
Thermenallee 1–5, 85435 Erding
Tel. 08122/550-0
www.therme-erding.de,
kundenservice@therme-erding.de
Anfahrt:
in nordöstlicher Richtung von München
Öffnungszeiten & Preise:
siehe www.therme-erding.de
Verpflegung:
zahlreiche gastronomische Angebote

Erlebnispark Schloss Thurn

Der Erlebnispark Schloss Thurn vor den Toren der fränkischen Schweiz vereint familienfreundliche Fahrattraktionen, fesselnde Liveshows und weitläufige, schattige Grünanlagen abseits des Trubels. Wagen Sie eine Fahrt auf dem einzigartigen VR-Coaster und begleiten Sie das Maskottchen Dinolino bei einem seiner rasanten Abenteuer durch eine phantastische Welt oder erleben Sie jetzt noch mehr virtuelle Realität auf dem VR Steampunk Scooter. Egal ob Ritterturnier, Westernstuntshow oder Kinderclownshow, das abwechslungsreiche, tägliche Showprogramm begeistert jährlich bis zu 200.000 Besucher jeden Alters!

Zudem wurde die Themenwelt „Das Magische Tal", die 2017 erschlossen wurde, 2020 um eine neue Fahrattraktion, das große Schaukelschiff „Fledermausflug", erweitert und auch die detailverliebte Westernstadt erstrahlt in neuem Glanz!

Wichtig!

Adresse:
Erlebnispark Schloss Thurn
Schloßplatz 4, 91336 Heroldsbach
Tel. 09190/929898
www.schloss-thurn.de, info@schloss-thurn.de

Anfahrt:
Heroldsbach liegt nördlich von Nürnberg nahe der A 73, zum Erlebnispark Ausfahrt Baiersdorf Nord abfahren

Saison/Öffnungszeiten:
Diese sind unterschiedlich. Empfehlenswert ist, sich vor Ausflugsplanung auf der Homepage die genauen Daten anzusehen. Beispiele: Im April, Mai, Juni und Oktober meist von 10–17 Uhr geöffnet. In den Hauptmonaten August bis Mitte September von 10–18 Uhr geöffnet

Eintritt:
Erwachsene € 31,90
Kinder (3–11 Jahre) € 29,90
Gruppenpreise auf Anfrage

Verpflegung:
Kiosk, Cafeteria, Restaurants

ParaPark Fürth

Was ist eigentlich ParaPark?

ParaPark ist das erste Escape the Room der Galaxie, in das man zwar leicht hinein kommt, aber raus nur äußerst schwer. Durch Lösen von kniffligen Denksportaufgaben, Rätseln und nicht zuletzt durch logisches Denken gelangt man nach draußen. Nach dem Eintritt, schließt sich die Tür, und die Zeit läuft: man hat genau 60 Minuten Zeit, um sich zu befreien und dafür ist echter Teamgeist notwendig: so kann man nur in Teams von mindestens 2 bis maximal 5 Personen spielen. ParaPark erschreckt nicht nur durch Licht- und Soundeffekte die Teilnehmer mit Herzschrittmachern zu Tode: das Adrenalin steigt durch das Suchen der Puzzleteile, das Lösen der verzwickter Rätsel und durch das echte Wirgefühl. Bitte folgende Altersbeschränkungen beachten: ab 12 Jahren kann sich jeder – unter Beachtung der entsprechenden Regeln – in den ParaPark trauen. Jüngere Kinder können je nach Reifegrad und unter Begleitung eines Erwachsenen bereits ab 8 Jahren gegen das "Super ich" spielen.

Appartement Nr. 113

Den Bewohner des Appartement 113 hat bislang noch niemand zu Gesicht bekommen. Man hört ihn nur, wie er abends fern sieht und seine Möbel verrückt. Doch dann verschwindet der Bewohner des Appartements 112 – jedoch nicht ohne Spuren zu hinterlassen ...

Tatort '95

Kripo Fürth 1995: Ratlosigkeit herrscht unter den Ermittlern. Was ist bloß passiert? In einem Haus der Gartenstrasse entdecken sie Spuren von mehreren Verbrechen. Ist das ein Zufall oder besteht da ein Zusammenhang?

Das 9. Portal

Die Bewohner in der Umgebung flüstern schon seit langem über diese Stelle des Kellersystems, die eigentlich ein Durchgang in die Welt der dunklen Mächte sein soll. Das Spiel ist plötzlich kein Spiel mehr, alles ändert sich und dann öffnet sich der Durchgang ...

Wichtig!

Adresse: ParaPark Fürth
Keller, Gartenstraße 7, 90762 Fürth
Tel. 0911 97648859, www.paraparkfuerth.de
Öffnungszeiten: 11.40–21 Uhr
auch Sondertermine möglich
Terminwahl/Reservierung unter:
ww.paraparkfuerth.de
Eintritt: 2 Pers. € 69,–, 3–5 Pers. € 89,–

Tiergarten Nürnberg

Eisbären, Löwen, Tiger und andere wilde Tiere fast zum Greifen nah. Im Tiergarten der Stadt Nürnberg trennt oft nur eine Glasscheibe die Tiere von den Besuchern. Jährlich genießen mehr als eine Million Besucher wunderbare Einblicke in die Tierwelt in einem der schönsten Landschaftzoos Europas. Die etwa 70 Hektar große Waldparkanlage umfasst weitläufige Freigehege in zerklüfteten Sandsteinfelsen, mit alten Bäumen und auf idyllischen Weihern. Insgesamt leben im Tiergarten Nürnberg fast 2.000 Tiere aus etwa 300 Tierarten – von allen Kontinenten. Bereits die Namen der einzelnen Tierstationen machen neugierig. So passiert man die Affenstiege, die Uferpromenade, den Trampelpfad, den Wildwechsel, den Schleich- und den Panoramaweg. An klassischen Zootieren präsentieren sich dem Besucher unter anderem Giraffen, verschiedene Affenarten, Eisbären, Nashörner, Löwen, Sibirische Tiger, Wölfe, Zebras, Antilopen, Strauße, Greifvögel, Pinguine und Seelöwen.

Internationale Bedeutung hat im Tiergarten die erfolgreiche Haltung und Zucht der Seekühe und Delfine. Mit der Delphinlagune wurde die erste Freianlage für

Delfine in Deutschland geschaffen. Im dazugehörenden Manatihaus leben die namengebenden Seekühe in einem überfluteten tropischen Regenwald. Schmetterlinge, Affen und Vögel bevölkern den fränkischen Dschungel. Der Tiergarten Nürnberg ist mit dem öffentlichen Nahverkehr gut erreichbar. Vom Hauptbahnhof bringt die Straßenbahnlinie 5 die Besucher ohne Umsteigen zur Haltestelle „Tiergarten". Für Autofahrer stehen rund 2000 kostenlose Besucherparkplätze zur Verfügung.

Fotos: Tiergarten Nürnberg

Wichtig!

Adresse:
Tiergarten Nürnberg
Am Tiergarten 30, 90480 Nürnberg
Tel. 0911/54546, Fax 0911/5454-802
www.tiergarten.nuernberg.de
tiergarten@stadt.nuernberg.de
Anfahrt: Der Tiergarten liegt im Osten der Stadt und ist gut ausgeschildert.
Saison/Öffnungszeiten: Ganzjährig.
Ende März–Anfang Oktober: 8.00–19.30 Uhr.
Anfang Oktober–Ende März: 9.00–17.00 Uhr.
Eintritt Tiergarten (Delphinlagune inkl.):
Erwachsene € 13,50
Kinder 4–13 Jahre € 6,50
Familienkarte € 31,50
Ermäßigung bei Anreise mit dem ÖPNV.
Verpflegung:
Eigenes Picknick, Kioske, Bistro, Gaststätte

Planetarium Nürnberg

Das Nicolaus-Copernicus-Planetarium Nürnberg ist mit 18 m Kuppeldurchmesser und 200 Plätzen das größte Planetarium Bayerns. Mit seiner digitalen Fulldome-Projektionsanlage gehört es zu den modernsten Einrichtungen dieser Art in Deutschland. Sowohl diese Anlage als auch der fünf Meter hohe Zeiss-Planetariumsprojektor in der Mitte des klimatisierten Saales können einen naturgetreuen Sternenhimmel mit Sonne, Mond, Planeten und Sternen an die Kuppel projizieren.

Wichtig!

Adresse:
Planetarium Nürnberg
Am Plärrer 41, 90429 Nürnberg
Sekr. Tel. 0911/9296553, Mo.–Fr. 8.30–14 Uhr
planetarium@stadt.nuernberg.de
www.planetarium.nuernberg.de
Anfahrt:
Vom Bahnhof in westlicher Richtung bis zum Verkehrsknotenpunkt „Am Plärrer". Das Planetarium ist neben dem Hochhaus der Städt. Werke. Eingeschränkte Parkmöglichkeiten. Mit der U-Bahn Haltestelle Plärrer.
Saison/Öffnungszeiten: Ganzjährig;
Mi. 15 Uhr, 16.30 Uhr; Do. 18 Uhr, 20 Uhr;
Sa. und So. 15 Uhr, 16.30 Uhr, 18 Uhr.
In den bay. Schulferien zusätzlich
Di. + Do. 15 Uhr und 16.30 Uhr.
Sonderveranstaltungen siehe Spielplan.
An Feiertagen geschlossen!
Eintritt: Erwachsene ab € 8,–; Kinder (bis 18 Jahre), Studierende (mit Ausweis) ab € 5,50 (außer Sonderveranstaltungen);
Familienkarten ab € 13,–;
Gruppenermäßigung ab 15 Personen.
Verpflegung: Sternencafé im Planetarium, Gastronomie in der Altstadt

Nicolaus-Copernicus-Planetarium/Uwe Mühlhäußer

Live-Vorführungen und Planetariumsshows entführen die großen und kleinen Besucher in die faszinierende Welt der Gestirne. Neben dem populärwissenschaftlichen Programm mit Shows und Vorträgen bietet das Planetarium Nürnberg auch ein umfangreiches Kulturprogramm mit Konzerten, Lesungen und Hörspielabenden an. Detaillierter Spielplan und Programminformationen unter www.planetarium.nuernberg.de

PLAYMOBIL-FunPark in Zirndorf

Spielen – Bewegen – Erleben:
Im PLAYMOBIL-FunPark laden auf insgesamt 90.000 m² zahlreiche PLAYMOBIL-Spielwelten im Großformat zu unbegrenztem Spiel- und Kletterspaß ein. Hier können kleine und große Entdecker ihrer Fantasie freien Lauf lassen. Als Freibeuter entern sie die Piratenwelt, als mutige Ritter erkunden sie die Geheimgänge der Burg und erleben märchenhafte Abenteuer bei den Einhörnern im Feenland. Auf dem GoKart-Parcours neben der großen Polizeistation können alle Nachwuchspolizisten auf rasante Verbrecherjagd gehen. Die Kinder können auf diesem einzigartigen Aktivspielplatz alles selbst erkunden und aktiv sein. „Do it yourself" ist auch in den weitläufigen Sand- und Wasserspielbereichen angesagt – allen voran im neuen Königreich der Meerjungfrauen, das 2020 eröffnet wurde. In der farbenfrohen Korallenwelt können die kleinen Gäste PLAYMOBIL-Meerjungfrauen in XXL frisieren, planschen oder mit Sand so richtig kreativ werden. Zeigt das Wetter sich nicht von der besten Seite, geht das Spielen im gläsernen HOB-Center weiter. In der riesigen PLAYMOBIL-Spielstadt und im überdachten Klettergarten kann man auch bei schlechtem Wetter aufregende Stunden verbringen. Das FunPark-Aktionsteam bietet zudem abwechslungsreiche Mitmachaktionen auf der HOB-Center Bühne, wie zum Beispiel die beliebte Minidisco an. Im PLAYMOBIL-FunPark ist immer Action angesagt!

Wichtig!

Adresse:
PLAYMOBIL-FunPark
Brandstätterstraße 2–10
90513 Zirndorf
www.playmobil-funpark.de
www.facebook.com/PlaymobilFunPark
Öffnungszeiten/Eintritt:
siehe Homepage
Verpflegung:
Gastromonie, Biergarten, versch. Snack Points

Der Oberpfälzer Wald

Jahrzehntelang war diese Region zwischen dem Fichtelgebirge und dem Bayerischen Wald sehr abgeschieden. Sie lag sozusagen im Dornröschenschlaf. Seit die Grenze zur Tschechischen Republik offen ist, leben die alten Verbindungen zu Böhmen wieder auf – Prag ist näher als München. Im ausgehenden Mittelalter war die Oberpfalz das Zentrum der deutschen Eisenherstellung. Jetzt dominieren hier Wald und Wiesen.

Freilandmuseum Oberpfalz

Vom Ausflug bis zum Ferienprogramm! Das Freilandmuseum Oberpfalz zeigt nicht nur erhaltenswerte Bauwerke aus mehreren Jahrhunderten, die wieder aufgebauten Dörfer werden auch mit Leben gefüllt. Die Felder des Museums werden authentisch bewirtschaftet. Hier grasen die starken Kaltblüter, dort schnattert ein Schwarm Gänse. An vielen Wochenenden gibt es zusätzliche Veranstaltungen, Feiern und Aktionstage. Die Ausstellungen bieten einen tiefen Einblick in die Lebens- und Arbeitswelt längst vergangener Zeiten auf dem Bauernhof. Hierzu zählen z. B. die Themenbereiche: das „Egerländer Fachwerk", „Geräte zur Feldarbeit", „Unsere Teiche, unsere Karpfen, unsere Geschichte" bis hin zum begehbaren Schaudepot im neuen Zentraldepot. Ein vielfältiges Kursprogramm zu bäuerlichen Traditionen, Handwerk und Freizeit, wie Filzen, Seifensieden, Weidenflechten, Mähen und Dengeln und Kochvorführungen, um nur ein paar zu nennen, ergänzen das Museumsangebot. Für Kinder werden interessante und abwechslungsreiche Ferienprogramme angeboten.

Wichtig!

Adresse: Freilandmuseum Oberpfalz
Neusath 200, 92507 Nabburg
Tel. 09433/24420
www.freilandmuseum-oberpfalz.de
freilandmuseum@bezirk-oberpfalz.de
Anfahrt: Über A 93 von Regensburg nach Weiden u. A 6 von Nürnberg nach Prag – Ausfahrt Nabburg. Für Wanderer und Radfahrer: vom Bahnhof Nabburg nach Perschen 2,5 km und weitere 2,5 km nach Neusath
Saison/Öffnungszeiten: Mitte März bis Anfang November, Di.–So. 9–18 Uhr
Montags, außer an Feiertagen, geschlossen.
Eintritt: Erw. € 6,–, ermäßigt € 4,–
Familientageskarte € 13,–
Verpflegung: auf Bestellung ein Picknickservice, Museumsgaststätte
Drumherum: Spielwiese auf dem Museumsgelände und Kegelmöglichkeit, während der Ferienzeit „Extra-Kinderferienprogramm"

Das Altmühltal

Erlebnispark für Naturfreunde und Kultursuchende, eingerahmt von gewaltigen Felsen aus der Jurazeit, reich an Burgen und Schlössern, dazwischen in ihrer Ursprünglichkeit erhaltene Ortschaften, Sehenswürdigkeiten auf Schritt und Tritt. Wer gerne ein paar Stunden oder gar einen ganzen Tag an Bord eines schmucken Ausflugsschiffes verbringen möchte, sollte sich eine Schiffsfahrt ins Altmühltal nicht entgehen lassen (Linienverkehr zwischen Kelheim – Riedenburg – Dietfurt – Beilngries – Berching). Ausgangsort für eine Bootstour sind nahezu alle Orte auf dem Main-Donau-Kanal zwischen Kelheim und Berching. Aufenthalte, z.B. in Riedenburg mit Gelegenheit zur Besichtigung des Kristallmuseums und der Falknerei auf der Rosenburg, sind möglich.

Der Donaudurchbruch

Wildromantische Flusslandschaft zwischen der sehenswerten Wittelsbacher Stadt Kelheim und dem Benediktinerkloster Weltenburg mit der ältesten Klosterbrauerei der Welt und einem der schönsten Biergärten Bayerns. Die Schifffahrt durch den Donaudurchbruch (Linienverkehr Kelheim – Donaudurchbruch – Kloster Weltenburg) bildet den Höhepunkt eines Ausflugstages. Vorbei an bizarren Felswänden gleiten die komfortablen Schiffe zur Anlegestelle vor dem Kloster. Man sollte sich Zeit nehmen, sich auf der Kiesbank die Füße zu vertreten, die barocke Schönheit der Klosterkirche auf sich wirken lassen und anschließend das berühmte Weltenburger Klosterbier im schattigen Innenhof genießen.

Schifffahrt im Donau- und Altmühltal

Schiff ahoi!
Auf zu den faszinierendsten Flusslanschaften Bayerns Erleben Sie einzigartige Landschaften im Donau- und Altmühltal aus einem besonderen Blickwinkel.

Der Donaudurchbruch
Seine bis zu 80 Meter hohen, steilen Felsen türmen sich an beiden Ufern mächtig auf. Unsere Schiffe bringen Sie durch die mit dem Europadiplom und als erstes nationales Naturmonument ausgezeichnete „Weltenburger Enge" zum Ziel: Kloster Weltenburg.

Das Altmühltal – ideal für Radfahrer, Wanderer und Genuss-Schifffahrer
Im Mittelpunkt für die Schifffahrten im Altmühltal ist die alte Wittelsbacherstadt Kelheim. Von dort pendeln die Schiffe auf dem Main-Donau-Kanal bis zur Drei-Burgen-Stadt Riedenburg. Dabei passieren sie den Markt Essing mit der Burgruine Randeck, Burg Prunn und fahren unter der Holzspannbrücke „Datzelwurm" hindurch, eine der längsten Holzbrücken Europas.

Wichtig!

Adresse:
Vereinigte Schifffahrtsunternehmen
Kelheim GbR
Postfach 1641, 93305 Kelheim
Tel. 09441/5858, Fax 09441/294847
www.schifffahrt-kelheim.de
Saison:
Unseren Fahrplan für Kelheim-Weltenburg, Kelheim Riedenburg und ganz neu: Kelheim-Regensburg und tagesaktuelle Informationen finden Sie auf unserer Webseite: www.schifffahrt-kelheim.de
Sonstiges:
Mieten Sie unsere Schiffe exklusiv oder reservieren Sie Plätze für Feierlichkeiten aller Art besonders beliebt bei Hochzeiten, Geburtstagen und Firmenevents

Bayerischer Wald

Einmal im Jahr feiert ganz Furth im Wald den „Drachenstich". Gemeint ist der sagenhafte Sieg des Ritters Udo über ein Ungetüm, das die Stadt bedrohte. Das Fest ist seit über 500 Jahren Tradition. Einzigartig in Mitteleuropa ist der Nationalpark Bayerischer Wald. In Ruhezonen

des Parks darf der Wald „machen, was er will". Nach und nach soll so im Laufe der Jahrzehnte und Jahrhunderte eine ursprüngliche Vegetation entstehen. Doch schon jetzt bietet sich diese Gegend hervorragend für Wanderungen, Wellness und Radtouren an.

Donauschifffahrt Passau + Regensburg

Die Donauschifffahrt Wurm & Noé bietet ein abwechslungsreiches Programm. Täglich starten zahlreiche Ausflugsfahrten ab Passau, wie zum Beispiel 45-minütige „Dreiflüsse"-Stadtrundfahrten, Ausflüge nach Engelhartszell oder Linz und Kurzurlaubsreisen bis Wien. Zusätzlich werden auch Buffetfahrten auf dem Galaschiff Regina Danubia und Abendfahrten angeboten. Besonders ist das Kristallschiff – EXCLUSIVELY MADE WITH SWAROVSKI CRYSTALS, das mehrmals täglich zur zweistündigen Erlebnisrundfahrt ins bayerisch/österreichische Donautal ablegt. Die Regensburger Kristallflotte führt nahezu täglich Rundfahrten durch die Stadt und zur Walhalla sowie Themenfahrten durch. Auf den dreizehn Schiffen sind auch Familien mit kleinen Kindern immer herzlich willkommen.

Wichtig!

Adresse:
Donauschifffahrt Wurm & Noé
Höllgasse 26, 94032 Passau
Tel. 0851/929292, Fax 0851/35518
www.donauschifffahrt.eu
info@donauschifffahrt.eu
Fahrzeiten/Preise:
Fahrpläne zum Download unter:
www.donauschifffahrt.eu
Verpflegung: Gastronomie an Bord

Glasdorf Weinfurtner in Arnbruck

Träume aus Glas! Glas in allen Variationen steht im Mittelpunkt bei einem Ausflug zum Glasdorf Weinfurtner. Wer dabei war, wenn Glas in Handarbeit hergestellt und veredelt wird, wer die Hitze des Glasofens spürt, der erhält einen neuen Bezug zu diesem wundervollen Werkstoff. Staunend kann man beobachten, wie heißes Glas in wenigen Sekunden uneingeschränkt formbar wird und das, ohne beim Erkalten zu kristallisieren. Ein außergewöhnliches Erlebnis ist es auch, den Glasmalerinnen, Schleifern und Graveuren bei ihrer Arbeit zuzuschauen. Die kreativen Modelle der Designer und Künstler kann man in Werkstätten, Ausstellungen und in der Erlebnis-Galerie „Kunst & Form" betrachten und sich Anregungen zum Schmücken, Schenken und zur Tischkultur holen. In dem wunderschön angelegten Garten des Glasdorfes schlendert man an gläsernen Träumen vorbei, die in ihren Formen und Farben mit den Pflanzen wetteifern und sich doch harmonisch ergänzen. Außerdem gibt es eine Porzellan- und Silberabteilung. Speziell wird auch Landhausmode angeboten. Das Glasdorf wirkt mit seinen über 200 Mitarbeitern wie eine große Familie und ist immer offen für Anregungen und Fragen.

Wichtig!

Adresse:
Weinfurtner Das Glasdorf
Zellertalstr. 13, 93471 Arnbruck
Tel. 09945/9411-0, Fax 09945/444
www.weinfurtner.de
info@weinfurtner.de

Anfahrt:
Routenberechnungsplaner für individuelle Anfahrt auf der Homepage

Öffnungszeiten:
Glasdorf mit Glashütte:
Mo.–Fr. 9–18 Uhr, Sa. 9–17 Uhr und von Mai bis November auch an Sonn- und Feiertagen von 10–17 Uhr geöffnet.
Bistro „Vier Jahreszeiten" mit eigener Konditorei 365 Tage geöffnet.

Eintritt: frei

Verpflegung:
Glashütten-Wirtshaus und Bistro "Vier Jahreszeiten"

Pullman City – die lebende Westernstadt

WELCOME TO TOWN

Wild-West-Abenteuer in Pullman City, die „lebende Westernstadt" in Eging am See. Jung und Alt können in hier den „Wilden Westen" hautnah erleben.

Themenevents, Livebands, Country Musik, Rock und Rockabilly, Line Dance, Lagerfeuer und Erlebnis-Restaurants sorgen für Abwechslung. Übernachtet werden kann im Hotel oder ganz authentisch in Blockhütte oder Tipi. Das Wild-West-Abenteuer perfekt machen ein großer Spielplatz, der Niederseilgarten, das Goldwasch-Camp, ein Wasserpark, der Kids Club, Ponyreiten, Kutschfahrten und vieles mehr! Cowboys und Girls als auch Indianer sorgen für ein unterhaltsames Showprogramm. Neben der American History Show mit freilaufenden Bisons, gelten die Karl-May-Spielen als Highlight.

Wichtig!

Adresse:
PC Westernstadt GmbH und Co. KG
Ruberting 30, 94535 Eging am See
Tel. 08544/97490
www.pullmancity.de, info@pullmancity.de

Anfahrt:
A 3 Richtung Passau, Ausfahrt Garham/
Eging am See/Pullman City

Öffnungszeiten, Preise, Programm, Events:
unter www.pullmancity.de

Edelwies Natur- und Freizeitpark

Flitzen Sie mit dem Höllencoaster durch den Vorderen Bayerischen Wald und genießen Sie ein atemberaubendes Panorama mit dem Maibaumflieger. Einen besonderen Nervenkitzel erleben Sie bei einer Fahrt mit der Superschaukel. Bei unserer neuen interaktiven Bootsfahrt können Sie in kleinen Booten in einem abwechslungsreichen Rundkurs in unserem großen Stauweiher fahren, während unser Trollkind „Little Lisa" neugierig zusieht. Daneben sorgen Elchreitbahn, Traktorbahn, Dual Wheel Riesenrad, Trampolinanlagen, Spielschiff und vieles mehr für den ultimativen Spaß für die kleinen und großen Besucher.

Im weiter ausgebauten Tierpark warten bereits unsere Erdmännchen, Alpakas, Kängurus, Nandus, Pampashasen, Capybaras, Ziegen, Schafe und Hasen auf die Gäste.
Auf der großen Amphitheatertreppe finden regelmäßig Filmvorführungen, Public Viewing oder Aufführungen statt. Ein besonderes Highlight ist unser „Edelwies bei Nacht".

Wichtig!

Adresse:
Edelwies Freizeit GmbH
Dießenbach 3, 94362 Neukirchen
Tel. 09961/6105
info@edelwies.com, www.edelwies.com
Öffnungszeiten, Preise, Informationen:
www.edelwies.com

Der Bayern-Park ...
Das Freizeitparadies für die ganze Familie!

Im Herzen Niederbayerns erstreckt sich auf über 40 Hektar einer der schönsten Freizeitparks Bayerns. In dem familiengeführten Park warten eine ganze Menge an Attraktionen von den Besuchern entdeckt zu werden. Das Motto lautet dabei „gemeinsam Freizeit erleben". Achterbahnen, Wasserfahrgeschäfte, Karussells und natürlich der neue FREIFALL-TURM mit einer Höhe von 109 m bei dem man innerhalb 3 Sekunden knapp 100 m in die Tiefe stürzt, sorgt zusätzlich zu den vielen anderen Attraktionen für Nervenkitzel. Für die jüngsten Gäste gibt es eine eigens eingerichtete Kleinkindertour, in deren Verlauf jede Menge ruhigere Fahrgeschäfte auf die Kinder warten. Beschauliche Eisenbahnen, eine Fahrt mit der Schweinchenbahn, ein Ritt auf der Pferdereitbahn und viele mehr lassen die Kinderherzen höher schlagen. Für etwas mehr Adrenalin sorgen der Freischütz, eine der deutschen Top 5 Achterbahnen, oder das Duell der Adler. Wer hinterher eine Abkühlung braucht der vergnügt sich beim Wildwasserrafting, in der Wildwasserbahn oder gar in der Wasserspielwelt Pirateninsel. Den Besuch der Greifvogelflugschau ist unbedingt zu empfehlen. Wer es aber lieber etwas ruhiger mag kann sich bei einem Spaziergang durch den Park oder bei einer Rundfahrt mit dem nostalgischen Zug erholen. Eine Dampferfahrt über den Bayern-Parksee, die vielen Tiergehege oder der Besuch eines Biergartens, und die vielen schattigen Plätze laden zum Verweilen und erholen ein. Vier neue E-Tankstellen stehen den Besuchern ebenfalls zur Verfügung !

Wichtig!

Adresse:
Bayern-Park Freizeitparadies GmbH
Fellbach 1, 94419 Reisbach
Tel. 08734/92980, Fax 08734/929819
www.bayern-park.de, info@bayern-park.de
Anfahrt:
z.B. über die A 92, Ausfahrt Dingolfing Ost, ausgeschildert
Öffnungszeiten:
April bis Oktober
(Tagesöffnungszeiten auf der Homepage)
Eintritt:
Besucher ab 1 m: € 22,–
Besucher ab 1,40 m: € 25,–
Geburtstagskinder (mit Ausweis): frei
Gruppen (ab 20 Personen):
Anmeldung unter www.bayern-park.de
Verpflegung: Gastronomie, Imbiss, Kiosk

Augsburg

Augsburg ist eine sehr geschichtsträchtige Stadt; sie gehört neben Trier und Kempten zu den drei ältesten Städten Deutschlands. Seit Juli 2019 gehört die Stadt mit dem historischen „Augsburger Wassermanagementsystem" zum Welterbe der UNESCO. Es ist die Stadt der Römer und der Renaissance. Der Handelsherr Jakob Fugger, der Schriftsteller Bert Brecht und der Komponist Leopold Mozart (der Vater von Wolfgang Amadé Mozart) sind berühmte Söhne der Stadt. Die „vatterstadt meines papa" nannte Wolfgang Amadé Mozart Augsburg. Und Augsburg gehört neben Salzburg und Wien zu den drei Städten, die sich „Mozartstadt" nennen darf. In der Stadt selbst erinnern das Mozarthaus, zahlreiche Mozartstätten und Musikreihen an den berühmten Komponisten sowie an die Künstlerfamilie Mozart. Im Fugger und Welser Erlebnismuseum wird der Einfluss erfahrbar, den Augsburgs Patrizier-Familien im frühen 16. Jhd. im europäischen und weltweiten Wirtschaftsgeschehen hatten.

Im Wittelsbacher Land (Landkreis Aichach-Friedberg) findet man Reste der Stammburg der Wittelsbacher und ein Sisi-Schloss. Eine Vielzahl ausgeschilderter und gepflegter Wanderwege führt durch die Wiesen und Wälder der noch von Land und Forstwirtschaft geprägten Nachbarlandkreise Augsburgs. Unterwegs gibt es neben Natur auch immer wieder etwas anzuschauen, so die barocken Kirchen, Klöster und Aussichtspunkte.

Wer gern „in die Luft" geht, den zieht es ins nahe Gersthofen bei Augsburg. Dieser Ort ist unter Ballonfahrern international bekannt als Zentrum dieses sportlichen Vergnügens. Vor oder nach der Ballonfahrt (Voranmeldung erforderlich) kann man ein interessantes Ballonmuseum besichtigen. Und natürlich zieht es die Kinder insbesondere aus einem Grund nach Augsburg – wegen der Augsburger Puppenkiste. Das 1948 eröffnete Marionettentheater ist weit über die Grenzen Deutschlands berühmt. Wie früher, werden die Figuren heute noch selbst geschnitzt. Das Saisonprogramm findet man unter: www.augsburger-puppenkiste.de.

An das Theater angeschlossen ist das Puppentheatermuseum – www.diekiste.net – wo man die „Stars an Fäden" besichtigen kann.

Wichtig!

Weitere Informationen zur Stadt und Region:
www.augsburg-tourismus.de
tourismus@regio-augsburg.de
Tel. 0821/50207-0, Fax 0821/50207-45

LEGOLAND® Deutschland Resort

Sichere Familienabenteuer im LEGOLAND® Deutschland

Sightseeing in den LEGO Miniaturwelten gepaart mit Achterbahnspaß und jeder Menge Abenteuer: Ein Besuch im LEGOLAND Deutschland Resort in Günzburg bietet – mit Sicherheit – viel Spaß und einen unvergesslichen Tag für die ganze Familie.

Auch 2022 wartet eine Welt voller Ritter, Piratinnen und Ninja-Helden auf große und kleine Entdecker. Schon die Kleinsten dürfen bei der Hafenrundfahrt Kapitän sein, im Flughafen-Karussell Pilot spielen oder im LEGO Geländewagen auf Safari gehen. Auf die Großen warten Action und Nervenkitzel: In der neuesten Fahrattraktion „Lloyd's Spinjitzu Spinner" in der LEGO NINJAGO WORLD drehen Ninja-Fans auf Knopfdruck wilde Luftrollen und ganz Mutige sausen auf dem Rücken des Feuerdrachen mitten durch eine Ritterburg. Ein wahrer Magnet für Kinder und waschechte LEGO Fans ist das MINILAND im Herzen des LEGOLAND Parks. Hier lassen sich beim gemütlichen Städtetrip europäische und internationale Metropolen und Sehenswürdigkeiten im LEGO Miniaturformat bewundern.

Nach Parkschluss geht der Familienspaß auf Wunsch im nebenan gelegenen Feriendorf weiter: Im abenteuerlichen Pirateninsel Hotel, in majestätischen Burgen und liebevoll thematisierten Themenzimmern schlafen kleine Piraten und Prinzessinnen besonders gut. Mehr unter www.LEGOLAND.de.

Wichtig!

Adresse:
LEGOLAND® Deutschland
Freizeitpark GmbH
LEGOLAND Allee
89312 Günzburg
Tel. 01806/70075701
www.LEGOLAND.de
info@LEGOLAND.de

Anfahrt:
Autobahn A8, München – Stuttgart, Ausfahrt Günzburg. Mit der Bahn: vom Bahnhof Günzburg direkter Shuttlebus zum Park.

Saison/Öffnungszeiten:
bis November: täglich 10 bis 18 Uhr, längere Öffnungszeiten an Feiertagen und in den Ferien. Die Öffnungszeiten der aktuellen Saison finden Sie unter:
www.LEGOLAND.de/oeffnungszeiten

Eintritt: Alle Tickets und Preise unter www.LEGOLAND.de/tickets

Verpflegung: Mehrere Restaurants und thematisierte Food Corner im Park und im Feriendorf.

KikiMondo – Günzburg

Das Abenteuerland – der Indoorspielplatz KikiMondo in Günzburg ist eine Urlaubsinsel für Kinder. Umgeben von blauem Wasser, tauchen die Kinder im Norden Günzburgs in eine bunt schillernde Unterwasserwelt ein und verbringen eine spannende Zeit in diesem Spielparadies.

Auf dem Indoorspielplatz KikiMondo in Günzburg reisen die Kinder in eine abwechslungsreiche Inselwelt.

Magisch angezogen von überdimensionalen Hüpfburgen, toben die kleinen und größeren Piraten über die doch immerhin 3500 m^2 große Spielfläche. Hopsen, Balance halten auf der 6er Trampolinanlage, Fahren und sogar Reiten und Schätze suchen bietet das Abenteuerland.

Auch Kletteraffen kommen auf dem Abenteuerspielplatz, dem Klettergarten auf ihre Kosten. Spaß verspricht auch die Kletterwand, wo sich die Kinder gekonnt nach oben hangeln. In vier Metern Höhe dürfen sich kletterbegeisterte Kinder auf der Pirateninsel wie echte Piraten fühlen und gesichert rumentern und die riesige Piratenburg macht aus den Kindern kleine Seefahrer und Piraten. Kleinere Kinder vergnügen sich stattdessen im bunten Kleinkindbereich, wo Softbausteine und Bällchenbad locken.

Eltern haben die Möglichkeit, sich in den gemütlichen Gastronomiebereich zurückzuziehen, zu entspannen und das Treiben der Kids auf der Insel in aller Ruhe zu beobachten.

Einen abwechslungsreichen Kindergeburtstag können die Kinder ebenfalls im KikiMondo in Günzburg mit ihren Freunden ausgelassen feiern.

Hier herrscht Sockenpflicht, daher am Besten ABS-Socken mitbringen.

Wichtig!

Adresse:
KikiMondo in Günzburg
Heidenheimer Straße 64, 89312 Günzburg
Tel. 08221/2047365
www.kikimondo.de, info@kikimondo.de
Öffnungszeiten: Mo.–Fr. 14–19 Uhr,
Sa./So./ Feiertage sowie Ferien 10–19 Uhr
Eintritt:
Montag bis Freitag:
Erw. € 4,–, Kind € 7,–, Kind bis 95 cm € 4,–,
Family & Friends € 18,–
Sa., So., Feiertage und Ferien:
Erw. € 4,–, Kind € 8,–, Kind bis 95 cm € 4,–,
Family & Friends € 20,–

Zoo Augsburg

Von Elefant, Tiger, Pinguin bis Kolibri – im Zoo Augsburg ist für Jeden etwas dabei. Rund 1.240 Tiere in rund 240 Arten erwartet die Gäste bei ihrem Besuch des idyllischen Parkgeländes.
Das Herzstück bildet das 3 Hektar große Afrika-Panorama, auf dem sich Zebras, Breitmaulnashörner, Strauße und Giraffen bewegen.

Ein besonderer Höhepunkt stellen die begehbaren Tieranlagen dar. In der begehbaren Vogelvoliere sind vor allem Watvögel und Enten ganz nah zu beobachten. Und im Katta-Land huschen und tollen die tagaktiven Kattas zwischen den Besuchern herum und faszinieren Groß und Klein.
Anfang 2020 wurde mit dem swa-Elefantenhaus ein weiteres Highlight eröffnet. Mit dem Neubau kamen auch zwei neue Elefantendamen an.
Neben der artenreichen Tierwelt verspricht die großflächige, barrierefreie Parkanlage mit altem Baumbestand, großem Abenteuerspielplatz und dem Zoo-Bähnle ein vielfältiges Angebot zum Spielen, Erholen und Entspannen. Und für den kulinarischen Genuss sorgen die Zoogaststätte und mehrere Kioske.
Der Zoo Augsburg freut sich auf Besuch!

Wichtig!

Adresse: Zoo Augsburg, Brehmplatz 1, 86161 Augsburg
Tel. 0821/567149-0, Fax 0821/567149-13, www.zoo-augsburg.de, info@zoo-augsburg.de
Anfahrt: Mit der Buslinie 32 ab Hauptbahnhof und Königsplatz.
Haltestelle direkt am Zoo, kostenlose Parkplätze direkt am Zoo
Saison/Öffnungszeiten: Ganzjährig, täglich ab 9 Uhr geöffnet. Der Zoo schließt jeweils: im Nov.–Feb. 16.30 Uhr, März/Okt. 17 Uhr, April/Mai/Sept. 18 Uhr, Juni/Juli/ Aug. 18.30 Uhr.
Die Kasse schließt 1 Stunde früher
Die aktuellen coronabedingten Einschränkungen entnehmen Sie bitte der Homepage www.zoo-augsburg.de
Eintritt: März bis Oktober: Erwachsene € 13,–, Kinder 3–15 Jahre € 7,–, Ermäßigte € 12,–
November bis Februar: Erwachsene € 11,–, Kinder 3–15 Jahre € 6,–, Ermäßigte € 10,–
Kinder unter 3 Jahren frei, Hunde (an der Leine) € 4,–. Weitere Preise siehe Homepage.
Verpflegung: Mehrere Kioske, Zoogaststätte
Drumherum: Botanischer Garten neben dem Zoo

Das Allgäu

Im Allgäu steht ein Bauwerk, das von Tausenden ausländischen Besuchern für besonders deutsch gehalten wird: Neuschwanstein, das Märchenschloss des Königs Ludwig II. In Füssen kann man seine Geschichte als Musical ansehen. Doch nicht nur das traumhaft gelegene, vieltürmige Schloss ist ein „Exportschlager". Auch Allgäuer Molkereiprodukte werden allerorts geschätzt, denn jeder vierte Käse, der in Deutschland gekauft wird, stammt von hier.

CamboMare Badespaß und Saunawelt

Mit Black-Hole-Röhrenrutsche! Freuen kann man sich im CamboMare auf eine Schwimmlagune mit Strömungskanal, Sprudelgrotte, Wasserpilz und Bodensprudler. Wer es sportlicher möchte, geht ins 25-m-Sportbecken mit Sprungbrettanlage. Eine Black-Hole-Röhrenrutsche sowie eine 122-m-Doppel-Reifen-Rutsche bescheren Badespaß vom Feinsten. Das Warmwasser-Außenbecken ist das ganze Jahr in Betrieb, so dass man auch im Winter wunderbar entspannende Badestunden erleben kann. Für Kleinkinder gibt es ein Planschbecken zum Spielen und Toben. Eine schöne Saunaanlage mit 11 verschiedenen Saunen, Außenbereich, Naturschwimmteich und Außenschwimmbecken, Infrarotkabinen sowie einer Sinnes-Oase mit Shiatsu-Massageliegen runden das Relax-Vergnügen ab.

Wichtig!

Adresse:
CamboMare
Aybühlweg 58, 87439 Kempten
Tel. 0831/58121-0, Fax 0831/58121-22
www.cambomare.de
info@cambomare.de
Anfahrt: Im Ort ist das Bad ausgeschildert.
Saison/Öffnungszeiten: Ganzjährig, Mo. bis Fr. 10–22 Uhr, Sa., So. und Feiertag 9–21 Uhr. Weitere Öffnungszeiten für Feiertage und Schulferien siehe Homepage. Im Winter verlängerte Öffnungszeiten.
Eintritt: Verschiedene Preistarife je nach Std.-Aufenthalt und Bereich, siehe Homepage.
Badewelt: Erwachsene 2 Std. € 8,–
Kinder € 4,50
Sauna (inkl. Badewelt): Erw. 3 Std. € 16,50
€ Kinder 14,50
Verpflegung: Bistro im Bad und in der Saunawelt sowie der externen Gastronomie „Combo-Gusto"

skywalk allgäu Naturerlebnispark

Das Westallgäu bietet kleinen und großen Naturliebhabern viele landschaftliche Besonderheiten. Ein eindrucksvolles Bild davon vermittelt der skywalk allgäu bei Scheidegg. Die Hauptattraktion des Naturerlebnisparks bildet ein barrierefreier Baumwipfelpfad. Er ist 540 Meter lang und gehört zu den modernsten seiner Art in Deutschland. Ein Spaziergang über die freischwebende Hängebrückenkonstruktion fühlt sich ein bisschen so an, als würde man durch den Himmel laufen – „skywalken" eben. Und nicht nur das …
Die Aussicht ist wahrlich atemberaubend und erstreckt sich von den Allgäuer Bergen bis hin zum Bodensee.

Wichtig!

Adresse:
skywalk allgäu Naturerlebnispark
Oberschwenden 25, 88175 Scheidegg
info@skywalk-allgaeu.de
www.skywalk-allgaeu.de
Öffnungszeiten Hauptsaison:
täglich von 10 – 18 Uhr (letzter Einlass: 17 Uhr)
Eintritt:
Erwachsene: 12,50 €
Kinder ab 1 Meter Größe: 9,50 €
Kinder unter 1 Meter Größe: Eintritt frei
zusätzlich: Familientarife, Gruppentarife und Ermäßigungen für bestimmte Zielgruppen

Walderlebnisse mit WOW und AHA! Mit Sicherheit wohlfühlen!
Daneben überrascht der skywalk allgäu seine Gäste mit vielfältigen Begleitattraktionen, um den Kosmos Wald zu erleben und zu genießen. Dazu zählen Erlebnispfade, ein Geschicklichkeitsparcours, ein Abenteuerspielplatz oder ein eigenes Gelände zum Waldbaden (fernöstliche Entspannungsmethode). Auch für das leibliche Wohl wird im parkeigenen Restaurant bestens gesorgt. Das Angebot des Naturerlebnisparks richtet sich an alle Generationen. Breit ausgebaute Wege und ein weitläufiges Parkgelände ermöglichen einen rundum unbeschwerten Aufenthalt. Für Ihre Sicherheit wurde ein speziell ausgearbeitetes Hygienekonzept für unbeschwerte Outdoor-Erlebnisse geschaffen.

Saisonbegleitendes Programm 2022
Alle großen und kleinen Gäste dürfen sich auf ein spektakuläres Programm freuen. Unter anderem wird es am 30. April einen skywalk-Lauf über den Baumwipfelpfad geben sowie ein Maifest mit zünftigem Weißwurstfrühstück zum Muttertag am 08. Mai. Zudem wird ein Wiesen-Open-Air mit der Band „Notenlos" am 30. Juni sowie ein Waldkonzert mit der Irischen Band „Lanigans" am 08. Juli stattfinden. Und sogar eine neue Attraktion wird es geben, denn vor den Toren des skywalk allgäu entsteht der Naturerlebnisgarten „Biene und Blüte im Jahreslauf". Die feierliche Eröffnung ist für den 21. Mai vorgesehen. Alle Informationen zum Ticketkauf, Preisen und Öffnungszeiten finden Interessierte auf
www.skywalk-allgaeu.de

Deutsches Hutmuseum Lindenberg

Alle unter einem Hut – Das Deutsche Hutmuseum für Familien

Das neue Hutmuseum lädt große und kleine Besucher zu einem spannenden Ausflug in die fabelhafte Welt der Hüte ein. Unser Museum befindet sich in der ehemaligen Hutfabrik Ottmar Reich, sie war früher die größte Hutfabrik in Lindenberg. In Lindenberg wurden Millionen von Hüten aus Stroh und Filz hergestellt, die Hutproduktion hat die Stadt sehr reich gemacht. Über 30 Fabriken gab es hier, in denen viele tausend Menschen arbeiteten. Auch Kinder arbeiteten mit, sie mussten Stroh flechten oder waren Laufburschen in den Fabriken. Später arbeiteten viele von den Buben an den großen Hutpressen. Im Museum kannst du testen, ob du dafür auch genug Kraft hast. Über 70 Arbeitsschritte braucht es bis ein Filzhut fertig ist. Wir zeigen, wie das gemacht wird und was Haifischhaut damit zu tun hat.

Es gibt aber noch mehr zu Entdecken und Ausprobieren: Du kannst verschiedenen Materialien ertasten und selber mal Strohflechten probieren. Und welcher Hut auf welchen Kopf passt, probierst du am besten in unserem kleinen Hutsalon aus, dort könnt ihr auch gleich ein Familienfoto mit Hut machen.

Der Hut war früher für Männer, Frauen und Kinder ein unverzichtbares Kleidungs-

stück: das Haus ohne Hut zu verlassen war genauso undenkbar wie ohne Schuhe auf die Straße zu gehen!

Jeden zweiten Sonntag im Monat findet unsere öffentliche Familienführung statt. Es gibt aber auch eine kostenlose WhatsApp-Führung, ein Mitmach-Heft, einen Kinderaudioguide und ein Museumsquizz. Ein Hutmuseum dieser Art und Größe ist bayern- ja sogar deutschlandweit einmalig. Und nach dem Besuch in Lindenberg setzt bestimmt jeder gerne eine Mütze oder einen Sonnenhut auf. Denn: „Hut tut gut!"

Wichtig!

Adresse: Deutsches Hutmuseum Lindenberg
Museumsplatz 1, 88161 Lindenberg
Tel. 08381/9284320
hutmuseum@lindenberg.de
www.deutsches-hutmuseum.de

Öffnungszeiten: Di. bis So. 9.30 bis 17 Uhr
Schulklassen Führungen ab 8.15 Uhr möglich.
Montags geschlossen außer an Feiertagen.
Geöffnet: Heilige Drei Könige, Karfreitag, Ostermontag, Christi Himmelfahrt, Pfingstmontag, Fronleichnam, Mariä Himmelfahrt, Tag der deutschen Einheit, Allerheiligen, 2. Weihnachtstag
Geschlossen: Neujahr, Faschingsdienstag, Maifeiertag, Heiligabend, 1. Weihnachtstag, Silvester

Eintritt: Erwachsene € 7, Ermäßigt € 5,50
Kinder (6 – 14) € 2, Kinder unter 6 Jahren frei
Familie € 15, Familie „single" € 8
Audioguide € 2

Schwäbisches Bauernhofmuseum Illerbeuren

Eine Welt für Entdecker!

Von der Hundehütte bis zur Landmaschinengroßhandlung! Vom römischen Fundament bis zur Bosch-Küchenmaschine! Vom Bienenschwarm bis zum mächtigen Kaltblut! Von der glühenden Esse bis zum ratternden Gattersägewerk! In Schwabens Freilichtmuseum erleben Sie mit jeder übertretenen Türschwelle eine kleine Zeitreise. Sie tauchen ein in die Vergangenheit von Dörfern, in Lebensgeschichten und Hausbiographien. Nehmen Sie die Geräusche und die Atmosphäre auf, wenn unsere Handwerker authentisch am Werk sind und auf diese Weise eine Welt in der Welt lebendig werden lassen. Das weitläufige Museumsgelände bietet viel Abwechslung für die ganze Familie und appelliert an den Entdeckergeist von Groß und Klein. An den Anpacktagen können Sie sogar selbst mit Hand anlegen und Alltagskultur spüren.

Ihr Museumsbesuch kompakt: über 30 Gebäude, 10 Gärten, 7 alte Nutztierrassen, reizvolle Streuobstwiesen, bewirtschaftete Felder; historische Technikanlagen, ein Spalierobstgarten, eine Freiluftkegelbahn, zwei Gastwirtschaften und viele lauschige Museumsecken.

Wichtig!

Adresse:
Schwäbisches Bauernhofmuseum Illerbeuren
Museumstraße 8, 87758 Kronburg-Illerbeuren
Tel. 08394/1455, Fax 08394/1454
info@bauernhofmuseum.de
www.bauernhofmuseum.de

Anfahrt: ist über die Autobahnen A 7 und A 96 gut zu erreichen. Zudem kreuzen sich für Radler die Fernradwege Radrunde Allgäu und der Illerradweg in Illerbeuren (E-Bike-Ladestation gegenüber vom Museumseingang). Wohnmobile können auf den Parkplätzen P2 und P3 über Nacht parken.

Öffnungszeiten:
1. März – 31. März 10 – 16 Uhr
1. April – 15. Oktober 9 – 18 Uhr
16. Oktober – 30. November 10 – 16 Uhr
Montags (außer an Feiertagen) sowie Karfreitag geschlossen.

Eintritt:
Erwachsene € 6,–, Ermäßigt € 5,–
Familientageskarte € 12,–
Kinder ab 6 Jahren € 1,–
Jahreskarte Erwachsene € 17,–
Jahreskarte Familie € 34,–

Verpflegung:
Museumsgasthäuser:
Gromerhof, mit Biergarten, durchgehend warme Küche, Telefon: 0 83 94 / 594
www.gasthof-gromerhof.de
Torfwirtschaft „Otto Hamp", mit Biergarten und Spielplatz, im Museumsgelände, Telefon: 0152 / 03 88 88 93

Die Zugspitze – Top of Germany

Die Zugspitze beherbergt drei Gletscher, ein einzigartiges 360°-Panorama mit Alpengipfeln aus vier Ländern und ein attraktives Erlebnisangebot auf knapp 3.000 m Höhe.
Schnell, bequem und panoramareich geht es mit der neuen Seilbahn Zugspitze auf Deutschlands höchsten Gipfel. Die bodentief verglasten Kabinen bieten Wintersportlern wie Ausflugsgästen schon bei der Auffahrt ein Höchstmaß an Komfort und ein sagenhaftes Panorama auf die umliegenden Bergwelten und den malerischen Eibsee.
Sowohl im Sommer als auch im Winter ist die Zugspitze ein Berg voller Möglichkeiten. Ein interaktiver GletschErlebnisWeg, Gletscher- und Technikführungen, Rodeln auf Naturschnee, Deutschlands höchstgelegene Kapelle sowie ein kindgerechter AlpinPark lassen den Sommertag auf der Zugspitze wie im Flug vergehen. Im Winter carven Skifahrer und Snowboarder über fein präparierte Naturschneepisten. Aber auch Nicht-Wintersportler kommen bei einem winterlichen Spaziergang oder bei einer rasanten Rodelpartie auf einer der vier Rodelstrecken am Zugspitzplatt voll auf ihre Kosten.
Den wohlverdienten Einkehrschwung gibt es im neuen Gipfelrestaurant Panorama 2962 mit typischen Spezialitäten aus dem Alpenraum.

Bilder: © Bayerische Zugspitzbahn Bergbahn AG/Max Prechtel/Matthias Fend

Wichtig!

Adresse:
Bayerische Zugspitzbahn Bergbahn AG
Olympiastr. 31
82467 Garmisch-Partenkirchen
Tel. 08821/7970
www.zugspitze.de
zugspitzbahn@zugspitze.de
Anfahrt:
Zufahrt zu den Bahnen im Ort beschildert
Saison: Ganzjährig
Bitte informieren Sie sich vor Ihrem Besuch über unsere Sicherheits- und Hygienemaßnahmen sowie über etwaige Einschränkungen
Zeiten:
Zahnradbahn: stündlich ab Garmisch-P. zwischen 8:15 und 14:15 Uhr
Seilbahn Zugspitze:
nach Bedarf zwischen 8:30 und 16:45 Uhr
Fahrpreise:
Je nach Saison verschieden.
Aktuelle Preise unter: www.zugspitze.de
Verpflegung:
Restaurants Sonnalpin und Gletschergarten am Zugspitzplatt, Tipp: das neue Restaurant "Panorama 2962" am Zugspitzgipfel

Bayern

Berchtesgaden und Chiemgau

In Deutschlands Südostwinkel, dem Berchtesgadener Land, reiht sich Naturschönheit an Naturschönheit.
Unumstrittener Herrscher inmitten des „Herrgottswinkels“ ist der Watzmann, 2713 m hoch. Der Watzmann stand Pate, als es um den Namen für ein engagiertes Kinderprojekt dieser Urlaubsregion ging – den Watzmannkinder-Club, der inzwischen mehr als 1300 „Wakis“ zählt. Mitmachen kann jeder, das ganze Jahr über werden viele tolle Freizeitaktivitäten angeboten.

BernaMare Familienbad & Sauna

An kalten und regnerischen Tagen aber auch in den heißen Sommermonaten ist das familienfreundliche Hallenbad mit Sauna und Außenbereich genau das richtige Ausflugsziel! Das BernaMare liegt nur wenige Gehminuten vom Ortszentrum entfernt und verspricht Badespaß für die ganze Familie – und das mit unbegrenzter Badezeit! Damit das BernaMare seinem Ruf als echtes Familienbad voll gerecht wird, bietet es seinen Gästen zahlreiche Attraktionen. Angefangen beim Klassiker – dem großen Sport-Schwimmbecken – über den Baby- und Kleinkinder-Pool, bis hin zur Spielewelt mit spannenden Spiel- und Spaßgeräten. Mittwochs wird die Wassertemperatur des Schwimmbeckens auf 31°C erhöht und ist somit ideal für Babys, Kleinkinder und Senioren geeignet. Für echten Familienkomfort sorgen der Kinder-Sanitärbereich und der extra auf Familien zugeschnittene Umkleidebereich. Und das alles natürlich „Kinderland Bayern"-zertifiziert!
In der Saunalandschaft des Familienbads dürfen sich die „Großen“ ausgiebig erholen, Energie tanken und den Alltagstress aus der Seele schwitzen. Das BernaMare verfügt über drei lauschige Saunen, eine Infrarotkabine und eine Dampfgrotte.

Wichtig!

Adresse:
BernaMare Familienbad & Sauna
Erlenstraße 14, 83233 Bernau a. Chiemsee
Tel. 08051/7230, info@bernamare.de
Öffnungszeiten und Preise:
www.bernamare.de
Verpflegung:
Kleine warme Speisen sowie Getränke, Snacks und Eis.

Salzbergwerk Berchtesgaden

Inmitten der Berchtesgadener Alpen liegt das Salzbergwerk Berchtesgaden (1517). Tauchen Sie ein in die Welt des Salzes, erleben Sie die einzigartige Atmosphäre des Bergbaus in den Tiefen der Alpen. Vom Abbaubereich getrennt durch eine Felswand, geht es mit der Grubenbahn 650 m in den Berg, ehe Sie sich in der riesigen Salzkathedrale mit der spektakulären Bergmannsrutsche wiederfinden. In 3D-Animationen wird der Salzabbau spannend präsentiert. Der einstündige Rundgang und die Floßfahrt über den unterirdischen Salzsee bieten Jung und Alt ein unvergessliches Erlebnis untertage. Bestens kombinierbar mit der Alten Saline Bad Reichenhall.

Wichtig!

Adresse:
Salzbergwerk Berchtesgaden
Bergwerkstraße 83, 83471 Berchtesgaden
Tel. 08652/60020
www.salzbergwerk.de, info@salzbergwerk.de
Anfahrt: Im Ort ausgeschildert
Saison/Öffnungszeiten:
01.04.–31.10.:
tägl. 9–17 Uhr (letzter Einlass)
Wintersaison:
02.11.–31.03., tägl. 11–15 Uhr
geschlossen:
01.01., Karfreitag, Pfingstmontag, 01.11., 24.12., 25.12., 31.12.
Eintritt: Erw. € 21,–,
Kinder (4–16 J.) € 10,90,
Familienkarte (2 Erw. + 1 Kind) € 47,50
(jedes weitere Kind € 6,50)

Alte Saline Bad Reichenhall

Die Alte Saline (1834) in Bad Reichenhall ist imposante Zeitzeugin für die weltweit einzigartige Geschichte des weißen Goldes. Hier taucht man in die wohl schönste Saline der Welt mit ihrem jahrhundertealten Stollensystem ein und erlebt deutsche Ingenieurskunst und gigantische Wasserräder.

Wichtig!

Adresse:
Alte Saline Bad Reichenhall
Alte Saline 9, 83435 Bad Reichenhall
Tel. 08651/70026146, www.alte-saline.de
Saison/Öffnungszeiten:
01.04.–31.10., tägl. 10–16 Uhr (letzter Einlass)
Wintersaison: 02.11.–31.03., Mo. geschlossen, Di. bis So. 11–15 Uhr (letzter Einlass)
Eintritt:
Erwachsene € 12,–, Kinder € 6,50,
Familienkarte (2 Erw. + 1 Kind) € 26,50
(jedes weitere Kind € 4,–)

Freizeitpark Ruhpolding

„Gipfelstürmer" – auch den großen Geschwisterkindern macht es sichtlich Spaß.

Im Ruhpoldinger Freizeitpark begeistern alte Märchen, traditionelle Handwerksberufe, die Bergachterbahn, die Bootsrutschen, das Rutschparadies und vieles mehr alle Generationen.
Seit rund 50 Jahren kreiert die Betreiberfamilie Aigner mit viel Liebe zum Detail jährlich neue zeitlose Einzelstücke wie den Maibaum-Kraxler, das Kristallbergwerk oder die Gratwanderung, einen Niedrigseilgarten für angehende Bergfexe. Insgesamt gibt es über 60 Attraktionen im Park, darunter z. B. den Berg der Dinosaurier, die Bockerlbahn oder den Drachenritt.
Spielen ist nur was für Kinder? Von Wegen! Die generationsübergreifenden Spiele fördern das gemeinsame Erleben. Beim Biathlon-Duell oder beim „Dirndldrahn" zeigen Oma und Opa, dass man zum Spaß haben nie zu alt ist. Mit Pfeil und Bogen oder bei der Mäusejagd wetteifern sie mit ihren Enkeln um die höchste Punktzahl. Mit frischer, regionaler Kost verwöhnen die Köche Andreas und Carlo die Gäste im Restaurant „Tischlein Deck Dich", in dem auch ein großer Spielbereich untergebracht ist. So können Eltern genussvoll speisen und entspannen, während die Kinder in Sichtweite herumtollen.
TIPP: Der Freizeitpark Ruhpolding ist das ideale Ausflugsziel bei jedem Wetter. Viele Attraktionen sind überdacht und im Sommer spenden die Bäume des Waldparks kühlen Schatten.

Wichtig!

Adresse:
Freizeitpark Ruhpolding
Vorderbrand 7, 83324 Ruhpolding
Tel. 08663/800622
Info-Tel. 08663/1413
www.freizeitpark.by
ruhpolding@freizeitpark.by
Anfahrt:
Autobahn A8 München/Salzburg bis zur Ausfahrt Traunstein/Siegsdorf, anschließend 8 km weiter nach Ruhpolding, am Ortseingang von Ruhpolding rechts abbiegen und 4 km der Beschilderung folgen
Saison/Öffnungszeiten/ Eintritt:
www.freizeitpark.by
Verpflegung:
Parkrestaurant „Tischlein Deck Dich" mit Indoor-Spielbereich oder „Cafe-Alm"

Per Click in die Freizeit

Archäologische Museen
Bad Buchau: www.federseemuseum.de
Hechingen: www.villa-rustica.de
Herbertingen: www.heuneburg.de
Hochdorf: www.keltenmuseum.de
Konstanz: www.konstanz.alm-bw.de
www.konstanz.de (Naturmuseum)
Mengen:
www.roemermuseum.mengen.de
Münsingen: www.geopark-alb.de

Diverse Museen
Uhldingen: www.automuseum-busch.de
Wolfegg: www.bauernhaus-museum.de
Heilbronn:
www.eisenbahnmuseum-heilbronn.de
Hagnau: www.hagnauer-museum.de
Ulm: www.museum-brotkultur.de
Mannheim: www.rem.mannheim.de
Pforzheim:
www.schmuckmuseum-pforzheim.de
Gundelsheim:
www.siebenbuergisches-museum.de
Gaggenau: www.unimog-museum.com
Karlsruhe: www.zkm.de

Diverse Freizeitparks
Enzklösterle-Poppeltal:
www.riesenrutschbahn.de
Heilbronn: www.trampoline-heilbronn.de
Löffingen:
www.schwarzwaldpark-loeffingen.de
Oberried: www.steinwasen-park.de
Sonnenbühl:
www.freizeitpark-traumland.de

Burgen/Schlösser
diverse Schlösser:
www.schloesser-und-gaerten.de
Baden-Baden: www.alt-eberstein.de
Dilsberg: www.burg-dilsberg.de
Bruchsal: www.schloss-urach.de
Burg Hohenzollern:
www.burg-hohenzollern.com
Emmendingen: www.hochburg.de
Heidelberg: www.schloss-heidelberg.de
Mannheim: www.schloss-mannheim.de
Meersburg: www.burg-meersburg.de
www.neues-schloss-meersburg.de
Rastatt: www.schloss-favorite.de
Singen:
www.festungsruine-hohentwiel.de
Stuttgart:
www.neues-schloss-stuttgart.de
Schwetzingen:
www.schloss-schwetzingen.de
Tettnang: www.schloss-tettnang.de

Zoos/Wildparks
Albstadt: www.albaquarium.de
Bad Wimpfen: www.greifenwarte.de
Göppingen:
www.tierpark-goeppingen.de
Heidelberg: www.zoo-heidelberg.de
Pfullendorf-Gaisweiler:
www.erlebnistierpark-jaegerhof.de
Reutlingen: www.exotarium-rt.de
Steinen: www.vogelpark-steinen.de
Überlingen-Bambergen:
www.haustierhof-reutemuehle.de
Waldkirch: www.schwarzwaldzoo.de

Baden-Württemberg 339–380

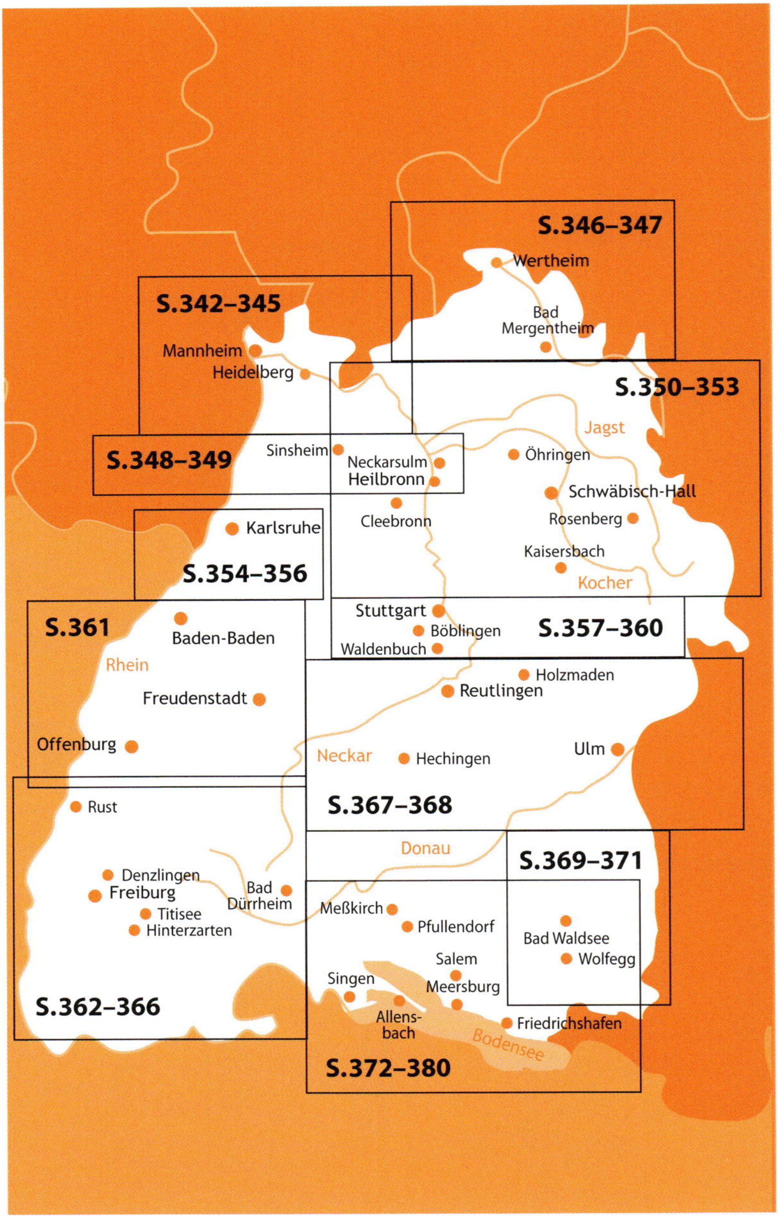
S.346–347
Wertheim
Bad Mergentheim
S.342–345
Mannheim
Heidelberg
S.350–353
Jagst
S.348–349
Sinsheim
Neckarsulm
Heilbronn
Öhringen
Schwäbisch-Hall
Cleebronn
Rosenberg
Karlsruhe
S.354–356
Kaisersbach
Kocher
Stuttgart
Böblingen
Waldenbuch
S.357–360
S.361
Baden-Baden
Rhein
Freudenstadt
Holzmaden
Reutlingen
Offenburg
Neckar
Hechingen
Ulm
S.367–368
Rust
Donau
S.369–371
Denzlingen
Freiburg
Titisee
Hinterzarten
Bad Dürrheim
Meßkirch
Pfullendorf
Bad Waldsee
Wolfegg
Salem
Singen
Meersburg
Allensbach
Friedrichshafen
Bodensee
S.362–366
S.372–380

Mannheim und Umgebung

Die barocke Stadtanlage Mannheims erinnert an ein Schachbrett. Im Mittelpunkt steht das Schloss mit seinen 500 Zimmern. Aus der einstigen Residenz ist heute die Universität geworden.

Wer nach Mannheim fährt, der sollte sich auch das Kapitel über Ludwigshafen anschauen, denn die Stadt erreicht man mit einem einfachen Spaziergang über die zwei großen Brücken.

Junges Nationaltheater Mannheim

Mit seiner Gründung 1979 als vierte Sparte des Nationaltheaters Mannheim ist das Junge Nationaltheater (Junges NTM) das älteste kommunale Kinder- und Jugendtheater in Baden-Württemberg mit eigenem Ensemble und eigener Spielstätte. Es vereint Theaterprogramm für alle Altersgruppen und führt das junge Publikum an unterschiedliche künstlerische Arbeitsweisen heran. Über Schauspiel, Tanz, Figuren- und Materialtheater ist vor allem das junge Musiktheater unter dem Label „Junge Oper" ein programmatischer Schwerpunkt. Neben Bilderbuchadaptionen, Inszenierungen von Klassikern und Stückentwicklungen stehen auch Projekte der Jungen Bürgerbühne auf dem Spielplan, bei denen Kinder und Jugendliche aktiv teilnehmen können.

Der Grundansatz des Dialogs mit dem Publikum spiegelt sich in der umfangreichen theaterpädagogischen Vermittlungsarbeit und Forschungsprojekten wider.
Werktags sind die meisten Vorstellungen vormittags, das Junge NTM bietet aber auch Familienvorstellungen abends und am Wochenende an.

Wichtig!

Adresse:
Junges Nationaltheater Mannheim
(Alte Feuerwache am Alten Messplatz)
Brückenstraße 2, 68167 Mannheim
Karten-Tel. 0621/1680302
Fax 0621/1680 308
www.nationaltheater.de
jungesnationaltheater@mannheim.de

Luisenpark Mannheim

Viel Abwechslung – Mannheimer Kinder sind um den Luisenpark im Herzen der Stadt wirklich zu beneiden! Über den gesamten Park verteilt sind zahlreiche Spielplätze der Luxusklasse – das beginnt beim Wasserspielplatz und endet beim Burgspielplatz mit Wendelrutsche. Das Freizeithaus und die Freizeitwiese bieten allerlei Spielmöglichkeiten. Nach dem austoben geht's zu den Tiergehegen. Da gibt es die Tiere des Bauernhofs, Volieren mit tropischen Vögeln, Eulen oder Flamingos und natürlich die absoluten Publikumslieblinge, die Pinguine. Im Pflanzenschauhaus findet man die Pracht der Subtropen und Tropen, das Schmetterlingsparadies, die Welt der Kakteen und Tiere wie die Tigerpython, Leguane und sogar ein kleines Krokodil! Überall im Park fühlen sich Störche wie zu Hause: Der Luisenpark ist Ort der größten städtischen Weißstorchansiedlung Deutschlands.

Auf dem Parksee können Besucher entspannt im Gondoletta-Bötchen fahren: Das ist Entschleunigung pur und wie eine Stunde Urlaub vom Alltag. Auch in der KlangOase, wo Lautsprecher in den Bäumen sphärische Klänge verbreiten, lässt es sich herrlich „chillen". Höhepunkt des Luisenparks ist der chinesische Garten mit viel Wasser und vor allem dem größten original im chinesischen Stil gestalteten Teehaus, vor dem die Päonien von April bis Juni herrlich blühen. Wer angesichts dieser enormen Vielfalt den Überblick verliert, der begibt sich ins Drehrestaurant „Skyline" im Fernmeldeturm und wird belohnt: Mit einem Blick über die ganze Region und die tausend Blumen des Luisenparks!

Wichtig!

Adresse: Luisenpark Mannheim
Theodor-Heuss-Anlage 2, 68165 Mannheim
Tel. 0621/41005-0, www.luisenpark.de
Anfahrt: S-Bahnhaltestelle „Luisenpark", Großparkplatz Friedensplatz I–III (kostenlos) vor dem Haupteingang
Saison/Öffnungszeiten: Ganzjährig ab 9 Uhr, Kassenschluss bei Dämmerung. Ausgang jederzeit über Drehkreuze möglich.
Eintritt: Sommer: Erwachsene € 8,–, Kinder (6–15 J.) € 4,–, Begünstigte € 6,– Winter: Erwachsene € 4,–, Kinder (6–15 J.) € 2,–, Begünstigte € 3,–
Verpflegung: Café-Restaurant Pflanzenschauhaus, Weinstube, Café Seerestaurant, Teehaus, Drehrestaurant im Fernmeldeturm.
Drumherum: Planetarium und Technoseum

TECHNOSEUM: Nichts ist spannender

Das TECHNOSEUM ist ein interaktives Museum: Die Besucherinnen und Besucher erwartet eine Zeitreise durch 200 Jahre Technik- und Sozialgeschichte. Inszenierte Wohn- und Arbeitssituationen machen anschaulich, welche Auswirkungen technische Neuerungen auf das Arbeits- und Alltagsleben seit dem 19. Jhd. hatten. Im TECHNOSEUM sind nicht nur Großobjekte wie eine komplette Papiermühle und eine Textilweberei zu sehen – viele Maschinen sind auch noch funktionstüchtig und werden regelmäßig vorgeführt. So kann man zum Beispiel erleben, wie die Getreidemühle mahlt oder die Fließbandfertigung des legendären Porsche 911 funktionierte. Der humanoide Roboter Paul tanzt regelmäßig für sein Publikum; und auch eine Dampflokomotive aus dem Jahr 1896 ist im Einsatz und fährt mit den großen und kleinen Besuchern mehrmals täglich aus dem Museumsgebäude in den Park.

In vielen Ausstellungsbereichen ist Anfassen explizit erwünscht: So kann man beispielsweise mit einem Tretkran und der eigenen Muskelkraft einen 275 Kg schweren Stein heben, eine Rohrpost verschicken oder gemeinsam mit einem Fertigungsroboter ein Modellauto zusammenbauen. Wer schon immer wissen wollte, wie man mit Abakus und Neperstäbchen rechnet und welche Räder auf Schienenen am besten rollen: einfach ausprobieren! Und wer will, zückt sein Smartphone und probiert aktuelle Techniktrends gleich selbst aus: Im Ausstellungsbereich zur Mediengeschichte kann man sich per App und Augmented Reality einen virtuellen Telegrafenarbeiter, das „Fräulein vom Amt" und sogar Queen Elizabeth II. auf den Handy-Bildschirm holen.

Wichtig!

Adresse:
TECHNOSEUM
Museumsstraße 1, 68165 Mannheim
Tel. 0621/42 98-9
Tel. 0621/42 98-839 (Anmeldung f. Gruppen)
www.technoseum.de, info@technoseum.de

Öffnungszeiten:
Täglich 9–17 Uhr (24. + 31.12. geschlossen).

Eintritt:
Erwachsene € 9,–, Ermäßigte € 6,–
Familienkarte € 18,–
Schüler im Klassenverband € 4,–
Kinder bis 6 Jahre frei

KÖRPERWELTEN Museum

„Anatomie des Glücks" in Heidelberg

Mit mehr als 50 Millionen Besuchern zählen die KÖRPERWELTEN zu den erfolgreichsten Ausstellungen weltweit. Rund um den Globus klären echte menschliche Präparate über Anatomie und Physiologie auf und sensibilisieren Besucher für ihren Körper und ihre Gesundheit.

Die ausgestellten Ganzkörper-Plastinate sowie einzelnen Organe, Gefäßpräparationen und transparenten Körperscheiben ermöglichen tiefgreifende Einblicke in Aufbau und Funktion des menschlichen Körpers und zeigen wie einzigartig wir sind. Möglich wurde das durch die Technik der Plastination, einem Konservierungsprozess, den Dr. Gunther von Hagens während seiner Tätigkeit als Anatom an der Universität Heidelberg erfand.

Seit 2017 hat die erfolgreiche Anatomieschau einen festen Standort im historischen „Alten Hallenbad" in Heidelberg. Im Fokus der Dauerausstellung steht das Thema „Glück".
Besucher tauchen ein in die faszinierende Welt der Anatomie und erfahren, welche Strukturen an der Entstehung des Glücksgefühls beteiligt sind und wie positive und negative Gefühle unsere körperliche und emotionale Gesundheit maßgeblich beeinflussen.

Wichtig!

Adresse:
KÖRPERWELTEN Museum
„Anatomie des Glücks"
Poststraße 36/5, 69115 Heidelberg
Tel. 06221/1362920
heidelberg@koerperwelten.de
www.koerperwelten.de
Öffnungszeiten:
Täglich 10–18 Uhr (24. geschlossen)
Eintritt:
finden Sie auf unserer Homepage

Das Taubertal

Das "Liebliche Taubertal" bietet eine vielfältige Flora und Fauna. Steinriegel, Magerrasen, Weinberge oder Trockenmauern sind typische Merkmale dieser Landschaft., Naturseen oder Freibädern,runden sie ab. Windsurfer oder Angler, kommen auf ihre Kosten.
Halten Sie inne an romantischen Uferplätzen oder nutzen Sie das umfassende Wassersportangebot.
Ob nun als Wasserwanderer im Motorboot, Kanu oder Kajak, beim Baden und Schwimmen.

Ebenso interessant ist einer der schönsten Abschnitte des Mains zwischen Wertheim und Freudenberg. Hier grüßen bereits Odenwald und Spessart. Der Main, Bindeglied zwischen Rhein und Donau, ist eine internationale Wasserstraße mit Fischreichtum.
In Jahrtausenden hat der Tauberlauf den Südwesten Frankens geprägt. Von der Quelle bis zur Mündung in den Main windet sie sich vorbei an den Städten Rothenburg o. d. T., Creglingen, Röttingen, Weikersheim, Bad Mergentheim, Lauda-Königshofen, Tauberbischofsheim, Werbach bis nach Wertheim am Main und ignoriert geradezu die von Menschenhand gezogene bayerische und baden-württembergische Landesgrenze.

Der Name Tauber wird auf das keltische Wort dubra für (dunkles) Wasser zurückgeführt. Andere Ableitungen definieren ihn durch Dubron (keltisch), was soviel bedeutet wie schnell dahineilendes Wasser. Da der Klingenbrunnen bei Weikersholz die oberste Quelle ist, die ständig schüttet, ist dieser Brunnen seit 1976 als Ursprung der Tauber anzusehen.

Wildpark Bad Mergentheim

Herzlich willkommen in einem Wildpark der etwas anderen Art. Auf insgesamt 35 ha leben ca. 1.000 Tiere aus 70 Arten. Hier gibt es kaum Maschendraht, Käfige oder Gitter – fast alle Gehege sind mit kaum wahrnehmbaren Begrenzungen als naturnah gestaltete Freisichtanlagen gebaut. Der Rundgang ist mit befestigten Wegen gut angelegt und besitzt keine großen Steigungen oder Gefälle, ist also sowohl für Rollstuhlfahrer als auch für schnell ermüdende Kinder geeignet.

Bei der 2x täglich angebotenen Fütterungsrunde sehen die Besucher alle Tiere in Aktion und erhalten viele interessante Informationen zur jeweiligen Tierart. Fischotter tauchen nach Fisch und Fleischbrocken. Geier, Adler, Eulen und Bussarde lassen sich bei ihren Beuteflügen beobachten. Die Hauptattraktionen sind sicherlich die Fütterungen bei Europas größtem Wolfsrudel, der begehbare Geiersteinbruch, die begehbare Flughundhöhle, die Braunbären und die Luchse, die mit Hilfe von Beutesimulatoren gefüttert werden. Neben dem Spielbauernhof mit dem Streichelzoo zeigen viele alte Haustierrassen bei ihren Vorführungen, was früher dörflicher Alltag war. Aber auch auf eigene Faust lassen sich noch viele andere Tiere

wie Steinböcke, Mufflons, Rothirsche, Eisfüchse oder Wildkatzen entdecken. Auf zwei großen Spielplätzen kann nicht nur gerutscht und geschaukelt, sondern auch Burgen gebaut, Bäche umgeleitet und auf Schiffen gespielt werden. Für den kleinen und großen Hunger finden Gäste im Jägerstüble, am Waldkiosk oder auf der Sonnenterrasse immer gute und preiswerte Mahlzeiten. Ein Grillplatz, der auch für Gruppen geeignet ist, steht nach Anmeldung kostenlos zur Verfügung.

Wichtig!

Adresse: Fauna Wildpark GmbH
Wildpark 1, 97980 Bad Mergentheim
Tel. 07931/563050, www.wildtierpark.de
Anfahrt: Der Wildpark liegt südlich der Stadt an der B 290 nach Crailsheim und ist ausgeschildert. Parkplätze sind kostenfrei.
Öffnungszeiten: Sommer von Mitte März bis Anfang November täglich ab 9–18 Uhr, letzter Einlass 16.30 Uhr, Winter Anfang November bis Mitte März nur an Wochenenden und Feiertagen ab 10.30–17.00 Uhr, letzter Einlass 16.00 Uhr.
Eintritt: Erw. und Jug. (ab 15 Jahre) € 12,50
Kinder (3–14 Jahre) € 9,–
Verpflegung: Picknick, Kiosk u. Restaurant.

Der Kraichgau

Der Kraichgau ist eine wenig bekannte Gebirgslandschaft zwischen Schwarzwald und Odenwald. Sanfte bewaldete Hügel bestimmen hier das Bild. In der Rheinebene vor den Toren der Kreisstadt Bruchsal werden Tabak und Spargel angebaut. Der Ort ist europaweit der größte Hauptumschlagsplatz für das Genießergemüse. Wie passend: In den Weinbergen ringsum wachsen die Trauben des Bruchsaler Tropfens, der zu den Spitzenweinen Badens zählt.

Aquatoll in Neckarsulm

Ein Palmenparadies! Wohlbefinden, Spaß und Geselligkeit für die ganze Familie verspricht diese in Palmen gerahmte Badelandschaft. Hier findet jeder Freude am und im Wasser: vom Kind über die Eltern bis zu den Großeltern. Es gibt ein Erlebnisbecken mit 30° Wassertemperatur, in dem man nicht nur schwimmen kann, sondern sich auch mit Boden- und Nackensprudlern ausgiebig verwöhnen lässt. Im Spaßbecken erlebt man Abenteuer pur mit dem Wildwasserfluss und der Black-Hole-Rutsche. Eine seperate Kinderlandschaft, Solebecken, Whirlpools und eine 6.500 m² große Saunalandschaft runden das Angebot ab.

Wichtig!

Adresse:
Erlebnisbad Aquatoll
Wilfenseeweg 70, 74172 Neckarsulm
Tel. 07132/2000-0, Fax 07132/2000-20
www.aquatoll.de, info@aquatoll.de
Anfahrt:
Neckarsulm liegt an der A 6 Mannheim–Nürnberg, Ausfahrt Neckarsulm
Saison/Öffnungszeiten:
Ganzjährig, täglich von 9–22 Uhr
Eintritt:
Verschiedene Preisstaffelungen nach Tagen, Übersicht im Internet.
Einige Beispiele: Mo.–Fr.
Erwachsene 2 Std. € 6,50
Tageskarte € 15,–
Mo.–Fr. Kinder (bis 1,10 m) unbegrenzt € 2,50
Verpflegung:
Restaurant im Bad

Technik Museum Sinsheim

Das **Technik Museum Sinsheim** bietet jeden Tag Spannung, Abwechslung und Unterhaltung. Durch die kinderfreundliche Gestaltung und die Vielfalt der gezeigten Exponate ist der Museumsbesuch ein Erlebnis für die ganze Familie. Schon von weitem grüßen die beiden begehbaren Überschall-Jets, Concorde und Tupolev Tu-144. Auf dem Museumsdach in Startposition aufgestellt, thronen sie u. a. über hunderte prachtvolle Oldtimer, PS-starke Motorräder, majestätische Flugzeuge, riesige Dampfloks, Formel-1-Legenden und kraftvolle Landmaschinen. 2022 dreht sich in der Halle 3 alles um die „Red Bull World of Racing". Ob nun Motorcross oder Formel-1, in der Wüste oder im Schnee, zu Land oder in der Luft – in der neuen und interaktiven Sonderausstellung gibt es die actiongeladene Welt des Red Bull-Motorsports zu entdecken.

Von April bis Oktober finden in den Außenbereichen bunte und abwechslungsreiche Events statt. Ein Blick in den Veranstaltungskalender des Museums lohnt sich allemal.

Eine weitere Attraktion ist das IMAX 3D Kino. Das schärfste Kino der Welt präsentiert spannende Dokumentationen und die neuesten Hollywood-blockbuster mit einer revolutionären IMAX-4k-Lasertechnik auf einer gigantischen IMAX-Leinwand (27 x 22 m). Das Sternehaus Hotel Sinsheim bietet attraktive Pauschalangebote.

Technik Museum
Sinsheim

Wichtig!

Adresse: Technik Museum Sinsheim
Museumsplatz, 74889 Sinsheim
Tel. 07261/9299-0, www.technik-museum.de
Anfahrt: Von der Autobahn A 6 Mannheim–Heilbronn ab Ausfahrt Sinsheim-Süd (33b) der Beschilderung folgen
Öffnungszeiten: Ganzjährig Mo.–Fr. 9–18 Uhr, Sa./So./Feiertage 9–19 Uhr
Eintritt: Museum: Erw. € 19,–, Kinder (5–14 J.) € 15,–, Geburtstagskinder (Ausweis) und Kinder bis 4 Jahre frei, Museum + IMAX Kino: Erw. € 24,–, Kinder (5–14 J.) € 19,–, Geburtstagskinder (Ausweis) und Kinder bis 4 Jahre frei
Verpflegung: Museumsrestaurant „Concorde", Bistro „Frit Stop", „Restaurant Fandango" im Hotel Sinsheim
Übernachten: 4* „Hotel Sinsheim"

Hohenlohe-Odenwald

Wenn auch das Hohenloher Land voll von Burgen und Schlössern ist, überregional bekannt wurde nur Götz von Berlichingen, der Ritter mit der eisernen Hand. Ihm zu Gedenken werden jedes Jahr im Sommer die Burgfestspiele von Jagsthausen in der Götzenburg aufgeführt. Der Dichter Eduard Mörike sah Hohenlohe so: „Eine besonders zärtlich ausgeformte Hand voll Deutschland". Bewaldete Höhenzüge reichen bis an die fruchtbaren Weiten der Hohenloher Ebene, offene Flusstäler und eine Vielzahl kleiner Seen prägen das Bild.

Tiergehege Öhringen

Der Hofgarten ist eine grüne Oase inmitten der Großen Kreisstadt. Die Spielplätze und das Tiergehege sind bei Familien sehr beliebt.
Im Tiergehege haben Esel, Alpakas, Kamerunschafe, Bennett Kängurus, Mini Shettys und Hühner ihr Zuhause. In der Volière sind verschiedene Vogelarten wie Sittiche, Glanzstare, Kanarienvögel und Papageien ganzjährig zu bestaunen. Der Park lädt mit seinen vielen seltenen Bäumen zum Spazieren und Picknicken ein.
Hinweis: Die Tiere können selbst bestimmen, ob sie sich im Stall oder im Freigelände aufhalten. Daher ist nicht sichergestellt, dass man immer alle Tiere zu Gesicht bekommt.

Wichtig!

Adresse: Tiergehege im Hofgarten Öhringen
Auskünfte: Tourist-Information Öhringen
Am Marktplatz 15, 74613 Öhringen
Tel. 07941/68-118, tourist@oehringen.de
Anfahrt: Der Park befindet sich Nahe der Autobahnausfahrt Öhringen, A6 Heilbronn-Nürnberg. Parkmöglichkeiten in unmittelbarer Nähe z. B. P7 Außenparkplatz Parkhaus „Alte Turnhalle", P8 Parkhaus Alte Turnhalle + P9 Parkplatz Alte Turnhalle.
Öffnungszeiten/Saison:
Mai bis Oktober von 8 bis 17 Uhr
November bis April von 8 bis 16 Uhr
Eintritt: Frei
Verpflegung: Picknick, Gastronomie im Ort

Erlebnispark Tripsdrill

Vor den Toren Stuttgarts liegt der Erlebnispark Tripsdrill, der zum sechsten Mal als bester Freizeitpark Europas ausgezeichnet wurde. Über 100 originelle Attraktionen, das Wildparadies und das Natur-Resort begeistern die Besucher.
Das abwechslungsreiche Angebot reicht von Achterbahnen über Wasserfahrten bis hin zu Attraktionen für die ganze Familie. Eine Weltneuheit stellen die beiden Achterbahnen „Volldampf" und „Hals-über-Kopf" dar, deren Streckenverlauf sich mehrfach kreuzt. Die Familien-Achterbahn „Volldampf" fährt sowohl vor- als auch rückwärts. Bei der neuartigen Hängeachterbahn „Hals-über-Kopf" schweben die Züge unter der Schiene – und zwar rasant, mit rund 80 km/h und gleich vier Überschlägen. Die teilweise überdachte Spielewelt „Sägewerk" begeistert Kinder jeden Alters. Spritziges Vergnügen bereitet das Waschzuber-Rafting.
Im Eintritt für den Erlebnispark enthalten ist auch das täglich geöffnete Wildparadies, das 2022 sein 50-jähriges Jubiläum feiert. Mehr als 60 verschiedene Tierarten, Walderlebnispfad, Barfußpfad und Abenteuerspielplatz laden zu Erkundungstouren ein. Die moderierten Fütterungen bei Wolf, Luchs, Bär & Wildkatze sowie bei den Fischottern zeigen die Tiere in Aktion und vermitteln Wissenswertes zu ihrer Lebensweise. Die rasanten Flugmanöver der Greifvögel gibt es bei den Flugvorführungen auf der Falknertribüne zu bestaunen (jeweils täglich, außer freitags).
Wer seinen Ausflug nach Tripsdrill mit einer Übernachtung komplettieren möchte, sollte die komfortablen Schäferwagen oder Baumhäuser im Natur-Resort nutzen. Übrigens: Beide sind ganzjährig buchbar.

Wichtig!

Adresse: Erlebnispark Tripsdrill
Erlebnispark-Tripsdrill-Str. 1, 74389 Cleebronn
Tel. 07135/9999, Fax 07135/999666
www.tripsdrill.de, service@tripsdrill.de
Anfahrt: 4.000 kostenlose Parkplätze
Autobahn A 81 Stuttgart–Heilbronn, Ausfahrt Mundelsheim, A 6 Mannheim–Heilbronn, Ausfahrt Sinsheim–Steinsfurt
Saison: 2. April bis 6. November 2022
Eintritt: Kinder (unter 4 J.) frei
Kinder (4–11 Jahre) € 33,–
Erw. und Jugendl. (ab 12 J.) € 38,–
Senioren (ab 60 J./Ausweisvorlage) € 33,–
Gruppen-, Übernachtungsangebote & Events auf www.tripsdrill.de
Reguläre Tickets ausschließlich auf shop.tripsdrill.de

Baumhaushotel "Rosenberg"

Raufgehen zum runterkommen! Wer braucht schon eine Playstation oder X-Box?! Der tollste Spielplatz der Welt ist der Wald !

Und während sich die Kinder im Unterholz austoben – Lager bauen, Verstecken spielen – erholen sich die Eltern auf der Terrasse und genießen die untergehende Sonne bei einem Gläschen Wein. Das Baumhaushotel Rosenberg (bei Ellwangen) bietet die Möglichkeit eines naturnahen, erholsamen Urlaubs weitab vom Großstadtstress und Autolärm.

Sieben Häuschen mit ingesamt 29 Betten (davon ein 6er Häuschen), idylisch am Waldrand gelegen, sorgen für ein unvergessliches Übernachtungserlebnis mitten in der Natur.

Das Baumhaushotel liegt in der herrlichen Landschaft der Gemeinde Rosenberg mit ausgedehnten Wäldern und 2 kleinen Badeseen direkt am fränkisch-schwäbischen Jakobsweg und eignet sich ideal für Familien.

Die Umgebung bietet Gelegenheit für sportliche Aktivitäten wie Wandern, Radfahren und Baden oder Skilanglauf im Winter.

Die Häuschen mit aussichtsreicher Terrasse sind modern eingerichtet mit bequemen Betten, Komposttoilette, Wasserkocher, Strom und Licht sowie elektrischer Heizung- somit ist es auch im Winter behaglich warm.

Zur Übernachtung kann man ein Frühstück nach Wahl hinzubuchen, dass morgens vom ortsansässigen Bäcker gebracht und am Seilzug der Baumhäuser befestigt wird. Mittags und abends haben die Gäste in der Umgebung verschiedene gastronomische Betriebe zur Auswahl oder sie nutzen die Grillstelle.

Alle Grillutensilien (Zange; Kohle; Anzünder etc.) sind vor Ort und müssen nicht von den Gästen mitgeschleppt werden.

Wichtig!

Adresse:
Baumpalast GmbH
Hüttenhof 5, 73494 Rosenberg
Tel. 0157/53175432
info@baumpalast.de, www.baumpalast.de

Saison:
ganzjährig geöffnet

Öffnungszeiten:
Telefonisch stehen wir Ihnen von montags bis freitags von 11 – 16 Uhr zur Verfügung

Eintritt:
Der Häuserpreis liegt in der Nebensaison ab € 135,– und in der Hauptsaison bei € 165,–

Eberstadter Tropfsteinhöhle

Faszinierende Höhlenwelten

Die Tropfsteinhöhle in Buchen-Eberstadt verdankt ihre Entdeckung dem sprichwörtlichen Zufall. Als sich am 13. Dezember 1971 der Pulverdampf nach Sprengarbeiten in einem Muschelkalksteinbruch verzogen hatte, klaffte ein großer Spalt im Fels. Bereits die ersten vorsichtigen Erkundungen ließen die atemberaubende Schönheit eines geologischen Naturwunders erahnen, das einmalig in Süddeutschland ist.

Seither erkunden jedes Jahr zahlreiche Besucher die Jahrmillionen alten Tropfsteinformationen. Unvergesslich bleiben beim Besucher die Eindrücke, die die Höhle mit ihrem Formenreichtum und ihrer Größe hinterlässt. Lassen auch Sie sich faszinieren und erkunden Vesuv, Haifischrachen, Hochzeitstorte und vieles mehr!

Der mühelos begehbare Teil der Höhle schlängelt sich rund 600 m ohne Stufen durch die Erde. Mit etwas Unterstützung ist eine Besichtigung auch für Rollstuhlfahrer (nicht mit elektrischen Rollstühlen), mit Kinderwägen bis 60cm Breite und für Gehbehinderte möglich.

Die Temperatur liegt das ganze Jahr hindurch bei 11°C, die Luftfeuchtigkeit bei etwa 95%.

Ein Besuch ist nur im Rahmen einer Führung möglich, diese dauert ca. 60 Minuten und beginnt meist zur vollen Stunde.

Tiere müssen leider draußen bleiben. Wir bitten aus organisatorischen Gründen das Fotografieren zu unterlassen.

Das Besucherzentrum: An verschiedenen Stationen des Besucherzentrums wird die faszinierende Erdgeschichte rund um die Entstehung der Tropfsteinhöhle leicht verständlich präsentiert.

Die interaktiven Stationen vermitteln Ihnen alles Wissenswerte rund um die Eberstadter Höhlenwelten. Tauchen Sie ein in die phantastische Welt der Hohlen-Stein-Höhle und der Kornäckerhöhle. Unsere ausländischen Gäste erhalten hier auch Audioguides in Englisch, Französisch und Niederländisch.

Auch für Kinder gibt es im Besucherzentrum viel zu Entdecken und Erkunden. Der angrenzende Spielplatz, der Geologische Lehrpfad und der Höhlensee runden das Angebot ab.

Wichtig!

Adresse: Tourist-Information Stadt Buchen
Hochstadtstr. 2, 74722 Buchen (Odenwald)
Tel. 06281/2780
Besucherzentrum Tropfsteinhöhle
Tel. 06292/578, info@verkehrsamt-buchen.de
www.buchen.de

Öffnungszeiten:
März bis Oktober täglich von 10 - 16 Uhr
März/April & Sept./Oktober Montag Ruhetag
November bis Februar Samstag/Sonntag und an vielen Feiertagen von 13 – 16 Uhr

Eintritt:
entnehmen Sie bitte unserer Homepage

Sonderführungen:
Wir bieten auf Anfrage und an verschiedenen Terminen Themen- & Fachführungen, z.B. speziell für Kinder oder mystische Höhlenerkundung an. Fragen Sie uns!
(Telefon: 06281 2780)!

Karlsruhe

Markgraf Karl III. Wilhelm plagte die Wohnungsnot, denn sein Schloss in Durlach war unbewohnbar geworden. Die neue Residenz Carols-Ruhe gab der Stadt ihren Namen. Von oben betrachtet, ziehen die Straßenzüge Karlsruhes einen fächerförmigen Grundriss – im Traum über den verlorenen Fächer seiner Frau soll der Markgraf städtebaulich inspiriert worden sein. Früher mussten die Bürger der Stadt den Spleens des absolutistischen Herrschers folgen, heute spricht hier das Bundesverfassungsgericht Urteile der letzten Instanz.

Schlossgarten Karlsruhe

Stadt der Gärten! Wer nur einfach einen schönen Nachmittag verbringen möchte, der ist im Schlossgarten an der richtigen Adresse. Es gibt viel Grün und große Liegewiesen, die sich hervorragend zum Ausruhen eignen. Die Eltern legen sich auf die Decke, während die Kids den Abenteuerspielplatz aufmischen. Es lohnt sich auch, die Frisbeescheibe oder einen Fußball einzupacken. An Wochenenden verkehrt eine Minieisenbahn. Nicht weit entfernt sind außerdem der Botanische Garten, der Fasanengarten, die Günter-Klotz-Anlage, der Nymphengarten, die Nottingham-Anlage … Mehr als 800 Hektar Parkanlagen machen Karlsruhe zur „Stadt im Grünen".

Wichtig!

Adresse:
Schlossgarten, 76124 Karlsruhe
Weitere Informationen:
Tourist-Information Karlsruhe
Tel. 0721/602997-580
www.karlsruhe-tourismus.de
touristinfo@karlsruhe-tourismus.de
Anfahrt:
Öffentliche Verkehrsmittel:
Haltestelle „Marktplatz".
Auto: Folgen Sie dem Parkleitsystem N, Zentrum-Nord
Saison: Ganzjährig
Öffnungszeiten:
Täglich ab 8 Uhr bis Einbruch der Dunkelheit
Eintritt: Frei
Verpflegung:
Picknick, Café und Restaurant

Zoo und Stadtgarten Karlsruhe

Der Zoologische Stadtgarten Karlsruhe ist einer der ältesten Zoos in Deutschland und liegt als „grüne Oase" mitten im Herzen der Stadt. Es sind nur wenige Meter zum Hauptbahnhof und nur zehn Geh-Minuten zum Stadtkern. Ein einmaliges Erlebnis ist die Anlage als Mischung zwischen Park und Zoo. Eine Haupt-Attraktion ist der „Lebensraum Wasser" mit Anlagen für Eisbären, Seelöwen, Seehunde und Pinguine. Durch die Unterwasserscheiben können die Tiere hautnah beobachtet werden. Der neue Streichelzoo bietet direkte Kontaktmöglichkeiten zu Haustieren aus aller Welt. In der Afrikasavannen-Anlage leben Elenantilopen, Strauße und Zebras auf einer gemeinsamen Anlage. Nebenan sind Giraffen, Säbelantilopen und Watussi-Rinder zu finden. Im Dickhäuterhaus gibt es die einzige Altersresidenz für Elefanten, zudem leben dort Flusspferde. Im Lebensraum Himalaya sind Rote Pandas und Schneeleoparden zu finden. Außerdem gibt es im Zoo Luchse, Salzkatzen und China-Leoparden. Über den gesamten Zoo verteilt ist ein großer Bestand an Papageien zu sehen. Ganzjährig tropische Temperaturen bietet das riesige Exotenhaus, in dem Affen, Fledermäuse, zahlreiche Vögel und Faultiere frei leben. Weitere Affen, Krokodile, Echsen, Schlangen, Frösche, Fische, Schildkröten und Kugelgürteltiere sind in Terrarien und Volieren zu sehen. Kinder finden auf dem Abenteuerspielplatz ein weitläufiges Areal zum Spielen und Toben oder zum Fahren mit den Kinderoldtimern. Zudem sind überden ganzen Zoo Kinderturnwelten eingerichtet, die sich an den Bewegungsabläufen der Tiere in der direkten Umgebung orientieren. Gondoletta-Boote laden zu einer gemütlichen Fahrt auf den großen Seen ein.

Wichtig!

Adresse:
Zoo Karlsruhe –Verwaltung –
Ettlinger Str. 6, 76137 Karlsruhe
Tel. Kasseninfo: 0721/133-6815
www.karlsruhe.de/Zoo
office@zoo.karlsruhe.de
Eingänge/Parkplätze:
Eingänge direkt am Hauptbahnhof und am Festplatz. Parkplätze vorhanden.
Saison/Kassenöffnungszeiten: Ganzjährig, April bis Sept. 8.30–18 Uhr, Okt. 9–17 Uhr, Nov. bis Feb. 9–16 Uhr, März 9–17 Uhr
Aufenthalt bis Einbruch Dunkelheit möglich.
Eintritt:
Erw. € 11,– (zzgl. freiw. Artenschutzeuro), Ermäßigte € 9,–, Kinder € 5,–,
Kinder unter sechs Jahren frei
Verpflegung: Restaurant, Café, Kiosk, Waffelstand, Picknick

Fahrgastschiff „Karlsruhe"

Ausflug auf dem Wasser! Mit dem Fahrgastschiff „Karlsruhe" geht's rheinauf und rheinab, je nach gewünschter Route. Besonders für Kinder zu empfehlen sind die Rundfahrten Süd- und 4-Häfen-Rundfahrt.

Es geht vorbei an Altrheinarmen, Auwäldern und kleinen Dörfern, am schönsten ist der Ausblick natürlich bei schönem Wetter vom Sonnendeck. Mehr als fünf Stunden dauert die Fahrt zur Staustufe Iffezheim, Schleusung inklusive. Hier kommen auch technisch Interessierte auf ihre Kosten.

Wer sich einen ganzen Tag gönnen möchte, kann sich für die Speyerfahrt inklusive Aufenthalt entscheiden. Dieser Ausflug dauert ca. 9 Stunden. Zur Beschäftigung der Kinder sollte für die lange Rückfahrt an Spielzeug oder Ähnliches gedacht werden. Die Fahrten starten von März bis Dezember, die genauen Fahrzeiten findet man im Internet.

Wichtig!

Adresse:
Rheinhäfen Karlsruhe
KVVH GmbH Geschäftsbereich Rheinhafen
Werftstraße 2, 76189 Karlsruhe
Tel. 0721/5997424
www.rheinhafen.de

Anfahrt:
Die Rheinhäfen liegen am westlichen Ende des Zentrums. Die Anlegestelle ist ausgeschildert. Straßenbahn zum Rheinhafen – vom Stadtzentrum (Marktplatz) – Linie 5

Saison: März–Dezember. Näheres auf der Homepage www.rheinhafen.de.

Vorverkauf: Beispielsweise bei:
Touristinfo, Kaiserstraße 72-74
Mo.–Fr. 9–18 Uhr, Sa. 9–13 Uhr, Auskunft auch unter der oben angegebenen Tel.-Nummer.

Fahrpreis: Je nach Fahrt, Bsp. Rundfahrt,
Erwachsene ab ca. € 13,50
Kinder (4–15) € 6,50
Familienkarte € 27,–

Verpflegung: Gastronomie an Bord

Planetarium Stuttgart

Das Stuttgarter Planetarium bietet ein umfassendes und faszinierendes Programm rund um die Weltraumforschung. Ein ausgeklügelter Projektionsapparat zeigt einen naturgetreuen Sternenhimmel, der zusammen mit Erkenntnissen der Astronomie und Raumfahrt erläutert wird.

Eine hochmoderne Technik ermöglicht die Darstellung kuppelfüllender Videoanimation in brillanter Qualität. In jeder Woche stehen etliche Themen auf dem Spielplan. Auch für Kinder ab 4 Jahren hat das Planetarium Vorführungen im Angebot, in denen spielerisch und mit fantasievollen Geschichten Einblicke in die Welt der Sterne geboten werden.

Wer Licht und Farbe im Rhythmus der Musik liebt, kommt bei den regelmäßigen Musikveranstaltungen freitags um 20 Uhr und wochenends um 18:00 Uhr auf seine Kosten. Eine aufwendige Laseranlage zaubert bunte Figuren an die Kuppel, zeichnet virtuelle Ebenen in den Theaternebel und ermöglicht ein spektakuläres Bad im Licht - das alles kombiniert mit den Sternen und Fulldome-Effekten des Planetariums.

Die Veranstaltungen finden bei jedem Wetter im vollklimatisierten Kuppelsaal statt.

Wichtig!

Adresse:
Carl-Zeiss-Planetarium Stuttgart
Willy-Brandt-Straße 25, 70173 Stuttgart
Tel. 0711/216-89015
Fax 0711/216-89001
info@ planetarium-stuttgart.de
www.planetarium-stuttgart.de

Anfahrt:
Öffentlicher Verkehr bis Haltestellen Hauptbahnhof oder Staatsgalerie

Öffnungszeiten:
Die Kasse öffnet jeweils eine Stunde vor jeder Veranstaltung. Den Spielplan gibt es auf der Webseite. Reservierungen sind unter 0711 216 89015 möglich.

Eintritt:
Erwachsene € 8,–
Kinder, Schüler:innen, Studierende, Zivil- und Wehrdienstleistende, Schwerbehinderte € 5,–
Für die Vormittagsvorführungen gilt auch für Erwachsene der ermäßigte Eintrittspreis von € 5,–.
Für Laser- und Musikshows gilt generell der Eintrittspreis von € 8,–.
Tickets für den Tunesday kosten € 5,–.

SENSAPOLIS FUN & ACTION das ganze Jahr

Der größte Indoor-Freizeitpark Deutschlands lädt die ganze Familie zu spannenden Entdeckungstouren ein!

Ihr seid auf der Suche nach Fun und Action? Dann kommt nach SENSAPOLIS! Zu finden ist der Indoor-Freizeitpark vor den Toren Stuttgarts direkt an der A81 auf dem Flugfeld Böblingen/Sindelfingen. Der Park ist fast ganzjährig geöffnet, voll klimatisiert und somit wetterunabhängig. Auf mehr als 10.000 m² gibt es für Klein und Groß viel zu entdecken. Vom hohen romantischen Märchenschloss mit prunkvollen Sälen und dunklen Geheimgängen bis

hin zum 14 Meter hohen Hochseilgarten, der Flying-Fox und dem Free-Fall, ist jede Menge Abenteuer garantiert!

Rennfieber im Sensadrom

Auf der E-Kartbahn können alle motorsportbegeisterten ab einer Körpergröße von 1,45 m Vollgas geben. Mit den 22 hochmodernen, umweltfreundlichen Elektrokarts werden mehr als 50 Stundenkilometer erreicht. Gefahren wird in einer rund 2.400 Quadratmeter großen Halle auf drei Ebenen und einer Streckenlänge von 300 Metern. Auf der Zuschauer-Tribüne können Fans Platz nehmen und ihre Fahrer anfeuern. Rennatmosphäre pur!

Wichtig!

Adresse:
SENSAPOLIS –
Der Indoor-Freizeitpark für die ganze Familie
Melli-Beese-Straße 1 (Flugfeld Böblingen)
71063 Böblingen/Sindelfingen
Tel. 07031/204853-0
www.sensapolis.de, welcome@sensapolis.de
Anfahrt:
Direkt an der A81 Stuttgart–Singen, Ausfahrten Böblingen/Sindelfingen (Nr. 23) u. Böblingen-Hulb (Nr. 24). Kostenl. Parkplätze.
Öffnungszeiten + Eintritt:
Genaue Informationen zu Öffnungszeiten, Eintrittspreisen und Ermäßigungen unter www.sensapolis.de.

Schokolade, Kunst und Natur erleben

Schokolade, Kunst & Natur: wir laden Sie herzlich ins Besucherzentrum von RITTER SPORT ein.

Erleben Sie eine vielfältige SchokoAusstellung. Wussten Sie schon woher wir unseren nachhaltigen Kakao beziehen und was nachhaltiger Kakaoanbau überhaupt bedeutet? Verfolgen sie die interessante Geschichte unserer eigenen Kakaoplantage „El Cacao" in Nicaragua. In der Schoko-Werkstatt können kleine und große Schokofans ihre ganz eigene Schokolade herstellen. Entdecken Sie ausserdem im SchokoShop alles, was das Schokoladenherz begehrt. Freuen Sie sich auf attraktive Produkte und verlockende Aktionen.

Das im selben Gebäude ansässige MUSEUM RITTER bietet der geometrisch-abstrakten Kunst seit über fünfzehn Jahren ein Forum.

Gegründet von Marli Hoppe-Ritter, der Miteigentümerin der Firma RITTER SPORT, werden in wechselnden Ausstellungen die Gemälde, Objekte, Skulpturen und grafischen Arbeiten aus ihrer umfangreichen Sammlung sowie zu herausragenden Künstlern gezeigt.

Wichtig!

Adresse und Anfahrt: RITTER SPORT SCHOKOLADEN und MUSEUM RITTER
Alfred-Ritter-Str. 27, 71111 Waldenbuch, Anfahrt unter: www.ritter-sport.com/de/erleben; www.museum-ritter.de

Öffnungszeiten:
RITTER SPORT SchokoAusstellung & SchokoShop: Informationen unter www.ritter-sport.com/de/erleben
SchokoWerkstatt: weitere Informationen und Buchung unter www.schokowerkstatt.ritter-sport.de

Eintritt: SchokoAusstellung frei

Öffnungszeiten: MUSEUM RITTER, Di.–So. 11–18 Uhr, kostenlose Führungen an Sonn- und Feiertagen (geöffnete Feiertage siehe www.museum-ritter.de)
Führungsbuchungen für Gruppen: Tel. 07157/53511-40

Eintritt: € 6,–/ermäßigt € 4,–

Verpflegung: Museums-Café, Mo.–So., 9–18 Uhr, Reservierung unter Tel. 07157/538169

Wilhelma Stuttgart

Mit fast 1200 Tierarten ist die Wilhelma einer der größten Zoos Europas. Die einst königliche Parkanlage versprüht zudem mit orientalischen Bauten aus dem 19. Jahrhundert das Flair von 1001 Nacht. Verbunden mit einem Botanischen Garten schaffen Pflanzenvielfalt und Blütenpracht ein unvergleichliches Ambiente. Magnolienhain und Seerosenteich haben eigene Fans. Auf 30 Hektar lassen sich Flora und Fauna rund um den Globus entdecken: vom Meer bis zum Gebirge, von der Wüste bis zum Eis. Den einen begeistern die mächtigen Löwen, Elefanten und Giraffen, andere verlieben sich in die süßen Erdmännchen oder Pinguine. Zu den Lieblingen gehören die 17 Affenarten von den Gorillas bis zu den Zwergseidenäffchen. Kennen Kinder Nemo oder Herrn Nilsson vom Fernsehen, treffen sie hier echte Clownfische und Totenkopfaffen. Das artenreiche Aquarium und Terrarium ist mit seinen 800 Arten von Fischen, Reptilien und Amphibien ein großer Publikumsmagnet.

Die Seelöwen-Fütterung ist eine Gaudi und das springende Krokodil eine Sensation. Zum Austoben regen elf Parcours-Stationen an, die Bewegungen der Tiere nachzuahmen. Das Amazonienhaus kann man auf einem Dschungelpfad das Regenwald-Biotop zu erkunden. Die neuesten Attraktionen sind Frederick, das mit 4,31 Metern größte Krokodil Deutschlands, die niedlichen Wüstenfüchse mit ihren riesigen Ohren und die schwarzweißen Schabrackentapire.

Wichtig!

Adresse:
Wilhelma Zoologisch-Botanischer Garten
Wilhelma 13 (Eingang Neckartalstraße)
70376 Stuttgart Bad Cannstatt
Tel. 0711/5402-0, Fax 5402-222
www.wilhelma.de, info@wilhelma.de

Anfahrt:
Die Wilhelma liegt an der B10. Die Stadtbahn U14 hält direkt vor dem Haupteingang. Züge und S-Bahnen am Bahnhof Bad Cannstatt sind zu Fuß zu erreichen.

Saison/Öffnungszeiten:
Ganzjährig, täglich ab 8.15 Uhr bis Einbruch der Dunkelheit, höchstens aber bis 20 Uhr, geöffnet. Infos zu Fütterungszeiten, Tierpflegersprechzeiten und zu Angeboten wie Führungen etc. gibt es unter www.wilhelma.de

Eintritt: Erwachsene € 20,–*
Kinder (6–17 J.) € 8,–
Schüler/Studenten € 13,–*
Familienkarte ab € 25,–*
Gruppentarife, Abendtarif ab 16 Uhr sowie preisgünstigerer Wintertarif von 1.11.–28.2.
* mit Artenschutz-Euro

Verpflegung:
2 Restaurants, 1 Bistro, 4 Kioske sowie ein Shop

Nördlicher Schwarzwald

Nicht umsonst werden nun Großteile dieser einzigartigen Gegend als Nationalpark geschützt. Atemberaubenden Naturerlebnissen kann man hier noch ganz nah sein. Rauschende, metertiefe Wasserfälle, beeindruckende, Jahrzehnte alte Schwarzwaldtannen, schimmernde Moosböden, seltene Wildblumen, kristallklare Luft und aktive Wildtiere. Schöne Touristenstädtchen wie Freudenstadt und Nagold oder Fachwerkdörfer wie Dornstetten und Schiltach bieten Cafés, Wanderhütten und feinste Kulinarik für Genießer. Nicht umsonst schrieb Herman Hesse in seinem Roman „Unterm Rad" über diese Gegend: „So müssen Sommerferien sein. Über den Bergen enzianblauer Himmel, wochenlang ein strahlend heißer Tag am anderen!".

Hotel Grüner Wald

Das Hotel Grüner Wald besticht durch seine einzigartige Lage in Mitten von grünen Wiesen und Wäldern. Wellnessfans und Erholungssuchende kommen hier in gemütlich eingerichteten Zimmern, bei leckeren kulinarischen Köstlichkeiten und dem kleinen aber feinen Wellnessbereich auf ihre Kosten. Das Spa „AquaViva" umfasst eine finnische Kelo-Sauna mit 90°C, ein mediterranes Dampfbad, eine Bio-Sauna 60°C, einen Ruheraum, ein großes Hallenbad und einen kleinen Fitnessraum. In der Beautyfarm wird man mit klassischen- und SEN-Massagen, Gesichts- und Körperbehandlungen verwöhnt.

Wichtig!

Adresse:
Hotel Grüner Wald
Kinzigtalstr. 23, 72250 Freudenstadt-Lauterbad im Schwarzwald
Tel. 07441/86054-0, Fax 07441/86054-25
www.gruener-wald.de
hotel@gruener-wald.de
Anfahrt:
Lauterbad ist ein südlicher Ortsteil von Freudenstadt, das Hotel ist ausgeschildert.
Saison: Ganzjährig
Preise:
Je nach Arrangement, auf Anfrage
Verpflegung: Café, Restaurant, Hotel/Übernachtung. Umfangreiches Frühstücksbuffet und im Rahmen der Verwöhnpension ein kleines Lunchbuffet und am Abend ein 6-Gang Auswahlmenü, einmal wöchentlich ein kalt-warmes Buffet oder Galamenü.

Südlicher Hochschwarzwald

Dicht bewaldet erstreckt sich der Schwarzwald mit seinen grünschwarzen Tälern vom Hochrhein im Süden bis zum Kraichgau im Norden. Hier wurde 1730 vom Uhrmacher Franz Anton Ketterer mit der Kuckucksuhr das Wahrzeichen der Region erfunden, das aus den Häusern der Schwarzwälder und den Souvenirläden nicht mehr wegzudenken ist.

Der Hochschwarzwald – Die Ferienregion

Der Hochschwarzwald bietet auf einer Höhenlage zwischen 700 und 1.500 Metern wunderschöne Natur, romantische Dörfer, Ruhe und Erholung sowie kulinarische Höhepunkte. Zahlreiche Baudenkmäler wie traditionelle Schwarzwaldmühlen, Türme, Kirchen und Klöster laden zum Entdecken und Verweilen ein. Vom Deutschen Wanderinstitut zertifizierte Wanderwege, die Genießerpfade, bieten Wanderfreunden auf unterschiedlichen Längen und Schwierigkeitsgraden ein einzigartiges Naturerlebnis. Die Winterlandschaft kann man ganz romantisch bei einer Pferdeschlittenfahrt oder bei dem jährlich stattfindenden Weihnachtsmarkt in der Ravennaschlucht genießen. Ob eine Entdeckungsreise mit Schneeschuhen durch die unberührte Natur, rasante Abfahrten mit dem Rodel oder Skifahren im Liftverbund Feldberg, einer der beliebtesten Skidestinationen Baden-Württembergs – im Hochschwarzwald findet jeder sein persönliches Urlaubserlebnis. Mit der neuen digitalen Hochschwarzwald Card ist der Eintritt bei vielen Attraktionen kostenlos oder als Plusleistung günstiger buchbar. Vom Skilift über eine Schifffahrt auf dem Titisee bis zum Freizeitpark und Golfplatz reicht die Auswahl der mit der Karte nutzbaren Attraktionen. Die Hochschwarzwald Card erhält man kostenlos ab zwei gebuchten Übernachtungen bei einem von mehr als 300 Gastgebern. Weitere Informationen unter:
www.hochschwarzwald.de/card.

Wichtig!

Adresse:
Hochschwarzwald Tourismus GmbH,
Freiburger Str. 1, 79856 Hinterzarten
Tel. 07652/12060 Fax 07652/120689219
info@hochschwarzwald.de
www.hochschwarzwald.de

Wellness- und Gesundheitszentrum Solemar

Baden und Erholen! Das Wellness- und Gesundheitszentrum Solemar ist schon aufgrund seiner besonderen Architektur eines der schönsten Bäder in ganz Deutschland. Unter den eindrucksvollen Kuppeldächern – einer Konstruktion aus Holz und Glas, findet auf 13.500 m² bestimmt jeder seinen ganz persönlichen Lieblingsplatz.

In der Therme spürt man die Heilkraft der Bad Dürrheimer Sole: 13 Innen- und Außenbecken, verschiedene Sprudler und Massagedüsen, das Dampfbad Sole-Geysir, die Solegrotte und Kneippanlagen bieten viel Raum zum Entspannen.

Sauna-Liebhaber kommen in der Schwarzwald-Sauna auf ihre Kosten. Mit viel Holz und Liebe zum Detail sind die 7 Saunen und das Dampfbad im Schwarzwald-Stil ausgestattet. Bei Temperaturen von 55 bis 90°C kommt jeder ins Schwitzen, Abkühlung gibt's bei einer Dusche unter dem Mühlrad, in der Eisgrotte oder dem Kneippbereich. Verschiedene Ruhebereiche und der Saunagarten laden zum Entspannen zwischen den Aufgüssen ein.

Abgerundet wird das Angebot durch entspannende Massagen und Anwendungen im WellnessCenter, einer Pause zum Durchatmen in der Totes-Meer-Salzgrotte und zwei Restaurants mit Terrasse. Zur Einrichtung gehören außerdem das Solemar Fitnessstudio sowie ein großes Therapie- und Rehazentrum.

Wichtig!

Adresse:
Wellness- und Gesundheitszentrum Solemar
Huberstraße 8, 78073 Bad Dürrheim
Tel. 07726/666292
Eine Einrichtung der Kur- und Bäder GmbH
Bad Dürrheim, Luisenstr. 4, 78073 Bad Dürrheim
www.solemar.de, info@solemar.de

Saison: Ganzjährig geöffnet

Öffnungszeiten*:
Therme: Täglich 9–22 Uhr, Fr. 9–23 Uhr
Sauna: Mo.–Do. 10–22 Uhr, Fr. 10–23 Uhr
Sa., So. und an Feiertagen 9–22 Uhr
(Di. ist Damensauna, außer an Feiertagen und in den Weihnachts- und Fasnachtsferien)
Totes-Meer-Salzgrotte: Mo.–Fr. 9–19 Uhr
Sa. + So. und an Feiertagen 10–16 Uhr
Klangschalentermine: Di. + Do. 14 Uhr
(Terminreservierung erforderlich)
Bad Dürrheimer WellnessCenter:
Mo.–Sa. 10–21 Uhr, So./Feiertage 10–20 Uhr
(Terminreservierung erforderlich)

Eintritt*:
Therme: Erw. 3 Std. € 12,90 / Tag € 14,90
Sauna: Erw. 4 Std. €18,90 / Tag € 21,50
Kombi: Erw. 4 Std. € 20,50 / Tag € 21,90
Totes-Meer-Salzgrotte: Erw. € 9,–
**Änderungen vorbehalten*

Europa-Park Erlebnis-Resort bei Freiburg

Freizeitspaß im Europa-Park

Zum Frühstück ein Croissant in Frankreich genießen, anschließend mit dem Zug von England bis nach Spanien reisen und bereits am Nachmittag auf der italienischen Piazza einen leckeren Cappuccino trinken. Mit seinem besonderen Ambiente zieht der Europa-Park seit Jahrzehnten Kinder und Erwachsene in seinen Bann. Selbstverständlich begeistern auch in dieser Saison die mehr als 100 Attraktionen und Shows, darunter 13 Achterbahnen, Jung und Alt gleichermaßen. Denn in den 15 europäischen Themenbereichen von Deutschlands größtem Freizeitpark ist nicht nur Fahrspaß garantiert, die internationalen Künstler verblüffen die Gäste mit mehr als 23 Stunden Showprogramm täglich – von Artistik und Musik bis hin zu Tanz und Zauberei.

In unmittelbarer Nähe zum Europa-Park bietet darüber hinaus Rulantica fantastischen Badespaß für die ganze Familie. Denn in der wärmsten Region Deutschlands, am Fuße der sanften Hügel des Schwarzwalds, befindet sich eine einzigartige Wasserwelt mit einer der größten Outdoor-Rutschlandschaften Europas. Auf 32.600 Quadratmetern im Innen- und 11.000 Quadratmetern im Außenbereich können sich Wasserratten in Rulantica das ganze Jahr hindurch nach Herzenslust austoben.

In fantastische Welten eintauchen, durch Zeit und Raum reisen oder übermenschliche Fähigkeiten erlangen – all das macht

die VR-Attraktion YULLBE möglich. Ausgestattet mit modernster Virtual-Reality-Technologie haben die Gäste die Wahl zwischen den jeweils 10-minütigen YULLBE GO Experiences oder einem 30-minütigen YULLBE PRO Abenteuer.

Wenn die Füße von den Entdeckungstouren des Tages müde sind, bieten die sechs Europa-Park Hotels sowie das urige Camp Resort die ideale Erholung. Ganz gleich, ob man sich an einsame Fjorde im hohen Norden wünscht oder von mediterranen Nächten träumt, die parkeigenen 4-Sterne und 4-Sterne Superior Erlebnishotels verzaubern die Gäste mit ihrer liebevollen Thematisierung und einem ausgezeichneten kulinarischen Angebot. Großzügige Wellness- und Spa-Bereiche runden den Aufenthalt perfekt ab. So werden die Tage im Europa-Park und in Rulantica garantiert zu einem einzigartigen Kurzurlaub für die ganze Familie.

Wichtig!

Adresse: Europa-Park
Europa-Park-Straße 2, 77977 Rust bei Freiburg
Info-Line 07822/776688, www.europapark.de
Saison/Öffnungszeiten: Alle Informationen zu den Saisons und den Öffnungszeiten finden Sie unter: www.europapark.de

BADEPARADIES SCHWARZWALD

Mehr.Urlaub.Erleben.
Drei Welten in einem „Paradies“.
Im BADEPARADIES SCHWARZWALD in Titisee werden an 365 Tagen im Jahr unter hunderten Palmen Urlaubsträume wahr.

23 Hightech-Rutschen, 1,2 aufregende Rutschen-Kilometer und ein atemberaubendes Wellenbad. Das Rutschenuniversum GALAXY verspricht grenzenloses Abenteuer für große und kleine Planschfrösche. Vom Sprungturm geht es mit Anlauf ins Vergnügen, in der Rutschen-Vielfalt mit und ohne Reifen durch bunte Kurven sausen. In kleinen Erholungspausen genießt man gemeinsam das Familien-Dampfbad und die Gemütlichkeit der „Kuschelmuscheln“ im GALAXY RELAX.

Die Suche nach Ruhe und Entspannung führt auch in die Erholungswelten PALMENOASE und PALAIS VITAL (Zutritt ab 16 J.). In der PALMENOASE verzaubert die weitläufige „Blaue Lagune“ mit ca. 33° Wassertemperatur und exotischer Poolbar. Gesundheit tanken im Dampfbad „Schwarzwaldnebel“ und den wohltuenden QUELLEN DER GESUNDHEIT. Die Suche nach Wärme führt schließlich in die textilfreie Saunawelt PALAIS VITAL. Zwölf liebevoll thematisierte Saunen, die textilfreien Wasserwelten und ein exklusives á la carte Restaurant laden zum erstklassigen Wellnessgenuss ein.

Wichtig!

Adresse:
Badeparadies Schwarzwald
Am Badeparadies 1, 79822 Titisee-Neustadt
Servicehotline (kostenfrei): 008000/4444333
www.badeparadies-schwarzwald.de
Öffnungszeiten und Preise:
unter www.badeparadies-schwarzwald.de

Schwarzlichtpark

Das Freizeit- und Unterhaltungscenter in Südbaden:

Spiele **Minigolf** in einer neuen Dimension und freue Dich auf 18 Bahnen wie Du sie noch nie erlebt hast. In drei einzigartig gestalteten Themenbereichen tauchst Du ein in eine fantastische Welt voller leuchtender Farben, bunter Figuren und spektakulären 3D-Effekten.

Pit-Pat – auch Hindernis-Billard genannt – ist eine Kombination aus Minigolf und Billard. Der Parcour umfasst 18 Spieltische mit verschiedenen Hindernissen, wie z.B. Rampen, Röhren oder Wellen, und wird mit einem Spielstock (Queue) gespielt.

18 Pit-Pat-Bahnen und 18 Minigolf-Bahnen bietet der Schwarzlichtpark in zwei Hallenbereichen, deren Wände in 3D-Technik bemalt wurden. Jede Gruppe entscheidet selbst, ob sie ohne oder mit 3D-Brille spielt. Durch die speziellen Brillen entstehen noch verrücktere Effekte und noch mehr Spielspaß. Durchschauen lohnt sich ...
Auf einer Fläche von knapp 1.000m^2 bietet der Schwarzlichtpark ein einzigartiges und wetterunabhängiges Erlebnis in der Region Südbaden.

Wichtig!

Adresse:
Schwarzlichtpark Denzlingen, Markgrafenstraße 125/10, 79211 Denzlingen
Tel. 07666/9379026, www.schwarzlichtpark.de
Öffnungszeiten:
Do.: 15 – 20 Uhr (letzter Spielbeginn*), Fr.: 14 – 21 Uhr (letzter Spielbeginn*)
Sa.: 12 – 21 Uhr (letzter Spielbeginn*), Sonn- und Feiertag: 12 – 18 Uhr (letzter Spielbeginn*)
Mo., Di. und Mi. geschlossen (nicht an Feiertagen und in Schulferien)

*letzter möglicher Spielbeginn (Minigolf ODER PitPat) – danach kein Einlass mehr in die Anlagen. Zuvor angefangene Partien können selbstverständlich in Ruhe zu Ende gespielt werden.
60 Minuten nach dem letzten Einlass schließen wir. In den Ferien bzw. vor oder an Feiertagen gelten besondere Öffnungszeiten. **Aktuelle Zeiten immer unter: www.schwarzlichtpark.de**
Spielpreise:
Minigolf: Kinder (6–15 Jahre) € 10,–, Erwachsene € 12,–
PitPat: Kinder (6–15 Jahre) € 7,–, Erwachsene € 9,–
Kombi (Minigolf & PitPat): Kinder (6–15 Jahre) € 15,–, Erwachsene € 19,–
Kinder unter 6 Jahren haben keinen Zutritt zur Anlage!
Wir empfehlen immer eine Vorabbuchung unter www.schwarzlichtpark.de oder telefonisch unter +49 (0) 7666 – 937 9026
Ohne vorherige Reservierung können wir einen Eintritt leider nicht garantieren.
Wir behalten uns vor zu schließen, wenn uns keine Reservierungen vorliegen.

Schwäbische Alb

Es ist nicht immer leicht, mit den Bewohnern dieses Landstriches Kontakt aufzunehmen. In der Gegend von Zwiefalten wird ein so breites Schwäbisch gepflegt, dass selbst bekennende Dialektsprecher Mühe haben, es zu verstehen. So kamen einst Landvermesser vom Dorf Pflummern ins nächste Dorf und erkundigten sich dort nach dem Ortsnamen. „Upflamör" verstanden die Fragenden, gemeint war aber Oberpflummern. Heute heißt der Ort auf allen Karten „Zwiefalten-Upflamör".

Urwelt-Museum Hauff in Holzmaden

Urwelt wird lebendig! Die Gegend rings um den Ort Holzmaden/Teck am Fuße der Schwäbischen Alb ist weltbekannt als Fundgebiet für Fossilien aus den Posidonienschiefern – Meeresablagerungen, die vor 180 Millionen Jahren am Grund des Jurameeres entstanden sind. Im Urwelt-Museum Hauff sind auf 1.000 m² Ausstellungsfläche mehr als 400 Präparate aus diesen Schichten zu besichtigen. Die Sammlung umfasst Ichthyosaurier, Plesiosaurier, Krokodile, Flugsaurier, Fische und zahlreiche wirbellose Tiere. Lebensgroße Dinosaurier, lehrreiche Schaubilder und die Filmvorführung „Lebendige Urwelt" machen den Museumsbesuch zu einem spannenden und unvergesslichen Erlebnis.

Wichtig!

Adresse:
Urwelt-Museum Hauff
73271 Holzmaden
Tel. 07023/2873
www.urweltmuseum.de
hauff@urweltmuseum.de
Anfahrt: Über die A 8 Stuttgart–München, Ausfahrt Aichelberg, dort ausgeschildert.
Saison: Ganzjährig.
Führungen nur auf Voranmeldung.
Öffnungszeiten: Di. bis So. 9–17 Uhr, montags und an folgenden Feiertagen geschlossen: 24./25.12., 31.12. und 1.1. Sollte ein Feiertag auf einen Montag fallen, ist das Museum an diesem Tag geöffnet.
Eintritt: Erwachsene € 7,50
Schüler, Studenten € 4,50
Kinder ab 3 Jahren € 2,50
Schulklassen bitte voranmelden.
Verpflegung: Cafeteria

Erwin Hymer Museum

Eine Weltreise an einem Tag erleben! Das Erwin Hymer Museum erzählt die Kultur- und Technikgeschichte des Caravanings aus dem Blickwinkel der Abenteurer, Pioniere und der Reisenden. Die Besucher tauchen in deren Abenteuer ein und entdecken Überraschendes und Spannendes aus Technik, Entwicklung, Produktion und Design. Über 80 historische Caravans, Campingbusse, PKW, Motorräder u.v.m. aus aller Welt wecken Erinnerungen, erzählen Geschichten und laden zum Staunen ein. Die interaktive Ausstellung gleicht einer Entdeckertour zu den Sehnsuchtsorten der mobilen Welt: Die Besucher erleben, wie die Pioniere mit Wohnwagengespannen die Alpenpässe erklommen, die Wüsten Nordafrikas durchquerten, am Atlantik die Wellen eroberten, die Weiten Nordamerikas durchfuhren, in Schnee und Eis reisten, wie die Campingplätze in Italien entstanden oder die Ostsee DDR-Bürger lockte. Der Ausstellungsbereich „Zukunft" zeigt Visionen wie die Weltentdecker von morgen reisen! Wechselnde Programme in der Ausstellung und Veranstaltungen rund ums mobile Reisen machen den Museumsbesuch immer wieder zu einem neuen Abenteuerausflug für die ganze Familie.

Wichtig!

Adresse:
Erwin Hymer Museum
Robert-Bosch-Str. 7, 88339 Bad Waldsee
Tel. 07524/976676-00
info@erwin-hymer-museum.de
www.erwin-hymer-museum.de
Anfahrt:
Direkt an der B30 Ulm – Friedrichshafen, Bad Waldsee Nord
Öffnungszeiten:
Täglich 10 bis 18 Uhr, donnerstags bis 21 Uhr
Eintritt: Erwachsene € 11,50, Kinder und Jugendliche bis 18 Jahre frei, Schüler, Studenten und Azubis (über 18 Jahre) € 7,50, Gruppen (ab 10 P.) € 10,50 p. P.
Verpflegung:
Museumsrestaurant Caravano im Erwin Hymer Museum

Auto- und Nostalgiemuseum Wolfegg

Neues Automuseum Wolfegg

Wie wäre es mit einer Zeitreise durch Ihre eigene Jugend?
Das Automuseum Wolfegg begeistert Herren und Damen gleichermaßen. Neben rund 85 Autos, 60 Motorrädern und der größten Einradanhänger-Sammlung der Welt, wartet auf die Besucher eine nostalgische Tour durch die 60er, 70er und 80er Jahre. Erinnerungen zwischen Wählscheibentelefon, Minirock, Schreibmaschine, Plattenspieler, Tante-Emma Laden und Camping-Urlaub sind garantiert.
Ab Ende Mai 2022 zeigt das Automuseum eine Sonderausstellung "Mercedes S-Klasse Klassiker", bevor sich ab Herbst 2022 eine Sonderausstellung dem deutschen Bestseller schlecht hin widmet; – den "VW Golf Generationen".

Wichtig!

Adresse: Auto und Nostalgiemuseum Wolfegg, Fritz-B.-Busch-Weg 1, D-88364 Wolfegg
Telefon 07527/9210390, www.automuseum-wolfegg.de
Öffnungszeiten: Hauptsaison: Mo. - So. 10 - 18 Uhr / Nebensaison (ab 18. November): Mo. - So. 11 - 17 Uhr
Eintritt: Erwachsene: 8,50 €
Ermäßigte (Rentner, Inhaber Gästekarten Allgäu / Bodensee, Automobilclub Mitglieder, Abo-Karte Schwäbische Zeitung): 7,50 €
Kinder 6-14 Jahren: 4,00 €
Familienkarte (2 Erwachsene + alle Kinder bis 18 Jahre oder älter mit Schüler-/Studentenausweis): 19,00 €
Schüler & Studenten: 6,00 €
Brave Hunde: Eintritt frei!

Museum Ravensburger

Spielerisch das Museum Ravensburger entdecken

Interaktive Entdeckungsreise durch die Welt der Puzzles, Spiele und Bücher

Wie wird ein Buch gemacht und warum passt bei Puzzles immer genau ein Teil zum anderen? Was verbindet Unternehmensgründer Otto Maier mit Friedrich Fröbel, dem Erfinder des Kindergartens? Mitten in der Stadt Ravensburg lädt das Museum Ravensburger im ehemaligen Stammsitz des weltbekannten Buch- und Spieleverlags zu einem interaktiven Familienausflug zu memory®, Malefiz® und Co. ein: Auf über 1.000 Quadratmetern entdecken die Besucher Spiele, Puzzles und Bücher aus Geschichte und Gegenwart des Verlags mit dem blauen Dreieck.

Lesen, Hören, Experimentieren, Spielen und Raten: Der Besuch im Mitmach-Museum spricht alle Sinne an. Bücherwürmer lauschen spannenden Geschichten im Nest des Leseraben. Kreative Köpfe probieren sich im Mandala-Design. Spielfreunde lassen in der Spiele- und Leselounge mit ihren über 1.300 Büchern, Spielen und Puzzles oder im „Spielehof" die Würfel rollen – natürlich erst, nachdem sie am Beispiel des Spieleklassikers „Das verrückte Labyrinth" erfahren haben, wie aus einer Idee ein fertiges Gesellschaftsspiel entsteht. Wer glaubt, die Ausstellung ist nur etwas für Kinder, irrt. Auch Erwachsene geraten ins Schwärmen, wenn sie neu entdecken, was sie schon früher gut fanden.

Selbst Unternehmensgeschichte wird im Museum Ravensburger zum Erlebnis – wenn tiptoi®, der orangefarbene Stift aus

dem audiodigitalen Lernsystem von Ravensburger, die Kinder und Jugendlichen bei der tiptoi® Museums-Rallye durch die Räume führt und Wissensfragen stellt. Erwachsene erkunden die Ausstellung mit der kostenlosen digitalen Führung und erhalten so alle Informationen direkt auf das eigene Smartphone.

Wichtig!

Adresse:
Museum Ravensburger
Marktstraße 26, 88212 Ravensburg
Tel. 075186/1377, museum@ravensburger.de
www.museum-ravensburger.de
Öffnungszeiten:
Dienstag – Sonntag von 10 bis 17 Uhr
In den Ferien in Baden-Württemberg auch montags geöffnet
Eintritt: Erwachsene und Jugendliche (ab 15 Jahre) € 11,–,
Kinder (3-14 Jahre) € 8,50

Freizeitpark Ravensburger Spieleland

Spielzeit. Familienzeit. Mitmachzeit.

Das Ravensburger Spieleland begeistert die ganze Familie

Im Freizeitpark am Bodensee erleben kleine und große Abenteurer unvergessliche gemeinsame Momente. Mitten im Grünen heißt es hier: Mitmachen, Neues erfahren und spielerisch dazulernen. Mit der GraviTrax-Kugelbahn erlebt ihr Fahrspaß auf 90 Schienenmeter und werdet selbst zur rasenden Kugel. Stellt in der SchokoWerkstatt von Ritter Sport eure Lieblingsschokolade her, beweist handwerkliches Geschick und Teamgeist beim Räderwechsel in der „Bosch Car Service Werkstattwelt" oder entdeckt auf den CLAAS Fahrzeug-Parcours die Welt der Landwirtschaft. Ihr mögt es rasant? Dann versprechen das Alpin-Rafting oder der Familien-Freifallturm pures Vergnügen. Die schönsten Spielideen von Ravensburger wie „Das verrückte Labyrinth" und die Kakerlakak-Riesen-Schaukel warten darauf entdeckt zu werden.

Ein Tag reicht kaum aus, um die über 70 Attraktionen in acht Themenwelten zu erkunden. Ihr könnt daher direkt bei Maus & Co. übernachten: Im Ravensburger Spieleland Feriendorf erwarten euch thematisierte Ferienhäuser und ganz neu die BRIO Eisenbahn. Auf kleine Lokführer wartet in der BRIO Lok oder in einer der 19 Waggons ein unvergessliches Übernachtungserlebnis. Oder ihr übernachtet in eurem eigenen Wohnmobil auf einen der am Park direkt angrenzenden Stellplätze.

Wichtig!

Adresse: Ravensburger Spieleland
Freizeitpark & Feriendorf
Am Hangenwald 1, 88074 Meckenbeuren
Tel. 07542/400-0, spieleland@ravensburger.de
www.spieleland.de
Saison 2022: 09. April bis 06. November
(ausgenommen Ruhetage)
Feriendorf-Saison 2022:
09. April bis 24. April, 26. Mai bis 11. September,
01. Oktober bis 23. Oktober
Eintritt: Erwachsene € 38,50,
Kinder (3-14 Jahre) € 36,50
Verpflegung: Spieleland-Restaurant,
Seerestaurant & Gaststätte Grüne Oase

Region Bodensee

Als das erste Menschenpaar das Paradies verlassen musste, da weinte der liebe Gott eine dicke Träne. Sie fiel mitten in einen der schönsten Landstriche, die er geschaffen hatte: zwischen dem schweizerischen Thurgau und dem Schwabenland. So entstand der Bodensee, erzählt es eine Sage. Der See ist ein beliebtes Reiseziel, das jede Menge Möglichkeiten für einen familienfreundlichen Urlaub bietet. Mit seinem mediterranen Klima zieht er jedes Jahr Millionen von Touristen an.

Urweltmuseum Bodman

Wer in seiner Urlaubsfreizeit mit der Familie oder auf einem Fahrradausflug die Urwelt entdecken will, erlebt im Urweltmuseum Bodman eine für den Bodensee einmalige Fossilienausstellung von außergewöhnlicher Qualität und Vielfalt.
Die einzigartige paläontologische Ausstellung ist beheimatet im wunderschön renovierten alten Schloßtorkel, dem Gehäuse einer noch sehr präsenten, riesigen alten Baumkelter zum Weinpressen aus dem 16. Jahrhundert.
Kinder können in einem Sandbett ein Dinosaurier Skelett ausgraben, Filme zur Fossilierung werden vorgeführt und es gibt eine Geouhr die die Entstehung der Kontinente samt Drift zeigt. Große Saurier und Krokodile, eine Vielzahl von Fischen, filigrane Seelilien und gut erhaltene Ammoniten und Belemniten aus der Jurazeit warten auf den Besuch im Urweltmuseum Bodman.
Tauchen Sie ein in die Welt der Fossilien als einzigartige Zeugen der Evolution und bekommen Sie mit ihnen einen Einblick in die Geheimnisse der Urzeit, Meeresrauschen inklusive.
Wer gerne für den Museumsbesuch eine Führung möchte, einfach vorher buchen.

Wichtig!

Adresse:
Urweltmuseum Bodman
Am Torkel 4, 78351 Bodman-Ludwigshafen
Tel. 07773/959 98 30
hauff@urweltmuseum-bodman.de
www.urweltmuseum-bodman.de
Öffnungszeiten:
1. April – 31. Oktober
Do. - So., 10.00 – 18.00 Uhr
Aktuelle Änderungen bitte auf der Webseite einsehen
Eintritt:
finden Sie auf unserer Webseite

Wild- und Freizeitpark Allensbach

Er zählt zu den schönsten Ausflugszielen am Bodensee. Die bezaubernde, 75 Hektar große Parkanlage in Allensbach bietet alles für einen tollen Tag in freier Natur. Über 300 Wildtiere, die aus nächster Nähe bestaunt und teilweise sogar gefüttert werden dürfen. Bären, Wildschweine, Luchse, Wisente, Rotwild und viele mehr. Ganz neu ziehen im Frühjahr 2022 prächtige Wölfe in ihr neues Gehege.

Wichtig!

Adresse:
Wild- und Freizeitpark
Gemeinmärk 7, 78476 Allensbach
Tel. 07533/931619
www.wildundfreizeitpark.de

Anfahrt:
Der Ortsteil Gemeinmärk liegt zwischen Allensbach und Markelfingen oberhalb der B 33. Man erreicht ihn ab Allensbach über Kaltbrunn.

Öffnungszeiten:
Ganzjährig geöffnet.
Sommer-/Winterbetrieb
Aktuelle Öffnungszeiten unter
www.wildundfreizeitpark.de/preise-oeffnungszeiten/

Eintritt:
Sommerpreise: Erwachsene € 13,–
Kinder (3–15 J.) € 11,–, Geburtstagskinder frei
Witterungsbedingt eingeschränkter
Spiel- und Falknerbetrieb.
Kostenlose Parkplätze

Verpflegung:
Restaurant, Kiosk, Picknick

In der weit über die Bodenseeregion hinaus bekannten Falknerei laden beeindruckende Flugshows zum Verweilen ein. Hier erfährt man viel Wissenswertes über die majestätischen Könige der Lüfte.

Der große Abenteuerspielplatz ist für manche Familien alleine schon Grund genug für einen Besuch. Trampolin, Karussell, Mega-Hüpfkissen, große Lauftrommel, Wasserspringboote, Baggergrube, hier wird es bestimmt nicht langweilig. Eines der Highlights ist Süddeutschlands höchster Rutschenturm, der Groß und Klein immer wieder aufs Neue begeistert. Wer es etwas ruhiger mag, kann bei einem gemütlichen Spaziergang durch den Park oder einer kostenlosen Fahrt mit der Wildpark-Eisenbahn herrlich entspannen und die schöne Aussicht genießen. Für Gruppen ist der Wild- und Freizeitpark Allensbach ebenfalls ein Top Ausflugsziel. Zweimal täglich können individuell geplante Führungen für bis zu 40 Personen angeboten werden.

Der beliebte, weitläufige Park hat seinen ganz besonderen Charme und lockt immer wieder zahlreiche Besucher an den Bodensee.

Seepark-Golf – Deutschlands verrückteste Golfanlagen

Egal ob Sie den kleinen Wettbewerb genießen oder als Familie einfach nur Spaß haben wollen. Bei Seepark-Golf in Pfullendorf können Sie beides haben. Auf unserer Abenteuer-Golfanlage stehen 18 mit Kunstrasen belegte Golfbahnen bereit, auf denen Sie mit dem Golfball pfiffige Hindernisse überwinden können, um mit möglichst wenigen Schlägen einzuputten. Die regionalen Bezüge der Bahnen, Sounds und technische Raffinessen bieten ein einmaliges Ambiente.

Wer es weitläufiger mag, ist bei Fußball-Golf richtig. Auch hier laden 18 Bahnen dazu ein, den Fußball mit möglichst wenigen Kicks in das Loch zu befördern. Jede der Bahnen, deren Länge zwischen 30 und 130 Meter variiert, hat ein Thema. Bahn 16 heißt: „Das Wunder von Bern", mit Schautafeln und Original-Tondokumenten von Herbert Zimmermann. Beim familiären Wettbewerb wird schnell klar: Sieger ist nicht unbedingt derjenige, der den schärfsten Schuss hat! Vielmehr ist Ballgefühl gefragt, um die Hindernisse zu überwinden.

Klar wird beim Seepark-Golf in Pfullendorf: egal ob mit kleinem oder großen Ball: Das gemeinsame Erleben in der Familie ist großgeschrieben. Die beiden verrückten Golfanlagen sind auch in anderer Beziehung ideale Ziele für Gruppen und Familien. Mit zwei Restaurants und einem Kiosk gibt es im Seepark Pfullendorf beste Möglichkeiten, Hunger und Durst zu stillen. Und wer noch Energie hat, zieht zu anderen Angeboten im Seepark Linzgau weiter: zur Badebucht oder der Wasserski-Anlage. Da ist Abkühlung an heißen Tagen nicht weit.

Wichtig!

Adresse: Seepark-Golf
Meßkircher Str. 30/2, 88630 Pfullendorf
Tel. 07552/9281300
www.seepark-golf.de, info@seepark-golf.de
www.facebook.com/seeparkgolf

Saison 2022:
Abenteuer-Golf: 04. April – 01. November
Fußball-Golf: 01.Mai – 03. November

Eintritt Abenteuer- oder Fußballgolf:
Erwachsene € 9,–
Kinder/Jugendliche (bis 16 Jahre) € 8,–
Ermäßigt € 8,–.
Wir bieten auch Familienkarten an. Wir freuen uns auch über Gruppen ab 10 Personen. Bitte fordern Sie unsere Gruppenangebote an.

Campus Galli

Campus Galli – das 10. Jahr beginnt! 2022 wird allerdings keine gewöhnliche Saison, denn der Beginn des 10-jährigen Jubiläums wird gefeiert! 2012 wurden der Trägerverein und der Freundeskreis gegründet und die Arbeiten auf der frühmittelalterlichen Baustelle wurden aufgenommen. 2013 konnten erstmals Besucher das Gelände erkunden. Seitdem kommt der Campus Galli der Idee seiner beiden Initiatoren, Bert Geurten und Verena Scondo, den St. Galler Klosterplan in die Tat umzusetzen, Tag für Tag ein Stück näher.
Im vergangenen Jahr wurde eine große, strohgedeckte Scheune gebaut und damit das erste Gebäude auf Grundlage des St. Galler Klosterplans errichtet. Mit dem Bau des Nebengebäudes im Abtshof entsteht in diesem Jahr das erste Steingebäude.
Während der Winterpause gingen die Arbeiten auf dem Gelände tatkräftig weiter und es gibt einige Neuerungen zu bestaunen: Die Hütte des Küfers wurde in die Nachbarschaft des Drechslers versetzt. Die Eremitage, vorheriger Standort der Küferwerkstatt, kann nun für sich stehend wirken und bietet dem Besucher zusammen mit dem neu gestalteten Videoraum (mit Informationsfilm) im Kassenbereich die Umgebung für den inhaltlichen Einstieg ins Projekt.
Zahlreiche Bäume wurden gefällt, neue Bänke und Plätze zum Verweilen geschaffen, die Wege gerichtet. Entlang des Weges vom Parkplatz zum Kassenbereich wurde eine Allee aus Eichen gepflanzt, um im Sommer Schatten zu spenden.
Seit Januar leben auf dem Campus Galli außerdem sechs Waldschafe. Die ersten Lämmer kamen bereits vor einigen Wochen zur Welt und täglich kann es soweit sein, dass weitere Lämmer das Licht der Welt erblicken.

Wichtig!

Adresse: Campus Galli
Hackenberg 92, 88605 Meßkirch
Tel. 07575/206-1423
www.campus-galli.de
booking@campus-galli.de
Anfahrt: B311, Meßkirch Richtung Sigmaringen, Abzweigung Langenhart
Saison: 01. April bis 06. November 2022
Öffnungszeiten: Di.–So. von 10–18 Uhr
Eintritt: Erw.: € 13,–, Kind: € 8,–, Familienticket: € 30,–.
Verpflegung: Dennetle, Eintopf und eine karolingische Wurst ist das Angebot auf unserem Marktplatz.

Pfahlbaumuseum Unteruhldingen

Pfahlbauten werden 100 Jahre alt

Das Pfahlbaumuseum Unteruhldingen, eines der größten und ältesten Freilichtmuseen Europas, feiert in diesem Jahr seinen 100. Geburtstag. Gegründet wurde der gemeinnützige Trägerverein am 1. März 1922 durch 60 Heimatbegeisterte im Seehof Unteruhldingen. Bis heute finanziert er sich ohne staatliche Unterstützung. Am 1. August 1922 wurden die ersten beiden Häuser eröffnet, die die faszinierende versunkene Welt unter Wasser erstmals für den Bodensee sichtbar machten. Im ersten Jahr kamen gleich 6000 Besucher. Inzwischen haben die Pfahlbauten mehr als 15 Millionen Gäste gesehen – damit gehören sie zu den beliebtesten Freizeitzielen Baden-Württembergs. Auch das Freilichtmuseum ist kräftig gewachsen – aus zwei Pfahlbauhäusern wurden 23. Ziel war es von Anfang an, die Menschen aus allen Bevölkerungskreisen durch anschauliche Darstellungen mit dem Leben der Stein- und Bronzezeit vertraut zu machen. Das Jubiläumsjahr wird mit einer Reihe von Veranstaltungen und Aktionen gefeiert. Die beiden ersten Häuser aus dem Gründungsjahr werden instandgesetzt. Im Familien-Parcours wird das „Grüne Klassenzimmer" eröffnet. Hier werfen Sie einen Blick in die „Steinzeit-Küche" und erfahren, was vor Jahrtausenden auf den Tisch kam. In der Ausstellung am Ende des Rundgangs entdecken Sie die Originalfunde aus den UNESCO Welterbestätten „Pfahlbauten rund um die Alpen", darunter 5000 Jahre alte Äpfel, rätselhafte Fabelwesen und die ersten Schmuckstücke Mitteleuropas.

TIPP Im Steinzeit Parcours finden in den Ferienzeiten lebendige und informative Veranstaltungen zu Spezial-Themen wie Hausbau, Ernährung, Umwelt und Technik statt. Das aktuelle Veranstaltungsprogramm 2022 finden Sie unter www.pfahlbauten.de

Wichtig!

Adresse:
Pfahlbaumuseum Unteruhldingen
Strandpromenade 6
88690 Uhldingen-Mühlhofen
(Unteruhldingen)
Tel. 075556/928900
www.pfahlbauten.de

Anfahrt:
Unteruhldingen liegt am Bodensee zwischen Überlingen und Meersburg. Anfahrt über die B 31, Abfahrt Uhldingen-Mühlhofen. Weiter in Richtung Unteruhldingen.

Öffnungszeiten:
1. April – 3. Okt.: täglich: 10:00 – 18:00 Uhr
4. Okt. – 6. Nov.: täglich 10:00 – 17:30 Uhr

Eintritt:
Erwachsene € 12,–
Kinder bis 15 Jahren € 8,–
Schüler/Studenten ab 16 Jahren € 11,–

AbenteuerPark Immenstaad & Kressbronn

Der AbenteuerPark Immenstaad war 2003 der erste Abenteuerpark Deutschlands. Seit 2017 gibt es ein neues Sicherungssystem, welches dem höchsten Sicherheitsstandart in der Seilgartennorm entspricht. Vielfältige Klettermöglichkeiten, welche man in 12 verschiedenen Parcours bis in 15 m Höhe vorfindet, werden den Gästen angeboten. Der Partner-Parcours wurde speziell so ausgelegt, dass die Übungen nur zu zweit bewältigt werden können und erfordert jede Menge Vertrauen und Teamwork. Seit 2019 bietet der Bungee Jump in Parcours Nr. 10 allen ab 16 Jahren einen Sprung aus 15 m Höhe.

Je zwei Kids-Parcours in beiden Parks für Kinder ab 3 Jahren. Die liebevoll, bis ins Detail gestalteten Kids-Parcours laden speziell die Allerkleinsten ein. Die Kinder werden von den Eltern vom Boden aus begleitet.

AbenteuerPark Kressbronn
Sieben Seilparcours führen durch lebende Bäume in vier bis acht Meter Höhe. Der Naturkletterwald am östlichen Bodensee wartet auf seine großen und kleinen Besucher mit kreativen Aufgaben, reizvollen Herausforderungen sowie jeder Menge Spass ganz nach dem Motto „Auf den Spuren von Indiana Jones". Damit man sich beim Klettern auch wirklich auf die verschiedenen Elemente konzentrieren kann, existiert ein mitlaufendes Sicherungssystem, welches kein Umhängen mehr erfordert und leichtgängig die Abenteurer auf ihrem Weg durch die verschiedenen Parcours begleitet.

Wichtig!

Adresse:
AbenteuerPark Immenstaad & Kressbronn
Am Klötzenen Forst, 88090 Immenstaad
Telefon 07545/949462, Fax 07545/936827

Im Eichert 6, 88079 Kressbronn
Telefon 07543/9669573, Fax 07543/9669577
www.abenteuerpark.com

Anfahrt/Öffnungszeiten:
unter www.abenteuerpark.com

Eintritt:
aktuelle Eintrittspreise und weitere Angebote: www.abenteuerpark.com

Verpflegung:
AbenteuerPark-Bistro (nur in Immenstaad, geöffnet an Wochenenden u. in den Ferien)

Die Meersburg Therme

Die Meersburg Therme bietet einen einzigartigen Panoramablick über den Bodensee und auf die Vorarlberger und Schweizer Alpen. Lassen Sie sich vom traumhaften Ambiente und der einzigartigen Lage direkt am See verzaubern.

Badewelt: Das Bad besticht durch zahlreiche Angebote rund um das nasse Element, die mediterrane Architektur und das einzigartige Wohlfühl-Ambiente. Im Thermalbereich entspannen Sie im 34 Grad warmen Thermalwasser oder im Whirlpool bei 36 Grad. Der Erlebnisbereich mit Strömungskanal, Bodensprudel, Massagedüsen und einer Kaskade macht seinem Namen alle Ehre. Die „kleinen" Gäste kommen im Eltern-/Kindbereich mit Minirutsche und Spritzfiguren auf ihre Kosten. Die Panoramaterrasse und der großzügige Sonnensteg über dem See laden zum Verweilen ein. Im Frei- und Strandbad erwartet die Gäste ein 50-Meter-Sportbecken mit acht Bahnen, ein Spaßbecken mit Strömungskanal, Bodensprudel, Rutsche, zwei Kinderbecken, ein Beachvolleyballfeld, über 7000 m² Liegewiese, einen Kinderspielplatz und ebenfalls ein direkter Seezugang.

Saunawelt: In der Saunawelt bilden die skandinavische und orientalische Badekultur eine einzigartige Symbiose: Finnische Sauna, Sanarium, osmanisches Dampfbad und ein türkisches Hamam bringen die Gäste ins Schwitzen. Im Saunadorf sind drei Pfahlbausaunen nach historischem Vorbild entstanden. Ein Höhepunkt ist der direkte Seezugang.

Wellness: Umfangreiches Angebot wie z.B. klassische Massagen, Ayurveda, Hamam-Zeremonien.

Wichtig!

Adresse:
Meersburg Therme
Uferpromenade 10–12, 88709 Meersburg
Tel. 07532/4402850
www.meersburg-therme.de
info@meersburg-therme.de
Öffnungszeiten: Mo.–Do. 10–22 Uhr (montags Damensauna), Fr./Sa. 10–23 Uhr, So./Feiertage (Baden-Württemberg) 9–22 Uhr
Eintritt:
Saunawelt (inkl. Badewelt und Freibad):
Tageskarte Erwachsener Mo-Fr € 28,–
Tageskarte Erwachsener Sa, So, Feiertag € 30,–
Badewelt (inkl. Freibad, falls geöffnet):
Tageskarte Erwachsener Mo–Fr € 15,–
Tageskarte Erwachsener Sa, So, Feiertag € 16,–
2 Stunden Erwachsener Mo-Fr € 10,–
2 Stunden Erwachsener Sa, So, Feiertag € 11,–
4 Stunden Erwachsener Mo-Fr € 13,–
4 Stunden Erwachsener Sa, So, Feiertag € 14,–

Zeppelin Museum Friedrichshafen

Das Museum im ehemaligen Hafenbahnhof mit seiner klaren Bauhaus-Architektur wurde 1996 neu eröffnet und durfte bereits über vier Millionen Besucher begrüßen. Das Gebäude erzeugt ein Gefühl von Reiselust und Mobilität. Mit dem bundesweit einzigartigen Museumskonzept „Technik und Kunst" wird den Besucherinnen und Besuchern ermöglicht, Seitenblicke auf die Technik der Kunst und die Kunst der Technik zu werfen. Die originalgetreue Rekonstruktion eines 33 m langen Teilstücks von LZ 129 Hindenburg vermittelt die Zeppelin-Begeisterung jener Zeit und man kann die Fahrten rund um die Welt lebendig nachempfinden. Schon beim Einstieg über das Fallreep versinken die Museumsgäste in die Glanzzeiten der fliegenden Silberzigarre. Die zahlreichen Exponate aus der weltweit größten Sammlung zur Geschichte und Technik der Zeppelin-Luftschifffahrt veranschaulichen, wie diese Technologie schon damals zu grundlegenden Erkenntnissen über die Aerodynamik und Leichtbau geführt und Mobilität verändert hat. Die Kunstabteilung mit den umfangreichsten Sammlungen zu Otto Dix und Max Ackermann in öffentlicher Hand spannt einen breiten Bogen über fünf Jahrhunderte: Eine Reise zu Gemälden und Skulpturen vom Mittelalter bis zur Gegenwart, Ansichten von und über den Bodensee, Oberschwaben und das Alpenvorland, Werken von Otto Dix und zeitgenössischen Künstlern wie Thom Barth oder Res Ingold.

Wichtig!

Adresse:
Zeppelin Museum Friedrichshafen
Seestraße 22
88045 Friedrichshafen
Tel. 07541/38010
Fax 07541/380181
www.zeppelin-museum.de

Saison/Öffnungszeiten:
Mai–Oktober täglich 9–17 Uhr
November–April Di.–So 10–17 Uhr

Eintritt:
Erwachsene € 7,50, Rentner/Wehr-/Ersatzdienstleistende/Schüler/Stud./Arbeitslose € 6,50, Kinder (6–16 Jahre) € 3,–, Schwerbehinderte € 4,–, Gruppen (ab 10 Per., Reiseleiter+Busfahrer frei) € 6,50/p.P.

Verpflegung:
Das Museumsrestaurant mit Sonnenterrasse und Blick auf See und Bergpanorama bietet Köstlichkeiten in historischer und geschichtsträchtiger Umgebung.

Flipped Funpark

Flipped Funpark ist der verrückteste Indoor Freizeitpark in Singen am Hohentwiel.

Es warten viele Attraktionen darauf entdeckt zu werden.

Der Park ist für die ganze Familie und für Kinder jeden Alters geeignet. Minikids-Playground, Adventure Playground, Trampolinpark, Hochseilgarten, Kletterwände, Fahrgeschäfte, VR-Cinema, Electro-Cars, Outdoor Labyrinth, thematisierte Geburtstagsräume, Gastronomie uvm.

Ebenfalls finden regelmäßige Dinnershows statt mit atemberaubenden Show-Acts, exklusiven 4 Gang-Menü und bezauberndem Live-Gesang.

Termine siehe
www.flipped-funpark.de/events

Wichtig!

Adresse:
Flipped Funpark
Robert-Bosch-Straße 5, 78224 Singen
Tel. 07731/1673030
www.flipped-funpark.de
info@flipped-funpark.de
Öffnungszeiten:
Mi. - Fr. / 13.00 bis mind. 19.00 Uhr
Sa. So. & Feiertags / 11.00 bis mind. 19.00 Uhr
Ferien BW / Mo. - So. / 11.00 bis mind. 19.00 Uhr
24.12./25.12./01.01. geschlossen
Sonstiges:
Parkplätze direkt vor Ort
Bushaltestelle und Bahnhof Singen-Industriegebiet 50 m entfernt

Register